Pan y vino

para el

camino

Pan y vino
para el
camino

Relatos de abnegación y valerosas
acciones que suscitaron un cambio de vida

Compiladas por MARIANNE LARNED

Prefacio de JACK CANFIELD

RANDOM HOUSE ESPAÑOL
NUEVA YORK

Primera edición en español de Random House Español, 2002

Traducción copyright © 2002 por Random House Español,
una división de Random House, Inc.

RANDOM HOUSE ESPAÑOL es marca de Random House, Inc.

www.rhespanol.com

La información CIP (Clasificación de publicación) se dispone a petición.

Edición a cargo de Mary Haesun Lee.
Traducción de Vicente Echerri.
Diseño del libro y la cubierta por Fernando Galeano y Sophie Ye Chin.
Producción del libro a cargo de Marina Padakis y Lisa Montebello.

ISBN 1-4000-0090-4

Primera edición

Impreso en los Estados Unidos de América.

10 9 8 7 6 5 4 3 2 1

Un mensaje de Edward James Olmos

DURANTE MI INFANCIA EN EL BARRIO *BOYLE HIGHTS* DEL Este de Los Ángeles, fui muy afortunado en conocer y compartir con personas quienes me enseñaron que el ayudar al prójimo era un modo de vida. Mi madre, Eleanor, trabajó por veinte años en la sala de SIDA del Hospital General del Condado de Los Ángeles, y mi padre, Pedro, ayudó a coordinar nuestra liga de béisbol. Para nuestra familia, el servicio comunitario era un trabajo de amor.

A través de los años, he conocido a incontables héroes latinos de toda clase y tipo, quienes por medio de su ejemplo personal han enseñado esta importante lección de por vida. Como el personaje verdadero, cuyo papel repartí en la película *Stand and Deliver*, Jaime Escalante, en su capacidad como profesor de Matemática, les brindó a la juventud hispana una oportunidad de descubrir su talento y fomentar tanto una verdadera carrera como un verdadero futuro. Asimismo, Carlos Santana, Rita Moreno y yo formamos parte del Grupo de Comunicación y Educación Hispana, Inc. (*Hispanic Education and Media Group, Inc.*) para honrar nuestros héroes y promover tanto la cultura latina como sus valores.

Y cómo olvidarme de mi gran amigo, Cesar Chavez, uno de los héroes latinos más grandes de nuestra época. Él dedicó su corta y dolorida vida a mejorar la calidad de vida de nuestra gente por medio de un código moral y pacífico que finalmente impulsó el resto del país a seguir su ejemplo. Un líder humilde, nos recordó que aun con los medios más simples, el cambio «sí se puede».

Pan y vino para el camino hace un homenaje a César Chávez, entre otros tantos héroes latinos, como Nane Alejándrez, quien continúa el legado de Cesar. En Barrios Unidos, él les da a los jóvenes algo más que la penuria de la calle, ayudándoles a pulir sus habilidades naturales por medio de cursos de adiestramiento laboral, clases de computación e incluso de arte, a la vez que los alienta a desarrollarse como individuos maduros y sanos. Cuando Nane conoció por primera vez a César, se dijo a sí mismo, «Yo también puedo hacerlo».

Los jóvenes están hambrientos por tener ídolos verdaderos, gente que haya tenido el valor de superar grandes adversidades, que haya cambiado su vida, y luego, el mundo a su alrededor. Un ejemplo que se me ocurre es Alejandro Obando, héroe para muchos de los 6.000 niños huérfanos nicaragüenses desamparados tras la larga guerra civil de aquél país. Él, junto con sus estudiantes de Nueva York y sus padres incluidos, unieron sus fuerzas y esperanzas para construirles una escuela, cuya misión no era solo el de enseñar e instruir, sino incluso sanar las heridas físicas y espirituales. Tales milagros como lo es la Escuela de los Chavalitos es posible gracias al respaldo general de una escuela por el sueño de un individuo.

En la Clínica del Pueblo en Washington D.C., el doctor Juan Romagoza adiestra a inmigrantes de El Salvador a prestarse servicios unos a otros y así curarse mutuamente de los viejos rencores y odios. «Somos un pueblo de tejedores —dice él, citando a la guatemalteca Rigoberta Menchu—; estamos tejiendo un futuro libre del sufrimiento y el dolor». Y tiene razón, por más de una década la gente sigue regresando a la Clínica con un fulgor de contribuir a su comunidad.

Las historias de *Pan y vino para el camino* son un testamento de la tradición latina de caridad y, por extensión, de restitución a la sociedad. Tengo el gran honor de que mi historia sea una de ellas, puesto que uno de los más importantes regalos que podemos ofrecerles a nuestros hijos es leerles estos cuentos verídicos sobre los que les precedieron. Nuestros hijos deben enterarse de los sacrificios que César Chavez y otros como él realizaron por ellos, y de su responsabilidad de seguir esta tradición para las generaciones por venir. ¿De quién más aprenderán estas lecciones, si no a través de nosotros?

Los jóvenes, más que nadie, necesitan abrigar la esperanza; y la esperanza se consigue al poder reparar un futuro abierto adelante. Con 31 millones de hispanos viviendo en Estados Unidos, podemos todos juntos crear un futuro espléndido. Mi esperanza es que tras leer estas historias, cada uno de ustedes se inspire a ir más allá de lo que jamás haya creído posible, ayudándose el uno al otro a tomar dominio sobre sus vidas y sus futuros. Casi puedo oír las palabras de César: «¡Sí se puede! Salgamos adelante!».

EDWARD JAMES OLMOS

Índice general

Sanación cultural

Cooperación comunitaria

Madurando como nación

La aldea global

El poder restaurador de hacer el bien

Hacer el bien para prosperar

Prefacio

EL MUNDO ESTÁ ÁVIDO DE RELATOS POSITIVOS, INSPIRADORES y enaltecedores. Sé esto porque, durante la mayor parte del tiempo durante los últimos cinco años, los libros de *Sopa de pollo para el alma* han llegado al corazón de millones de personas en todo el país y alrededor del mundo.

Dondequiera que Mark y yo vamos, la gente ahora nos pregunta, «¿Qué viene ahora? Me siento tan bien conmigo mismo y con mi vida que quisiera dar algo a cambio, pero no estoy seguro de cómo hacerlo». Una vez que nos sentimos bien con nosotros mismos, queremos naturalmente salir a ayudar a otros.

Pan y vino para el camino: Relatos de abnegación y valerosas acciones que suscitaron un cambio de vida es un faro de luz que señala el modo de retribuir y contribuir a nuestras comunidades. Es, en un sentido, un manual para personas humanitarias, que nos ofrece centenares de ideas de cómo podemos hacer del mundo un lugar mejor.

En estos cien relatos, usted encontrará a personas ordinarias haciendo cosas extraordinarias, y a personas extraordinarias haciendo cosas ordinarias. Eleanor Roosevelt y la Madre Teresa nos muestran que la grandeza surge del sencillo acto de dar, y los relatos acerca de Martin Luther King Jr., Mahatma Gandhi, César Chávez y Nelson Mandela nos dan el valor para vencer los obstáculos en nuestras vidas de manera que podamos ayudar a otros. Los relatos sobre el Cuerpo de Paz, Teach for America y Christmas in April nos recuerdan que podemos hacer cambios significativos y, cuando trabajamos juntos, hasta cambiar el mundo.

Las alentadoras historias de este libro nos animan a salir —más allá de nosotros mismos y de nuestros pequeños mundos— y a pensar en nuestros semejantes y en colaborar juntos para hacer del mundo un lugar mejor para todos nosotros. Nos muestran que con un poco de imaginación y trabajo en equipo podemos superar nuestras propias expectativas y hacer lo que nunca creímos posibles.

En base a las respuestas que recibimos de millones de adolescentes que han leído nuestros libros, sabemos que a los jóvenes les gustan estos relatos. Anhelan saber que sus vidas importan, que el mundo es y puede ser un lugar mejor gracias a ellos y a sus empeños. Como niños, les encanta dar y prestar ayuda, pero en algún momento a lo largo del camino, con frecuencia pierden contacto con el hecho de que ellos son importantes y que los necesitamos para edificar un mundo mejor. Desgraciadamente, los chicos a menudo cuentan con muy pocos ejemplos a imitar que les muestren el camino.

Piense tan sólo en que si más adolescentes conocieran a personas como David Levitt, un niño de once años que convenció a la junta de educación de Tampa (Florida) a donar los sobrantes de comida de las cafeterías escolares a los asilos de desamparados, o como Andy Lipkis, el muchacho de quince años que logró que sus compañeros de campamento plantaran un bosque para ayudar a reducir la contaminación ambiental de Los Ángeles, ¡piense tan sólo lo que los chicos podrían sentirse inspirados a hacer con sus amigos, sus escuelas y sus comunidades! Por eso, les ruego, léanles estos relatos e ínstenles a encontrar sus propios modos de contribuir.

A lo largo de los veinte años que conozco a Marianne Larned, hemos llegado a ser grandes amigos, asociados por nuestra búsqueda compartida de hallar modos prácticos de hacer un mundo mejor y de juntar relatos que inspiren a la gente a tomar decisiones para crear tal mundo. Marianne es una de las que realmente cree que haya una solución para cada uno de los problemas del mundo, por lo que siempre busca inspirar a otros a unírsele en su edificación. Este libro maravilloso contiene sólo las últimas ideas que ella ofrece al respecto.

Siempre que nos reunimos, Marianne comparte relatos inspiradores de personas con quienzes ha trabajado en Estados Unidos y en países lejanos, empeñados en cosas notables para crear este mundo mejor. Debido a la falta de atención de la prensa hacia las noticias positivas, en la práctica se han mantenido como secretos bien guardados. Gracias a *Pan y vino para el camino*, millones de personas conocerán ahora estas historias, y esperemos que resulten inspirados por ellas a tomar decisiones que ayuden a edificar un mundo que funcione para todos.

Después que usted lea estos relatos, estoy seguro que encontrará múltiples maneras de hacer cambios significativos en su escuela, su comunidad y el mundo. Levante el teléfono o una pluma y hágase partícipe hoy mismo. Pero aguarde —me estoy adelantando… Primero debe leer el libro que tiene en las manos. Está a punto de participar en un maravilloso convite, ¡un extraordinario refrigerio de *Pan y vino para el camino*!

¡Buen provecho!

JACK CANFIELD
Coautor de *Sopa de pollo para el alma*

Introducción

TODOS LOS DÍAS MILLONES DE PERSONAS REALIZAN ACCIONES bondadosas y valientes actos de servicio.

Cada uno de nosotros tiene un relato preferido acerca de alguien que tocó nuestras vidas con su generosidad. Uno de los míos es de la Madre Teresa: una persona común que se hizo grande por ayudar al prójimo. Ella recibía a todos —los hambrientos, los desamparados, los enfermos y los moribundos— con los brazos abiertos, e inspiró a personas de todo el mundo a darse cuenta de que ellas también podían ayudar a otros. Su vida fue un ejemplo esplendoroso del poder del amor incondicional, de la fe firme, del júbilo incesante. Sus sencillos actos de amor eran contagiosos. Presidentes de naciones y de compañías no podían negarle sus humildes demandas. Jóvenes y viejos viajaban a la India y a otros países sólo para estar junto a ella y aprender a amar.

Cuando yo la conocí en Filipinas, el fulgor de los ojos de la Madre Teresa reflejaba su amor por los niños y su compromiso a hacer todo lo que ella pudiera para que sus vidas mejoraran. Cuando la princesa Diana se encontró con ella por primera vez, le preguntó a la Madre Teresa cómo vencer la depresión. La madre Teresa la animó a salir y ayudar a otros, especialmente a los más pobres de los pobres. De ahí en adelante, la vida de la princesa Diana se vio más llena de alegría y sentido, debido a sus empeños humanitarios: «Nada contribuye más a mi felicidad que tratar de ayudar a las personas más vulnerables de la sociedad —dijo la princesa Diana—. Es una meta y una parte esencial de mi vida».

Justo al tiempo de terminar este libro, la madre Teresa y la princesa Diana fallecieron. Al principio la gente se sorprendió de la simultánea pérdida de estas dos extraordinarias mujeres. Luego sucedió algo maravilloso: la gente comenzó a preguntarse: «¿Qué puedo hacer para ayudar?».

Desde el niño más tierno hasta el anciano más viejo, cada uno de nosotros quiere ayudar, retribuir, producir un cambio significativo. Queremos alimentar a los hambrientos, cuidar de los ancianos, y enseñar a los niños. A veces nos preguntamos qué podemos hacer, con tan poco tiempo, dinero o recursos.

Pan y vino para el camino nos recuerda el valor de la generosidad y la solidaridad. Al ser la mayor de diez hijos, aprendí desde temprano la importancia de trabajar juntos: cuando lo hacíamos, descubríamos que podíamos hacer más y que la diversión era mayor.

Durante los últimos dos años he sido una viajera, viviendo y trabajando en comunidades de todo el país y alrededor del mundo. Dondequiera que fui, oí a las personas expresar un anhelo común: querían una vida mejor para sus familias y un sentido más amplio de comunidad. Los líderes se daban cuenta de que necesitaban gente de la localidad para resolver problemas locales. Y la mayoría, jóvenes y viejos, querían ayudar; sin embargo, no se sentían relacionados, y no sabían por donde comenzar. Con frecuencia pensaban que no tenían nada que dar, creían que tenían demasiado poco —tiempo, energía, dinero o poder— para lograr un cambio realmente significativo.

Pan y vino para el camino nos recuerda que con un poco de imaginación, cooperación y buena voluntad podemos hacer del mundo un lugar mejor. Estos relatos alentadores nos muestran a gente ordinaria haciendo cosas extraordinarias y a gente extraordinaria haciendo cosas ordinarias. Nos muestran que la grandeza surge de las simples acciones generosas. Un cofre lleno de ideas y una guía de medios a usar, este libro nos brinda esperanza y orientación sobre cómo edificar un mundo mejor. Luego de leer estos relatos, esperamos que usted haga suyo el poder de dar y de lograr que otros se nos unan en la edificación de un mundo que funcione para todos.

Estos relatos muestran lo que ocurre cuando sencillamente una o dos personas deciden hacer un cambio significativo. Imagine lo que ocurrirá cuando millones de personas usen sus talentos para convertirse en «héroes de la comunidad» ayudando a otros y edificando un mundo mejor.

El último relato, «El centésimo mono» nos muestra lo que ocurre cuando en una isla de monos se comienza a hacer las cosas de otra manera. La energía aportada por el centésimo mono creó una chispa, un avance ideológico, que significó el adelanto de toda la especie. «El fenómeno del centésimo mono» ocurrirá cuando suficientes personas se den cuenta del potencial con que cuentan para cambiar el mundo. Usted podría ser ese número uno, la persona que incline la balanza y nos ayude a realizar un sueño.

Ahora que estamos en el nuevo milenio, nos preguntamos cómo será el mundo, especialmente para nuestros hijos. Esperamos y rogamos que tengan un lugar sano y salvo para vivir. Si aprendemos de lo que actualmente funciona en el mundo, podemos crear una vida mejor para todos. Si cada uno de nosotros abre su corazón y trabaja mancomunadamente, podemos crear un futuro más esperanzador para nuestros queridos.

Este libro es una maravillosa colección de relatos acerca de lo que funciona en el mundo. Sus mensajes sencillos y transformadores pueden guiarnos en el nuevo milenio. Son un faro de luz señalando el camino, el amanecer de un nuevo día.

En alguna parte en este planeta, alguien tiene una solución para cada uno de los problemas del mundo.

Podría ser uno de nosotros.

El futuro está en nuestras manos y en las manos de nuestros hijos.

Con su ayuda, podemos construir un mundo más esperanzador.

¿Qué puede hacer usted hoy, mañana, la semana próxima, el año próximo?

Y si a veces cree que no tiene tiempo, energía o recursos suficientes, acuérdese de que cuando cada uno da un poco podemos alimentar al mundo entero.

Lo que una persona puede lograr

Los héroes de todos los tiempos nos preceden.
Sólo tenemos que seguir el hilo de la senda del héroe.
Donde habíamos pensado alejarnos, estaremos en el centro de nues-
tra propia existencia. Y donde habíamos pensado estar solos, estare-
mos con todo el mundo

JOSEPH CAMPBELL

¿SE HA PREGUNTADO ALGUNA VEZ SI SÓLO UNA PERSONA puede realmente hacer un cambio significativo? A veces los problemas que nos rodean pueden parecernos abrumadores. Pero piense en esto: fue una persona quien caminó en la luna y una persona la que descubrió la electricidad. Si usted alguna vez ha tenido el privilegio de presenciar el parto de una mujer, usted bien sabe lo que una persona puede hacer.

Hay miles de maneras en que cada uno de nosotros puede sentar la pauta. Una mano de ayuda a un vecino o a un forastero crea un mundo más fraterno. Leerles a los niños enriquece su vida y cambia su futuro. Una donación generosa a una iglesia o a una agrupación de caridad da energías para ayudar a otros. Una palabra o un pensamiento amable pueden cambiar el día de alguien, o incluso hacer historia. ¡Es sorprendente lo que una persona puede hacer!

Los relatos de este capítulo muestran cómo todos los días hay héroes que llevan a cabo acciones bondadosas y valientes actos de servicio. «Un héroe es alguien que responde a "un llamado a servir" y da su vida por algo mayor que sí mismo», dijo Joseph Campbell luego de ayudar a George Lucas con la película *La guerra de las galaxias*. El joven Luke Skywalker se convierte en un héroe luego de responder a un llamado, de ir a una búsqueda, de enfrentar un reto, y de regresar victorioso con un regalo para su gente. En el momento culminante del último combate, la voz de Ben Kenobi vuelve y le dice a Skywalker: «apaga tu computadora, apaga tu máquina y hazlo tú mismo, sigue los dictados de tu corazón, confía en tus sentimientos». Él lo hace, tiene éxito y el público prorrumpe en aplausos.

Al igual que Luke Skywalker, los héroes comunitarios en este capítulo respondieron a un «llamado» y emprendieron tareas fascinantes que transformaron sus vidas. Personas de toda procedencia: madres, padres, estudiantes y ancianos; enfermeras, médicos, bomberos y clérigos; artistas, músicos y presidentes de países y de compañías. Sus tareas se convirtieron en caminos para descubrirse a sí mismos, en los cuales vencieron obstáculos y encontraron los recursos para cumplir sus objetivos. Buenos samaritanos y grandes humanitarios, consagrados al servicio gratuito de los demás y campeones del mundo empresarial, atienden los dictados de sus corazones y confían en sus instintos para ayudar a otros. Al final, encuentran el júbilo y la realización con que otros sólo sueñan, y tienen una emocionante aventura que dura para toda la vida.

«El objetivo último de la búsqueda debe ser la sabiduría y el poder para servir a otros», dice Campbell. Él describe a los «héroes legendarios» como aquellos que dedican toda su vida a la búsqueda y el comienzo de un nuevo modo de vida, una nueva era, una nueva religión, un nuevo orden mundial. Los héroes legendarios de este capítulo, la madre Teresa, Robert Muller, Jimmy Carter, Nelson Mandela y Eleanor Roosevelt, han dejado huellas para que otros las sigan.

Todos y cada uno de nosotros puede convertirse en un héroe cotidiano. Al tiempo de leer estos relatos, déjese llevar por su imaginación a la empresa de un héroe. ¿A qué ha sido usted llamado? Recuerde, basta una persona para pronunciarse y decidir hacer algo. Cuando una persona se compromete con una causa y pide a otros que la ayuden, la gente responde. Como dijera Martin Luther King Jr. «todo el mundo puede ser grande, porque todo el mundo puede servir».

* *Si usted dispusiera de un día o incluso de una hora para hacer un cambio significativo en la vida de alguien, ¿qué haría?*

* *¿Qué podría usted hacer para ayudar a su escuela o a su barrio?*

* *Cuando reserve un tiempo a escuchar su «llamado», podría sorprenderse.*

* *¡Podría comenzar una aventura más emocionante que cualquier otra que pudiera imaginar!*

¡Que cuente con fuerzas para ello!

Estrella de mar

UNA NIÑA CAMINABA POR UNA PLAYA A LA QUE MILLARES de estrellas de mar habían sido arrojadas durante una terrible tormenta. Según llegaba junto a una de las estrellas de mar, la recogía y la lanzaba de regreso al mar.

Había estado haciendo esto por algún tiempo cuando un hombre se le acercó y le dijo. «Niña, ¿por qué haces eso? ¡Mira esta playa! Tú no puedes salvar todas estas estrellas de mar. ¡No puedes ni empezar a cambiar la situación!»

La niña pareció sorprendida y desilusionada. Pero al cabo de un momento, se inclinó, recogió otra estrella de mar y la lanzó al océano tan lejos como pudo. Luego miró al hombre y le contestó: «Bueno, para ésta sí hice un cambio importante!»

Dios no quiere que ellos estén hambrientos

NARRADOR: DAVID MURCOTT

A VECES LAS COSAS GRANDES VIENEN EN PAQUETES pequeños. Considere, por ejemplo, a Isis Johnson. A la tierna edad de cuatro años, ella dio el primer paso para hacer un impacto gigantesco en su comunidad. «Abuela —preguntó—, ¿podemos enviarle el pollo que nos sobra a los niños de Etiopía? Dios no quiere que ellos estén hambrientos». Isis acababa de ver imágenes de niños hambrientos en las noticias de la televisión y quería prestar alguna ayuda.

«Isis —le dijo tiernamente su abuela—, Etiopía está demasiado lejos. El pollo se pudriría antes de llegar allá». No queriendo rendirse tan fácilmente, Isis preguntó, «Bien, ¿hay niñas y niños hambrientos en Nueva Orleáns?». Su abuela le dijo la triste verdad. «Sí, estoy segura que los hay». Eso fue todo lo que Isis necesitaba saber. «Luego, enviémosle nuestro pollo a ellos», dijo.

Así fue como comenzó todo. Isis empezó a ir de puerta en puerta, pidiéndoles a sus vecinos si querían donar comida para niños hambrientos. Ella y su abuela recorrieron todo el pueblo en auto, recogiendo aún más. Isis puso un letrero en la ventana de su casa pidiéndole a la gente que alimentara a los hambrientos, y la gente no tardó en traerles comida. La casa se convirtió en un pequeño almacén de alimentos y suministros donados.

Isis y su abuela decidieron repartir la comida el sábado, inmediatamente antes de Navidad. Se lo dijeron al Ejército de Salvación que, a su vez, le pasó la voz a las familias necesitadas. Ese primer año, Isis, la niñita de cuatro años dio más de mil artículos a cientos de personas. No tardaron en aparecer escritos en la prensa acerca de su obra, y hasta *Nightly News* de NBC y *Black Entertainment Television* reportaron el caso. La gente se quedó sorprendida de oír cuánto había podido hacer una niña.

Isis recibió llamadas de apoyo de todo Nueva Orleáns. Todo el mundo quería ayudar. Algunas personas dieron dinero para comprar artículos, otros siguieron trayendo comida a su casa. Al año siguiente, Isis ayudó a recoger 1.300 artículos. El Ejército de Salvación, que había convenido en distribuirlos, tuvo que enviar siete hombres para cargarlo todo en un camión. El próximo año hubo 4.000 y cada año sigue aumentando.

Hace unos pocos años, cuando el huracán Andrew azotó el estado de Luisiana, Isis se sintió perturbada por la cantidad de sufrimiento de que fue testigo. De manera que ella añadió el ramo de la ropa a sus actividades, recogiendo más de 1.600 prendas de ropa para que fuesen distribuidas por la Cruz Roja. Siempre que Isis oye historias que la entristecen, intenta encontrar una manera de ayudar. Un día supo de un niño de Nueva Orleáns, que había resultado muerto accidentalmente en un tiroteo. Cuando Isis se enteró de que los padres no podían costear el entierro, recaudó dinero para el funeral y se lo dio a los familiares de la víctima para que todos pudieran sentirse en paz.

Tantas personas han hecho contribuciones a los proyectos de Isis que su abuela y un abogado ayudaron a crear la Fundación Isis Johnson. En la actualidad, los donantes pueden recibir crédito de impuestos por donar dinero, alimentos y ropa a esa institución. A veces, a Isis todavía le resulta difícil creer que tiene una fundación que lleva su nombre y una lista de reconocimientos —como la de ser promovida al Salón de la Fama Mickey Mouse— que son demasiado numerosos para nombrarlos.

En ocasiones, otros niños se muestran celosos con ella. Isis simplemente les dice. «Si yo puedo hacerlo, tú también. Puedes participar en proyectos como los míos o empezar uno especial de tu propia iniciativa. Pero no importa cómo lo hagas, cuando ayudas a la gente, te sientes bien contigo mismo».

Isis, que cumplió 13 este año, quiere seguir ayudando a la gente cuando crezca, ya sea como médico o maestra. «No importa quién seas ni de donde vengas, tú puedes hacerlo.... No tienes que ser mayor para hacer las cosas mejor, sólo tiene que importarte». Para aquellos que aún no saben dónde empezar, Isis les sugiere que escuchen a un niño. Porque, como ella ha demostrado, los más jóvenes nos mostrarán el camino.

Los buenos hábitos adquiridos en la juventud son los que importan.

Aristóteles

Organice una campaña de alimentos o ropa para los necesitados de su comunidad. Si quiere ayudar a Isis en su batalla contra el hambre, escríbale a su abuela Claudette Jones, a la **Isis T. Johnson Foundation** en el 333 Hodges Street, Memphis, TN 38111.

Trabajar en las escuelas

Narrador: Jonathan Alter

A VECES LA ESPERANZA NACE DEL TEMOR. EN ESTE CASO, fue el temor a que asaltaran a los instructores voluntarios cuando se dirigían a sus autos.

La Academia Byrd es una escuela pública de un barrio urbano pobre, en nada diferente de otras muchas. Está sobrecargada de alumnos y escasa de maestros. La escuela está localizada en el barrio Cabrini-Green de Chicago, uno de los complejos de viviendas más infames de Estados Unidos. A sólo una milla de los resplandecientes edificios a la orilla del lago, es un lugar plagado de pobreza y violencia. Los niños no pueden atravesar los parques sin temor a un delito, una lesión o algo peor. No hace mucho, un niño murió cuando otros niños mayores lo lanzaron desde una ventana.

Los edificios de apartamentos en el Cabrini-Green están llenos de madres jóvenes, la mayoría mantenida por asistencia pública, muchas con problemas de drogas, y otras tan jóvenes que tienen poca idea de cómo criar hijos. Los padres, casi en su totalidad, no se ven por ninguna parte. Han abandonado la zona, dejándole el dominio territorial a las pandillas.

Joanne Alter estaba bien consciente de los problemas de las escuelas públicas de Chicago. Como funcionaria del condado, en ocasiones las visitaba. Como la primera mujer electa a un cargo a nivel del condado, Joanne estaba finalizando una carrera de 18 años en la política electoral. Con sesenta y tantos años, ya era tiempo de jubilarse.

Un día se detuvo a conversar con una maestra de tercer grado en la Academia Byrd. La maestra estaba frustrada de que los estudiantes se esforzaran por aprender, al tiempo que se enfrentaban con el miedo y la necesidad de ser amados. Movida por un impulso repentino, Joanne se ofreció a servir de voluntaria en el aula de la maestra, ayudando a enseñar a estos niños a leer. La maestra convino en ello con gran entusiasmo. Sus niños necesitaban saber que alguien más creía en ellos.

El primer día de clase de Joanne, al salir de su casa, se encontró con una vecina, Marian Stone, en el ascensor de su edificio de apartamentos. Joanne le explicó la necesidad de la escuela e invitó a Marian a unírsele. Las dos decidieron ir a la escuela juntas. Ambas tuvieron una experiencia extraordinaria en el aula. Los niños, hambrientos de atención, les rogaron que regresaran. Ese fue el modesto comienzo de un programa llamado Trabajando en las escuelas (Working in the Schools, o WITS, como se le conoce por sus siglas en inglés).

«Ayudamos a los maestros con algunos de sus estudiantes más difíciles —dice Joanne—. Encontramos 200 maneras de decirle al niño, "¡Te ves espléndido hoy!" "Tu trabajo de matemática está muchísimo mejor!" "¿Acaso no eres estupendo?", y cosas por el estilo. El objetivo es que los niños sepan que "estamos aquí por ustedes, y volveremos".

«Al principio, cuando comenzamos, creíamos que hacíamos un pequeño esfuerzo por resolver un problema de educación —dice ella—. Para nuestra sorpresa, encontramos que los niños no eran los únicos que se beneficiaban. Recibimos la extraordinaria recompensa de los voluntarios».

Pero, según el WITS comenzó a crecer, surgió un problema. Los voluntarios comprensiblemente temían conducir hasta la escuela. Nadie se sentía cómodo caminando hasta el estacionamiento después de clases. Desafortunadamente, los que tenían más condiciones para ser voluntarios creían que era sencillamente demasiado peligroso prestar su ayuda en Cabrini-Green, aunque era donde la ayuda más se necesitaba.

Joanne buscó una solución y decidió que si los niños podían tomar un autobús hasta la escuela, los instructores también podían hacerlo. De manera que ahora los autobuses de WITS recogen a los voluntarios en los barrios de clase media y los llevan hasta las escuelas de los barrios pobres de la ciudad, y luego los traen de regreso cuatro horas después. Los voluntarios se sienten sanos y salvos. En los nueve años que ya dura este programa, no se ha producido ningún incidente.

El programa alquiló un minibús para los primeros 11 voluntarios, que incluían a Jim Alter, el marido de Joanne. Hoy WITS cuenta con 300 voluntarios, de manera que necesitan los autobuses más grandes que se puedan encontrar. En ellos siempre se conversa animadamente acerca de esta clase o de aquel niño, y se ha desarrollado una notable camaradería, para no mencionar algún romance ocasional (Una viuda conoció a un viudo en el autobús y terminaron por casarse).

Lo que comenzó como un programa de instructores compuesto por voluntarios mayores, con frecuencia semijubilados, ahora incluye a profesionales que están a mitad de su carrera. Las compañías establecidas en la comunidad, como United Airlines y Smith Barney, les conceden a sus empleados un «tiempo libre» que les permite servir de instructores en las escuelas dos veces al mes, en tiempo pagado por la compañía. Jim Boris, CEO de Everen Securities, ha hecho planes para expandir la idea de «tiempo libre» de WITS a sus oficinas en 10 ciudades de la nación. WITS espera para el año 2000 contar con 10.000 voluntarios que ayuden a los niños de Chicago.

«Si van una mañana a la semana o más, los voluntarios quedan enganchados y casi nunca se van —dice Joanne—. Los niños realmente te dan amor incondicional. Los voluntarios se alimentan de él y siguen regresando a trabajar en las escuelas». Un niñito en particular aún se destaca en sus recuerdos. «Moncell era un buen alumno —recuerda Joanne—. Él se esforzaba, pero estaba en tercer grado y nunca había aprendido a leer». Joanne trabajaba con él a menudo, pero el ñiño no progresaba como era de esperar. «Un día le pregunté si estaba leyendo sus libros en casa después de la clase. Tímidamente me dijo que no. Le recordé que la perfección está en la práctica y él se sonrió y dijo que lo intentaría con mayor energía». La próxima semana, los alumnos recitaron poemas que habían memorizado para la visita de sus padres. El poema de Moncell era corto y no demasiado difícil. Él lo recitó brillantemente. Su madre estuvo muy conmovida.

Después del programa, Joanne le preguntó a la madre de Moncell si ella le leía de noche. «Había un grupo de personas cerca de nosotros, así que ella musitó algo sobre no tener suficiente tiempo y se marchó rápidamente». Más tarde esa mañana Joanne sintió que le tiraban de la manga. Era la madre de Moncell. «Lo siento —le dijo con lágrimas en los ojos—. Yo no sé leer». Ahora era Joanne quien se sintió conmovida. «Le dije que estaba bien y le sugerí que hiciera que Moncell le leyera a ella por la noche». La madre de Moncell prometió que lo haría.

Pasados unos días Moncell llegó a la clase lleno de entusiasmo. «Adivinen qué, adivinen qué —dijo—, mi mamá leyó conmigo anoche. ¡Ahora voy a leer como un profe!» Para regocijo de todos, pero sin que constituyera una sorpresa para nadie, Moncell comenzó a mejorar ese mismo día.

Este relato de Moncell y de su madre sigue estando conmigo porque Joanne Alter, cofundadora de WITS e inspiración para mí en el servicio a los demás, resulta que es mi madre.

Ofrezca unas pocas horas de su tiempo para ayudar a un niño a aprender a leer y perciba la recompensa. Para ofrecerse de voluntario o convertirse en un socio corporativo de **Working in the Schools,** llame al 312-751-9487 o escriba a WITS, 150 E. Huron, Chicago, IL 60611.

Sidewalk Sam

Narradora: Ashley Medowski

Es el centro de Boston a la hora pico, pero nadie se apura. Por el contrario, un nutrido grupo de asombrados transeúntes se ha detenido a mirar una reproducción de la Mona Lisa —de 8 x 10 pies— que tiene debajo de los pies. Acuclillado sobre la acera cerca de su polvorienta obra maestra en tiza, Sidewalk Sam crea el rubor perfecto sobre las mejillas de la señora y luego le sonríe a la multitud.

Es la misma multitud, con rostros amables y cautelosos pies, que él ha sabido reunir durante los últimos treinta años, porque esta obra de arte será borrada por la lluvia en cuestión de minutos. Pero este artista del concreto no se amilana por ello, y se sienta cómodamente en sus vaqueros de trabajo y en su camisa de algodón, disfrutando satisfecho de haber creado esta comunidad de admiradores.

Robert Guillemin estudió arte en París, Chicago y Boston, y sus obras de arte se encuentran en muchas galerías y museos. Pero sintió que a esos sitios les faltaba algo. «Las impecables paredes blancas, los guardianes y la gente susurrando no me parecieron reales», dice. El arte debe ser para todos, pensó él.

Guillemin se dio cuenta de que las aceras eran realmente plataformas de exposición donde las personas mostraban mucho de sus vidas. «Tratamos las aceras con tanto desdén, arrojándoles colillas de cigarros, chicles y basura —pensaba—. ¿Por qué no mostrar un poco de respeto por un lugar donde la gente que vive en un ambiente desenfrenado intercambia diariamente sus saludos?»

Y en consecuencia, desde hace más de treinta años, él se acuclilla todos los días en la esquina de una calle concurrida —con una caja de cigarros llena de tizas de colores— y comienza a dibujar. Por pasar de 10 a 12 horas diarias en unos pocos pies cuadrados de una acera, no tardó en ser conocido como «Sidewalk Sam». En lugar de promover su expresión artística individual, decidió unirse a toda una comunidad en un proyecto artístico permanente. «Quería que la gente se sintiera vinculada al arte —dice—. El arte es algo que aúne a los extremos de la sociedad … hemos olvidado la parte de nuestras ciudades donde todo el mundo es enteramente humano en compañía de los demás: las calles».

Sam no logró terminar sus primeras creaciones. La policía de Boston lo amenazó con arrestarlo por «estropear la propiedad pública». Una vez que el municipio se dio cuenta de que él estaba creando obras maestras comunitarias, le fue permitido pintar en cualquier lugar que le plazca. Por ejemplo, el Día de la Tierra, en 1990, Sidewalk Sam convirtió una de las autopistas más congestionadas de Boston en la vibrante pradera verde que alguna vez fue. Con pleno apoyo del municipio, cerraron una milla de Storrow Drive y lo convirtieron en un gigantesco símbolo de la Tierra y de una comunidad que se apoya mutuamente.

Primero, llenó los camiones de agua de la ciudad con pintura verde color de pasto a prueba de contaminación ambiental y convirtió una milla de la autopista en un campo ondulado a la orilla del río Charles. Luego les entregó 60.000 cajas de tizas de colores a los asistentes a quienes invitó a convertirse en artistas. Ellos dibujaron símbolos de la paz y el desarrollo, desde mariposas hasta girasoles. Presidentes de corporaciones compartieron tizas color pastel con los mendigos y la calle de la ciudad tornó de nuevo a ser un prado. «Todo transeúnte es un creador de arte —recalca Sam—. La mayoría de los estadounidenses quieren dar de sí mismos, por lo que esta obra de arte la creamos todos juntos».

En cuanto a Sidewalk Sam, él mismo se ha convertido en un símbolo, valiéndose de su talento artístico para lograr que el público se percate de la bondad de sus propios corazones. Al reflexionar sobre su obra, Sam explica que «saqué lo mejor de mí y lo puse en el piso. Dejo que la gente lo pisotee, si quiere. Pero en lugar de eso decenas de miles se detienen alrededor todos los días».

En la actualidad Sidewalk Sam ya no se distancia de sus obras maestras. Se cayó de una escalera en el 94 y regresó a las calles de Boston en una silla de ruedas. Con una fractura en la columna vertebral, ahora se inclina en su silla de ruedas para proseguir el esbozo de su visión y le confía a otros la tarea de ayudarle a terminar sus obras. «Tengo que cumplir con mi humanidad. Tengo que hacer que mi vida valga la pena —afirma—. He logrado servir a mis semejantes».

Su último proyecto tiene que ver con la vía más concurrida de Boston, la Arteria Central. El Departamento Federal de Carreteras ha decidido hacer la arteria subterránea en un proyecto de construcción de 10 años a un costo de 10.000 millones de dólares. A Sidewalk Sam le pidieron que embelleciera el área y entretuviera a los turistas durante esta construcción masiva; así que, la mayoría de los días, ¡lo encontrará pintando el interior gris y brumoso del túnel en una portentosa catedral medieval! Cuando termine, habrá querubes que disparen sus amorosas flechas desde un cielo azul. El tránsito congestionado pasará por delante de columnas ribeteadas de oro y escaleras de mármol pintadas.

Los desamparados, los niños y la comunidad cercana al túnel se reunirán para pintar rollizas nubes sobre el techo de la catedral. Con Sidewalk Sam todo se reduce a pintar el cuadro que haga que la gente se detenga y mire —ya sea a las nubes o a los magníficos pilares. Y semejante a esos querubes, el objetivo de Sidewalk Sam es ciertamente llegar a los corazones de los peatones ordinarios y de los viajeros de todos los días.

> *Pensamos demasiado. Sentimos demasiado poco.*
> *Más que máquinas, necesitamos humanidad.*
>
> CHARLIE CHAPLIN

El arte puede ayudar a devolverle la vida a su comunidad, de una manera nueva, entusiasta y colorida ... y puede ayudar a resolver los problemas de la sociedad. Para aprender cómo, escriba a *Sidewalk Sam* en Art Street, Inc. 83 Church Street, Newton, MA 02458 ó por e-mail a artstreet@aol.com.

Tesoros ocultos

NARRADOR: JOHN MCKNIGHT

LAS COSAS MÁS VALIOSAS DEL MUNDO NO SE ENCUENTRAN con facilidad. El oro, el petróleo y los diamantes, por ejemplo todos llevan tiempo y paciencia para encontrarlos y cultivarlos. Lo mismo ocurre con la gente. En la mayoría de las ocasiones, lo más valioso que una persona tiene que ofrecer no está del todo a la vista. Desgraciadamente, la mayoría de la gente no se toma el tiempo ni tiene la paciencia de buscar las gemas que los ojos no pueden ver. Pero conocí a una mujer notable que hace justamente eso.

Ella era responsable de asistir en su desarrollo a personas discapacitadas en el sur de Georgia. Junto a sus colegas, habían llegado a preocuparse de que en el campo de su especialidad se concentraban en las discapacidades de las personas en lugar de prestarle atención a sus posibilidades. Se dio cuenta de que rara vez pensaban en los dones, talentos y capacidades de las personas confiadas a su cuidado y en consecuencia, decidió comenzar a dedicar más tiempo a estar con sus «clientes», para ver si podía descubrir los dones especiales que cada uno de ellos tenía que ofrecer.

Fue primero a la casa de un hombre de cuarenta y dos años llamado Joe, víctima de un sistema que, a pesar de sus mejores intenciones, lo había etiquetado y limitado. Luego de años de educación especial, la sociedad había llegado a la conclusión de que no había un lugar para alguien como Joe y lo enviaron de regreso a la granja porcina de su familia. Todos los días él hacía dos cosas: alimentaba los cerdos por la mañana y por la noche, y se sentaba en la sala de la casa a escuchar la radio. Luego de cuatro días en casa de Joe, mi amiga se sentía completamente abatida. No podía encontrar el talento de Joe. «Entonces, al quinto día me di cuenta cuál era su don —me dijo—. Joe escuchaba la radio».

Podría no sonar a gran cosa, pero para ella era un tesoro. «Luego de hablar con la gente de la comunidad, encontré que había tres personas en el pueblo que escuchaban la radio, y se les pagaba por ello —agregó—. Una estaba en la oficina del alguacil, otra en el departamento de policía, y la tercera en la oficina local de la defensa civil y el servicio de ambulancia voluntario». Se fue a cada uno de estos lugares para ver si podía equiparar el talento de Joe con el de alguna de esas personas.

La oficina de la defensa civil y el servicio de ambulancia estaba situada en una casa donada que fungía también como centro comunitario de la vecindad. Era un lugar bullicioso, lleno de actividades, donde siempre había alguien. La gente entraba para conversar y tomar café en el comedor. A veces ponían películas. Era perfecto. Mi amiga advirtió que había una joven que se mantenía al tanto de la radio para las llamadas de urgencia, y despachaba ambulancias si era necesario, y le dijo a la despachadora, «conozco a alguien que le gusta oír tanto la radio como a ti. Me gustaría presentártelo». Ahora, todos los días, Joe comparte la oficina escuchando la radio y ayudando a la despachadora. Cuando llegó la Navidad, los voluntarios de la estación de ambulancias le regalaron a Joe su propio radio CB para que lo escuchara en su casa por la noche.

Un día, entró en el restaurante de localidad: «Eh, Joe, ¿qué está pasando?», le preguntó informalmente el dueño. Joe lo miró y le dijo: «La casa Smith en Boonesville se quemó esta mañana. Y en la Ruta 90, en ese desvío donde uno puede tener un *pícnic*, hubo una redada de drogas. Y el Sr. Schiller allá en Athens tuvo un ataque cardíaco». El restaurante se quedó en silencio, mientras todos los ojos se volvían hacia Joe. Todo el mundo se dio cuenta de que si querían saber lo que estaba ocurriendo, Joe era el tipo a quien tenían que ver. Hasta donde yo sé, éste es el único pueblo en Estados Unidos que ahora mismo cuenta con los servicios de un heraldo municipal confiable a la vieja usanza.

La última vez que hablé con mi amiga, me dijo que había llevado a Joe a conocer al editor del periódico. Se le ocurrió que, aunque el pueblo era pequeño, él posiblemente no pudiera saber todo lo que ocurría en la comunidad. De suerte que hoy él es un corresponsal del periódico local.

Gracias a los esfuerzos de mi amiga, Joe, un hombre casi desechado por la sociedad, se ha convertido en una inspiración, y en un valioso recurso para su comunidad. Eso nunca habría sucedido si alguien no hubiese cavado más profundamente, hubiese buscado un poco más, y hubiera mostrado mayor empeño en descubrir las verdaderas posibilidades de Joe. ¿Cuántos más Joes hay que sólo esperan a que alguien se tome el tiempo de descubrir lo que ellos tienen que ofrecer? Si le dedica suficiente tiempo, hay un tesoro por descubrir en todos y cada uno de nosotros.

Aprenda a descubrir los tesoros ocultos en su comunidad viendo a las personas como seres valiosos en lugar de problemáticos. Llame a la **Neighborhood Innovations Network** al 847-491-3395 para solicitar un ejemplar del libro *Building Communities from the Inside Out* de John McKnight, o asistir a un programa de adiestramiento para aprender a descubrir y movilizar los dones, capacidades y recursos en su vecindad.

La fiesta del perdón

NARRADORA: JO CLAIRE HARTSIG
ADAPTADO DE *FELLOWSHIP* (HERMANDAD),
REVISTA DE THE FELLOWSHIP FOR
RECONCILIATION

LA NIÑA DE NUEVE AÑOS BESS LYN SANNINO SE SENTÍA herida y confundida. Unos chicos mayores de su barrio habían entrado ilegalmente a su casa y le habían robado sus cosas favoritas, lanzándole huevos y destrozando su hogar de Virginia Beach. La conmoción de Bess no tardó en dar paso a la ira. Su primera reacción fue vengarse: «sentí deseos de salir para sus casas y matarlos». Habían estado en su cuarto y habían manoseado sus objetos personales. No era justo. Detalladamente, apuntó todas las cosas que le robaron, incluidos los $17 de su mesada, su caramelo del Día de San Valentín y su tocadiscos.

Grace, su madre, estaba indecisa de si llamar o no a la policía, puesto que los vándalos eran muchachos de la vecindad y no delincuentes empedernidos. Finalmente, llamó al padre de uno de los adolescentes sospechosos, quien identificó a los otros involucrados. Él la alentó a funcionar con la policía para que esto le sirviera de escarmiento a los jóvenes.

Cuando Grace llamó a la policía, un agente compasivo y comprensivo fue quien respondió. Él pasó toda una semana rastreando a los padres de los cuatro ladrones. Una de las madres tenía dos empleos y rara vez llegaba a casa antes de las 11 p.m. A otra familia la encontraron que se enfrentaba al problema de tener al padre hospitalizado debido a su propia conducta violenta.

Todo el mundo, —el agente de policía, los padres, los adolescentes y la familia de Bess— estuvo de acuerdo en tratar de evitar que los muchachos tuvieran antecedentes penales. Les impusieron horarios rigurosos para volver a casa y otras restricciones. Los adolescentes tuvieron que devolver lo robado a sus vecinos. Devolvieron las propiedades robadas. Cubrieron con pintura el grafiti, limpiaron las salpicaduras de huevo de la puerta del garaje y ayudaron con el trabajo del patio y otras tareas alrededor de la casa. Uno de los chicos hasta escribió un ensayo sobre la integridad y se lo leyó a Bess.

Bess ya no estaba enojada, pero aún se sentía incómoda. En su corazón de niña, ella pugnaba con la verdad adulta de que la restitución no es lo mismo que la reconciliación. Aunque ella y sus vecinos habían llegado a conocerse mejor, sentía que siempre habría una situación embarazosa entre ellos. A partir de esos sentimientos confusos, fue cobrando forma una idea sencilla. Bess decidió hacer una fiesta, no una fiesta cualquiera, sino «una fiesta de perdón» como ella la llamó. Decidió ofrecer una fiesta a la gente que sólo unas pocas semanas antes había forzado una ventana de su casa y se había apropiado de cosas que le eran muy preciadas.

La fiesta resultó un verdadero éxito. Bess hizo una piñata y decoró la casa y el patio con globos y luces. No sólo asistieron los muchachos que habían entrado a robarle, sino que también trajeron a sus familias, y se convirtió en una celebración. Mientras la gente bailaba al son de la música del tocadiscos que habían robado y luego devuelto, pasaron de la ira y la vergüenza a la compasión y el júbilo a través de la comprensión y el perdón. Ese día los enemigos se hicieron amigos.

¡Qué hermoso pensar que nadie necesita esperar un instante: podemos comenzar ahora, comenzar lentamente a cambiar el mundo! ¡Qué hermoso que todo el mundo, grandes y pequeños, pueda hacer una contribución para introducir la justicia enseguida!

ANNE FRANK

Enséñeles a sus hijos habilidades para la resolución de conflictos. Aprenda a encontrarle soluciones no violentas a un conflicto con **Children's Creative Response to Conflict at the Fellowship of Reconciliation,** Box 271, Nyack, NY 10960, o http://www.nonviolence.org.

Enseñando jazz y creando una comunidad

NARRADORA: LESLIE R. CRUTCHFIELD

LA MAYORÍA DE LA GENTE SABE QUE WYNTON MARSALIS es un músico. Pero para los estudiantes de las escuelas de Washington, D.C. el laureado trompetista es también un maestro muy singular.

Para Roberto Peres, que ha estudiado trompeta durante ocho años, Marsalis ha sido un modelo a seguir. Piensa que Wynton es el mejor. Un día, el maestro de música de Roberto en la Escuela de Artes Duke Ellington en Washington, D.C. lo sorprendió llevándolo a la emisora local NPR para que conociera a su héroe. Al día siguiente, Wynton le dio a Roberto una lección de trompeta de dos horas gratis. La crítica franca de Wynton le dio a Roberto el valor que necesitaba para dar lo mejor de sí.

Su próxima lección sería cinco meses después: esta vez por teléfono. «Hablamos por tres horas», dice Roberto. Pero esta vez, no fue de música: fue acerca de la vida y la importancia de la persistencia, la dedicación, la concentración y la práctica congruente. A través de esta conversación, Roberto descubrió que su trompetista preferido era también una persona real. «Él es muy generoso, siempre aparta tiempo para uno», dice.

A lo largo de la última década, Wynton ha visitado más de 1.000 escuelas y supervisado a varios estudiantes como Roberto. «Lo que un muchacho aprende del jazz es a expresar su individualidad sin pisotear la de nadie», afirma. Wynton les enseña dos ideas principales: «Lo primero que les digo es "toca lo que quieras, mientras suene como tú. Es importante desarrollarse y alcanzar una visión propia". Se trata de encontrarle algún sentido a la vida —dice—. Los chicos deben aprender a andar su propio camino».

La segunda lección es que el individualismo tiene su otra cara: «Mientras andas en busca de tu individualidad, reconoce que los demás también andan en busca de la suya». En consecuencia, les enseña a controlar la expresión de sí mismos. «No se trata de soltar algo abruptamente. Adáptenlo a lo que el otro esté tocando. Tomen su libertad y pónganla al servicio de otros —les dice él a los chicos—. Ser un buen vecino, de eso se trata el jazz».

De niño, Wynton aprendió algunas duras lecciones respecto de ser un buen vecino. Nacido en Nueva Orleáns en 1961, el segundo de seis varones, recuerda que lo llamaban «negro» y lo obligaron a integrarse en escuelas blancas hostiles. Le asombró descubrir que cuanto mejor estudiante era un negro, tanto más era atacado. A pesar de las dificultades, Wynton se convirtió en un estudiante sobresaliente que ganó todas las competencias musicales en que participó. A los diecisiete, ingresó en la exclusiva Escuela Juilliard de Nueva York —uno de los músicos más jóvenes que jamás haya ingresado en ella—, pero la escuela no se avenía a su estilo, y Wynton la dejó después del primer año. Después se incorporó a una orquesta, Art Blakey's Jazz Messengers, y finalmente llegó a ser el primer artista en obtener premios Grammy tanto en la categoría de música clásica como en la de jazz.

Aunque el padre de Wynton, el gran pianista de jazz Ellis Marsalis, ejerció la mayor influencia en su vida musical, fue su madre quien le enseñó acerca de la vida. Él la recuerda diciéndole: «Lo mejor que puedes hacer es desarrollar tu mente, mostrar alguna humildad y tener en cuenta los modales». Wynton dice que, después de sus padres, el escritor Albert Murray ha sido la persona que mayor influencia ha ejercido sobre él. «Murray decía "al diablo con las quejas", la humanidad no adelanta quejándose que la vida es dura. Uno no puede descartar la manzana completa porque un pedazo esté podrido». Optimista hasta el tuétano, Wynton agrega, «uno va y tira lo podrido y se come el resto».

Wynton dice que el mayor de sus dones es la capacidad de escuchar el alma de un músico. «Cuando tocan y yo oigo los sonidos, puedo adivinar las notas que sacan en la escuela y qué clase de hábitos tienen. Sencillamente lo puedo oír en lo que tocan. A veces lo que dicen es "Socorro"». A través del jazz Wynton les ofrece el don de alcanzar una vida más rica y plena.

Roberto estudia ahora en la Universidad Howard y aún toca la trompeta. Siempre que Wynton viene a la ciudad, Roberto va a verlo tocar. Han pasado los años desde que se conocieron y Wynton sigue orientándolo y aconsejándolo, tanto sobre el mundo del jazz como del mundo en general. «Wynton es el mejor maestro que jamás he tenido —dice Roberto—. Él me enseñó: "Si amas lo que haces, siempre tendrás éxito"». Al servirle de ejemplo, Wynton ha enseñado a trabajar para alcanzar ese éxito.

Si quiere introducir la música en la vida de los niños, llame al director de una escuela de su localidad. Si usted es un músico profesional, busque la escuela pública local cuando esté de gira. Si está en Washington, D.C. llame a la **Duke Ellington School of Arts,** 202-333-2555.

Gracias, Dr. Coué

NARRADOR: ROBERT MULLER
ADAPTADO DE *SOBRE TODO,*
ME ENSEÑARON LA FELICIDAD

COMO SUBSECRETARIO GENERAL DE LAS NACIONES UNIDAS, cuando las malas noticias me deprimían, recordaba una gran lección que había aprendido del Dr. Émile Coué cuando yo era alumno de la Universidad de Heidelberg y un amigo moribundo me pidió que lo ayudara. Es un misterio para mí. No me lo explico, pero resultó milagroso y me salvó la vida durante la guerra.

«¿Por favor, podrías ir a la biblioteca y pedir prestado un libro del Dr. Coué? —me pidió mi amigo en el hospital—. Tráemelo tan pronto como te sea posible». Fui a la mañana siguiente y encontré *Autodominio mediante la autosugestión consciente.* Al repasar el libro, supe que este médico, que era de mi vecina ciudad en Francia, había ganado fama mundial por sus métodos curativos que se basaban en la confianza y la imaginación del paciente.

La esencia de su obra consistía en esta simple práctica: todas las mañanas antes de levantarse, y todas las noches antes de irse a dormir, cierra los ojos y repite varias veces: «Cada día, en todo sentido, me estoy volviendo mejor y mejor». Uno puede añadir también las propias palabras de uno. Yo me acostumbré a decir: «Me siento espléndido, me siento más feliz que ayer, nunca me he sentido tan bien. Es maravilloso estar vivo y tan saludable».

Al principio pensaba que resultaba demasiado fácil: ¡procurar la felicidad con sólo repetirse a uno mismo que uno se siente feliz! Pero luego de reflexionar sobre ello, pude ver que tenemos la elección de ver todas las cosas a la luz o en la oscuridad. Ahora comienzo el día con la convicción de sentirme bien, saludable y feliz de estar vivo. Mi felicidad, el gusto por la vida, mi actitud hacia el mundo se ven afectadas por esta decisión «interna» tomada al empezar cada día. Luego, cuando surgen las dificultades, me recluyo en lo más íntimo de mí mismo.

Para gran sorpresa de los médicos, mi amigo se recuperó al cabo de unas pocas semanas y fue dado de alta del hospital. Yo nunca me he olvidado de él ni del método del Dr. Coué. No siempre me he acordado de repetir la afirmación, pero instintivamente he seguido su filosofía de optimismo y confianza en mí mismo toda mi vida.

Cuando tenía 20 años, trabajaba como informante para la Resistencia Francesa. Bajo la falsa identidad de Louis Parizot, tenía un puesto administrativo en un centro de telecomunicaciones francesas que me permitía advertirles a mis amigos de las inminentes inspecciones de los alemanes. Una noche, advertí que alguien había estado registrando mis pertenencias en mi habitación del hotel. Le pregunté al hotelero si alguien había entrado en mi cuarto. «Sí, dos trabajadores de la compañía eléctrica la inspeccionaron». ¿Habían realmente los electricistas desplazado algunas de mis pertenencias, me pregunté. ¿Era una inspección de rutina de la policía francesa, o los alemanes ya me seguían el rastro?

A la mañana siguiente recibí una llamada telefónica del guardia de la entrada del edificio de oficinas. Tres señores querían verme en nombre de un amigo llamado André

Royer. El corazón me dio un salto cuando oí su nombre. Acababa de recibir la noticia de que este buen amigo mío de la escuela había sido arrestado por los alemanes durante una redada. Sospechaba que los hombres que se dirigían a mi oficina eran alemanes. Le dije a mi secretaria que los recibiera, que averiguara lo que querían y que me lo hiciera saber telefoneándole a la secretaria de un colega en una oficina contigua, donde me refugié.

Al cabo de un rato sonó el teléfono y pude oír a mi secretaria decir: «Busco al Sr. Parizot. ¿Sabe dónde se encuentra? Tres señores de la policía lo quieren ver». Este mensaje era bastante claro. Para ganar tiempo, me fui al desván del hotel, y le pedí a la secretaria que me había encubierto que le diera un mensaje a uno de mis colegas de la Resistencia. Él no tardó en irme a ver, y me dijo: «Tienes pocas oportunidades de escapar, si es que hay alguna. Hay cinco o seis agentes de la Gestapo en el edificio. Están registrando sistemáticamente las oficinas y parecen bastante tranquilos, porque saben que estás aquí. La entrada del hotel está bloqueada y una camioneta carcelaria está estacionada en la curva. Esconderte aquí en el desván o treparte al techo no resultará. Sabes perfectamente que te matarán a tiros como si fueras una paloma».

Luego él se fue, prometiendo regresar si había algún nuevo acontecimiento. Yo me quedé solo para pensar en la trampa en que estaba metido. «Este es el momento de todos los momentos —me dije a mí mismo—, de mantener la sangre fría y el pleno dominio de mis capacidades físicas y mentales». De repente me acordé del Dr. Coué. «Debo sentirme relajado e incluso entusiasmado con esta situación». Siguiendo el consejo del buen médico, me repetí que era ciertamente una aventura extraordinaria y emocionante para un joven de 20 años estar atrapado en un hotel, perseguido por los nazis. ¿No sería emocionante si yo pudiera hacerles una jugarreta y escapármeles entre los dedos?

Habiendo cambiado mi perspectiva a un estado mental positivo y confiado, me sentí sosegado, incluso alegre y feliz, sin ningún temor ni idea de fracaso. Comencé a pensar lenta y decisivamente. «Nada es desesperado en este mundo» —pensé—. Debe haber al menos una oportunidad en un millar de escapar de esta situación. Debo encontrarla. Debo concentrarme en la mentalidad de los nazis. Ellos saben que estoy en este edificio. Están convencidos de que me encontrarán y que sólo es cuestión de tiempo y *Gründlichkeit* (minuciosidad). No hay medios racionales de escapar. Debo pensar en algo que sea extraño a su psicología».

Examiné varias opciones. Todas salvo una conducían a un arresto seguro y la muerte posible. Luego surgió un rayito de esperanza. «Hay muchas personas en el hotel. Mi mejor oportunidad de escapar es la de confundirme con la multitud. ¿Por qué no bajar las escaleras e ir directamente al grupo de personas que debe estar reunido? Los nazis de seguro no esperan que yo haga eso. Lo peor que puede ocurrir es que me arresten, pero eso es probable que ocurra de todos modos. Si tengo alguna oportunidad en absoluto, es haciendo lo único que los alemanes esperan que no haga: caminar directamente hacia ellos».

Puse mi plan en acción. Cambié mi apariencia física lo mejor que pude, me humedecí el pelo con el agua de un grifo y me lo partí a un lado. Me quité los lentes y encendí un cigarrillo para adquirir una postura de más serenidad. Cuando descendí la majestuosa escalera había muchísima gente reunida. Yo no podía ver bien sin los lentes, pero distinguí un grupo dominado por manchas lustrosas: estas deben ser las cabezas calvas de los alemanes, me dije, y me encaminé directamente hacia ellos. Por una fracción de segundo se hizo silencio cuando mis colegas franceses me vieron aparecer en la escalera. Pero inmediatamente entendieron lo que estaba haciendo y conversaron en voz más alta para crear diversión.

Me aproximaba al grupo de alemanes cuando reconocí a mi secretaria, a quien ellos seguían interrogando. Le pregunté con toda calma: «¿Por qué todo este tumulto?» Ella respondió con gran tranquilidad: «Estos señores están buscando al Sr. Parizot». Yo expresé mi sorpresa: «¿Parizot? ¡Pero yo acabo de verlo hace unos minutos en el cuarto piso! «¡*Schenell hinauf!*» (¡rápido arriba!) gritó uno de los alemanes y todo el grupo corrió escaleras arriba! Me detuve por unos minutos más, en caso de que estuviera siendo observado por uno de los nazis más perspicaces. Mis colegas franceses se cuidaron de no prestarme ninguna atención y regresaron a sus escritorios.

Luego fui a la oficina de un compatriota y le pregunté cómo podría salir del edificio. «La entrada principal está vigilada, pero hay un modo de salir del garaje a través del sótano. El superintendente francés de allá abajo podría ayudarte». Con su ayuda, finalmente llegué al garaje, que estaba lleno de bicicletas. Tomé una que me pareció buena y fuerte y me fui pedaleando hasta la casa de un miembro de la clandestinidad, donde esperé durante varios días hasta que la búsqueda se acabara; luego me dirigí a las montañas.

Treinta y cinco años después volé a París para recibir el Premio a la Educación de la Paz de la UNESCO. En la ceremonia me quedé asombrado de ver a mi antigua secretaria, a quien no veía desde aquel día memorable. La abracé cálidamente y la escuché contarme el resto de la historia. Me dijo que los alemanes habían estado tan seguros de encontrarme que ¡hasta habían desenrollado las viejas alfombras almacenadas en los desvanes!

Me contó que cuando ella me había visto bajar la escalera, había empezado a decir para sí: «*Passera, passera pas, passera...* (pasará, no pasará, pasará...)».

Luego de varias otras ocasiones en las que el método del Dr. Coué me salvó del peligro durante la guerra, me he convertido en un ferviente promotor del poder del optimismo. Ahora vivo en el lado positivo y soleado de la vida que Dios me ha dado. El optimismo, el trabajo arduo y la fe no obran sólo en nuestro mayor interés personal, son también las afirmaciones de la vida misma. Tuve suerte de que uno de mis compatriotas me enseñó esto a una temprana edad. Gracias, Dr. Coué, gracias desde el fondo de mi corazón.

Debemos hacer de la vida un verdadero milagro y de nuestro planeta un paraíso. Llenemos los últimos años de este siglo y de este milenio con nuestras ideas y sueños para el futuro. Usted puede enviarle sus ideas y sueños para un mundo mejor al Dr. Robert Muller al http://www.worldpeace2000.org/ideas. *Suggestions and Autosuggestions* del Dr. Émile Coué y C.H. Brooks es publicado en inglés por Samuel Weiser, Nueva York, NY.

Padre Joe

NARRADOR: DENNIS MORGIGNO

EL ESCENARIO ERA EL MÁS RECIENTE Y EXCLUSIVO CENTRO comercial de San Diego, donde se encuentran las sucursales de Cartier, Ferragamo, Gucci y Dunhill. En el tercer piso, por la galería que circula el atrio, el tintineo de las copas de cristal se mezclaba con la risa ligera de los celebrantes en lo que era otra gran apertura. Entre los invitados de esa noche se encontraba un hombre corpulento vestido de negro, aunque no se asemejaba a los demás con sus esmóquines y sus trajes de gala.

El maestresala estaba a punto de llamar a los invitados a sus humeantes fuentes de aperitivos y platos fuertes cuando advirtió la presencia del hombre vestido de negro. Volvió a poner la tapa sobre una de las grandes bandejas y se acercó a él. «¿Padre Joe? —preguntó—. Una vez estuve en la cola de su comida; ahora quisiera que usted fuese el primero en la mía».

Es la clase de historias que el padre Joe Carroll nunca se cansa de contar. En los diez años que han pasado desde que inaugurara su revolucionaria Villa San Vicente de Paul, ha visto a millares de personas abandonar la indigencia, recobrar la dignidad y volver a tener vidas productivas. No hay mejor ejemplo que el del maestresala Jim Miller, un ex obrero de la construcción cuyo consumo abusivo de bebidas alcohólicas y drogas lo llevó a dormir debajo de un cartón junto a la bahía de San Diego. Un día Miller fue a dar a la cola que se hacía para comer frente a

San Vicente. Él se alimentaba el cuerpo mientras intentaba poner en orden su alma. «Tienes que estar listo para empezar —dice—. Y cuando estás listo, realmente agradeces los programas y el apoyo que ellos ofrecen aquí».

Para el padre Joe, un hombre cálido y amistosamente visionario, su papel en la Villa San Vicente no está falto de divina ironía. «Desde que tenía cinco años hasta que tuve doce, el regalo de Navidad provenía de la tienda de segunda mano de San Vicente de Paul en el Bronx. Éramos una familia pobre, y cuando se acababa la comida, mi madre iba a San Vicente. Es divertido ver cómo Dios obra. Yo fui el escogido para devolver lo que mi familia había recibido durante todos esos años».

No es que el joven Padre Joe no necesitara un empujoncito. «Nunca realmente quise hacerlo —dice Carroll—. Pero Leo [el difunto obispo Leo Maher] me llamó un día: "Mañana eres el nuevo jefe de San Vicente. Eres el mayor buscavidas que tenemos. Te necesitamos allí"».

El padre Joe no tardó en darse cuenta de que el viejo simplemente había visto al verdadero Joe Carroll, un joven sacerdote a quien otros seguirían; alguien que no temería usar sus peculiares poderes de persuasión para convertir San Vicente en una verdadera fuerza en la comunidad. Finalmente lo llegaron a conocer en todas partes como «el cura buscón» que iba detrás de los bolsillos de tanto los ciudadanos ordinarios como los de los principales filántropos, a fin de convertir su sencilla visión en realidad.

La primera prueba vino de una parroquia local, donde el rector lanzó un reto. Apoyaría el plan del padre Joe para San Vicente si Carroll podía recaudar $5.000 en la segunda colecta, siempre la más difícil. El padre Joe estuvo a la altura de ese desafío. «La falta de hogar es una enfermedad social —predicó—. Destruye comunidades como un cáncer». El chico del Bronx había captado la atención de sus oyentes. «El cáncer se extiende. Hace que los vecinos luchen con los vecinos y, muy pronto, nadie trabaja con nadie».

Joe Carroll recaudó $20.000 ese día… en una sola iglesia. Otras iglesias siguieron el ejemplo, a los que se unieron miembros de la comunidad. Helen Copley, dueña del diario más grande de San Diego, fue la primera gran benefactora del programa de San Vicente. Su donación de $250.000 le dio credibilidad al proyecto. Joan Kroc, matriarca de McDonald's y ex propietaria de los Padres de San Diego, selló el trato, dándole a Carroll tres millones de dólares para terminar la primera parte de la Villa.

El padre Joe hizo más que construir un asilo; cambió la manera en que toda una ciudad trataba a los desamparados. Insistió en que las comunidades debían «romper el ciclo de la falta de hogares», no tan sólo ofrecerles a los indigentes una comida ocasional y un lugar donde desenrollar sus camas de noche. Cuando comenzó su cruzada a fines de 1982, San Diego estaba haciendo justamente eso y más nada para las legiones de desamparados que acudían atraídos a esa ciudad por su cálido clima.

Los pocos asilos que existían eran simplemente refugios nocturnos de las tormentas y de las carreteras; los programas de comidas ofrecían poco más que magros desayunos y deprimentes comedores de caridad. Carroll cambió todo eso, ignorando a los que decían que su comunidad era «demasiado buena» para vagabundos. Él creía que alimentar y vestir a los desamparados era sólo la mitad de la batalla. Al restaurar la dignidad de las personas uno también puede ayudarlas a recobrar sus vidas.

El pueblo del padre Joe es una comunidad donde la dignidad renace cada día; donde hay esperanza para el futuro. Él construyó apartamentos donde las familias sin hogar pudieran conservar su privacidad, así como dormitorios grandes y limpios para hombres y mujeres solos. El pueblo tiene ahora una clínica para atender los que sufren de enfermedades derivadas de sus vidas en las calles, adiestramiento laboral, una escuela para los niños y asesoría económica para los padres. Una gigantesca cocina central ofrece tres comidas completas por día a todos los que llamen a las puertas del hogar.

Nueve años después de que la primera residencia abriera sus puertas, San Vicente servía su diezmillonésima comida en septiembre de 1996. Su labor comunitaria había devuelto a muchos a sí mismos y al mundo. Los archivos muestran que, después de un año en el programa del padre Joe, más del 80% de todas las familias viven en hogares independientes y tienen ingresos positivos.

El padre Joe se ha convertido en una celebridad de San Diego y en un símbolo internacional como campeón de los desamparados. En enero de 1988, las Naciones Unidas le otorgó el Premio Internacional Hábitat Mundial, y el municipio de Las Vegas le concedió al Padre Joe $10 millones y le pidió que hiciera por esa ciudad lo que ya había hecho en San Diego.

Pero él nunca olvida sus raíces. «Tenemos aquí la regla de que, no importa el tamaño de la donación, si estoy aquí, usted puede dármela personalmente. Solíamos tener una viejecita que recibía una ración de queso de cinco libras del programa federal de alimentos. Ella lo cortaba en dos todos los meses y nos daba la mitad a nosotros. Mi personal me sacaba de una reunión para que ella me la entregara personalmente. Esa gente es tan importante para nuestro trabajo como los que hacen grandes donaciones», dice el padre Joe, y uno puede notar la sinceridad en sus palabras.

«San Vicente se ha convertido en un catalizador para la gente solidaria», dice él con un toque de asombro y gratitud en la voz. «Les damos una oportunidad de retribuir, y a personas como Jim Miller, una oportunidad de volver a vivir».

La solución es amar.

DOROTHY DAY

Ayude a terminar el ciclo de la pobreza para los desamparados. Venga a visitar la *Villa San Vicente de Paul* y vea cómo su «permanente cuidado» sostiene a 855 residentes y a 1.200 no residentes con viviendas, comidas, consejería, programas para combatir las drogas y alcoholismo, atención médica y dental, servicios para niños, adiestramiento laboral, todo en un sitio. Llame al 619-687-1066 para encontrar inspiración o para una visita.

El bombero pacificador de Oakland

NARRADORA: PATRICIA WEST

EL 20 DE OCTUBRE DE 1991, LAS COLINAS DE OAKLAND/ Berkeley Hills estaban ardiendo. Luego se convertiría en el incendio urbano más grande de la historia de Estados Unidos. Una de las primeras personas que se personó en el lugar resultó ser el capitán de bomberos Ray Gatchalian que se encontraba de franco.

Exhausto de combatir un incendio de cinco alarmas el día anterior, Ray estaba en su casa descansando. De repente, se cortó la electricidad y unas violentas ráfagas de viento frente a su ventana reclamaron su atención. Desde su terraza podía ver el humo. Estaba a punto de envolver a todo el vecindario donde él vivía. Inmediatamente después, Ray recuerda, un helicóptero advertía al vecindario: «¡Evacúen el área! ¡Evacúen el área ahora mismo!».

En lo primero que pensó Ray fue en su esposa, en su hija y en sus vecinos ancianos. Durante unos momentos, se sintió perturbado. Su casa estaba a punto de quedar en medio de un incendio voraz: «¿Me quedo con ellos o ayudo a combatir el incendio?». Luego de comprobar la seguridad de su familia, Ray cerró la puerta de su casa, pensando que podría estarlo haciendo por última vez. Confiando en Oscar, su fiel camioneta Chevy del año 1965, se dirigió al Cuartel de Bomberos No. 15. Él y John Arnerich, otro de los bomberos que se encontraba franco de servicio, cargaron las cinco mangueras y pistones que quedaban y convirtieron a Oscar en su camión de bomberos.

Se dirigieron a toda velocidad hasta el borde del incendio, donde éste amenazaba con saltar al próximo cañón. En seguida Ray se dio cuenta del peligro inminente a lo largo de esta cuesta tupida de malezas. En el intenso calor de la primera hora, las casas estaban siendo consumidas a la increíble velocidad de una cada cinco segundos. Al término de ese día, 25 personas habrían perdido la vida, 3.000 hogares habrían sido destruidos, y en sus cenizas el incendio dejaría un saldo de $1.500 millones de dólares en daños.

En toda su vida, Ray nunca había visto un incendio de tal ferocidad: Dice él, «Yo combatí en Vietnam. Presencié la destrucción de la guerra civil en El Salvador y el terremoto en Ciudad México. Pero no estaba preparado para ver la devastación de mi propia comunidad. Me quedé pasmado, en completo estado de *shock*».

Ray llamó al despachador del Departamento de Incendios y solicitó ayuda inmediata. Pero no quedaba nada por mandar. Las 23 bombas y los 7 camiones de bomberos ya estaban combatiendo el incendio. Cuando oyó las últimas palabras del expedidor, se dio cuenta de que dependían de sí mismos: «Ray, haré todo lo que pueda por mandarte a alguien, pero no puedo prometértelo. Dios te bendiga».

En ese momento, el fuego amenazaba con devorar a todo el vecindario. Si ellos iban a tener alguna oportunidad, sea la que fuere, necesitaban reducir el incendio. Varios transeúntes curiosos se detuvieron para ayudar; Ray rápidamente los organizó en una improvisada brigada de incendios. Ray contempló a sus voluntarios: una docena de jóvenes sin adecuado equipo ni entrenamiento, pero lo que les faltaba de experiencia, lo suplían en espíritu.

Sin contar con nada excepto los equipos que habían cargado en Oscar, Ray dirigió a esta dotación improvisada en una denodada lucha de tres horas contra el fuego. El colérico monstruo rojo rugía, presto a volverse sin aviso contra los bomberos. Al final, ellos prevalecieron, salvando muchos hogares y evitando que el incendio se extendiera a otro cañón, donde habría ganado aun más fuerza. Pero su trabajo estaba lejos de acabarse.

Cuando las bombas de incendio finalmente llegaron para relevarlos, uno de los voluntarios de Ray, Rich Stover, supo que la casa de su propia madre estaba en llamas. Sus nuevos amigos no estaban dispuestos a permitir que el fuego destruyera la casa de uno de ellos. Exhaustos pero determinados, trabajaron incansablemente con limitados recursos para salvar la casa de la madre de Rich y otras seis casas vecinas. En el calor de esas horas decisivas, Rich, un contratista de obras de 28 años, decidió convertirse en bombero. Él lo explica de esta manera: «combatir el incendio con Ray cambió mi vida. Reavivó mi deseo de ayudar a otros».

Las cámaras de televisión de todo el mundo captaron dramáticas escenas de las llamas en que se apreciaba la magnitud de la devastación, pero ignoraron el desprendido heroísmo de estos voluntarios y de otros cientos como ellos, que valientemente batallaron contra el infierno. Sin ellos, las pérdidas de vida y propiedades habrían sido catastróficas. «Algunos podrían decir que era estupidez, en tanto algunos dirían que era valor —dice Ray— pero una vez que uno se enfrenta a un fenómeno tan monstruoso, la vida se transforma».

Convocar a la gente a que cambie las cosas no es nada nuevo para Ray. Uno incluso podría decir que ésta es su vocación. Veterano de la guerra de Vietnam y ex miembro de los Boinas Verdes, dedicado ahora a la paz, Ray organizó en una ocasión a médicos para que donaran sus servicios a los refugiados y luego contribuyó a influir al Congreso con su documental premiado *Unheard Voices* (*Voces que no se oyen*) para frenar la ayuda militar a El Salvador. Incluso ha dedicado sus vacaciones a organizar una vigilia permanente con antorchas que duró un mes para detener la violencia y promover la paz.

Por su valor y servicio a la comunidad, Ray ha recibido muchos galardones prestigiosos. Pero él es el primero en decir que no es más que un trabajador común. Lo que lo distingue es que siempre está dispuesto a dar. Su padre le dijo una vez. «Estamos aquí para inspirarnos mutuamente, para aportarnos lo mejor los unos a los otros». Ese día ardiente, seco y ventoso del incendio, Ray hizo justamente eso.

Aquellos de ustedes que serán verdaderamente felices son los que han buscado y encontrado cómo servir.

ALBERT SCHWEITZER

Dé gracias por las buenas obras de 250.000 bomberos en todo el país. Para contribuir con la Asociación Internacional de Bomberos (International Association of Fire Fighters Burn Foundation y The National Children's Burn Camp), escríbales a 1750 New York Ave., Washington, D.C. 20007.

El poder de una idea

NARRADORES: JEB BUSH Y BRIAN YABLONSKI

LA MAÑANA DE UN DOMINGO DE PRIMAVERA DE 1993, EL NIÑO David Levitt de once años leía *The Power of an Idea* (*El poder de una idea*) en la revista *Parade*. Era una historia acerca de Stan Curtis, un hombre de Kentucky que había fundado una red de voluntarios para transportar alimentos donados a personas hambrientas. El programa se llamó Harvest USA, con más de ochenta capítulos en toda la nación. David se quedó tan curioso, particularmente de la divisa de la organización «Alimentar a los hambrientos sin dinero», que decidió visitar a otra organización local de caridad, la Tampa Bay Harvest.

El presidente le ofreció toda clase de información acerca del programa de donación de alimentos de Stan Curtis, llamado Operation Food for Thought en Louisville, donde los restos de comida donados por las cafeterías de las escuelas se destinaban a los hambrientos. ¿Por qué no podría crear él un programa semejante en su escuela, de manera que los sobrantes de comida pudieran alimentar a los desamparados en los comedores de pobres de la localidad?

El chico de sexto grado le expuso primero la idea al director de su escuela, pero le dijeron que probablemente habría regulaciones del gobierno que impedían que un programa como éste funcionase. Hasta sus nuevos amigos en Tampa Bay Harvest le dijeron que varias personas habían presentado propuestas semejantes a la Junta de Educación del Condado de Pinellas para ser luego rechazadas. Sin embargo, David no se desalentó.

A lo largo de las próximas semanas, David sacó de los archivos de Tampa Bay Harvest y de Operation Food for Thought datos, cifras y testimonios de éxito. Investigó las leyes de la Florida respecto a las donaciones de alimentos. Escribió una propuesta, hizo ocho copias de ella y se las entregó personalmente al superintendente y a los siete miembros de la Junta de Educación del Condado de Pinellas.

Mientras se encontraba en la oficina de la Junta de Educación, David pidió ver el salón de reuniones. De las paredes colgaban fotos de los miembros de la junta, y mientras él las miraba se preguntaba cómo un niño de once años podría convencer a estos personajes poderosos, cuando muchos otros antes que él habían fallado. ¿Qué ocurriría si él fuera a pedirle a cada uno de ellos individualmente que apoyara su idea? Recogió los números telefónicos de cada uno de los miembros de la junta, y personalmente llamó a cada uno y les pidió que opinaran sobre su idea. Nadie había tenido el tiempo de hacer eso antes, por lo que los miembros de la Junta de Educación se quedaron realmente impresionados con la determinación de David.

El duodécimo cumpleaños de David fue una gran fiesta. Tuvo que comparecer ante la Junta de Educación del Condado de Pinellas en el mismo salón donde tan impresionado había estado unas semanas antes. Su empeño y su trabajo habían dado sus frutos. ¡La Junta aprobó su plan por unanimidad! David tenía una sonrisa de triunfo. «Simplemente hizo falta que un niño les ayudara a ver que esto sí importa», dijo.

Sin embargo, pasaron cinco meses y el programa aún no había sido puesto en práctica. David se estaba impacientando. La comida se tiraba y la gente seguía hambrienta. David llamó al presidente de Tampa Bay Harvest para ver qué debía hacerse. Resultó que ellos necesitaban recipientes herméticos para transportar la comida, y puesto que el sistema escolar no disponía de dinero para comprarlos, Tampa Bay Harvest era responsable de comprar los recipientes. Pero la organización ni siquiera tenía una cuenta de banco, y mucho menos dinero.

David emprendió una búsqueda de los recipientes. En una visita a su supermercado local consiguió las direcciones de compañías que fabricaban los recipientes. Luego envió cartas a todas las compañías que pudo encontrar. Publix Super Market, Inc. fue la primera en ayudar. Le enviaron un certificado de regalo por cien dólares para comprar recipientes. El plan progresaba, pero aún distaba de ser bastante. Luego, David recibió una carta de un ejecutivo de First Brands Company, fabricantes de las bolsas Glad Lock. Se habían quedado tan impresionados con el proyecto de David que le enviaron ocho cajas de bolsas para guardar alimentos y posteriormente se comprometieron a proporcionar un suministro permanente. David estaba encantado.

Ahora el programa estaba por fin listo para comenzar. Había tomado aproximadamente un año desde el momento en que David obtuvo la aprobación de la junta escolar para que el primer almuerzo de la escuela llegara a los hambrientos. Al principio, diez escuelas donaron sus almuerzos sobrantes a cocinas de caridad y asilos locales. En la actualidad ciento cinco escuelas en el Condado de Pinellas envían sus almuerzos sobrantes a la red de transporte de voluntarios: ¡más de 234.000 libras de comida en dos años!

En la actualidad, David tiene quince años y se pregunta, «¿Puedes imaginar cuánta comida habría para los desamparados si todos los que sirven comida en EE.UU.

participaran en programas de donación de alimentos?» Él ahora esta cabildeando con la legislatura de Florida para hacer que su programa se extienda por todo el estado. Cuando David les cuenta a otros su experiencia, dice, «Los niños pueden sentar la pauta, y los adultos deben tomarse el tiempo para escuchar a los niños».

David siempre anda en busca de modos creativos de obtener más comida para las personas sin hogar. En su *bar mitzvah*, le pidió a los invitados que trajeran alimentos enlatados para Tampa Bay Harvest y, como resultado, recogió más de 500 libras de comida. «Lo más importante que yo he aprendido es lo bien que uno se siente cuando hace algo para ayudar a otros», dijo David en el discurso de su *bar mitzvah*. «El trabajo con el programa Harvest me ha ayudado a superarme como persona». Y agregó, «Quiero promover causas como ésta mientras viva».

Afortunadamente para nosotros y para nuestro mundo, los jóvenes no se desalientan con facilidad. Los jóvenes, con su vista clara y su fe y optimismo ilimitados, no se sienten cohibidos por las mil consideraciones que siempre acechan el progreso del hombre. Las esperanzas del mundo descansan en la flexibilidad, vigor, capacidad para nuevas ideas y la fresca perspectiva de los jóvenes.

DWIGHT D. EISENHOWER

¡Prepárese para ayudar a los desamparados! Llame a **USA Harvest** al 800-USA-4FOOD. Usted puede ponerse en contacto con David Levitt a través del Tampa Bay Harvest en el 813-538-7777.

Algo adicional

NARRADORA: MARIANNE LARNED

A VECES LA TRAGEDIA PUEDE SACAR A RELUCIR LO MEJOR DE la gente. Con frecuencia le damos a otros lo que nosotros hemos recibido. Después del atentado terrorista al edificio federal Alfred P. Murray en Oklahoma City, un joven se sintió inspirado a ayudar a los niños que perdieron a sus padres. Su generosidad significó un cambio decisivo en las vidas de 207 niños.

Ronnie Fields y sus padres siempre habían sido muy unidos. Hacían todo juntos: trabajaban en su granja de 15 acres, asistían a un salón de baile los sábados e iban a la iglesia los domingos. Los viernes por la noche, la madre de Ronnie hacía su deliciosa pizza casera.

Carroll Fields sólo tenía dieciocho años cuando se casó con Ron Fields y hacía más de treinta años que estaba trabajando en la Administración de la Policía Antidrogas de Oklahoma. Ronnie amaba tiernamente a su madre. Cuando ingresó en la universidad, hablaban casi todos los días y con frecuencia ella le decía cuánto lo quería. Lo que más recuerda de su madre es la risa. Justamente dos semanas antes, ella había asistido a las festividades del Día de la Madre en la fraternidad a la que él pertenecía en la Universidad de Oklahoma. Las fotos que se tomaron ese día resultaron ser las últimas.

Una mañana cuando Ronnie bajaba a desayunar en la sede de su fraternidad, alguien le preguntó si había oído las noticias. Cuando encendió el televisor, supo inmediatamente que era el edificio de oficinas donde trabajaba su madre el que había sufrido el atentado. El techo del último piso, donde ella tenía su oficina, era ahora batido por el viento.

Ronnie llamó primero a su padre y luego salió en auto para su casa, las 50 millas más largas de su vida. Al pasar por el edificio en su camino a la casa, no pudo ni siquiera mirarlo. Le llevó más de una semana comprobar si su madre estaba muerta o viva. Los rescatistas trabajaban noche y día para despejar los escombros y recobrar las víctimas. La noticia, cuando al fin llegó, venía a confirmar sus peores temores: Carroll Fields era una de las 168 personas que perdieron la vida ese horrible día 19 de abril de 1995.

La gente de todo el país quedó pasmada por esta espantosa tragedia. Todo el mundo quería ayudar. Enviaban donaciones, junto con sus plegarias. Se organizaron lavados de autos para recaudar dinero y aumentaron drásticamente las colas en los bancos de sangre. También se enviaron sentidas cartas para alentar a los rescatistas. En Lubbock, Texas, un niño puso un dólar en un sobre y la dirigió a: «Gran Socorro» (Big Help), en Oklahoma City.

En Santa Clara, California, en lo único que Chris Gross atinaba a pensar era en los niños. «Me mantuve viendo el edificio y las imágenes de los niños que murieron en la guardería infantil», dice. Se quedó pensando en ellos y en los otros, los que habían perdido a sus padres. «Imagínese ser uno de ellos —pensaba Chris—. Póngase en su lugar. Van a estar echando de menos a sus padres por el resto de sus vidas». Chris, un joven de veintisiete años, quería darles a estos niños algo adicional.

Al igual que Ronnie Fields, Chris había estado muy apegado a sus padres. Había crecido sabiendo que era afortunado y sintiéndose agradecido por su vida. A una temprana edad, sus padres le habían inculcado la tradición judía de la *tsedoke*, el dar a los demás. Chris recuerda cómo su madre siempre le compraba caramelos de sobra a las Girl Scouts. «Cuando los chicos se esfuerzan, dales una oportunidad de triunfar —solía decir—. Nunca los rechaces».

Los padres de Chris también cultivaban un aprecio por la educación y se esforzaron para que Chris y su hermano asistieran a la universidad. «Siempre pensé que si la mayoría de los padres tuvieran un último deseo para sus hijos, sería: "Asistan a la universidad, háganse algo de ustedes mismos"» —dice Chris. Él creía que los padres de Oklahoma habrían querido lo mismo para sus hijos, y se preguntaba cómo podría ayudarles a realizar este deseo.

Comenzó por hablar con sus amigos. «¿No sería maravilloso si creáramos un fondo de becas y recaudáramos un millón de dólares para darles a esos chicos alguna esperanza para su futuro? —les preguntaba—. Ahora mismo, todo el mundo está haciéndoles cenas y ofreciéndoles ropas. Pero dentro de cinco o diez años, ¿en verdad habrá alguien allí para ayudar? Si empezamos ahora, podríamos hacer un cambio decisivo en las vidas de esos niños».

Chris procuró los medios para establecer un fondo de becas. Habiéndose graduado sólo unos años antes, sabía cuán caro era asistir a la universidad. Como analista de finanzas en Applied Materials, una compañía de equipo semiconductor, su salario era de $53.874. Un buen salario para un joven, pero no lo bastante para costear la educación de tantos niños. Aun si lo daba todo, sólo tendría lo suficiente para una beca. Pero ¿que ocurriría si él pudiera conseguir que otros igualaran su salario? Chris decidió compartir su idea con Tom Hayes, vicepresidente de

Corporate Affairs, y de pedirle ayuda. «¿Qué pasaría si pudiéramos conseguir otras dieciocho compañías del Valle de Silicón que igualen mi salario? —propuso Chris—. ¡Recaudaríamos un millón de dólares!».

«Un par de años antes, yo no habría tenido el dinero. Dentro de un par de años, estaré casado con un montón de responsabilidades —reflexiona Chris—. Estaba en un momento óptimo de mi vida». Calculó sus finanzas: tenía $12.000 en el banco, sin pagos de automóviles y sin deudas. Estimaba que si podía reducir sus gastos y planear cuidadosamente las cosas, podría vivir de sus ahorros por un año. De manera que Chris aprendió a vivir con menos: redujo su ritmo de vida, renunció a su celular y se puso las mismas ropas, en lugar de comprarse otras nuevas. Mantuvo el costo su vida social al mínimo saliendo con algunos amigos a comer un postre en lugar de una comida completa.

Cuando el patrón de Chris decidió igualar su salario, él estaba en camino de alcanzar su meta. Durante las próximas semanas, dedicó muchos y largos días a enviar faxes y a telefonear a otras compañías del Valle de Silicón, invitándolas a participar en el fondo de becas. Cuando se sentía cansado, cobraba fuerzas sabiendo que algún día sería capaz de ayudar a los niños de Oklahoma City.

Sus persistentes esfuerzos fueron recompensados: Chris tuvo éxito más allá de lo que hubiera imaginado en sus sueños más delirantes. Al cabo de casi un año, había recaudado $400.000 de doce de las dieciocho corporaciones a las que se había dirigido. Cuando la prensa hizo eco de la historia, cientos de personas de todo el país escribieron cartas y enviaron cheques, añadiendo otros $300.000 al fondo. El gobernador Keating, de Oklahoma, se quedó tan impresionado con el fondo de becas de Chris que agregó otros $3 millones del fondo de donación general. «Estaba obsesionado con la idea de darle a la gente la oportunidad de triunfar —dice Chris—. Sencillamente estaba asombrado de lo que una persona podía hacer».

Gracias al Fondo de Becas de Oklahoma City, 207 niños tienen ahora esperanzas para el futuro, sabiendo que recibirán todo el apoyo que necesitan cuando les llegue la hora de ir a la universidad. Ronnie Fields fue uno de los primeros en recibir una beca. Luego del atentado, él no sabía si podría continuar con sus estudios universitarios. Antes de que su madre muriera, ella había pagado su matrícula de la universidad, y su padre, la comida y la casa. Si bien Ronnie trabajaba después de la escuela, no estaba en condiciones de asumir otras deudas. En ocasiones llegó a pensar hasta en dejar los estudios. Cuando recibió una llamada de la Fundación Comunitaria de Oklahoma City dándole la buena nueva acerca del fondo de becas, supo que sus plegarias habían sido atendidas. Él le había orado a Dios, a la espera de que algún bien pudiera derivarse de la tragedia.

Ronnie pensó detenida y cuidadosamente acerca de su futuro y cómo poder compartir sus dones con otros. Como consejero de jóvenes, realmente había disfrutado trabajar con adolescentes. Un tipo de trato fácil, divertido y paciente, enseguida se sintió cómodo con ellos. Además, podía identificarse con los chicos. «Cuando era un adolescente, a veces me portaba como un pelmazo, creyéndome muy superior para compartir con ellos —recuerda él con pesar—, ¡y tengo un video para probarlo!».

Ronnie decidió que podría ayudar a los jóvenes a crear un firme cimiento para sus vidas si proseguía sus estudios universitarios y se convertía en un ministro dedicado a la juventud. Ahora cursa su segundo año en la Escuela de Teología Brite de la Universidad Cristiana de Texas en Fort Worth. Los fines de semana trabaja de voluntario atendiendo una línea de urgencia, con la esperanza de librar a las familias del dolor del suicidio. «Vive la vida a plenitud, no te angusties por las pequeñas cosas y no esperes para disfrutar de la vida —les aconseja a quienes lo llaman—. Haz tanto bien como puedas, y tendrás alguna diversión de recompensa».

Ronnie piensa en su madre todos los días y a menudo siente que su amoroso espíritu lo acompaña. «Uno nunca sabe cuando alguno de nosotros va a irse —les dice a los jóvenes—. Así, pues, aprecien el tiempo que pasan con sus padres».

Un día Ronnie espera conocer a Chris y darle las gracias por ayudarlo a hacer todo esto posible. «Yo no estaría aquí si no fuera por él —dice con gratitud—. Ha obrado maravillas para mí. Cambió toda mi vida».

La próxima vez que se entere de una tragedia, piense en los niños que han perdido a sus padres. Si quiere darles aliento y apoyo, podría abrir un fondo para becas. Para empezar, no tiene más que llamar a la fundación comunitaria de su localidad o al departamento de fideicomiso de un banco.

Ella cumplía sus promesas

Narradora: Trude Lash

En su época, Eleanor Roosevelt se convirtió en la mujer más confiable del mundo. No porque fuera la esposa del Presidente, o porque hubiera nacido en una de las principales familias del país. Eleanor Roosevelt se ganó la confianza de la gente porque siempre cumplía sus promesas.

Cuando era niña, el padre de Eleanor Roosevelt le prometió que cuando fuera mayorcita los dos volverían a vivir juntos. Ella anhelaba la llegada de ese día. Después de que su madre murió, se sintió muy sola viviendo con su abuela, una mujer vieja, estricta y a la antigua. Cuando su padre incumplió su promesa, le rompió el corazón. A los diez años, ella se dio cuenta de que tenía que hacerse fuerte en sí misma si quería seguir viviendo, y se juró a sí misma que nunca dejaría de cumplir una promesa. Por el resto de su vida, uno siempre pudo contar con Eleanor Roosevelt.

Los soldados en los hospitales de las islas del Pacífico que ella visitó durante la Segunda Guerra Mundial la creían cuando les decía que telefonearía a sus familias tan pronto regresara a EE.UU. Algo había en su porte que les decía a los demás que podían confiar en ella.

En el instante en que la conocí, mi vida cambió. Yo estaba casada con tres hijos, y viviendo una vida muy cómoda. No creía que hubiera algo en lo que pudiera realmente contribuir. «Bien, eso es una gran tontería», comentó ella. Puesto que yo tenía una buena preparación académica, esperaba de mí no sólo que fuese una buena esposa y madre, sino que saliera y trabajara. Me convenció que tenía trabajo que hacer, de manera que me concentré en llevar a cabo lo que podía. Comencé por utilizar mis conocimientos y mi adiestramiento; luego asumí un papel de liderazgo y trabajé arduamente. Ella siempre ayudó a las personas a hacerse más fuertes. Esperaba que sus amigos maduraran y mejoraran, porque se lo debían a sí mismos.

En los primeros tiempos de las Naciones Unidas, yo fungí como secretaria de la Comisión de Derechos Humanos que ella fundó. Luego me convertí en Directora Ejecutiva del Comité de Ciudadanos por los Niños. Yo era 24 años más joven que ella y trabajaba a su lado siempre que era posible. Al comienzo, permanecía de pie, sobrecogida por su presencia, pero finalmente trabajamos juntas con facilidad, aunque la admiración que le profesaba nunca cambió.

Ella visitaba a los veteranos de guerra discapacitados, que esperaban que obrara milagros para arreglar sus casos con la Administración de Veteranos, proporcionarles una silla de ruedas o ayudarles a encontrars un empleo especial. Y a menudo lo hacía. Sé de un hombre que quedó tullido durante la guerra. Ella lo animó cuando ya él había abandonado toda esperanza; se mantuvo en contacto con él y él terminó por convertirse en un dirigente en las organizaciones de veteranos. De hecho, aún vive y es un hombre que se siente orgulloso de sí mismo. Porque ella creyó en él y lo ayudó, tanto práctica como económicamente, él pudo creer en sí mismo.

«Sra. Roosevelt, he perdido mi empleo y no puedo encontrar otro», le decían algunos. «Si me ayuda a pensar en qué clase de trabajo le gustaría —respondía ella—, podríamos tratar de encontrarle uno». Lo extraño es que de todas las cosas que le pedían, con bastante frecuencia ella resolvía las que parecían imposibles. Era una mujer de mucha influencia, y tenía una gran disposición de usar esa influencia para ayudar a otros. Nunca dudaba de escribirle al Secretario de Estado o a los miembros del Congreso si creía que podrían hacer algo, y que lo que ella pedía era importante. Nunca intentaba obligar a la gente ni de imponérseles. Sencillamente utilizaba su influencia para conseguir lo que ella creía que la gente realmente merecía.

No hubo mayor enemigo de la discriminación racial que Eleanor Roosevelt. Según ella: «Mientras dejemos fuera cierto número de personas no somos aún una nación». Cuando Daughters of the American Revolution (las Hijas de la Revolución Americana) le negaron a Marian Anderson el uso del Constitution Hall para un concierto, la Sra. Roosevelt logró que Harold Ickes, Secretario del Interior, hiciera posible que cantara en el Monumento a Lincoln. Y luego ella renunció como miembro del DAR. Durante la Segunda Guerra Mundial, luchó por los derechos de los negros en las Fuerzas Armadas. En una ocasión llegó a hablar en una reunión en el Sur y encontró que los blancos estaban sentados en un lado del pasillo y los negros en el otro, por lo que puso su silla en medio del pasillo y habló desde allí. Cuando Mary McLoyd Bethune, famosa educadora negra, necesitaba ayuda para su recién estrenado Bethune College para mujeres, ella la invitó a la Casa Blanca. Recibió una avalancha de reacciones hostiles por propiciar que Mary conociera a personas que pudieran ayudarla, sin embargo, Eleanor Roosevelt llevó adelante su plan.

También sentía que los derechos de las mujeres habían sido abandonados, que las mujeres tenían mucho menos derechos que los hombres, y trabajó incansablemente por

Pan y vino para el camino

conseguirlos. Cuando vino a Washington por primera vez comenzó a ofrecer conferencias de prensa sólo para mujeres. El Presidente celebraba conferencias de prensa sólo para hombres. Y en sus conferencias de prensa ella les daba a las mujeres verdaderas noticias. Los hombres comenzaron a quejarse acerbamente. Venían y decían «¿Qué dijo ella? ¿Qué dijo?». Después de un tiempo, ya no discriminaron más a las mujeres en la prensa.

Con frecuencia la llamaban irónicamente una «benefactora», pero ella encontró compañía con otros benefactores como Gandhi, quien también esperaba mucho de sí mismo, y quien pasó por situaciones difíciles para poder liberar a su pueblo. A veces los funcionarios dirían, «la Sra. Roosevelt es un fastidio». A veces estoy segura de que lo era, de la manera en que las personas que creen en lo que hacen fastidian aquellos que realmente no sienten lo mismo. Es necesario ser fastidioso a veces. Ella solía decir que si uno tiene poder, debe contribuir de algún modo. Sentía que siempre valía la pena intentarlo y lo hacía con gran discreción sin reclamar ningún reconocimiento. Las personas que la trataban con frecuencia creían que ella podía hacer milagros. No estaban totalmente equivocadas: ella siempre hacía lo que podía, y a menudo eso era muchísimo.

Cuando su marido se convirtió en Presidente, las expectativas de una primera dama eran muy limitadas. Mediante sus notables contribuciones al gobierno de su marido, la Sra. Roosevelt cambió todo eso y llegó a ser un modelo para el resto del país y para las esposas de los futuros presidentes.

Le prestaba, además, un inapreciable servicio al Presidente, cuando él no podía viajar. Indagaba cosas para él, ayudaba a la gente y las consolaba, y le traía de vuelta a su marido importante información sobre lo que estaba ocurriendo en el país. Había comenzado a servir como las «piernas» del Presidente cuando él era gobernador de Nueva York, donde ella inspeccionaba las instituciones del estado. El Presidente la adiestró muy bien. «No quiero informes indirectos —le diría él—. Ve y mira por ti misma». Al principio él le hacía preguntas que ella no podía contestar después de sus visitas, pero eso no duró mucho tiempo: aprendió con rapidez a observar cuidadosamente, a mirar detrás de la puerta para ver dónde se escondían los trapos sucios y a buscar la especialidad del menú. Con frecuencia era la que tenía que traerle al Presidente las malas noticias cuando otros querían sólo complacerlo.

Su corazón se condolía por los niños de todo el mundo, por las familias que huían del terror Nazi. Visitó los campamentos de refugiados en Europa, Israel y África, y recaudó fondos para ayudar a los niños que vivían en ellos. Luchó entre las primeras por la legislación que le abriría las puertas de EE.UU. a millares de niños de la asediada Gran Bretaña. Los desesperados refugiados políticos a menudo decían que la Sra. Roosevelt era la única persona que les daba la sensación de que la vida valía la pena. Ella creía en ellos, y pensaba que la lucha contra Hitler era la contienda absoluta de esa época. Obtuvo un incontable número de afidávits para que personas pudieran emigrar a este país.

Consideraba las Naciones Unidas el mayor logro de su marido. Después de que él murió, ella se convirtió en su sustituta, la más poderosa defensora de la ONU. Como presidenta de la Comisión de Derechos Humanos, trabajó incesantemente para desarrollar la Declaración Universal de Derechos Humanos y para acercar a las naciones subdesarrolladas y las occidentales. Cuando por primera vez se hizo miembro de la delegación de EE.UU., los hombres no la tomaron en serio y le dieron asignaciones sin importancia. Pero llegaron a respetarla como la más inteligente, laboriosa y admirada de los miembros de la delegación, la más preocupada por la inclusión de todas las naciones —no sólo de las más poderosas— en la planificación del futuro.

Con el paso del tiempo, la Sra. Roosevelt se convirtió en una líder por derecho propio, aunque siguió siendo tan poco pretenciosa como siempre, y su majestad combinada con su modestia era irresistible para todos los que la conocieron. Era una persona realista y sabía cuánta lucha, cuántas batallas entre naciones y facciones matizaban la senda del progreso, qué arduos empeños serían necesarios aun para adelantar el más mínimo paso. Sin embargo, siguió siendo creyente, su amor por la gente no disminuyó, sus creencias eran apasionadas y trabajó afanosamente hasta el fin de su vida. Ni siquiera las desilusiones más sombrías consiguieron desalentarla. Sencillamente se esforzaba más la próxima vez: su compromiso y convicción de que uno tenía que luchar por sus creencias la acompañaron siempre.

Nunca se dio por vencida. Una cosa que no podía soportar era oírle decir a alguien, «Pero ¿qué puedo hacer yo? No puedo hacer nada». Ella decía, «Nos hemos metido en un gran agujero y hemos perdido mucha fuerza, pero eso ocurrió porque no trabajamos lo suficientemente duro por nuestro país».

Hablaba a menudo de la responsabilidad individual y creía que no debíamos culpar de todo a Washington ni buscar cómo responsabilizar a otros. «Mirémonos a nosotros mismos —solía decir—. Tal vez no vivimos a la altura de lo que se suponía que hiciéramos. Discútanlo, conversen sobre ello, pero hagan algo». Insistiría en reclutar la mejor gente. «Tienes que contribuir en algo porque te ha sido dado mucho. No debes olvidar que eres un ser humano y deudor de muchos». Eso es lo que siempre decía.

Aunque ella falta desde hace 39 años, aún está con nosotros. Hace cinco años, una estatua de Eleanor Roosevelt fue evelada en un hermoso sitio del Parque Riverside de Nueva York. Es sorprendente que hasta ese momento no hubiera nada que la recordara, ni a ella ni a ninguna otra norteamericana. Miles de personas afluyeron a las calles circundantes y guardaron silencio durante la ceremonia. Aunque no podían ni oír ni ver mucho, querían estar allí. Vinieron a rendir tributo a una gran mujer que era importante para ellos. Y es sorprendente ver las personas que vienen y pasan un rato sentadas en uno de los bancos, mirando a la estatua, honrando su labor y su legado.

Para muchos de nosotros fue su dedicación, como un ejemplo de lo que una persona podía hacer, lo que cambió y amplió las expectativas que teníamos de nosotros mismos; para otros, fue el amor y la solicitud que les brindó a los que ella veía como los más necesitados y solitarios. Para todos, fue su valor y su empeño incansable, su total entrega al servicio de otros, los que resultaron tan inspiradores. Cuando falleció, un columnista amigo escribió: «Mientras estuvo con nosotros, ningún hombre tenía que sentirse enteramente solo».

Debes hacer las cosas que piensas que no puedes hacer.

Eleanor Roosevelt

La próxima vez que se encuentre en Nueva York, tómese el tiempo de visitar la estatua de Eleanor Roosevelt en Riverside Drive y la calle 72. **The Eleanor Roosevelt Center** prosigue su obra. Para más información, llame al 914-229-5302.

Paz para sus nietos

NARRADOR: JIMMY CARTER
ADAPTADO DE *TALKING PEACE,
A VISION FOR THE NEXT GENERATION*

POCO DESPUÉS DE ACCEDER AL PODER EN 1977, EL PRESI-
dente Anwar Sadat de Egipto vino a visitarme a Washington. Él estaba interesado en brindarle paz a su propio
pueblo y fortalecer la amistad entre Egipto y Estados Unidos. Sin embargo, no veía ninguna oportunidad de hacer
un auténtico progreso en la resolución de las diferencias
básicas con Israel a corto plazo. Respecto a otros asuntos él
respondió: «tal vez en el curso de mi vida».

Yo le dije que estaba preparado para usar toda mi
influencia personal y la de mi país para apoyar cualquier
empeño que él estuviera dispuesto a hacer. Más tarde,
durante nuestra conversación privada en los altos de la
Casa Blanca, él convino en dar importantes pasos hacia la
paz en el largo conflicto de su país con Israel. Esto favore-
cía mucho los intereses de Estados Unidos.

Mi papel como mediador en las conversaciones consti-
tuiría un desafío. Para prepararme, estudié gruesos libros,
que me prepararon unos especialistas sobre las personalidades de los dos líderes. Estos libros me contaban acerca
de las relaciones familiares de cada hombre, de sus creencias religiosas, de sus experiencias en los primeros años de
la vida, así como de su salud y sus amigos más importantes.
Supe cómo cada uno de ellos había llegado al cargo, cómo
respondía a la presión, y cuáles eran sus pasatiempos y sus

hábitos personales. Mientras leía, tomé notas que luego me resultaron muy útiles cuando se produjeron las reuniones. También preparé listas de puntos sobre los cuales los egipcios y los israelíes estaban al parecer de acuerdo, puntos en que diferían, preguntas que hacer durante las negociaciones, y algunas concesiones que yo pensaba que ambos hombres podrían aceptar.

El presidente Sadat fue el primero que llegó para las conversaciones de paz, y me sentí complacido de descubrir que parecía bastante flexible a la mayoría de las preguntas. Cuando más tarde llegó el primer ministro israelí [Menahen] Begin, él y yo también tuvimos conversaciones privadas acerca de los principales asuntos de la agenda. Sin embargo, pronto me di cuenta que él veía nuestras sesiones en Camp David tan sólo como la primera de una serie de negociaciones. Sadat y yo habíamos esperado resolver todos los principales temas polémicos que había entre los dos países en el curso de los próximos días, si era posible.

Mientras discutíamos diferentes problemas, no tardé en darme cuenta de que Begin y Sadat eran personalmente incompatibles. Las discusiones, a veces insignificantes, a veces acaloradas, que se suscitaron entre ellos cuando estábamos todos en el mismo salón me convencieron que sería mejor si cada uno se dirigía a mí como mediador en lugar de hacerlo directamente el uno al otro. Por los últimos diez días de las negociaciones de Camp David, los dos hombres nunca se hablaron o incluso ni se vieron excepto para un paseo el domingo por la tarde. Entre tanto sus equipos de asesores seguían reunioniéndose cara a cara.

Hacia el final de las conversaciones, el ministro de relaciones exteriores de Begin le dijo a Sadat que Israel nunca transigiría en ciertos puntos de primera importancia, y Sadat decidió que era hora de irse. Los egipcios comenzaron a empacar sus valijas y pidieron un helicóptero que les llevara a Washington, desde donde volverían a su país. Cuando oí esto, dije una oración silenciosa, me cambié rápidamente a ropas más formales y fui a confrontar a Sadat en su cabaña. Luego de una intensa discusión en la cual yo le recordé la promesa que me había hecho y le reiteré la importancia global de su papel como un hombre de paz, Sadat convino en darle al proceso otra oportunidad.

Al final, algo milagrosamente inesperado ayudó a romper el estancamiento. Nos habíamos tomado algunas fotos de los tres, y Begin me había pedido que le firmara una para cada uno de sus ocho nietos. Sadat ya las había firmado. Mi secretario sugirió que yo le diera un toque personal, y en cada fotografía escribí el nombre de uno de los nietos encima de mi firma. Aunque Begin se había puesto bastante hostil hacia mí, debido a la presión que le estaba imponiendo a él y a Sadat, decidí llevarle yo mismo las fotos a su cabaña.

Mientras él miraba las fotos y leía los nombres en voz alta, se puso visiblemente emocionado. Estaba pensando, estoy seguro, en su responsabilidad hacia su pueblo y en lo que les ocurre a los niños en una guerra. Ambos no tardamos en tener lágrimas en los ojos. Me sentí muy agradecido cuando él me prometió que repasaría el lenguaje de mis últimas revisiones.

Poco después, Begin me llamó y me dijo que aceptaría el arreglo que yo proponía. Este era, ciertamente, un marco para la paz: echar los cimientos de un futuro tratado entre Israel y Egipto.

Esa tarde, Begin, Sadat y yo salimos de Camp David en mi helicóptero y volamos hacia la Casa Blanca para la ceremonia de la firma. Seis meses después, ambos países suscribían un tratado formal: el primer tratado que hubiera entre Israel y una nación árabe.

La cooperación es un estado de la mente. Hay poca esperanza de auténtico progreso hasta que lleguemos a este descubrimiento y actuemos en base a este conocimiento.

THOMAS JEFFERSON

Encuentre una causa que le apasione y apóyela. Para más información y apoyo a **The Carter Center,** llame al 404-420-5119.

Un largo camino hacia la libertad

NARRADOR: NELSON MANDELA
ADAPTADO DE LONG ROAD TO FREEDOM

EL DÍA DE MI LIBERACIÓN, ME DESPERTÉ A LAS 4.30 DE LA mañana luego de unas pocas horas de sueño. En Ciudad del Cabo, el 11 de febrero, era un día despejado de fines del verano. Hice una versión reducida de mi régimen usual de ejercicios, me lavé y tomé el desayunó. Luego telefoneé a cierto número de personas que venían a la casita a hacer los preparativos para mi liberación y seguí trabajando en mi discurso. Como tan a menudo ocurre en la vida, la importancia de una ocasión se pierde en la confusión de un millar de detalles. Mi excarcelación estaba fijada para las 3.00 de la tarde.

A las 3.30 comencé a inquietarme. Les dije a los miembros del comité de recepción que mi gente había estado esperando por mí durante veinticinco años, y no quería hacerlos esperar más. Poco antes de las 4.00 de la tarde, salimos en una pequeña caravana de autos. Aproximadamente un cuarto de milla después, frente a las puertas de la prisión, el auto se detuvo y yo salí y me dirigí a las puertas caminando.

Al principio, no pude realmente percatarme de lo que pasaba frente a nosotros, pero cuando estaba aproximadamente a unos 150 pasos, vi una tremenda conmoción y una gran multitud: cientos de fotógrafos y cámaras de televisión y periodistas, así como varios centenares de partidarios. Me quedé asombrado y un poco alarmado. Realmente no había esperado tal escena. Cuando más, había imaginado que habría varias docenas de personas, principalmente los guardias de la cárcel y sus familias. Pero resultó ser sólo el comienzo. Me di cuenta de que no estaba completamente preparado para todo lo que estaba a punto de ocurrir.

A unos veinte pies de la puerta, comenzó el chasquido de las cámaras, un ruido que sonaba como un gran rebaño de bestias metálicas. Los reporteros empezaron a vocear sus preguntas y los equipos de la televisión a aglomerarse. Los partidarios del CNA (Congreso Nacional Africano) estaban dando voces y vítores. Era un caos jubiloso, si bien ligeramente confuso. Cuando uno de los equipos de televisión me lanzó un objeto negro, largo y lanudo, retrocedí un paso, preguntándome si se trataba de algún arma novedosa que hubieran inventado mientras yo me encontraba en la cárcel. Winnie me dijo que era un micrófono.

Cuando ya me encontraba entre la multitud levanté el puño derecho y la multitud lanzó un rugido. No había podido hacer eso en veintisiete años y me produjo una sensación de poder y de gozo. Sentí, a los setenta y un años, que mi vida estaba comenzando de nuevo. Mis diez mil días de encierro habían acabado.

En mi primer discurso en una concentración durante las festividades del Gran Desfile en Ciudad del Cabo, hablé con el corazón. En primer lugar quería decirle a la gente que no era un mesías, sino un hombre ordinario que se había convertido en líder debido a circunstancias extraordinarias.

Amigos, camaradas y compatriotas sudafricanos. Les saludo en el nombre de la paz, la democracia y la libertad para todos. Estoy aquí no como un profeta, sino como un humilde servidor de ustedes, el pueblo. Sus incansables y heroicos sacrificios han hecho posible que yo esté aquí hoy. Por tanto, pongo los años de vida que me quedan en vuestras manos.

Fue el anhelo de libertad para que mi pueblo viviera su vida con dignidad y decoro lo que animó mi vida, y transformó a un joven atemorizado en audaz; lo que llevó a un abogado cumplidor de la ley a convertirse en un delincuente, lo que convirtió a un marido devoto de su familia en un hombre sin hogar, y lo que obligó a un hombre amante de la vida a vivir como un monje.

Es de mis camaradas de lucha que aprendí el significado del coraje. En repetidas ocasiones he visto a hombres y mujeres arriesgar y dar sus vidas por una idea. He visto a hombres que se enfrentan a los ataques y a la tortura sin quebrantarse, mostrando una fuerza y una resistencia que desafía la imaginación. Aprendí que el valor no era la ausencia de miedo, sino el triunfo sobre el miedo. Yo sentí miedo más veces de las que puedo acordarme, pero lo oculté detrás de una máscara de andacia. El hombre valiente no es el que no siente miedo, sino el que lo vence.

Para sobrevivir en la prisión, inventé maneras de encontrar satisfacción en mi vida diaria. Uno puede sentirse realizado por lavar las ropas de uno de manera que queden realmente limpias, por barrer un pasillo para que esté libre de polvo, o por organizar la celda para ahorrar tanto espacio como sea posible. El mismo orgullo que pones en llevar a cabo importantes tareas fuera de la prisión, puedes hallarlo en el desempeño de tareas menudas.

Si bien yo he disfrutado siempre de la horticultura, no fue hasta que estuve tras las rejas que fui capaz de atender mi propio huerto. Un huerto era una de las pocas cosas en prisión que uno podía controlar. Plantar una semilla, observar cómo crece, atenderla y luego cosecharla ofrecía una satisfacción sencilla y perdurable. El sentido de ser el custodio de este pequeño pedazo de tierra brinda un breve sabor a libertad.

De alguna manera veía el huerto como una metáfora de ciertos aspectos de mi vida. Un líder también debe atender su huerto. También planta semillas y las cuida, las cultiva y cosecha el resultado. Al igual que un hortelano, debe responsabilizarse por lo que cultiva; debe preocuparse por su trabajo, intentar rechazar a los enemigos, preservar lo que pueda preservarse y eliminar lo que no puede salir bien.

Las autoridades me suplían de semillas. Inicialmente planté tomates, pimientos chiles, y cebollas: plantas resistentes que no exigen una tierra rica ni constante cuidado. Mis primeras cosechas fueron pobres, pero no tardaron en mejorar. Convertía una tierna planta de semillero en una planta robusta que producía frutos de un rojo vivo. Una vez que el huerto comenzó a florecer, con frecuencia les ofrecía a mis custodios algunos de mis mejores tomates y cebollas.

Siempre supe que en lo profundo de cada corazón humano se encuentra la misericordia y la generosidad. Nadie nace odiando a otra persona por el color de su piel, sus orígenes o su religión. La gente aprende a odiar, y si así es pueden aprender a amar, porque el amor acude más naturalmente al corazón humano que su contrario. Aun en los momentos más sombríos de mi prisión, cuando mis camaradas y yo éramos empujados hasta el límite, veía un destello de humanidad en algunos de los guardias, tal vez por un segundo, pero eso me bastaba para reafirmarme y mantenerme firme. La bondad del hombre es una llama que puede ocultarse pero nunca extinguirse.

He caminado ese largo camino hacia la libertad. He tratado de no vacilar; he tropezado a lo largo del camino, pero he descubierto el secreto de que después de escalar una montaña uno encuentra que hay muchas montañas más por escalar. Me he tomado un momento aquí para descansar, para robarle un vistazo a este glorioso escenario que me rodea, y para mirar hacia atrás la distancia recorrida. Pero puedo descansar sólo por un momento, porque con la libertad vienen las responsabilidades, y no me atrevo a demorarme, porque mi larga caminata no ha terminado aún.

Nuestro temor más profundo no es que seamos inadecuados. Nuestro temor más profundo es que seamos poderosos más allá de toda medida.

Es nuestra luz, no nuestra oscuridad lo que más nos asusta.

El jugar a ser pequeño no salva al mundo. No hay nada esclarecedor en encogerse para que otras personas no se vayan a sentir inseguras a nuestro derredor.

Y al dejar que brille nuestra luz, inconscientemente le autorizamos a otros a hacer lo mismo. Al liberarnos de nuestros propios miedos, nuestra presencia automáticamente libera a los demás.

MARIANNE WILLIAMSON

Ayude a construir una Sudáfrica fuerte y libre. Invierta en el desarrollo democrático y equitativo de Sudáfrica: llame a **Shared Interest** al 212-229-2709. Trabaje con **The Africa Fund** para apoyar el **Centro de Traumas para las Víctimas de Violencia y Tortura de Sudáfrica**: llame al 212-962-1210 o envíe un e-mail a *africafund@igc.apc.org*.

Madre Teresa

NARRADOR: NAVIN CHAWLA
ADAPTADO DE *MOTHER TERESA:
THE AUTHORIZED BIOGRAPHY*

CORRÍA EL AÑO 1981. LA MADRE TERESA ACABABA DE regresar de una misión en Etiopía: una terrible sequía en la parte norte de ese país amenazaba a centenares de vidas.

Ella había llevado unos pocos centenares de kilos de medicina y alimentos desde Calcuta, pero eso era una minúscula gota en el vasto océano de la necesidad. Aunque había muchas agencias internacionales de socorro ayudando al asediado gobierno etíope, allí parecía haber más confusión y menos coordinación. El pobre estado de los caminos también dificultaba hacer llegar los suministros a las veintenas de aldeas del interior donde más desesperadamente los necesitaban.

Aun después de regresar a Calcuta, la preocupación de la Madre Teresa no disminuyó. Junto con sus hermanas de la orden oraba (e incluso ayunaba) para que pudiera evitarse una tragedia mayor. Finalmente, como una inspiración, le escribió una carta al presidente de Estados Unidos.

Aproximadamente una semana después, recibió una llamada telefónica de la Casa Blanca. El propio presidente Reagan se puso en la línea. Le agradeció la carta y le aseguró en nombre del pueblo estadounidense y del suyo mismo que haría todo lo posible para que la ayuda llegara rápidamente donde se necesitaba con mayor urgencia.

Cumplió con su palabra. No sólo el gobierno de EE.UU. envió alimentos y medicinas de urgencia, sino que la cooperación con otras agencias de socorro se mejoró notablemente. Luego de eso, los suministros comenzaron a llegar, y el alimento fue enviado a las aldeas por helicóptero.

Fue entonces que yo comenté por primera vez, medio en broma pero con una veta de seriedad, que ella era la mujer más poderosa del mundo. De una manera natural, me respondió con una sonrisa. «¡Ojalá lo fuese! Traería la paz al mundo entero!»

Únase a la revolución del corazón propuesta por la Madre Teresa, cuidando de los pobres de su comunidad. Para apoyar directamente la obra de la Madre Teresa en todo el mundo, sírvase escribir a las **Missionaries of Charity,** 54-A, AJC Bose Road, Calcutta, 7000016 India.

Todo el mundo en Estados Unidos ayuda

NARRADORES: RAM DASS Y PAUL GORMAN
ADAPTADO DE *HOW CAN I HELP?*

ESTOY HABLANDO CON UNA MUJER QUE TRABAJA PARA LA agencia de encuestas Gallup. En la actualidad está haciendo una encuesta sobre cuánto tiempo la gente dedica a ayudar a otros. Está intentando explicarme los criterios de su muestra. Finalmente comienzo a reírme, pensando en lo absurdo de todo aquello.

—¡Todos ustedes están locos! "¿Que cuánto tiempo dedica la gente a ayudar a otros?" ¿Qué clase de pregunta es ésa? Dígale a Gallup que está chiflado.

Ella comienza a reírse también. —Ya sé. Eso es justo lo que pienso yo. ¿Qué puedo decirle? Es mi trabajo. —Habla en un susurro, lo cual me hace reír aun más. Nos empezamos a reír de todo aquello de una manera cómplice y contagiosa. Cuando paramos de reírnos, le pregunto—: ¿Le sirve de algo eso? —Ella me responde—: Creo que sí, de alguna manera. ¿Por qué será?

Yo le digo: —Ése es su trabajo. Dígame usted por qué. —Y luego añado—: Estamos intentando superar una situación absurda. De hecho, eso es lo que intento hacer todo el tiempo. Eso es: quiero que me ponga en la encuesta Gallup como alguien que ayuda todo el tiempo.

Más risas. Ella dice: —No tenemos una categoría para "todo el tiempo".

—Ah, ¡qué poca fe!

—Pero sí tengo una respuesta que dice: "Todo lo anterior".

En este punto no sé si estaba bromeando, pero yo continúo: —Perfecto. Póngame bajo "Todo lo anterior". Yo soy muy todo-lo-anterior. De hecho, ponga a todo el mundo en "Todo lo anterior". Todo el mundo está intentando superar una situación absurda. Gallup puede publicar la encuesta diciendo, "todo el mundo en Estados Unidos ayuda".

—Dios mío —dice ella—. Ojalá tuviera el valor. Tal vez lo haga con una respuesta alternativa: "Una de cada dos personas en Estados Unidos presta ayuda". La otra mitad es recipiente de la ayuda.

En este punto nos gusta más la idea de dirigir la conversación a la bendita confusión que es en donde, de todos modos, pertenece. Finalmente, nos despedimos.

—Ha sido un placer —digo yo.

—Ha sido usted muy útil —asiente ella.

Meses después, veo un artículo en el periódico: "Encuesta de la Gallup muestra que la mitad de todos los estadounidenses prestan servicios como voluntarios". Allí mismo, en el periódico. ¡Ella lo había hecho! ¡Lo había llevado a cabo!

Corro a la cocina a leerle el titular a mi esposa. —¡Ese soy yo! —exclamo.

—¿Cuál mitad? —dice mi formidable y encantadora mujer.

—¡Todo lo anterior! —respondo con un aire de triunfo.

—En ese caso, vete a lavar los platos.

La voz de una persona

ADAPTADO DE *THE WEIGHT OF NOTHING*

—DIME CUÁNTO PESA UN COPO DE NIEVE —UN RATONCITO gris le preguntó a una paloma.

—Nada más que nada —fue la respuesta.

—En ese caso debo contarte un cuento extraordinario —dijo el ratoncito—. Estaba sentado en la rama de un pino, cerca del tronco, cuando comenzó a nevar. Puesto que no tenía nada mejor que hacer, me puse a contar los copos de nieve que se iban posando en los gajos de la rama donde yo estaba. Su número era exactamente 3.741.952.

—Cuando el próximo copo de nieve cayó sobre la rama —nada más que nada, como tú dices— la rama se quebró.

La paloma, que desde tiempos de Noé es una autoridad en la materia, se puso a meditar sobre el cuento por un rato y finalmente se dijo a sí misma:

—Tal vez no falta más que la voz de una persona para que la paz se establezca en el mundo.

Sanación cultural

Breve noticiario

¿CUÁNTAS PERSONAS *NO* SE ENTRARON A TIROS HOY?

PIENSE POR UN MOMENTO LO QUE PODRÍA OCURRIR SI LOS noticieros de la noche incluyeran tantos relatos de personas que llevan a cabo actos de bondad como de los que cometen acciones violentas. ¿Qué mensaje les daríamos a nuestros hijos? ¿Quiénes son los héroes culturales y qué podemos aprender de ellos?

La historia de Estados Unidos es uno de los más sorprendentes resultados de la iniciativa individual y la acción solidaria de mucha gente. En sólo 300 años, personas de todos los rincones del mundo se han reunido y han formado el país más diverso, en términos culturales, del planeta. Venimos junto con nuestros conflictos y retos, y con nuestras esperanzas y nuestros sueños. Cada uno de nosotros trae un tesoro de recursos, así como nuestra nacionalidad, raza, religión, color y cultura. Al combinar nuestros dones y talentos, formamos una rica comunidad multicultural que da a nuestra nación una ventaja única en el mundo.

Los héroes culturales de este capítulo nos muestran que cuando enseñamos tolerancia, aprendemos a perdonar y practicamos la compasión, podemos curar nuestras heridas colectivas y seguir adelante. Cuando reunimos a personas de diferentes tradiciones, podemos encontrar bases comunes para resolver nuestros problemas comunes. Cuando aceptamos e incluso apreciamos nuestras diferencias, podemos elevarnos por encima de las distinciones que nos dividen, y renovar nuestra fe en nuestra capacidad de producir una renovación cultural entre todos los estadounidenses.

Estos relatos rinden tributo a personas de todas las culturas, presentándoles a los jóvenes verdaderos héroes con los cuales puedan identificarse y cuyas huellas puedan seguir. Asombrosas historias de afroamericanos, indios nativos, hispanos y euroamericanos que vencieron obstáculos, soportaron sacrificios personales y valientemente perseveraron para lograr mejores vidas para los suyos. Gracias a sus nobles empeños, se disipan los estereotipos negativos, se trabaja por la justicia y se restaura el orgullo cultural. También nos dan impresionantes lecciones sobre cómo ayudar a la recuperación cultural de nuestro país. Si bien no todo el mundo puede ser un César Chávez o un Martin Luther King Jr., un Gandhi o un Aung San Suu Kyi, todos podemos aprender de ellos y podemos ayudar a transmitir nuestro legado.

Cada una de estas culturas tiene una larga historia y una rica tradición de ayudar al prójimo. En la cultura de los indios norteamericanos, a los niños se les enseña a meditar sobre la manera en que sus acciones afectarán a las próximas siete generaciones. El proverbio africano *«Hace falta toda una aldea para criar a un niño»* se ha convertido en una metáfora popular, recordándoles a los adultos que *todos* somos responsables de criar a *todos* los niños de la nación. En Puerto Rico, la gente cree que trabajando juntos pueden avanzar: *«Nos movemos hacia adelante»*. La tradición judía de *tikkun olam* anima a las personas a llevar a cabo su responsabilidad de reparar el mundo.

En este capítulo se incluyen unos cuantos de los centenares de valientes actos de servicio del movimiento pro derechos civiles. Estos relatos nos recuerdan lo que cuesta defender lo que creemos, especialmente a pesar de la injusticia. Aprendemos acerca del poder de comprometerse con un fin noble: una vez que decidimos trabajar por la justicia, de algún modo encontramos la fuerza para tomar decisiones difíciles y afrontar los mayores sacrificios. Descubrimos también cómo se hacen los héroes culturales, transformando los obstáculos, la desesperanza y el odio, la opresión y el resentimiento, en esperanza y en nuevas oportunidades para nosotros mismos y para el mundo.

Para rescatar nuestra dignidad humana, la recuperación cultural a veces exige humildad y honestidad. Los relatos de este capítulo nos recuerdan que se cometen grandes errores, con frecuencia por gente bien intencionada. A todo el mundo le gusta tener razón y nadie quiere admitir haberse equivocado. La capacidad del gobernador de Alabama George Wallace de reconocer sus errores, pedir perdón por sus palabras y acciones odiosas durante el movimiento de los derechos civiles e intentar hacer reparaciones, implicó un gran valor. También fue muy valiente de parte de otros perdonarlo y permitirle participar en el 30 aniversario de la marcha de Selma a Montgomery.

Estos relatos muestran cómo una persona puede desviar la marea contra el racismo y lograr un cambio decisivo en la vida de alguien. Para algunos, fue el compromiso de un padre de edificar una vida mejor para sus hijos. Una madre cristiana comenzó el proceso de sanación cultural en su comunidad instando a sus vecinos a unirse y frenar los crímenes de odio contra sus vecinos judíos. Un ministro afroamericano enseña tolerancia, estar dispuesto y ser capaz de aceptar a otras personas y sus diferencias de manera que «todas las manos de diferentes colores se tiendan para ayudarse mutuamente».

Algunos héroes culturales se liberaron del círculo vicioso de la pobreza y luego regresaron para ayudar a otros. A través de estos relatos llegamos a comprender su lucha y a celebrar sus triunfos. Para muchos héroes culturales, exigió un enorme valor pese a que sabían que el cambio tenía que comenzar de alguna manera. George Sarabia se preguntaba en el relato acerca de la obra de Edward James Olmos con los miembros de una pandilla juvenil en Los Ángeles, «Si yo no soy capaz de perdonar, ¿cuándo va a parar esto?»

Cada uno de nosotros debe decidir crear un proceso de recuperación cultural en nuestras comunidades. Cuando nutrimos nuestro legado compartido ayudándonos mutuamente, sacamos lo mejor de nosotros mismos y los unos de los otros. Juntos, podemos reconstruir nuestros barrios urbanos, fortalecer nuestra democracia, y crear un mundo más seguro y más sano para todos. Juntos podemos cumplir nuestra promesa de ser «una nación, indivisible, con libertad y justicia para todos».

Usted podría ser el que salga a enseñar tolerancia, a aprender a perdonar y a practicar la compasión. Usted podría ayudar a romper el círculo vicioso de la pobreza enseñando a un niño a leer, dándole a alguien un empleo, manteniéndose junto a ellos mientras luchan por pasar página.

* Cuando oigas de relatos acerca de personas de diferentes culturas que están haciendo buenas acciones, propaga la buena nueva.

* Comparte estos relatos con tus amigos, el editor de algún periódico y el reportero de un canal de TV.

* Desafía a tus amigos y familiares a pensar y actuar de manera diferente.

* Da pequeños pasos para la restauración de nuestro país.

Actos de valor de unos jóvenes

Narradora: Melba Pattillo Beals
Adaptado de Warriors Don't Cry

Abuela India siempre me decía que Dios señalaba con un dedo a nuestra familia, pidiéndonos un poco más de disciplina, más oraciones y más esfuerzo porque Él nos había bendecido con buena salud y buenas cabezas. Mi madre fue una de las primeras negras en integrarse a la Universidad de Arkansas, donde se graduó en 1954. Tres años después, yo fui una de los nueve adolescentes negros que se integraron en la Escuela Superior Central de Little Rock, Arkansas.

No eran aún las ocho de la mañana cuando mamá y yo estacionamos en la curva justo enfrente de la casa de la Sra. Bates. Todo el mundo hablaba en susurros, me condujeron a través de la gente que estaba reunida hasta la sala, donde la radio y los informes noticiosos sobre la integración mantenían la atención de todos.

Al salir silenciosamente de la casa, le hice un gesto de despedida a mi madre. Deseaba abrazarla, pero no quería que todo el mundo pensara que yo era una bebita. Otros padres se arremolinaban mirándonos como si nos llevaran al patíbulo. Al comenzar a caminar hacia los autos, nos rodearon como si estuvieran completamente seguros de que no regresaríamos.

Cuando llegamos a la escuela, el chofer nos pidió que saliéramos rápidamente. La mano blanca de un agente uniformado se extendió hacia el auto, abrió la puerta, y me tiró hacia él al tiempo que me ordenaba con voz urgente que me apurara. El rugido que venía del frente del edificio me hizo mirar hacia la derecha. A sólo media cuadra, vi cientos de personas blancas, que se movían y vociferaban llenos de cólera «¡Los negros fuera, los negros fuera!». Los gritos se acercaban. El rugido aumentaba, como si su frenesí se hubiese visto encendido por algo. Me llevó un momento comprender el hecho de que era la vista de nosotros la que los había sublevado.

«La oficina del director es por aquí», susurró una mujer pequeña de pelo oscuro y lentes. «Apúrense, apúrense ahora». Nos llevaron a una oficina donde una hilera de blancos, la mayoría mujeres, estaban de pie mirándonos como si fuéramos la octava maravilla del mundo. «Aquí están sus horarios de clases y las aulas que se les asignan. Esperen por sus guías», dijo la Sra. Huckaby, la subdirectora. A cada uno de nosotros nos asignaron a diferentes aulas. «¿Por qué ningunos de nosotros podemos estar en la misma aula o tomar clases juntos?», pregunté. Detrás del largo escritorio, un hombre me respondió con una voz desagradable y resonante: «Ustedes querían integración… han conseguido integración».

Me volví a ver cómo el pasillo se tragaba a mis amigos. Ninguno de nosotros tuvimos una oportunidad de despedirnos o de hacer planes para encontrarnos. Yo estaba sola, aturdida, siguiendo a una mujer blanca escaleras arriba. El estar asustada no describe mi estado mental en ese momento: había comenzado a sentirme aterrada. Había imaginado cuán lindo sería entrar en ese gigantesco y hermoso castillo que conocía como la Escuela Secundaria Central, pero en verdad era mucho más grande, oscuro y traicionero de lo que yo había imaginado.

Pan y vino para el camino

De repente, sentí el picor de una mano que me abofeteaba una mejilla y luego la sensación tibia y resbalosa de un salivazo en la cara, que me corría hasta el cuello de la blusa. Era la primera vez en mi vida que me habían escupido. Me sentí herida, avergonzada. Me pregunté si me contagiaría con sus gérmenes. Antes de que pudiera limpiarme el salivazo, la áspera voz de mi guía me mandaba a moverme. «Andando. Ahora. ¿Me oyes? ¡Muévete! ¡Ahora!» Me limpié la saliva de la cara con la mano y la seguí a tropezones.

Al entrar en el aula, todos los estudiantes se callaron. La guía me señaló una silla vacía y me dirigí hacia ella. Los estudiantes que estaban sentados cerca se quitaron rápidamente y me senté rodeada de sillas vacías, con una intolerable conciencia de mí misma. Uno de los muchachos se mantuvo gritándome palabras soeces durante toda la clase. Yo esperaba que el maestro interviniera, pero no dijo nada. Mi corazón lloraba, pero reprimí las lágrimas, afirmé los hombros e intenté recordar lo que abuela India había dicho: «Dios te ama, niña. No importa lo que pase, Él te ve como Su preciada idea».

Afrontar el reto de pasar a mi próxima clase era aún más aterrador. «Es mejor que te cuides» me advirtió la guía mientras nos movíamos a gran velocidad a través de los hostiles estudiantes. La próxima clase era de educación física. En el campo de juego, grupos de niñas estaban tirando entre sí un balón de vóleibol. Me llevó un momento darme cuenta de que la pelota venía silbando muy cerca de mi cabeza. Esquivé el golpe, pero las chicas siguieron lanzándome la pelota y dando gritos de júbilo cada vez que daban en el blanco. Mientras luchaba por escapar su crueldad, estaba, al mismo tiempo, más aterrada aún por el ruido de la turba colérica que se acercaba en la distancia. De repente se perdió el control. «¡Entra Melba, ahora!» La cara de la maestra de educación física mostraba tanto compasión como alarma mientras calladamente señalaba a un grupo de mujeres que saltaban la cerca trasera al tiempo que me gritaban obscenidades.

Yo estaba llorando, a punto de darme por vencida, paralizada por el miedo. De repente la voz de mi abuela resonó en mi cabeza: —Dios nunca pierde a ninguno de su rebaño. —Buen Pastor, muéstrame el camino, dije. Me quedé quieta y repetí estas palabras una y otra vez hasta que recobré un poco la serenidad.

«Te he estado buscando». La voz de mi rechoncha guía sonaba enojada, pero yo estaba tan feliz de verla que casi me olvidé de mí misma y me acerqué para abrazarla. «Vamos a la clase de taquigrafía». Ella no lo sabía, pero era la respuesta a mi oración. Miré por encima del hombro para ver el grupo de madres que se quedaban quietas, sin ánimo evidentemente de perseguirme con una funcionaria de la escuela a mi lado. Reprimí las lágrimas y apresuré el paso.

Al dirigirme a la última fila de asientos vacíos junto a la ventana, mi maestra de taquigrafía me llamó: «Melba, quítate de la ventana». Su voz era comprensiva como si a ella realmente le importara lo que me ocurría. El mar de personas afuera se extendía mucho más de lo que yo podía ver, unas oleadas de gente que fluía y refluía, empujando las barreras y a los policías que intentaban mantenerlos en su lugar. Desde mi asiento podía oír el griterío de la multitud: «Agarren los negros» y «cinco, cuatro, tres y dos; siempre no a la integración».

Levanté la vista de mis notas para ver a mi guía que entraba en la clase. «Ven conmigo ahora a la oficina del director», me llamó nerviosamente. Oí el tono frenético de su voz y oí a alguien más decir que la turba estaba fuera de control y que tenían que pedir ayuda. «Debe haber mil personas armadas viniendo hacia acá». «Algunos de estos policías se están quitando sus insignias», dijo otra persona sin aliento. «Saquemos a estos niños de aquí».

Oí pasos que se acercaban. Un hombre de pelo negro venía hacia nosotros. «Soy Gene Smith, del Departamento de Policía de Little Rock. Es hora de que se vayan por hoy. Vengan conmigo ahora». De inmediato tuve una buena impresión de él. Nos instó a movernos más rápidamente y actuó como si realmente le importara si salíamos o no de allí. Decidí recordar para siempre a este hombre en mis oraciones.

Afuera, dos autos estaban esperando con los motores encendidos, las luces prendidas y los capós mirando hacia la puerta. «Apúrense, ahora…suban», dijo Smith mientras mantenía abierta una de las puertas. Sus expresiones me decían que estábamos metidos en el tipo de problema que yo ni siquiera hubiera imaginado antes. «Aguántense y mantengan las cabezas bajas», gritó el chofer. El ruido ensordecedor de la turba nos envolvió a todos. Fue entonces cuando el auto comenzó a moverse a gran velocidad, más rápido que ninguno que yo hubiese estado antes. Finalmente, había unas pocas manos y caras en las ventanillas del auto y los ruidos se fueron apagando. Respiré profundamente. Quería decirle al chofer, «Gracias por arriesgar su vida por salvar la mía». Fue un momento embarazoso con un extraño, un blanco decente. Él me llevó a casa, me dejó exactamente a la puerta. «Entra en la casa ahora, ve», me dijo, deteniéndose por un instante, antes de acelerar el motor y marcharse. Era el segundo hombre blanco por quien yo oraría para que Dios lo protegiera.

Esa noche escribí en mi diario. «Parece que no hay espacio para mí en Central High. Yo no quiero que la integración sea como el tiovivo. Dios mío, por favor, haz un espacio para mí».

Hablando desde la Casa Blanca en la televisión nacional, esa misma noche, el presidente Eisenhower dijo que había enviado tropas porque «de la turba en Little Rock amenaza la seguridad misma de Estados Unidos y del mundo libre». También esa noche, un hombre le entregó a mi madre un sobre de parte del Presidente y le dijo: «deje que su hija regrese a la escuela, y ella estará protegida». Los vi a la mañana siguiente, aproximadamente cincuenta soldados uniformados de la brigada 101, con botas relucientes y fusiles. Mi madre tenía lágrimas en los ojos al despedirme con un susurro: «Haz hoy lo mejor que puedas», me dijo.

Durante los próximos meses, me levantaba cada mañana, pulía mis zapatos de dos tonos y salía para la guerra. Entraba en Central High School, un edificio que sólo recuerdo como una infernal cámara de tortura, un lugar destinado a formarnos y prepararnos para la adultez y que, por el contario, me hacía sentir como un soldado en el campo de batalla.

Siempre había imaginado que el último día del semestre en esa escuela superior estaría señalado por una gran ceremonia, con un gran coro cantando aleluyas o tal vez algún hermoso galardón de mi comunidad: un desfile tal vez. Pero fue idéntico a cualquier otro día. «Se acabó —dijo mi hermano Conrad—. Ya no tienes que integrarte más».

El septiembre próximo, esperamos en vano regresar a Central High. El gobernador Faubus cerró todas las escuelas superiores de Little Rock. Los segregacionistas estaban asfixiando a la NAACP[1], los periódicos de los Bates y el State Press. En el empeño para que nos retiráramos voluntariamente de Central High, nuestra gente siguió perdiendo sus empleos, sus negocios y sus casas. En un acto de desesperación, los directivos de la NAACP enviaron un anuncio a las sucursales de todo el país, solicitando familias que se ofrecieran a darnos protección y a ayudarnos a terminar nuestros estudios. Fui lo bastante afortunada de ir al hogar del Dr. George y Ruth McCabe y sus cuatro hijos en Santa Rosa, California. Era una familia de cuáqueros políticamente conscientes y comprometidos con la igualdad racial. Más que su orientación, fue su amor incondicional lo que me enseñó el verdadero significado de la igualdad. Su amor me ayudó a curar mis heridas y me inspiró a comenzar una nueva vida por mí misma.

Inspirada por los periodistas que yo había conocido durante la integración, seguí mis sueños y me convertí en reportera de noticias. Siempre recordaba que fue debido a la verdad que contaron los reporteros que vinieron a Little Rock lo que me mantuvo con vida. Más tarde, como reportera de la cadena NBC, me ocuparía especialmente de mirar hacia esos rincones donde gente de otro modo invisible es obligada a esconderse mientras su verdad es ignorada.

Cuarenta años después, la Escuela Secundaria Central de Little Rock está integrada sin problemas. Miro retrospectivamente a mi experiencia de integración en Little Rock como una fuerza positiva que finalmente conformó el

[1] NAACP. Siglas en inglés de la Asociación Nacional para la Promoción de las Personas de Color. (N. del T.)

curso de mi vida. Por atrevernos a desafiar la tradición sureña de segregación, esta escuela se convirtió en un horno que consumió nuestra juventud y nos forjó, a pesar nuestro, en soldados de los derechos civiles. Como mi abuela India había prometido, eso me enseñó a tener valor y paciencia.

Estoy agradecida por el valor de la juventud

ELEANOR ROOSEVELT

Milagro en Montgomery

NARRADOR: RVDO. JOSEPH LOWERY
ADAPTADO DE *FELLOWSHIP*, LA REVISTA
DE *LA HERMANDAD PARA LA RECONCILIACIÓN*

EN MARZO DE 1995, MUCHOS DE NOSOTROS DEL MOVIMIENTO pro derechos civiles que habíamos andado por la histórica senda de la libertad hace ya tanto tiempo, rehicimos nuestros pasos desde Selma a Montgomery, Alabama. Este camino sagrado, manchado para siempre con la sangre de los mártires, está santificado por las esperanzas y los sueños de aquellos por quienes lo anduvimos. Marchamos de nuevo para recordarnos del precio amargo que habíamos pagado treinta años atrás por el derecho de todos los estadounidenses, negros y blancos, a votar, y del doloroso precio que pagamos hoy por dejar de ejercer ese valioso derecho.

Con esta marcha, esperábamos alentar un nivel elevado de activismo electoral y revivir la energía del movimiento. Buscábamos obtener el apoyo de políticos y dignatarios, de empresarios y periodistas. Alcanzamos todas esas cosas y muchas más, porque ese día, fuimos testigos de un milagro.

En 1965, Martin Luther King Jr. me nombró presidente de un comité de manifestantes asignado a presentar nuestras demandas al gobernador de Alabama George Wallace. Este era el hombre cuyas tropas nos habían atropellado. Era el hombre que se puso en frente del portal de una escuela para impedir que los negros asistieran a la Universidad de Alabama.

Como ministro metodista hablándole a un laico metodista, le dije a Wallace que Dios le pediría cuentas por sus odiosas palabras que otros habían transformado en acciones de odio. Esas acciones le impusieron un precio muy alto a personas como Viola Liuzzo, Jimmie Lee Jackson, y muchos otros que perdieron sus vidas en la lucha. En aquel entonces, la respuesta de Wallace fue, en el mejor de los casos, indiferente. Sin embargo, treinta años después, en 1995, ¡fue él quien quiso salir a recibirnos en Montgomery!

Si bien algunos se opusieron a acceder la petición del gobernador Wallace de saludarnos al término de la marcha, yo no me atreví a oponerme a un acto de arrepentimiento. Puesto que él no tenía nada que ganar políticamente, acepté su oferta de reconciliación. Que él quisiera unirse a nosotros y afirmar nuestra posición era como un relámpago de luz que brilla en medio de un camino lleno de sombras de malicia.

En auto, es menos de tres horas de la Universidad de Tuscaloosa, donde Wallace había bloqueado la puerta, a la Escuela Secundaria de San Judas en Montgomery, el punto final de nuestra marcha. Pero, por vía de la memoria, ha tomado más de treinta años. Esa fue la torturada distancia que anduvo el Gobernador Wallace ese día. Al final de ese viaje, él estaba rindiendo tributo a aquéllos a los cuales una vez se enfrentara.

En 1972, el gobernador Wallace fue agredido a tiros por un ciudadano enfurecido y quedó paralítico. Más tarde dijo: «De una manera que me era imposible antes del atentado, creo que puedo entender algo del dolor que los negros han llegado a sufrir. Sé que contribuí a ese dolor y sólo puedo pedir perdón». En su último período como goberna-dor a fines de los años ochenta, nombró a más de 160 negros a juntas de gobierno estatales y duplicó el número de electores negros en los condados de Alabama.

Recordando los coléricos días de los años 60 y el odio, la violencia, la intolerancia y la tozudez de este hombre, yo estoy asombrado de la transformación del gobernador. Ninguno de nosotros pudo jamás soñar que un hombre como Wallace viniera a abrazar nuestra causa, sostener nuestras manos y cantar nuestros cánticos.

Bueno, en realidad, *casi* ninguno. Martin Luther King Jr., ese gran soñador a quien le segaron la vida, tuvo una visión:

> *Yo sueño con el día en que allá en Alabama,*
> *con sus perversos racistas,*
> *con su gobernador a quien las prohibiciones*
> *y las anulaciones le chorrean de los labios,*
> *que un día, allí mismo en Alabama, niños negros*
> *y niñas negras puedan darse las manos*
> *con niños y niñas blancos como hermanos y hermanas.*
> *¡Tengo ese sueño hoy!*

DR. MARTIN LUTHER KING JR.

Estimule la armonía racial en su escuela, en su comunidad y en su mundo. Aprenda a hacerlo de **Racial Dialogue and Reconciliation Program** en la **Fellowship of Reconciliation,** Box 271, Nyack, NY 10960 o encuéntrenos en el http://www.nonviolence.org.

Carta desde una cárcel de Birmingham

NARRADOR: ANDREW YOUNG
ADAPTADO DE *AN EASY BURDEN*

LUEGO DE ALGUNOS FRACASOS INICIALES EN LA LUCHA por los derechos civiles, algunos decían que estábamos derrotados, pero en efecto estábamos más prestos que nunca a librar nuestra campaña no violenta. De manera que pusimos nuestras miradas en la ciudad más adversa del sur: Birmingham, Alabama.

La campaña de Birmingham fue el momento decisivo del movimiento nacional pro derechos civiles. Fue también el momento decisivo para Martin Luther King Jr. Hasta entonces, él siempre había sido cauto, hasta renuente, respecto a ser un líder. Le habían echado el liderazgo encima y ocasionalmente, había intentado retraerse. Pero en Birmingham, creo yo, él finalmente aceptó que nunca podría abandonar la imponente tarea que le había caído sobre los hombros.

Poco antes de que comenzara nuestra campaña, el municipio de Birmingham obtuvo una orden de un tribunal estatal contra las manifestaciones. Sabíamos que participar en la marcha daría lugar a un arresto seguro.

Una mañana alrededor de una docena de nosotros nos apretábamos en la salita de la habitación que Martin tenía en un hotel. Teníamos que tomar una decisión difícil y nuestra unidad empezaba a resquebrajarse. «Martin, tú has hecho todo lo que puedes hacer aquí —dijo uno—. Olvídate de Birmingham por un rato —arguyó otro—. No puedes poner a más gente en la cárcel ahora. No podemos pagar las fianzas de los que ya están allí. Enviar más gente a la cárcel es inaceptable».

En esta atmósfera de absoluta depresión, Martin dijo muy poco. Él tan sólo escuchaba. De repente, se levantó y se fue al dormitorio. Al cabo de un rato, la discusión finalmente se acabó. Justo en ese momento, Martin y Ralph Abernathy salieron vestidos con chaqueta y *jeans* —nuestro uniforme de trabajo en Birmingham, que usábamos para dramatizar nuestra solidaridad con los trabajadores—. «Lo único que puedo hacer es ir a la cárcel y unirme a la gente que ya está allí —dijo Martin—, y estar allí hasta que la gente vea a lo que nos enfrentamos. Los que van a ir conmigo, que estén listos».

No lo sabíamos aún, pero la decisión de Martin de ir a la cárcel el Viernes Santo de 1963 hizo posible para nosotros sostener tanto la campaña de Birmingham como el movimiento en todo el Sur. La marcha no duró mucho tiempo. Martin, Ralph y alrededor de otros cincuenta caminaron a grandes trancos junto al parque Kelly Ingram. Una gran multitud de ciudadanos negros se congregó en torno. Martin condujo a los manifestantes a lo largo de las aceras y se detenían en las luces del tránsito, pero aun así los manifestantes fueron arrestados por desfilar sin permiso. Nos quedamos sorprendidos por la agresividad de la policía, que comenzó a empujar a los manifestantes y a meterlos a empellones, incluyendo a Martin, en una camioneta carcelaria.

Una de las tácticas intimidantes que usaba el municipio de Birmingham era la de imponer una fianza de mil dólares o más a cada manifestante. Esta fianza era increíblemente elevada para lo que en esencia no era más que una infracción peatonal. A Martin lo pusieron en una celda solitaria, y no dejaron que nadie lo viera por un día o más. Él no pudo siquiera hacerle una llamada a su esposa, Coretta, que acababa de dar a luz a su cuarto hijo.

A Martin no le gustaba estar en la cárcel: era una cruz que él había decidido cargar, pero lo impacientó. De modo que él ejerció una tremenda presión sobre nosotros para magnificar el impacto y la significación de su estada en la cárcel. «Deben reanudar las manifestaciones inmediatamente —dijo—. No permitan que el comité de apoyo local los detenga. Hemos logrado mantener la presión sobre Birmingham».

Pese a la impaciencia de Martin, la situación ya empezaba a cambiar a nuestro favor. Las noticias y las imágenes de los arrestos del Viernes Santo iban adentrándose en la conciencia. Las fotos de Martin y Ralph siendo arrastrados a la cárcel aparecieron en la televisión y se publicaron en todo el mundo. La reacción fue tremenda. Por primera vez, la campaña de Birmingham estaba siendo tomada en serio. Ese mismo fin de semana, el cantante Harry Belafonte, partidario comprometido de nuestra causa y un amigo cercano, estaba en Nueva York luchando para obtener nuevos fondos para reponer el dinero de las fianzas a punto de extinguirse. El lunes, Harry nos informó que había recaudado cincuenta mil dólares y que había más en camino. A nosotros esto nos sonaba como un milagro.

Desde su celda, la semana después de Pascua, Martin comenzó lo que se convertiría en su famosa «Carta desde una cárcel de Birmingham». La escribió en los márgenes de periódicos y al dorso de documentos legales y nos pasó el texto a pedacitos. En esta carta nos proporcionaba respuestas amplias y abarcadoras a todas las objeciones que le hacían a nuestra campaña. También exponía las bases religiosas del movimiento de protesta no violento en la teología cristiana. La carta de Martin respondía a los que nos acusaban de «inoportunos», recordándoles a nuestros críticos que los negros habían esperado más de trescientos años por la justicia en Estados Unidos, y que no podíamos permitirnos esperar más.

Dentro de unas pocas semanas, millares de copias de la carta de Martin se distribuyeron por todo el país y se publicaron en periódicos nacionales y europeos; se le citaba como el fundamento teórico detrás del Movimiento de los Derechos Civiles. Esta carta ayudó a establecer las firmes bases morales e intelectuales no sólo de nuestra lucha en Birmingham, sino de todas las campañas que siguieron en el Sur. Desde entonces se convirtió en un clásico de la literatura norteamericana.

La intensa atención que le prestó la prensa, combinada con un efectivo boicot económico, comenzó a ejercer una enorme presión sobre la estructura de poder en Birmingham. Durante casi dos meses, los habitantes negros compraron muy pocas cosas salvo alimentos y medicinas. En Birmingham los negros gastaban mucho dinero en las tiendas del centro, pero los comerciantes no parecían darse cuenta de cuánto hasta que les retiraron el patrocinio. La pérdida de ventas minoristas durante la Pascua estaba afectando visiblemente las tiendas que fueron objeto del boicot, tal como habíamos esperado.

Parte de lo que hizo el liderazgo de Martin tan poderoso fue su capacidad de poner nuestro movimiento y las tribulaciones de Birmingham en su propio contexto: como un movimiento mundial. Él fue capaz de hacernos sentir como si fuéramos algo más que nuestras vidas cotidianas, más de lo que habíamos sido —parte de una visión hermosa y gloriosa que nos capacitaba para transcendernos— para elevarnos a otro nivel de manera que pudiéramos casi sentir que avanzábamos. Cada noche de la campaña, después que Martin terminaba sus discursos con un tumultuoso aplauso, nos poníamos de pie, uníamos las manos y cantábamos «Venceremos».

Como era usual, Martin tenía razón. La obra que hicimos en Birmingham sí contribuyó a lanzar el movimiento a nivel mundial. El modelo que desarrollamos para el cambio social no violento en este pequeño pueblo del sur se ha utilizado desde entonces para ayudar a campañas en favor de los derechos humanos y la libertad en Polonia, Sudáfrica y otros países. Confiar en la sabiduría de Martin nos ayudó a persistir en la lucha. Ahora mirando retrospectivamente, es muy gratificante saber que los sufrimientos que experimentamos no fueron en vano. Todo eso fue parte integrante del plan de Dios para un mañana mejor.

En el espíritu de su compromiso con el servicio a otros, el Día de Martin Luther King Jr. en enero es ahora una jornada nacional de servicio, cooperación interracial y de programas para oponerse a la violencia entre los jóvenes. Las personas y organizaciones mantienen vivo el «Sueño» abriendo sus corazones y ofreciendo sus manos para juntar a la gente más diversa. Para más información, llame a la **Office of Public Liaison at the Corporation for National Service** al 202-606-5000.

Cumpliendo el sueño de Martin

NARRADORA: ROSALIN BARNES

EN LA MAÑANA DEL 18 DE AGOSTO DE 1963, FRANK CARR SE despertó a las 2 de la mañana para tomar a un autobús con destino a la capital de la nación. Este empresario blanco de Chicago no estaba exactamente seguro de la razón por la que iba. Había leído acerca del Rdo. Martin Luther King Jr. y de la marcha a Washington. Había oído acerca de su llamado a la acción por la igualdad de derechos de todos los estadounidenses. Él simplemente sabía que tenía que ir. Más tarde, de pie entre un cuarto de millón de personas, escuchó el inspirador discurso del Dr. King «Yo tengo un sueño». Y eso se convirtió en el momento decisivo de su vida.

«. . . *Ahora es el momento de abrir las puertas de la oportunidad a todos los hijos de Dios. Ahora es el momento de alzar nuestra nación de las arenas movedizas de la injusticia racial a la sólida roca de la fraternidad. Cuando dejemos que el clamor de la libertad resuene, cuando le dejemos resonar en todos los pueblos y en todos los caseríos, en todos los estados y en todas las ciudades, podremos apresurar la llegada de ese día, cuando todos los hijos de Dios, negros y blancos, judíos y gentiles, protestantes y católicos, podamos unir nuestras manos y cantar la letra del viejo cántico espiritual: "¡Libres al fin!, ¡Libres al fin! ¡Gracias a Dios Omnipotente, somos libres al fin!"*».

Después de escuchar estas palabras, Frank supo en su corazón que él debía hacer algo para ayudar a que el sueño de Martin se cumpliera. De regreso en su casa, habló con

sus amigos, empresarios, personas con influencias. Habló
con una nueva sensación de confianza. «Hay estudiantes en
los guetos y en los barrios con verdadero talento», dijo.
«Pueden desempeñar importantes papeles en nuestras corporaciones y nuestras comunidades, si les damos una oportunidad». Los amigos de Frank sabían que él tenía razón.
Todos ellos habían visto a jóvenes con enormes posibilidades a quienes les negaban oportunidades debido a los prejuicios del mundo corporativo.

La clave de su propio éxito había sido los mentores,
personas que habían tomado tiempo para escuchar sus
esperanzas y sus sueños, de enseñarles las reglas e introdu-
cirlos al mundo laboral. De manera que cada uno de ellos
se comprometió a asegurar a un estudiante, y lograr que
sus compañías los colocaran en becas de verano. En 1970,
abrieron la primera oficina de INROADS en Chicago, con
17 empresas patrocinadoras y 25 estudiantes ansiosos de
superarse. «No teníamos antecedentes, sólo un sueño, y
suficientes personas dispuestas a correr algunos riesgos»,
dice Carr.

Juan fue uno de los primeros 25 estudiantes. Oriundo
de un pueblito de México, cuando estaba en sexto grado se
unió a su padre, que trabajaba arduamente para mejorar la
vida de su familia en Chicago. Al principio, estaba fasci-
nado, pensando que en este nuevo mundo él podía alcanzar
cualquier meta. Pronto las hostiles calles de Chicago le dieron la primera lección de la realidad. En su pueblo de
México, él había sido respetado como un líder. En Chicago,
era un forastero, otro pobrecito niño hispano que hablaba
un inglés torpe con acento. Pero, siguiendo el ejemplo de su
padre, Juan se esforzó para salir adelante.

Al cabo de tres años, se graduó con honores de su

escuela secundaria. Estaba orgulloso de ser el primero en su familia que asistiría a la universidad. Juan hizo lo mejor que pudo, pero su primer año fue muy difícil. Luchaba sin ayuda adicional para comprender un idioma y una cultura nuevas. Algunos días hasta pensaba en abandonar los estudios. Inesperadamente, la vida de Juan dio un giro dramático. «Este hombre blanco me escogió de entre los muchos estudiantes que pasaban por el pasillo, y me dijo: «¿Te gustaría becarte con una gran corporación este verano?». Juan no podía creer lo que estaba oyendo. «Pensé: ¿trabajo de verano?… ¿gran corporación? Seguro. ¿Qué debo hacer?»

El hombre del pasillo era Frank Carr. Él tomó a Juan bajo su protección y lo introdujo en INROADS. Ese verano, Juan consiguió un magnífico trabajo y, por primera vez en su vida, tuvo oportunidad de trabajar con verdaderos líderes empresariales. «Esta gente se convirtió en mis mentores, me enseñaron las reglas, me guiaron a través de todo el verano —dice—. Realmente querían que yo pudiera abrirme paso en el mundo empresarial». La experiencia laboral de ese verano con la Wm. Wrigley, Jr. Company convenció a Juan que él realmente podía hacerlo también. «Por primera vez desde que era un niño en México», dice, «¡supe que podía llegar a ser alguien!».

Veintinueve años después, Juan está aún con la compañía donde se becó aquel verano. Ahora es gerente y miembro de la Junta Directiva de INROADS/Chicago. Sabiendo la importancia que un mentor tuvo en su vida, trabaja con chicos de 6to. y 7mo. grados de ascendencia mexicana. Ayuda a otros a lograr sus sueños. Juan nunca olvidará a Frank Carr. «Él tiene tanta razón hoy como la tuvo entonces —afirma—. Hay tanto talento en nuestros jóvenes. Todos necesitamos dedicar el tiempo a cosecharlo y ayudarles a realizar sus sueños».

En la actualidad, INROADS es una floreciente organización dedicada al desarrollo de carreras. Más de 6.000 jóvenes afroamericanos, hispanos e indios norteamericanos han estado becados en alguna de las 900 compañías que patrocinan este programa en 49 ciudades estadounidenses; en Toronto, Canadá, e incluso en Ciudad de México. Y todo comenzó con la respuesta de un hombre al sueño de otro.

Si está en la escuela secundaria y quiere presentar una solicitud para convertirse en un estudiante de INROADS, o si usted es ejecutivo de una corporación y quiere averiguar más sobre el programa de INROADS para patrocinar estudiantes, llame a **INROADS** al 800-642-9865 o diríjase a *http://www.inroadsinc.org*.

Esplendor en Montana

NARRADORA: JO CLARE HARTSIG
ADAPTADO DE *FELLOWSHIP*, LA REVISTA
DE *THE FELLOWSHIP FOR RECONCILIATION*

A PRINCIPIOS DE DICIEMBRE TAMMIE SCHNITZER AYUDABA a su hijo, Isaac, a estarcir una menorá en la ventana de su dormitorio en Billings, Montana. Al igual que cualquier niño de cinco años, él se sentía orgulloso de sus adornos de fiesta. La familia celebraba Hanukkah, el festival judío de las luces. Muchos no judíos no conocen el significado de la fiesta ni de la menorá, el candelabro de ocho brazos. Si uno se lo pregunta a Tammy y a Isaac, ellos se sentirían orgullosos de explicárselos.

La historia comienza hace más de dos mil años, cuando Judá fue invadida por los griegos siríacos. Un grupo pequeño, pero decidido, de patriotas judíos libraron una increíble y victoriosa guerra de guerrillas contra el ejército sirio. Durante el acerbo conflicto, los griegos intentaron destruir la cultura y la religión judías: saquearon el santo templo y extinguieron la llama eterna del altar.

El pueblo judío trabajó día y noche para limpiar y restaurar su lugar de culto. Luego volvieron a consagrar el templo. Todo lo que quedaba por hacer era encender la llama eterna; pero del preciado aceite que usaban para la lámpara no quedaba más que para un solo día. Sin embargo, estaban decididos a encenderla, aunque fuera por un solo día. Milagrosamente, la luz no se extinguió ese día, ni el siguiente. Durante ocho días la lámpara ardió, resplandeciendo sobre el altar con tanto brillo como el primer día. Desde entonces, las familias judías siempre han celebrado Hanukkah con la menorá, con la que recuerdan el milagro de la pequeña lámpara maravillosa que mantuvo alumbrado el altar de manera sorprendente durante ocho noches.

Poco después que Tammie e Isaac habían terminado de estarcir la menorá, un ladrillo vino a estrellarse contra la ventana adornada, destrozándola. La imagen de la menorá de Isaac estaba hecha pedazos en la cama. Al día siguiente la *Billings Gazette* describía el incidente y reportaba que Tammie estaba preocupada por el consejo del agente investigador que le había dicho: «Es mejor que quite el símbolo de su casa». Pero ¿cómo podía una madre explicarle esto a su hijo? Él era muy niño, demasiado niño para darle a conocer un odio de esta naturaleza.

Margaret MacDonald, otra madre de Billings, al leer el periódico ese día, se quedó profundamente conmovida por la pregunta de Tammie. Imaginaba tener que explicarle a sus propios hijos por qué no era seguro tener un árbol de Navidad en la ventana. No es ese el modo en que un niñito debe recordar las fiestas. Ella quería que Isaac fuese capaz de recordar ésta como una estación de amor, no de odio y temor.

Ella recordaba un relato que había oído acerca del Rey de Dinamarca durante la ocupación nazi en la Segunda Guerra Mundial. Hitler había ordenado al rey cristiano a obligar a todos los judíos daneses a llevar la Estrella de David en el pecho, y él se había rehusado. En un acto de valiente desafío, el Rey se colocó la estrella de David sobre su propio corazón, declarando que todo su pueblo era uno solo. Si Hitler quería perseguir a los judíos, tendría que hacerlo con el rey también. El Rey no se quedó solo. Su ejemplo inspiró a sus conciudadanos, personas de todas las religiones, a llevar las estrellas en solidaridad con los judíos. Gracias a este acto de valentía, los nazis terminaron por no poder encontrar a sus «enemigos». En Dinamarca, no había judíos ni gentiles, sólo daneses.

Margaret quería hacer un gesto semejante contra el odio en favor de Tammie y de Isaac y de todos los niños de Billings. Telefoneó a su pastor, pidiéndole que contara la historia del rey danés en su sermón del domingo y que repartiera menorás de papel para que las familias las colgaran en las ventanas. El pastor inmediatamente estuvo de acuerdo y corrió la voz a otras iglesias. Ese domingo, pudo verse a miembros de la congregación colgando menorás en sus ventanas. Para el próximo fin de semana, otras iglesias, negocios y agrupaciones comunitarias y de derechos humanos habían hecho lo mismo. En poco tiempo, centenares de menorás aparecieron en las ventanas de los hogares no judíos. Cuando Tammy llevaba a Isaac a la escuela, podían verlas alumbrando las ventanas, y se sintieron particularmente conectados con su comunidad.

Algunos ciudadanos preocupados llamaron al departamento de policía, indagando acerca del peligro que conllevaba esta acción; pero Wayne Inman, el jefe de la policía, les dijo en términos inequívocos que «había mayor riesgo en no hacerlo». Los delitos de odio en Billings habían estado en alza. Un pequeño grupo de *skinheads*, miembros del Klan, y otros racistas blancos habían puesto en la mirilla a judíos, no blancos y homosexuales para hacerlos víctimas de acoso, actos vandálicos y lesiones personales. Si había una ocasión para estar juntos, era ahora. Los vecinos de Billings salieron a apoyar a Tammie e Isaac.

Este espíritu no tardó en extenderse de los hogares a toda la comunidad. Una tienda de artículos deportivos anunciaba en un cartel: «¡No en nuestra ciudad! No al odio, no a la violencia. Paz en la Tierra». Una escuela secundaria de la localidad puso un letrero que decía, «Feliz Hanukkah a nuestros amigos judíos», y durante los oficios de Hanukkah se celebró una vigilia fuera de la sinagoga para proteger a los que adoraban dentro.

Pero la batalla de la luz contra las tinieblas no se ganó fácilmente. Tirotearon las ventanas de la escuela secundaria. A dos templos de la Iglesia Metodista Unida que estaban adornadas con menorás les rompieron las ventanas y a seis familias no judías les astillaron las ventanillas de sus autos y dejaron una nota que decía simplemente: «amante de los judíos». La violencia continuaba.

La *Billings Gazette* publicó el dibujo a página entera de una menorá e invitó a sus lectores a recortar el cuadro y a ponerlo en sus ventanas. En este pueblo, con menos de trescientas familias judías, millares de hogares exhibieron orgullosamente la menorá. Ahora las agrupaciones dedicadas a propagar el odio no podían encontrar a sus enemigos. En Billings no había judíos ni gentiles, sólo amigos.

Según fueron transcurriendo las fiestas, los incidentes de violencia disminuyeron, se crearon nuevas amistades y se desarrolló una mayor comprensión. Irónicamente, la violencia que se proponía dividir la comunidad sólo sirvió para unirla más fuerte. En la actualidad, los vecinos de Billings tienen razones para celebrar. Si uno les pregunta acerca de sus menorás y de lo que el Hanukkah significa para ellos, se enorgullecerán de contarles la historia. Se trata de estar firmemente unidos frente al odio, de vencer la violencia con el amor, y del milagro de la luz que resplandece en las tinieblas.

Las tinieblas no pueden disipar la oscuridad,
sólo la luz puede hacerlo.
El odio no puede vencer el odio, sólo el amor puede hacerlo.

MARTIN LUTHER KING JR.

¿Quiere ayudar a su iglesia a fomentar mejores relaciones en su comunidad y contrarrestar el atractivo de las agrupaciones que propagan el odio? El Departamento Interreligioso (**Interfaith Department**) de la Hermandad de la Reconciliación (**Fellowship of Reconciliation**) le mostrará cómo hacerlo. Escriba al Box 271, Nyack, NY 10960 o visite el http://www.nonviolence.org.

Hacemos lo que decimos

NARRADOR: CECIL WILLIAMS
ADAPTADO DE *NO HIDING PLACE*
CON REBECCA LAIRD

EN EL CORAZÓN DE SAN FRANCISCO ESTÁ LA IGLESIA GLIDE Memorial, que es algo más que una iglesia, es una comunidad: un lugar de amor y apoyo incondicionales. Para millares de personas —ricas y pobres, jóvenes y viejas— Glide es un lugar de recuperación y de nuevos comienzos. Mis antepasados africanos, que sufrieron la esclavitud, llevaron consigo a través del Atlántico una tradición que sigue estando sólidamente arraigada en la cultura afroamericana de hoy. En Glide, damos a conocer nuestra verdad por medio de relatos, relacionándonos mutuamente a través del diálogo, y sumergiéndonos en la vida del Espíritu.

Calculamos que el 80 por ciento de las personas que vienen a nosotros se encuentra en recuperación de alguna sustancia. Una de las primeras cosas que aprendemos en la guerra contra las adicciones es que los programas tradicionales para el tratamiento de las drogas no funcionan para la mayoría de los afroamericanos. Los programas de doce etapas se centran en la recuperación individual, como si el quedarse limpio y sobrio fuesen la máxima meta. Pero los afroamericanos son un pueblo gregario: luchamos juntos por nuestra libertad.

Yo crecí en San Ángelo, Texas, que era un pueblo segregado antes del movimiento pro derechos civiles. Los autobuses, los bebedores de agua, las líneas del ferrocarril, los servicios sanitarios, todo en San Ángelo me recordaba constantemente que yo era una persona «de color», un negro. Cuando crecí y me convertí en ministro evangélico, quise cambiar eso para crear una vida mejor para mi gente. Más del 65 por ciento de los negros de San Francisco viven en complejos de viviendas infestadas por la delincuencia, tapiadas con tablas, cubiertas de grafiti. Mucha gente de esas viviendas consume drogas, pero incluso si pudiera librarse de las drogas durante el día, tiene que regresar a dormir en esos proyectos que se han convertido en santuarios para todos los vicios imaginables. Las tentaciones son grandes. Puesto que nuestra gente vive en los proyectos, Glide tuvo que ir allí también.

Una de las cosas que yo predico en Glide es: «Predica con el ejemplo». De manera que decidimos hacer lo que decíamos y marchamos hacia los complejos de viviendas más malos de San Francisco: Valencia Gardens. El 17 de febrero de 1990 decidimos marchar y proclamar las buenas nuevas de la recuperación a nuestros hermanos y hermanas. Pasamos docenas de horas reuniendo a personas de la comunidad, de la asociación pública de inquilinos, de la oficina del alcalde y de gente de Glide. Decidimos también no ser tan confiados y llevamos con nosotros a la policía.

Creamos una fuerza humana para influir a la gente de los complejos. Nuestra meta no era sacar a los vendedores de narcóticos, a los proxenetas y a los consumidores de drogas de las viviendas municipales; habíamos ido a abrazarlos con amor incondicional y a decirles que hay otra manera de vivir. Así pues, abordamos los autobuses, subimos por la calle Market y luego doblamos en la calle Valencia, entonando cánticos de libertad. Al llegar, bajamos de los autobuses y desfilamos alrededor de los proyectos. Los que iban al frente llevaban una amplia pancarta que proclamaba nuestro grito de guerra no violento: «Es tiempo de recuperación». Otros llevaban carteles que decían: «El drogadicto necesita recuperarse» y «Bienvenido a la recuperación».

Desfilamos como una cuadrilla de amantes, proclamando liberación de las drogas, la adicción y la desesperación. Así como Jesús nos ha dicho a cada uno de nosotros, «yo estoy contigo», la comunidad de Glide desfiló para decirle a nuestra lesionada familia, «estamos con ustedes». Cada corazón llevaba el compromiso de aceptar a quien encontrara. Nadie tampoco desfiló con las manos vacías. Algunos llevaban brochas y galones de pintura. Otros cargaban bandejas de pollo frito y ensaladas de papas. No es bueno salir a pedir a gritos que la gente cambie con las manos vacías agitando en el aire. Tienes que tener algo que ofrecer.

Cuando los cientos de manifestantes habían confluido en el centro del complejo de viviendas, tomé un megáfono y comencé a llamar a los que se asomaban a los apartamentos del último piso. «Bajen, únanse a nosotros. ¡Es tiempo de recuperación! Sabemos quienes son ustedes. Son nuestros hijos y nuestras hijas. ¡Es hora de que tomen las riendas de sus vidas!

Lentamente, la gente comenzó a bajar de algunos de los apartamentos que actualmente sirven como fumaderos de *crack*. Los subimos al estrado y les dimos un micrófono. Ellos hablaron de sus vidas. Luego, más tarde en el día, uno de los miembros de mi equipo vino a decirme que un grupo de vendedores de drogas quería tocar una cinta por el sistema de altoparlantes. Les dije que sí, viéndolo como una apertura para conversar con los jóvenes. Subí hasta la puerta donde estos jóvenes vendedores se hallaban escondidos. Algunos de la multitud me gritaron: «No debes hacer eso, Cecil». Pero lo hice de todos modos, y así fue como conocí a Alex.

A principios de la semana Alex había comenzado a reflexionar sobre su vida. Más adelante nos dijo: «Mi padre me había enseñado que si iba a vivir, debía ser el mejor en cualquier cosa que hiciera. Yo tomé el mal camino, el de ser un ladrón, un delincuente, y lo hacía bien. No tenía misericordia ni me importaba el bienestar físico de los demás. Estuve algún tiempo en la cárcel. Me estaba cansando de la vida.

«Estaba pensando "puedo conseguir un empleo, y si no resulta, siempre puedo volver a lo que estoy haciendo: a vender drogas". Pero la que siempre está a mi lado, la madre de mi bebé, me dijo, "Tú puedes tener una vida honrada". Es así que empecé a pensar en eso. Ese sábado fue el día que Cecil y toda la gente vinieron a desfilar.

«Escuché a Cecil. Lo que él hablaba era de lo que yo quería ser. Después de que pintaran las paredes de Valencia Gardens, me di cuenta que la marcha no era para cubrir las paredes sucias, era para la gente. Hubo un cambio total en las personas que vivían en los complejos. Gente de los complejos que nunca antes se hablaban, ahora conversaban juntos. Había tanta maldad alrededor de V.G.[Valencia Gardens]; yo quería ayudar a hacer algo bueno».

Poco después, Alex comenzó a venir a Glide. Muchos meses después, él le habló sobre la marcha a Valencia Gardens a algunos visitantes que estaban interesados en programas de recuperación. Alex les dijo: «Recuerdo a mi padre decirme en muchas ocasiones que por haber nacido en 1968 yo me había perdido todo: Malcolm X, el Reverendo Martin Luther King Jr., Vietnam, el movimiento hippie y las Panteras Negras. Después vine a Glide y comencé a ver que no me había perdido nada. He vivido para ver a Glide y conocer al Rdo. Cecil Williams, que no es un asesino sino un salvador. Glide me salvó, a mí y a mi familia, de la locura. Lo mejor de haberme encontrado a mí mismo es que yo nunca tuve que buscar a Glide, Glide vino a mi casa y me encontró».

Alex ahora tiene un empleo y le va bien. Es un hombre nuevo. «Venir a Glide fue como enfrentarse a una montaña donde no hubiera ni gradas ni una senda despejada. En lugar de eso había manos, manos de todos los colores que se tendían para ayudarme. Todo lo que tuve que hacer fue asirme a ellas y seguir subiendo hasta llegar arriba. Cuando llegué a lo alto, miré hacia abajo y vi cuán lejos había llegado. Era y es un hermoso paisaje. Esto es la recuperación».

> *Levanta los ojos a este día que comienza para ti.*
> *Da lugar a los sueños.*

MAYA ANGELOU

Únase a las celebraciones dominicales en la **Iglesia Glide Memorial** con el Rdo. Cecil Williams y la inspiradora música de los *gospels* interpretada por el conjunto de Glide. Para apoyar los treinta y siete programas completos que prestan servicios a millares de desamparados, drogadictos, oprimidos, desesperados o parias, entre ellos el Programa Diario de Comidas Gratuitas que sirve tres comidas gratis al día, 356 días del año, que ascienden a más de un millón de comidas al año, llame al 415-771-6300.

El banquero con corazón

NARRADOR: ALEX COUNTS
ADAPTADO DE *GIVE US CREDIT*:
HOW MUHAMMAD YUNUS' MICRO-LENDING
REVOLUTION IS EMPOWERING WOMEN
FROM BANGLADESH TO CHICAGO

AYUDAR A LEVANTAR A LOS POBRES DE ESTADOS UNIDOS EN lugar de sólo darles limosnas es una posición que tiene sus raíces en un lugar improbable: Bangladesh. Comenzó con el desesperado intento de un hombre de encontrarle sentido a su vida en un país devastado por el hambre.

Con poco más de veinte años, Muhammad Yunus era un joven impaciente que exhumaba confianza en sí mismo, optimismo y acometividad. Antes de planear su viaje a Estados Unidos, él nunca había oído hablar de la Universidad de Vanderbilt en Tennessee, de la cual él había recibido una beca Fulbright. Observando un globo terráqueo, se dio cuenta de que estaba casi exactamente en las antípodas de Bangladesh. Después de graduarse, quiso aplicar algunas de las lecciones que había aprendido cuando estudiaba Economía y poner en práctica una de las muchas ideas que había acariciado durante sus tiempos de estudiante.

Poco después de su regreso, la hambruna de 1974 devastó a su país. En esa época, Henry Kissinger llamó a Bangladesh «la locura del mundo»; pero para Yunus era su patria. Él consiguió un empleo como profesor universitario de Economía. En su camino a clase, tenía que pasar junto a cientos de sus compatriotas que se estaban muriendo de hambre. Yunus se dio cuenta de que él tenía que hacer algo, aunque sólo fuera un pequeño gesto. No se hacía grandes ilusiones de lo que un hombre podía hacer trabajando solo.

Comenzó este trabajo al empezar a conversar con los pobres en las calles y en los pueblos. Se sumergió en su mundo y llegó a la conclusión de que la falta de inversiones de capital era una de las raíces de la pobreza. Yunus encontró campesinos que ganaban dos centavos diarios fabricando herramientas de bambú y pagando tasas de interés exorbitantes (tanto como el 10 por ciento a la semana) del dinero que pedían prestado para comprar los materiales para sus existencias. Yunus se quedó pasmado. «Me sentí avergonzado de ser parte de una sociedad que no podía darles veintisiete dólares a cuarenta y dos seres humanos diestros y esforzados para que pudieran llevar unas vidas decentes», contaba.

Fue así que comenzó a prestar pequeñas cantidades de dinero —tan poco como diez dólares— de su propio bolsillo a personas menesterosas. Invirtieron su dinero en construir pequeños negocios como cría de gallinas, tirar de una jinrikisha, fabricación de utensilios y otras industrias domésticas. Fundó el Grameen Bank, que significa «aldea» para darle a esa gente un firme cimiento con que pudieran contar. Veinte años después, más de dos millones de personas, la mayoría de ellas mujeres, han recibido préstamos del Grameen Bank. En un día de trabajo promedio, Grameen desembolsa más de sesenta millones de takas bangladeshis o aproximadamente 1,5 millones de dólares. El retorno de la primera inversión de Yunus ha sido asombroso. Un increíble 98 por ciento de clientes ha pagado sus préstamos en su totalidad.

El secreto del banco es que logra que los pobres sean útiles a sí mismos al tiempo que se ayudan mutuamente. Personas sin crédito se organizan en agrupaciones de apoyo a prestaciones. Se reúnen todas las semanas para ventilar sus dificultades y celebrar sus éxitos. Cada prestatrio tiene también un aporte en todos los otros del grupo: si alguien defrauda un préstamo, todos los miembros del grupo deben pagarlo. Con la ayuda del Banco Grameen, millones de bangladeses trabajan ahora juntos para escapar de la pobreza y construir una vida prometedora para sí mismos y sus familias.

Yunus cuenta este sencillo relato —y su éxito— a personas de todo el mundo. En 1986, el entonces gobernador Bill Clinton lo invitó a la rural Arkansas para ver si era posible comenzar un programa semejante en EE.UU. Al principio, los pobres no podían creer que alguien les prestara dinero.

Yunus les preguntaba a los beneficiarios del bienestar social y a las mujeres desempleadas con quienes se reunió, que imaginaran qué harían con el dinero si un banco estuviera de acuerdo en darles un crédito. Casi todo el mundo dijo que un banco no les daría dinero, de manera que no valía la pena hablar de ello. Él les volvió a hacer la pregunta a lo que sólo le devolvieron una mirada vacua. Luego decidió hacer un enfoque más directo: «Yo dirijo un banco en Bangladesh que les presta dinero a los pobres. Estoy pensando en comenzar un banco aquí. Pero si no hay negocio, ¿para qué venir?». Les explicó que no necesitaban ninguna fianza ni ninguna otra cosa de las que usualmente se exigen para los préstamos bancarios. Todo lo que necesitaban era tener una buena idea.

Una mujer que había estado escuchando muy atentamente dijo, «¡Me gustaría pedirle prestado algún dinero a su banco!» Cuando Yunus le preguntó cuánto, ella le dijo $375. Sorprendido por la cifra tan precisa, él le preguntó qué haría con ese dinero. Le contestó que era maquillista y que su negocio estaba limitado porque no tenía los productos necesarios. Si pudiera conseguir una caja de productos que costaba $375, estaba segura que podría reembolsarle con la ganancia adicional. También le dijo que no quería un centavo más de lo que le costaba la caja.

Otra mujer, desempleada después de que la fábrica de textiles donde había trabajado cerrara y se mudara a Taiwán, necesitaba unos pocos cientos de dólares para una máquina de coser. Otra mujer quería seiscientos dólares para comprar una carretilla para vender tamales calientes.

Durante años Yunus había estado diciendo que su programa eliminaría la pobreza de cualquier lugar, pero muchos expertos le habían dicho que Estados Unidos era diferente. «Los estadounidenses pobres son estadounidenses perezosos», le decían. Luego de su viaje a Arkansas, Yunus cambió de opinión. Concibió que su programa funcionaría en Estados Unidos, y le encargó a un grupo de personas emprendedoras que trabajaban para organizaciones no lucrativas que lo hicieran funcionar. Al cabo de unos meses, se estableció el Fondo de la Buena Fe (Good Faith Fund) en Pine Bluff, Arkansas. Por la misma época, Proyecto de Mujeres que Trabajan por Cuenta Propia (Womens' Self-Employment Project) comenzó a concederle préstamos a mujeres en Englewood, Chicago.

Desde entonces, casi cuarenta organizaciones sin fines de lucro han comenzado programas de préstamo basados en el modelo del Banco Grameen de Yunus. Prestan servicios a afroamericanos y mexicanos en la zona sur y central de Los Ángeles, a indios norteamericanos en Dakota del Sur, a blancos pobres en Arkansas, Carolina del Norte y Nueva Inglaterra, y a refugiados del Sudeste asiático, es decir, toda la gama de desheredados de la fortuna en Estados Unidos. La estrategia de Grameen les da a los pobres la oportunidad de crear sus propios empleos en lugar de esperar a que alguien más lo haga por ellos. En la actualidad, además de los dos millones de clientes en Bangladesh, otros seis millones de pobres en cincuenta países de todo el mundo —en Filipinas y Sudáfrica y en ciudades como Nueva York y París— son parte de un poderoso grupo de socios que están cambiando la industria bancaria por completo. La meta para el año 2005 es contar con cien millones de las familias más pobres del mundo con acceso a crédito y a la oportunidad de crear su propio modo de vida.

En 1988, llegué a Bangladesh invitado por Yunus a trabajar en Grameen por un año. A los pocos días de llegar, él me llevó a una gigantesca celebración que sus clientes habían organizado en una aldea para conmemorar la fundación de la sucursal del banco en esa localidad. Me quedé sorprendido por lo festivo e incluso atrevido que fue el evento. Casi al final, Yunus me dijo en un susurro: «estos eventos son las ocasiones en que los pobres pueden mostrarse, ser oídos, ser clamorosos, hacer ruido. Las consignas, la fanfarria, todo es parte de un proceso de sobreponerse a la vergüenza y el aislamiento de la pobreza. La sociedad siempre le ha dicho a los pobres: "Quédense en sus casuchas; no deben ser ni vistos ni oídos". Grameen les invita para que se reúnan, y mantengan sus cabezas en alto. ¡Para que sean vistos y sean oídos!»

Nunca duden que un pequeño grupo de ciudadanos
inteligentes y dedicados pueda cambiar al mundo.
De hecho, es lo único que lo ha logrado.

MARGARET MEAD

Ayude a terminar la pobreza en el mundo, una persona a la vez. Únase a la campaña para darles a cien millones de familias pobres acceso a micropréstamos para el 2005. Llame a la **Grameen Foundation** al 202-543-2636 para saber cómo puede entrar en sociedad con el Banco Grameen.

Un hombre con pasado que retribuye

Narradora: Diane Saunders

Es irónico, conviene Will, que un hombre con un pasado como el de él ahora trabaje con la policía, algunos de los cuales han llegado a convertirse en sus mejores amigos. Y es lamentable, les dice él a los jóvenes, que el hallar la vida le costara la muerte de su hermano. Con frecuencia mira retrospectivamente ese momento de cambio. Aunque le habría gustado que llegara antes, se siente agradecido de que llegara de todos modos.

William Morales estaba en confinamiento solitario, llamado «el hueco», donde lo único que podía hacer era pensar. Gritar, bravuconear, culparse, viajar hacia el pasado, tramar venganzas, él ya lo había intentado, sin ningún resultado. Y ahora su joven hermano Héctor estaba muerto a tiros durante una batalla con la policía. Nunca podría cambiar ese hecho. Mientras estaba sentado solo en el hueco, pensando en su vida y en la muerte de Héctor, se dio cuenta finalmente de que las cosas nunca cambiarían para él a menos que él mismo cambiara. Con una determinación que nunca antes había sentido, decidió abandonar el pasado y comenzar a trabajar por su futuro.

Hasta ese momento, su vida había consistido en una mala elección tras otra. Cuando tenía dieciséis años, fundó una pandilla, los Hombres X, basada en las lucrativas ganancias del tráfico de cocaína en Boston. Famosos por sus ataques dirigidos a los agentes de la policía, otras pandillas no se metían con los Hombres X. Will pasaría de la infamia al encarcelamiento en el curso de un año. A los diecisiete, era prisionero de sus propias decisiones erróneas.

Su larga carrera para la rehabilitación comenzó con Pérez, un reo que cumplía cadena perpetua y que se convirtió en su maestro dentro de la cárcel. Pérez convendría en enseñar a Will a leer. A partir de libros de colorear de *Little Bo Peep*, Will comenzó a aprender palabras, luego oraciones, luego párrafos y luego capítulos. Absorbía todo lo que Pérez le enseñaba nutriéndose con cada palabra.

Will se incorporó al programa de charlas que le dio la oportunidad de conversar con adolescentes con problemas, en el auténtico idioma de la calle, acerca de la muerte de su hermano y cómo esa muerte lo había cambiado. Luego comenzó a darse cuenta de que si la intervención llegaba en el momento preciso y de la persona indicada, podría sacar a un adolescente de apuros.

Cuatro años después de la muerte de Héctor y seis después de haber sido arrestado, Will fue puesto en libertad. Se consiguió un empleo en una compañía de pizzas. Un día se encontró con su amigo Luis que también había salido en libertad condicional. Juntos formaron una agrupación llamada X-HOODS (ex-maleantes) y comenzaron a hacer presentaciones a chicos de escuela secundaria sobre cómo librarse de los problemas.

Will y Luis sabían que siempre los asociarían con su antigua pandilla, los infames X-Men, de manera que decidieron usar esa asociación para llegar a los jóvenes. Les dijeron a los estudiantes de Boston que la X era un símbolo para salirse de las drogas, las pandillas, la violencia y todos los otros elementos maleantes de su comunidad. HOODS, explicaron, era la sigla en inglés que significaba: *Ayudando a nuestra comunidad disfuncional.* Añadieron la advertencia de que si no se usaba con prudencia, la X podía ser la señal de envenenamiento que aruinara una vida joven. Sin embargo, la misma X podía también marcar el lugar donde se encontraba el tesoro enterrado dentro de uno mismo.

Gradualmente, los sueños de Will de unir a la comunidad para ayudar a los niños comenzó a cobrar forma. Conoció al Rdo. Wesley Williams, ministro metodista que dirigía un programa de servicios para jóvenes de las ciudades. El reverendo ya había desarrollado la idea de reunir a los jóvenes, la policía y la iglesia. Aplicando un amor severo, sólidos valores, y valiéndose de una comunicación abierta para resolver los problemas, nació la Sociedad de la Juventud y la Policía (Youth and Police Partnership). «Aunque la policía y la Iglesia querían sacar a los muchachos de las pandillas, no estaban colaborando para hacerlo», cuenta Will. La Sociedad de la Juventud y la Policía fue la primera señal real de cooperación y el primer programa de ayuda en la historia de Boston dirigido por adolescentes.

En la actualidad, organizan y dirigen un programa de patrulla contra la delincuencia y dirigen talleres para adultos, enseñándoles cómo iniciar estos grupos de vigilancia. Entre las conversaciones en escuelas secundarias con el programa de la Preparación para la Resistencia al Abuso de Drogas (conocida por sus siglas en inglés D.A.R.E.) y las reuniones con funcionarios municipales para organizar una patrulla que controle la delincuencia en el vecindario, las jornadas de Will son muy atareadas. Recientemente fue a la Escuela de Derecho de Massachusetts en Andover para crear un currículo especial que les enseñe sus chicos a pensar y actuar como abogados. «Ahora cuando los muchachos ven un problema, pueden analizarlo en sus mentes y luego decir verbalmente, "es por esto que es erróneo". Pueden expresar claramente sus puntos de vista y defenderse con palabras, no con puños, cuchillos y pistolas».

Algunas noches, Will visita a miembros de las pandillas. Sólo que ahora él habla con ellos de empleos y otras oportunidades. Ocasionalmente, se reúne con la policía para mediar y resolver problemas. El agente Juan Torres, que coordina la Sociedad de la Juventud y la Policía, dice que «hay definitivamente una nueva confianza entre nosotros y los muchachos. Logran conocernos con o sin uniforme, como personas de carne y hueso. Constantemente tenemos presente que se trata de chicos buenos que quieren lograr un cambio significativo. —Y agrega—, cuando ven a un tipo como Will dejar que se curen las viejas heridas y seguir adelante, también pueden confiar en nosotros y trabajar con nosotros para hacer de la comunidad un lugar seguro donde puedan contar con posibilidades para su desarrollo personal».

Al final de sus discursos, Will siempre les recuerda a todos que el mundo es duro allá afuera: «Yo todavía llevo una pistola, pero no es una pistola física, es una pistola mental. Y apunto hacia el cielo: la esperanza, la paz y la libertad».

Hay dos maneras de ejercer la fuerza de uno: una es empujando hacia abajo, la otra es tirando hacia arriba.

Booker T. Washington

Aprenda a reunir a la juventud y a la policía en su comunidad para construir relaciones sanas y enseñarles a los niños a prevenir la violencia a través de tertulias para resolver los problemas y de actividades recreativas. Llame a Will Morales a **Urban Edge's Youth Police Partnership** al 617-989-0217.

Un corazón restaurador

NARRADORA: SUSAN BUMAGIN

EN LO TOCANTE A JUAN, NO LE QUEDABA NINGUNA OTRA opción. Como cirujano en un país profundamente atribulado, El Salvador, él sentía que tenía el sagrado deber de curar a los enfermos. Durante largas jornadas, día y noche, trabajaba en el campo, ofreciendo asistencia médica gratuita a los campesinos que desesperadamente necesitaban sus servicios. Por hacer esto fue arrestado por el gobierno.

Los captores del Dr. Juan decían que los campesinos apoyaban a las guerrillas comunistas. Esto les convertía en enemigos del gobierno. Y a ojos de ellos el darle a esta pobre gente el don de la vida convertía al Dr. Juan en un hombre peligroso. Los agentes del gobierno le cortaron las muñecas y le cercenaron los tendones de las manos que le habría permitido realizar las delicadas operaciones de cirugía. Luego le pegaron un tiro y lo dejaron tirado para que muriera.

Casi sin vida, Juan fue sacado de la prisión y del país. Luego de dos cirugías y dos años en México, se dirigió a Estados Unidos, donde recibió asilo político en 1988. Aunque capaz de ofrecer tratamiento médico básico, sus manos nunca más podrían dominar los precisos detalles de la cirugía. Sin embargo, el Dr. Juan estaba determinado a aliviar a su pueblo de los dolores de la guerra.

Fue a vivir a Washington, D.C., en la comunidad de Mount Pleasant, hogar de millares que habían escapado de la guerra sangrienta de El Salvador. Muchos habían sido víctimas de la tortura; otros habían sido obligados a presenciar cómo mataban a sus seres queridos. El trauma colectivo en este gueto desbordaba la imaginación. El Dr. Juan vio que las heridas físicas, por graves que hubieran sido, palidecían junto a las lesiones espirituales y psicológicas que habían sufrido esas personas.

Como Director Ejecutivo de La Clínica del Pueblo, comenzó a adiestrar a personas desplazadas y sin preparación para que pudieran prestarse servicios básicos de atención sanitaria unos a otros. Cuando comenzó, la clínica sólo abría los martes por la noche. Hoy, más de un centenar de trabajadores voluntarios de tiempo completo atienden a unos 7.000 residentes al año, proporcionándole atención sanitaria gratuita a entre el 60 y el 70 por ciento de la comunidad latina de Washington, D.C. Además de la asistencia médica, los usuarios tienen acceso a servicios de consejería, de manera que pueden comenzar a restaurar sus mentes y almas tanto como sus cuerpos.

Uno de los grandes desafíos al que tuvo que enfrentarse Juan sucedió un día mientras hacía sus rondas en Washington, D.C. Un borracho que pareció reconocerle se le acercó tambaleante. ¡Era el mismo hombre que le había cortado las muñecas inutilizado sus ágiles manos de cirujano para siempre! Era Arturo, del grupo de los torturadores, el mismo que le había dado un tiro y lo había dejado para que muriera.

Juan se quedó petrificado por un momento. Pero luego todo lo que vio en este hombre destrozado fue a un miembro más de su devastada comunidad, en urgente necesidad de recuperación. Miró a Arturo directamente a los ojos y le dijo, «Estoy haciendo el mismo trabajo que hacía antes de la celda de tortura. Como médico, yo me ofrezco a ayudarte también».

Arturo experimentó ese día una profunda recuperación, y para Juan también fue un momento extraordinario. «Doy gracias por mi capacidad de ayudar a mis torturadores», dice Juan, simplemente. «Puedo perdonarlos y ofrecerles mis servicios. A pesar de haber sufrido, podemos perdonar a nuestros torturadores, para que ellos puedan recuperarse». Y agrega, «Personas como Arturo necesitan un amor especial, necesitan más compasión, y necesitan un sistema democrático como el que existe en EE.UU. para que vuelvan a aprender a ser seres humanos». En cuanto a Arturo, él no sabía si era posible respetar tan profundamente a otro ser humano. Cuando él se encuentra a Juan en la calle, siempre le dice, «¿Cómo está, Doctor?» y su admiración es transparente.

En La Clínica del Pueblo, hay muchos ecos de la antigua comunidad que repercuten en la nueva. En una ocasión, una paciente que venía por primera vez se quedó estupefacta al entrar en el consultorio del médico: «Juan ¿eres tú? Esto debe ser un sueño. Yo pensaba que estabas muerto». Los ojos del Dr. Juan se llenaron de lágrimas. «María Manjivar, no puedo creer que estés viva», dijo él.

Años antes, Juan había conocido a María en el campo arrasado por la guerra en El Salvador. La había adiestrado como su enfermera quirúrgica para que le sacara balas de los cuerpos de parientes y amigos. Ahora, a tantas millas de distancia, volverían a trabajar juntos en la clínica, curando las heridas del espíritu. Y aquellos que han sobrevivido lo impensable encontrarían una fuente de renovación que nunca creyeron posible.

Cuando el poder del amor venza al amor al poder, entonces habrá una paz verdadera.

Sri Chim Moi

Ofrézcase de voluntario en la clínica gratuita de su localidad y dé el don de la salud. Los profesionales de la medicina y los traductores bilingües que quieran ayudar al Dr. Juan a ofrecer asistencia médica, educación para la salud, salud mental y servicios sociales gratuitos para inmigrantes latinos en **La Clínica del Pueblo**, pueden llamar a Renee Wallis al 202-332-1134 o escribir al 1470 Irving Street NW, Washington, D.C. 20010.

¡Viva! Barrios Unidos

NARRADORA: PEGGY R. TOWNSEND

SU ABUELA LO LLAMABA «NANE», QUE SIGNIFICA «CAMINA en paz». Es un nombre inusual para alguien que pasa la vida en los barrios más peligrosos del país. Pero pensándolo bien, Nane es un hombre poco común. Su nombre verdadero es Daniel Alejandrez. En vecindarios marginales de toda la nación, él combate la violencia y las adicciones que matan a la juventud estadounidense.

El barrio donde Nane comenzó su trabajo se encuentra a la sombra de la Giant Dipper, una montaña rusa en Santa Cruz, California. Es un vecindario diminuto, lleno de casas arruinadas y sueños desechos. Los vendedores de drogas ocupan las esquinas, los grafitis de las pandillas cubren los muros, y los miles de turistas que pasan rumbo al cercano parque de diversiones ni siquiera saben que existe.

Fue aquí que Nane comenzó Barrios Unidos. Él combina el mensaje de esperanza y comprensión con programas prácticos como adiestramiento laboral, cursos de computadora e incluso clases de arte. «Los niños no nacen miembros de pandillas ni racistas», dice, «se convierten en eso». Pero no tienen por qué: una lección que Nane aprendió a partir de su experiencia personal.

Él nació en Merigold, Misisipí, hijo de obreros migratorios que seguían los cultivos hasta el corazón de Estados Unidos. A la edad de cinco años, estaba recogiendo algodón, espárragos y remolacha junto con su familia. Vivir en ruidosos campamentos obreros, casi siempre en tiendas polvorientas, y hasta incluso una vez debajo de un árbol, era un modo natural de vida. «Simplemente la acepté», dice Nane. Nunca había conocido nada diferente.

El día en que su abuelo murió, la vida de Nane, que había sido sencillamente dura, se tornó mala. El patriarca, Don Pancho, regresó a casa luego de una larga jornada de cortar remolachas con un azadón de mango corto. Poco después se desplomó. El niño de doce años que era Nane entonces sostenía en sus brazos a su abuelo de setenta y dos años rogándole que no se muriera, pero era demasiado tarde.

Después de la muerte de Don Pancho, la familia de Nane se desintegró. Su padre comenzó a beber y los empleos se hicieron más escasos. Nane sentía el dolor de su padre cuando inclinaba la cabeza ante los patrones y buscaba trabajo. Él no quería otra cosa que escapar, pero no había ningún lugar adonde ir. Decidió que si no podía huir de este dolor, lo anestesiaría. A los doce años, comenzó a oler goma. A los trece se fumó su primer porro. Cuando tenía diecisiete, probó LSD. Regresó de Vietnam adicto a la heroína.

Durante una breve sentencia de cárcel por uso de drogas, se detuvo a mirarse con seriedad. Sabía que si no cambiaba de vida, terminaría como los gángsteres y traficantes de drogas que le rodeaban: en prisión por largo tiempo o muerto.

Cuando salió de la cárcel, Nane usó el beneficio del Ejército para iniciar sus estudios universitarios en Fresno City College y luego en la Universidad de California en Santa Cruz. Mientras estudiaba, comprendió que la misma desesperanza que casi lo había destruido se imponía desenfrenada en los barrios. Sin ayuda y con pocas opciones, muchos jóvenes estaban destinados a cometer los errores que él había cometido.

Nane decidió que tenía que hacer algo, de manera que salió a las calles y comenzó a hablar con los muchachos. Así de sencillo fue su plan. Él andaba con ellos, los aconsejaba y les hablaba acerca de un modo de vida mejor, el que podía librarles de la prisión o de la tumba. Para llegar mejor a los chicos, decidió que tenía que predicar con el ejemplo: se impuso a sus propias adicciones a las drogas.

Pero el camino para librarse de una adicción y de la desesperanza no es fácil. Él había perdido a doce parientes y amigos en doce años: sus dos hermanos, tío Pancho, el héroe de su infancia, y su abuela. Finalmente, todo lo que podía sentir era dolor. «No sabía cómo salir de las tragedias de mi vida», dice. Intentando escapar del dolor, Nane incurrió en una sobredosis de drogas y casi se murió.

Mientras lo llevaban corriendo a la sala de urgencias del hospital, Nane tuvo una visión. Pudo ver a su hermano Leo al final de un túnel con una luz intermitente «Regresa, regresa —le dijo Leo— no es tu hora». Luego vio a su otro hermano, Tavo, que le dijo lo mismo. «Cuando desperté, me di cuenta de que el Creador me había dado la oportunidad de ver a mis hermanos y saber que ellos estaban bien», recuerda Nane. «Después de eso pude abandonar el dolor».

Al día siguiente, se fue al cementerio y calladamente oró con sus hermanos. «Me percaté de que necesitaba enfrentarme con mi propia vida, avanzar», cuenta. A partir de entonces, Nane encontró fuerzas por estar espiritualmente conectado a las ceremonias tradicionales de los nativos norteamericanos y a las cabañas de vapor rituales. Buscó orientación de los ancianos de las tribus y habló también con personas de diferentes fes. «Comencé a centrarme en mi propia misión en la vida», dice Nane, «para mejorar nuestras comunidades y frenar la violencia entre nuestros jóvenes».

Al principio, trabajando desde el baúl (cajuela) de su auto, Nane fundó Barrios Unidos, una agrupación dedicada a ofrecerles nuevos arquetipos a la perturbada juventud de Estados Unidos. Corría el año 1977 y él tenía veintisiete años. Mientras su esposa vendía tacos para vivir, él y una pequeña banda de voluntarios iban a las escuelas, andaban por los barrios y trabajaban hasta tarde en la noche en pro de su visión de un mundo libre de violencia, drogas y abuso de bebidas alcohólicas. Del baúl de su auto se mudaron a una pequeña oficina. Gracias a una modesta donación pudo comprar una computadora de manera que comenzó a escribir solicitudes para más donaciones. El mensaje no tardó en propagarse y así también su impacto.

En la actualidad, Barrios Unidos tiene un personal de treinta y cuatro personas y veintisiete sucursales a través de todo el país. Sus programas son extensos y cuentan con un salón lleno de computadoras. A los que lo necesitan les ofrecen comida y asesoría gratuitas. Tres programas de campamentos de verano para niños se dedican a trabajar con los residentes más jóvenes de los barrios.

Para fomentar un espíritu empresarial, Barrios Unidos comenzó un negocio de serigrafía administrado por adolescentes. Los réditos del negocio ayudan a sostener los proyectos de la institución. Uno de los proyectos más estimulantes es la Escuela César Chávez para el Cambio Social en Santa Cruz cerca de donde César se organizó en los campos del Valle de Pájaro. Aquí, futuros líderes comunitarios como Miriam García, de quince años, se educan en la tradición de César Chávez, Martin Luther King Jr. y Mahatma Gandhi. «Estoy agradecida por esta oportunidad», dice Miriam, «y espero llegar a ser una promotora de cambios positivos en mi comunidad».

Por supuesto, hay todavía mucho que hacer. A veces incluso puede parecer que Barrios Unidos está librando una batalla perdida. El índice de delitos cometidos por jóvenes se espera que ascienda a más del doble en el correr de la próxima década, alimentado en gran medida por la actividad de las pandillas. Según los informes del FBI casi medio millón de jóvenes están involucrados en actividades pandilleras. Para Nane y Barrios Unidos, eso simplemente significa más vidas que cambiar, más jóvenes que necesitan más opciones para el futuro. Nane encuentra la esperanza en jóvenes como Alejandro Bilches que actualmente es el director de Barrios Unidos en San Mateo. «Mi padre me enseñó a ser un hombre —dice Alejandro—. Nane me enseñó a ser un batallador en favor del cambio».

Con cincuenta y un años de edad, Nane sigue siendo el espíritu orientador de su organización. Todavía trabaja en su oficina, viaja por todo el país ofreciendo pláticas en las que solicita fondos para la prevención de delitos, y reuniéndose con niños de los barrios. Y siempre tiene tiempo para orar, para honrar al Creador. Ahora espera la llegada de alguien más joven que ocupe su lugar. En la cocina de su modesta casa, Nane aprieta a su nietecito de siete años y habla de sus esperanzas en la paz. «No para mí —dice—, quizás no para mis hijos. Pero si todos trabajamos para ello, quizás para mi nieto».

Invitamos a personas de todas clases y persuasiones a ayudarnos a salvar a nuestros niños. Para participar con **Barrios Unidos** llame al 831-751-9054.

Entregando nuestras vidas, encontramos la vida

NARRADOR: MARC GROSSMAN

PARA EL OBRERO AGRÍCOLA MIGRATORIO CADA DÍA ERA interminable; cada noche se sentía exhausto y con frecuencia hambriento. Su vida simbolizaba un pasmoso contraste con las cómodas vidas de las familias que saboreaban los frutos de su trabajo. En una tierra que prometía abundancia, los obreros agrícolas migratorios en los años 60 no tenían ni voz, ni derechos ni protección. César Chávez conocía estos problemas de primera mano. Él, que alguna vez había sido un obrero agrícola migratorio, era pequeño de estatura, de hablar suave y moderado; un tipo que fácilmente podía perderse en una multitud. Pero este amable gigante despertó la conciencia adormecida de la nación más poderosa del mundo.

Durante años, los estadounidenses llevaban a casa dulces y rollizos racimos de uvas sin pensar mucho en ello. Para fines de la década del 60, César Chávez había convertido la decisión de comprar o no uvas en un poderoso acto político. Este hombre callado con oscuros rasgos indios había convertido el acto ordinario de comprar víveres en una oportunidad de ayudar a otros, ejerciendo el poder de los hábitos de compra socialmente responsables.

Los obreros agrícolas habían intentado organizar un sindicato durante más de cien años. En 1965 comenzaron una enconada huelga de cinco años contra dueños de viñedos de los alrededores de Delano, California. Dos años y medio después, en el invierno severo de 1968, sin ninguna solución a la vista, se encontraban cansados y frustrados.

César ya había decidido pedir ayuda. Creía que si las personas en las comunidades por toda la nación sabían del innecesario sufrimiento de los obreros agrícolas, responderían y harían lo que pudieran para ayudar. En un audaz acto de fe, César invitó a los consumidores a unirse en solidaridad con los Obreros Agrícolas Unidos (United Farm Workers o UFW). Les pidió que enviaran un mensaje mediante un boicot contra las uvas de California. El boicot comenzó con lentitud, pero aumentó constantemente durante los próximos dos años. Primero California, luego el resto de la nación, e incluso Canadá se unió en apoyo a los huelguistas.

En el ínterin, algunos de los huelguistas estaban impacientándose. Entre ellos, especialmente los jóvenes, empezaron a suscitarse rumores de violencia. Algunos querían desquitarse de los que habían abusado de ellos y de sus familias. Tomando represalias pensaban que podían demostrar su machismo, su masculinidad. Pero César rechazó esa parte de nuestra cultura «que les dice a nuestros jóvenes que uno no es un hombre si uno no responde». El boicot había seguido la tradición del héroe de César, Mahatma Gandhi, cuya práctica de la no violencia militante él había abrazado. Y ahora, al igual que Gandhi, César anunció que iniciaría un ayuno como un acto de penitencia y como una manera de responsabilizarse como líder de su gente.

El ayuno dividió al personal de UFW. Muchos no entendieron por qué César lo hacía. Otros temían por su salud. Pero los obreros agrícolas entendieron. Todas las noches se celebraba una misa cerca de donde César estaba ayunando en los Forty Acres, donde estaba el centro operativo de UFW en Delano. Centenares, y luego millares, asistían. La gente levantaba tiendas en la vecindad. Traían ofrendas religiosas: cuadros y pequeñas imágenes. Los obreros agrícolas esperaban en cola durante horas para hablar con César en su cuartito, mientras él rehusaba entrevistas con los reporteros.

Después de veinticinco días, César fue llevado a un parque cercano donde concluyó el ayuno durante una misa con miles de obreros agrícolas. Había perdido treinta y cinco libras, pero en lo adelante los obreros agrícolas no contemplaron más la idea de la violencia. César había hecho oír su mensaje. El senador Robert Kennedy asistió a la misa y habló «movido por el respeto hacia una de las figuras heroicas de nuestro tiempo».

César estaba demasiado débil para hablar, de manera que su pronunciamiento fue leído por otros tanto en inglés como en español. «Es mi más profunda creencia que sólo en la entrega de nuestras vidas encontramos la vida», leyeron. «El más auténtico acto de valor, la acción viril más enérgica es la de sacrificarse por otros en una lucha completamente no violenta por la justicia. Ser un hombre es sufrir por otros. Dios nos ayude a ser hombres».

Los empeños de César conectaron a las familias de clase media de las ciudades del nordeste y de los suburbios del medioeste con las familias pobres de los tórridos viñedos de California. Movidos por la compasión, millones de personas de toda Norteamérica dejaron de comer las uvas que tanto les gustaban. En las mesas de comer de todo el país, los padres les dieron a sus hijos una lección sencilla y poderosa de justicia social al acercarse a aquéllos menos afortunados. Para 1970, el boicot de las uvas fue un éxito incalificable. Doblegándose a la presión del boicot, los dueños de viñedos al final firmaron los contratos sindicales, concediéndoles a los obreros dignidad humana y jornales más decorosos.

En los años que siguieron, César siguió valiéndose de huelgas, boicots, marchas y ayunos para ayudar a los obreros agrícolas a mantenerse firmes en defensa de sus derechos y a recabar apoyo de los estadounidenses ordinarios para que les ayudaran en sus empeños. En 1988, a la edad de sesenta y un años, César llevó a cabo su último ayuno público, esta vez durante treinta y seis días, para llamar la atención al envenenamiento con insecticidas de los obreros agrícolas y sus hijos.

Por los valores que muchos solían medir el éxito en la década de los 90, César Chávez no fue muy exitoso. Él se vio obligado a dejar la escuela después del octavo grado para ayudar a su familia. Nunca fue propietario de una casa. Nunca ganó más de seis mil dólares al año. Cuando murió en 1993, a los sesenta y seis años, no le dejó dinero a su familia. Sin embargo, en sus funerales, más de cuarenta mil personas desfilaron detrás de su ataúd de pino sin forrar, como un tributo a los cuarenta y tantos años que él dedicó a luchar para mejorar las vidas de los obreros agrícolas.

Una vigilia de toda la noche se celebró debajo de una gigantesca tienda antes del funeral de César en Forty Acres, donde su cadáver yacía en un catafalco abierto. Millares y millares de personas desfilaron hasta por la mañana. Padres llevaban bebés recién nacidos y niños pequeños en sus brazos. Un obrero agrícola explicó, «yo quería decirles a mis hijos cómo habían estado alguna vez en presencia de este gran hombre».

¿Cuál fue el secreto detrás de tan notable despliegue? Le preguntó un reportero cierta vez a César, «¿qué justifica todo el afecto y el respeto que tantos obreros agrícolas le muestran en público?» César simplemente inclinó la cabeza y sonrió. «El sentimiento es mutuo», fue su escueta respuesta.

Apoye a los **Obreros Agrícolas Unidos de EE.UU.** (United Farm Workers of América) y su quehacer no violento para cumplir el sueño de César Chávez de dignidad para los obreros agrícolas en todo el país llamando al 805-822-5571, ext. 3255.

Nuestra piedra de toque

NARRADOR: JOSEPH RODRÍGUEZ

CADA SÁBADO POR LA NOCHE POR EL TIEMPO EN QUE YO ERA niño, la familia Rodríguez en Paterson, Nueva Jersey, se unía a millones de otras familias latinas desde Alaska hasta Argentina para aprender, reírse y alimentar nuestras almas. Recuerdo cómo nos sentábamos en ruedo después de cenar mientras comíamos los mejores postres cubanos de mi madre, para ver *Sábado Gigante Internacional* y a la espera de ser testigos de la extraordinaria proeza que Don Francisco realizaba cada semana.

Durante treinta y cinco años y hasta la fecha, Don Francisco dirige un singular programa de cuatro horas en la televisión que une a cien millones de televidentes de habla hispana en veintiocho países. En una época cuando tantos programas de televisión prosperan por explotar las flaquezas humanas, Don Francisco le enseña a su público los valores de dar y de ayudar a otros: la alegría de la compasión y de la dignidad humana.

Recuerdo cuando vi por primera vez a José Reyes en el programa *Sábado Gigante Internacional*. José era como un miembro de nuestra familia; había tapizado nuestros viejos muebles y los había hecho lucir como nuevos. Cuando íbamos a su taller, siempre nos trataba con especial deferencia. Su trabajo siempre era impecable, un modelo de artesanía y orgullo profesional. De repente, allí estaba José en la televisión: ¡el mismo hombre que tapizaba nuestros muebles! Cuando él tenía quince años, lo habían herido y había perdido el brazo y la pierna derechos durante la contienda civil de El Salvador. Pese a estas limitaciones físicas, llegó a dominar una artesanía que exige gran habilidad física. Ahora Don Francisco lo estaba honrando y encomiando. En ese momento yo era un adolescente «demasiado atrevido» para revelar mi asombro delante de mis padres, pero José me causó una impresión duradera.

Una semana Don Francisco podría recibir a José o a otros como él, que habían vencido privaciones y adversidad. En otras ocasiones, podría ser el relato de un hombre que se reunía con tres hijos a los que no había visto en veinte años. Las historias de Don Francisco tienen una trama común: recordarle a la comunidad latina que uno de nuestros grandes dones es el de ayudar a otros. Cada noche de sábado, nos poníamos de nuevo en sintonía con uno de nuestros más preciados valores: la unidad e importancia de la familia.

Tal vez lo más sorprendente de Don Francisco (además de aparecer en el *Libro Guinnes de marcas mundiales* por tener el programa de TV de más larga duración) es su ilimitado altruismo a pesar de sus dificultades personales: una lección demasiado importante para la comunidad hispana. Nació en 1940 a una pareja judío-alemana que emigró a Chile para escapar de la tragedia del Holocausto; venció las barreras lingüísticas y culturales y creció para convertirse en uno de los empresarios más exitosos de la comunidad latina. En la actualidad, pese a su atareadísima agenda, presta servicios como una figura importante en UNICEF (El Fondo de Naciones Unidas para la Niñez) y preside el Instituto para Niños Parapléjicos de Chile, que él fundó hace más de dieciocho años.

Ya no me siento frente al televisor con mi madre y mi padre a la espera de Don Francisco. A pesar de que estoy a miles de millas de ellos, la mano de Don Francisco todavía alcanza a nuestra familia. Cada semana, su programa se las arregla de algún modo para convertirse en un hilo conductor entre mis padres y yo. Pienso en Don Francisco y en José de vez en cuando, cuando me enfrento con algún problema que me parece insoluble. Creo que si José pudo vencer obstáculos a pesar de sus limitaciones, entonces yo debo ser capaz también de vencer los míos.

Recientemente, les pregunté a mis padres si sabían algo de José. Me contaron que había ampliado exitosamente su negocio, y que estaba en el proceso de abrir una escuela de tapicería para enseñarles a muchachos en Paterson su oficio. Algunos de sus actuales empleados fueron alguna vez los estudiantes a quienes les enseñó gratis: niños de la calle que andaban perdidos y sin orientación. Hoy día, su mayor reto es reclutar suficientes artesanos voluntarios y recaudar suficientes fondos para mantener vivo su sueño. Dados sus antecedentes, estoy seguro que alcanzará su meta. A sus espaldas se extiende un camino lleno de obstáculos vencidos, y esa es una de las lecciones más importante que él le da a sus alumnos.

Les recordé a mis padres que la perseverancia de José era la raíz de su éxito. Para mi sorpresa, mi padre respondió: «No exactamente. El amor y el apoyo que recibió de su familia y amigos fue un factor tan grande como su determinación personal». Eso me hizo comenzar a pensar acerca de la primera vez que vi a José en el programa.

Como adolescente, yo sólo había visto lo obvio: un hombre con una pierna y un brazo que desempeñaba diestramente su oficio. Había pasado por alto completamente el mensaje más importante. Recuerdo ahora que José hablaba de cómo aquellos que lo rodeaban lo habían querido tanto que no le habían dejado que se perdiera en sus limitaciones. Lo habían alentado y lo habían ayudado a descubrir que su verdadera capacidad no dependía de tener dos brazos y dos piernas, sino de la libertad que da siempre el sentirse capaz de reaprender a vivir con lo que tenemos. «La mayor victoria de un hombre no consiste en no haberse caído nunca, sino en saber levantarse todas las veces que se cae», había dicho José. Sus palabras, a las que no había atendido entonces, volvían ahora a mí con verdadera fuerza.

Don Francisco y los héroes cotidianos que él nos presenta semana tras semana son las piedras de toque que ahora me sirven para medir mi vida. Sé que no importa qué limitaciones aparentemente insuperables confronte mi familia, puedo consolarme con el hecho de que todos estamos aquí para apoyarnos mutuamente, mientras damos los pasos hacia un futuro mejor. Sé también que durante cuatro horas cada sábado por la noche, Don Francisco nos ayuda a descubrir la fuerza que brota de nuestras familias y el valor de la unidad y la perseverancia. Incluso yo puedo contar con personas que me aman lo bastante para ayudarme a levantarme cuando me caiga y ayudarme a celebrar cuando tenga éxito.

Vea a Don Francisco en el programa **Sábado Gigante Internacional** que transmite Univisión todos los sábados de 7 a 11 p.m. Llame a otros animadores de programas y anímelos a invitar a algunos «héroes comunitarios» de **Pan y vino para el camino** para compartir sus ideas sobre lo que podemos hacer para construir un mundo mejor.

Avanzamos

NARRADOR: MATT BROWN

MARILYN CONCEPCIÓN RECUERDA AMOROSAMENTE SU sencilla niñez en Puerto Rico. Cada mañana la despertaba la voz de su abuelita llamando a los pollos para darles de comer. Recuerda cuando llevaba una mochila a la cintura y recogía los granos rojos de café de los cafetos de su patio. Su abuela le enseñó a secar, tostar y moler algunos de los mejores cafés del mundo. Todo esto cambió cuando Marilyn tenía 10 años de edad.

Al igual que muchas jóvenes mujeres puertorriqueñas, la madre de Marilyn dejó la escuela cuando sólo estaba en sexto grado para poder ayudar a su familia. Quería darles a sus cuatro hijas un futuro mejor. Con esperanza en sus corazones, dejaron su hermoso paraíso y se mudaron para Providence, Rhode Island.

En este nuevo país, Marilyn comenzó una nueva vida. Los ruidos de la ciudad reemplazaron las llamadas matutinas de su abuela a los pollos. El vertiginoso ritmo de la vida urbana y las presiones sociales la confundían. Durante varios años ella luchó, intentando adaptarse, andando a la deriva sin objetivo hasta que finalmente dejó la escuela cuando tenía 16 años.

Se empeñó en una serie de empleos, trabajos de fábricas, restaurantes y cualquier otra cosa que podía encontrar. Entre uno y otro empleo, se quedaba en casa viendo telenovelas. «Trabajaba muy duro —recuerda—. Pero sabía que sin preparación académica mis oportunidades siempre serían limitadas».

Marilyn querían hacer algo de su vida, pero ¿cómo y qué podía hacer? Un día, un consejero de la escuela le dio un volante acerca de City Year. Marilyn estaba curiosa por saber qué quería decir «un nuevo Cuerpo de Paz urbano, la experiencia de toda una vida». Al día siguiente, asistió a una reunión en su biblioteca local acerca de esta nueva organización de jóvenes que comenzaba en Providence.

Antes de que Marilyn llegara a enterarse, la entrevistaron y le dieron oficialmente la bienvenida en los grupos de primer año de City Year. A ella le encantaron sus dos días de retiro. Jóvenes hispanos, afroamericanos, asiáticos, norteamericanos nativos, y angloamericanos de Providence, todos ellos hablando diferentes idiomas, se convirtieron en un solo equipo. Trabajando juntos, aprendieron a convertir solares yermos en jardines, a construir terrenos de juego y a renovar los centros comunitarios.

Debido a que Marilyn podía leer y escribir español e inglés, trabajó con niños de primer y segundo grado en el programa de inglés como segundo idioma. «Miguel, un niño de siete años, no podía pronunciar bien la letra "F" —recuerda Marilyn—, de manera que le hice un títere con la figura de una rana (*frog* en inglés). De vez en cuando le preguntaba con qué letra comenzaba la palabra *"frog"*. Con "F" me respondía él con una amplia sonrisa. ¡Me sentí tan bien ese día! Yo, una desertora de la escuela secundaria, enseñándole algo a un niño».

Como miembro del cuerpo de City Year, Marilyn tenía que tratar de obtener su GED, un título equivalente a un diploma de la escuela secundaria. Ella estudió con tanto ahínco que lo aprobó en sólo un mes, convirtiéndose en la primera persona de su familia que recibía un diploma de la escuela secundaria. Ese día memorable la sacaron de una reunión de la organización en que se encontraba para darle la buena noticia. Regresó rápidamente a la reunión y recibió una ovación de todo el equipo. «No podía creerlo —decía—. Supe a partir de entonces que si me propongo hacer algo, puedo lograrlo».

En City Year estaban tan impresionados por el entusiasmo, dedicación, y liderazgo fraternal de Marilyn, que la escogieron para empezar otro programa en San José, California. A los 19 años, no resultaba fácil vivir sola por primera vez. Pero ella se empeñó, aprendió muchísimo y ayudó aún más. Y cuando se entregaba de corazón, se expandía como un incendio.

Marilyn fue invitada a ser la portavoz de City Year en la conferencia de la Asociación Nacional de Gobernadores, donde le causó tan grande impresión al entonces gobernador de Puerto Rico, Pedro Roselló, que él la invitó a ir a la isla como huésped de honor para hablar en la Cumbre Contra el Delito. Marilyn estaba fascinada… y un poquito nerviosa. Esta sería la primera vez que volvería a su país desde que se fuera hacía nueve años. No estaba segura de lo que la esperaba, pero sabía que tenía que ir.

Durante tres días, 300 estudiantes universitarios compartieron sus opiniones respecto a cómo el índice de delitos en la isla limitaba su futuro, intercambiaron ideas y discutieron nuevas soluciones para la prevención de la delincuencia en el país. Marilyn habló acerca de su nueva vida en Estados Unidos y de los retos a los que se enfrentaba. Habló también acerca de *City Year* y de sus experiencias de ayudarse a sí misma al ayudar a otros. Los jóvenes puertorriqueños se quedaron impresionados de ver que alguien de su edad, que provenía de los mismos orígenes sencillos que ellos, había podido transformar su vida y ayudar a otros.

Marilyn escuchó a estos jóvenes puertorriqueños debatir todos los problemas importantes que enfrentaban en la isla, desde el medio ambiente hasta la violencia doméstica. Eso le dio esperanzas de que la comunidad puertorriqueña estaba realmente avanzando. «La integridad de Marilyn y su dedicación a servir a los demás la hace un excepcional ser humano» dijo el gobernador Rossello. «Es un gran orgullo para nuestra isla tener a una joven como ella que trabaja con nuestros jóvenes. Me siento orgulloso de ver que una nueva generación se está ocupando de los jóvenes».

Marilyn regresó a Estados Unidos con un nuevo compromiso de ayudar a su gente. En la actualidad es estudiante de medicina en la Universidad de Brown, y quiere llegar a ser doctora para poder poner en marcha un programa de inmunización gratuito para niños. «Si no están inmunizados no pueden ir a la escuela, y obtener una preparación académica es fundamental para nuestro pueblo», dice ella.

Luego de asistir a la Cumbre de Presidentes para el Futuro de Estados Unidos, Marilyn decidió llevar City Year a Puerto Rico de manera que otros jóvenes pudieran tener la oportunidad que ella había tenido. La respuesta de la comunidad puertorriqueña ha sido sorprendentemente positiva. El alcalde de Isabela ha ofrecido su comunidad como punto de partida. Desde allí, Marilyn espera que la institución se extienda por toda la isla.

Cuando Marilyn habló en la Convención Nacional Demócrata de 1996, contó su historia a millones de perso-

nas en la televisión nacional. Reflexionando retrospectivamente sobre su experiencia, Marilyn recuerda a las muchas
mujeres hispanas que vinieron a hablar con ella después de
su discurso. Una de las que le vino a dar las gracias con los
ojos llenos de lágrimas fue su maestra de Español de la
escuela secundaria, que le dijo, «Gracias, no sabes lo que
esto significa para todos nosotros».

Marilyn dice que ella se dio cuenta en ese momento de
que «no era sólo yo quien estaba allí contando mi historia.
Era mucho más que eso». Hace una pausa con lágrimas en
sus ojos, «siento como si todos nosotros estuviéramos avanzando. Como decimos en mi país, nos estamos moviendo
hacia adelante».

Si sabe de un niño que necesite inmunizaciones pero no pueda
costearlas o si usted quiere unirse con Marilyn y otros dedicados
a ayudar en la inmunización de los niños, llame al **National
Immunization Hotline** al 800-232-2522. Si quiere saber
más acerca de **City Year Puerto Rico** llame a Juan Rodríguez, el Director de Recursos Humanos de Timberland–Puerto
Rico al 787-872-2140, ext. 2313.

Esperanza para «Los chavalitos»

NARRADOR: DICK RUSSELL

EN UN AULA DEL ALTO ESTE DE MANHATTAN, EN LA CIUDAD de Nueva York, un grupo de adolescentes en su mayoría de familias acomodadas escuchaba con asombro a su maestro de español, Alejandro Obando. En una inspiradora muestra de diapositivas, veían las caras agradecidas de trescientas familias nicaragüenses que ahora tenían agua corriente gracias a un proyecto de ciudad hermana organizado por su maestro y los vecinos de Nueva York. Inspirándose en las enseñanzas del Dr. Martin Luther King Jr., la Escuela Rural de Manhattan (Manhattan Country School) le brinda a sus alumnos oportunidades de hacer decisivas contribuciones en el mundo.

Un estudiante, Daniel Eddy, escuchaba atentamente mientras Alejandro compartía sus sueños. Luego de enseñar Español en Nueva York durante siete años, su maestro había vuelto a su país. Su corazón se sentía adolorido pensando en «los chavalitos», los niños sin hogar que viven en las calles de Nicaragua, traficando con baratijas o robando cosas. Se sientan juntos en los callejones a oler goma. A veces llegan incluso a vender sus propios cuerpos para vivir.

Esto es lo que doce años de guerra impone a los niños de un país. Más de 6.000 niños nicaragüenses son huérfanos y desamparados. Miles más, bastante afortunados por no haber perdido a sus padres, laboraban durante largas jornadas en trabajos manuales para ayudar al sostén de sus familias. El ochenta y cinco por ciento de los niños nicaragüenses menores de quince años viven en la pobreza.

Alejandro también creció en la miseria en la región central de Nicaragua. También vendió relojes falsificados y limpió zapatos para sobrevivir. Sus padres se divorciaron cuando él era un bebé y lo dejaron al cuidado de su abuela, Celia, en el pueblo de Camoapa. Ella se las agenciaba para lograr una magra subsistencia, vendiendo plátanos fritos; pero tenía verdaderas ilusiones de algo mejor para su nieto e insistía en que leyera libros en lugar de andar holgazaneando en el billar.

Bajo la dictadura de Somoza, a Alejandro y a otros niños de los pueblos pequeños como Camoapa se les negaba la educación después de la escuela primaria. De manera que el niño y su abuela se encaminaron a Managua, en busca de empleo y de una educación mejor. El dinerito que él ganaba vendiendo billetes de lotería bastaba para pagar la escuela nocturna. Un día, un médico de su pueblo lo encontró en las calles; si Alejandro limpiaba la escuela, le dijo, podía estar entre sus primeros diecinueve estudiantes de escuela superior. Alejandro aceptó la oferta con gran alegría.

Luego de graduarse, Alejandro fue lo bastante afortunado para recibir una beca de béisbol de la Universidad de Managua. Trabajando media jornada, ganó suficiente dinero para viajar a Nueva York con sus compañeros de equipo. Allí, el sueño de Alejandro de convertirse en un maestro tomó cuerpo y decidió dejar su país para estudiar en la Universidad de Columbia.

Ahora a los cuarenta y ocho, Alejandro es un ciudadano estadounidense con grandes sueños, y la Escuela Rural de Manhattan está ayudando a convertir sus sueños en realidad. Alejandro les preguntó a sus estudiantes si querían ayudarle a crear una granja-escuela para niños abandonados; quería darles alguna esperanza a aquellos niños pobres tanto como ofrecerles la segunda oportunidad que le dieron una vez a él. «Era un rayo de luz en una tierra devastada por la guerra —recuerda Daniel—. No había manera de oírle hablar sin querer ayudarlo».

Los administradores de la escuela prepararon donaciones de ropa y de materiales escolares. Amigos de la escuela y organizaciones culturales recaudaron fondos. Varios ex alumnos viajaron a Nicaragua durante el verano para ayudar a construir dormitorios y aulas. Uno de los primeros estudiantes de Español de Alejandro pasó todo un año como voluntario, ayudando a preparar el currículo. Un campo de béisbol construido por Alejandro y un grupo de voluntarios estadounidenses espera el estreno de su primer equipo. La escuela, construida en el pueblo en donde Alejandro nació, está convirtiéndose en una realidad.

«A lo largo de los próximos cinco años, quiero crear una vida maravillosa para cincuenta niños sin hogar —dice—. Juntos, viviremos en una granja campestre de trescientos acres con un manantial transparente y animales silvestres como monos y venados. Aquí los niños aprenderán a leer y escribir, a plantar su propio alimento y a ser líderes. Los niños mayores enseñarán a los más pequeños».

Los estudiantes que están en la ciudad de Nueva York le escriben cartas a Alejandro. «Lo que estás haciendo es difícil. Te echamos de menos, pero estamos orgullosos de ti». «Quiero ir a ayudarte durante mis vacaciones de verano», escribió uno de ellos.

«Yo lloraba a recibir sus cartas en las cuales se ofrecían a organizar rifas y tómbolas para comprar lápices y materiales a los niños —dice Alejandro—. El corazón humano no sabe de fronteras geográficas».

En la ceremonia de apertura de la escuela, unos veinte niños estaban de pie juntos haciendo un amplio círculo. Sus ojos brillaban con esperanza, cada uno había plantado un arbolito. «Quiero enseñar a los niños a preservar la belleza de esta tierra», dice Alejandro. Pero antes de celebrar los frutos de su sueño, él hizo una peregrinación hasta la tumba de su abuela. «Espero cumplir con lo que ella siempre me decía —afirma—. Sé un buen ciudadano, edúcate y ayuda a otros».

La educación hace a las personas fáciles de conducir, pero difíciles de manejar, fáciles de gobernar, pero imposibles de esclavizar.

HENRY BROGHAM

Democracia en acción

Narradora: Marion Silverbear

Ada Deer creció con sus padres y cuatro hermanos en una cabaña de troncos en la reservación Menominee de Wisconsin. No tenían electricidad, ni agua corriente ni teléfono. Eran pobres, pero así eran todos los demás que ella conocía. Su tribu le inculcó un sano respeto por la tierra, y la creencia de que los miembros de la tribu debían trabajar juntos por el bien de todos.

Connie, la madre de Ada, había venido a la reservación Menominee como enfermera de salud pública. Conoció a Joe Deer, un indio Menominee de casi pura sangre que mantenía vivos muchas de las antiguas costumbres tribales, y se casó con él. Como una de las ancianas de la tribu, «Mami» Deer le enseño a su hija a ser una estudiosa de la vida tribal y a comprometerse con el servicio público y la justicia social. «Ada Deer, tú no has sido puesta en este planeta para autocomplacerte —su madre le decía—. Tú estás aquí para ayudar a la gente». Luego de terminar la escuela secundaria, la tribu de Ada le concedió una beca para asistir a la universidad. En gratitud por haberle dado esta oportunidad, ella dedicó su vida a ayudar a la tribu.

El camino de Ada al liderazgo fue conformado por muchas experiencias. Una de las más importantes y duraderas fue la de Acampar para la Ciudadanía, un campamento de verano de seis semanas al que ella asistió cuando tenía diecinueve años, junto con más de un centenar de otros jóvenes. «Eso fue dos años después de que el Tribunal

Supremo decidiera en el caso *Brown vs. Junta de Educación* —recuerda ella—. Yo no sabía nada de relaciones raciales ni de este pedazo importante de la historia de EE.UU».

«Participé en un taller sobre segregación, dirigido por una maestra afroamericana del Sur. Ella me hizo comprender mucho más el impacto del racismo en los individuos y el poder del gobierno federal para que se produjeran cambios positivos». Como parte de ese campamento de verano, el grupo de Ada visitó durante varias horas a Eleanor Roosevelt en su casa de Hyde Park.

«Me quedé impresionada que la antigua primera dama dedicara tanto tiempo a conversar con nosotros. Nos contó cómo había ayudado a crear la Comisión de Derechos Humanos de las Naciones Unidas y el documento que sostiene la paz y la hermandad del hombre. Ada recuerda que ella la confrontó. Le pregunté, «¿Qué pasa con Sudáfrica que oprime a los negros? ¿Por qué la ONU no hace nada?»

«La Sra. Roosevelt replicó, "tenemos que entender que eso lleva tiempo. Necesitamos educar a las personas que la violencia no es la respuesta. Tenemos que tener fe en los seres humanos. Al final, la justicia prevalecerá". Por supuesto, ella tenía razón. Cuarenta años después, el apartheid se terminó y Nelson Mandela es el presidente de Sudáfrica.

«En otra ocasión, el Dr. Kenneth Clark, el psicólogo afroamericano nos habló sobre su obra con la desegregación de la escuela. Yo me dije a mí misma: "quisiera hacer el tipo de cambios en las vidas de mi pueblo que él ha hecho por el suyo". ¡Cuán poca cuenta me di a dónde me conduciría ese deseo!».

Retrocediendo a principios de los años cincuenta, el Congreso había «terminado» con la tribu Menominee, junto con muchas otras. Mediante una ley del Congreso, el gobierno rompió su tratado de relación en un intento de obligar a las tribus indias a asimilarse en la cultura predominante, a vivir como los no indios. Para mediados de los 70, la tribu de Ada se había hundido en niveles de pobreza aún más bajos, y ya casi habían perdido su identidad y cultura tribales. Sus hermosos terrenos de caza y pesca habían sido vendidos para pagar impuestos, el hospital de la localidad estaba cerrado, y había muy pocos empleos. Un senador describió la reservación como «tambaleándose al borde del colapso».

Durante años, los ancianos de la tribu habían estado luchando para evitar su extinción. Si bien Ada no tenía ningún adiestramiento formal en política, no podía quedarse tranquila mientras el Congreso barría la historia de su tribu. Se unió a su madre y a las otras ancianas de la tribu y fundó DRUMS (siglas que se corresponden al nombre en inglés "Determinación de los Derechos y Unidad para los Accionistas Menominees").

Nadie creía que podían tener éxito. Intentos anteriores de revocar la ley habían fallado. Pero Ada estaba empeñada en laborar con su gente y para corregir esta injusticia. Había aprendido que una clave para el éxito era movilizar un empeño colectivo. Ella y los voluntarios fueron de casa en casa a través de las deterioradas carreteras de la reservación y hablaron con cada uno de los miembros de la tribu para explicarles lo que la terminación significaba para ellos y lo que había que hacer para cambiarla.

Luego se dirigió a Washington, D.C. con un autobús lleno de voluntarios y abrió una oficina provisional, desde donde siguieron poniéndose en contacto con todos los que podían, desde presidentes y miembros de comités congresionales, hasta asistentes, secretarios, porteros y guardas de estacionamiento. Trabajaron noche y día para convencer a los miembros del Congreso que revocaran lo que había sido ley por casi veinte años.

Mientras tanto, allá en Wisconsin, los miembros de DRUMS marcharon 150 millas, desde la reservación Menominee a Madison, la capital del estado. La marcha atrajo amplia atención de los medios de prensa al reclamo de la tribu.

El 16 de octubre de 1973, llegó la hora de la verdad. Ada y sus asociados habían logrado que el Congreso votara si restaurar o no la categoría tribal de los memominee. Fue una ocasión histórica. Si la tribu había de recuperar sus derechos, sería la primera vez que la política india del gobierno habría sido revocada gracias a la acción de los propios indios. Si tenían éxito, muchas otras tribus podrían usar esta victoria como un precedente para recuperar sus derechos también. El día de la votación, Ada, los voluntarios, y otros miembros de DRUMS asistieron a la sesión congresional y siguieron la votación con gran expectativa.

Uno por uno se escucharon los «síes» y los «noes». Al concluir la votación, ¡la tribu Menominee había sido reinstalada por una abrumadora mayoría de 404 a 3! Bob, el hermano de Ada, que había trabajado junto a ella en esta contienda, comentó que los jefes del tratado Menominee, Oso Pardo, Gran Nube y Oshkosh, se sentirían orgullosos. Ada estaba exaltada: «Esto es democracia en acción! —exclamó—. Esta es la manera en que nosotros, los ciudadanos, podemos hacer un cambio. ¡Podemos hacerlo! ¡Lo *hemos* logrado!»

De 1994 a 1997, Ada Deer fue secretaria auxiliar para los Asuntos Indios del Departamento del Interior del

Gobierno Federal. Al trabajar para restaurar los derechos de las tribus indias de Estados Unidos, ayudaba a preservar la riqueza de su cultura y de la historia de nuestro país. Tuvo la oportunidad de participar en la dedicación de una nueva clínica de salud tribal en la reservación Menominee. «En las dos últimas generaciones he visto a mi tribu reponerse del borde del colapso y recuperar el bienestar físico y cultural, dice. «Nuestra tribu tiene un adagio que dice "el trabajo duro y la determinación de nuestro pueblo beneficiarán a las próximas siete generaciones"».

Los adolescentes que quieren aprenden a crear democracia en acción en su escuela, organización o comunidad mediante nuestro programa de adiestramiento nacional de seis semanas, pueden llamar a **Encampment for Citizenship** al 888-EFC-5097.

Librarse de la locura

NARRADOR: ARUN GANDHI

SOUREN BANNEREJI SIEMPRE SE HA TENIDO POR UN hombre pacífico. Pero cuando su esposa, su hijo y su hija fueron violados y asesinados por una odiosa turba de musulmanes en Calcuta, se sintió empujado a una inimaginable respuesta. Souren se encontró uniéndose a turbas violentas de hindúes en busca de venganza. Antes de darse cuenta lo que hacía, participó en la masacre de una familia musulmana. Por haber matado a un niño, Souren sabía que estaría atormentado para siempre.

Souren sabía sólo de un hombre que podría devolverlo a la senda de la paz. Su nombre era Mohandas Karamchand Gandhi, pero la gente lo llamaba Mahatma, que significa «alma grande». La notablemente ambiciosa misión de Gandhi en ese momento era enseñarle la no violencia total al pueblo de la India. Él había utilizado con éxito la no violencia para liberar la India del imperialismo británico en 1946; muchos necesitaban creer desesperadamente que Mahatma podía producir al menos un milagro más.

Gandhi sabía demasiado bien que la cólera desenfrenada lleva a la gente a la violencia enloquecida. Describía la ira como una energía tan potente como la electricidad misma. Sentía que si se abusaba de la ira podía destruir y matar. Pero si se utilizaba inteligentemente, esa misma energía podía iluminar las vidas humanas.

Gandhi había tenido que enfrentarse a su propia cólera cuando, como un joven abogado, había despertado rudamente a la realidad de los prejuicios raciales en Sudáfrica. Un día aciago, un hombre blanco rehusó compartir un compartimiento del tren con un «negrito». Los empleados del ferrocarril arrojaron físicamente a Gandhi del tren. La humillación le suscitó una intensa respuesta emocional, pero Gandhi decidió no actuar impulsivamente.

Ciertamente, él respiró profunda y meditativamente, invocó el nombre de Rama y encontró que la paz descendía sobre él. Mientras se calmaba, llegó a la conclusión de que la justicia no es venganza sino iluminación. Y la iluminación no puede ser impuesta por la fuerza, sólo puede revelarse a través de la no violencia activa. A lo largo de toda su vida, Gandhi llegó a ver la no violencia como algo más que un medio hacia la resolución de un conflicto. La vio como la edificación de una relación espiritual, una relación de unicidad.

«Yo no sé qué habría sido de mí si yo no hubiera conocido a Gandhi —dice Souren Bannerji—. Mi vida, como un tren de ferrocarril, había sido completamente descarrilada por esta odiosa violencia. Gandhi puso los carros de nuevo en la línea, y ahora estoy avanzando otra vez».

Gandhi mismo había llegado a un momento de profundo desaliento personal en 1946. Cuando los británicos se fueron y el país se dividió —la India para los hindúes y Pakistán para los musulmanes—, centenares de miles fueron desarraigados de los hogares y las tierras que habían ocupado por generaciones. Asesinatos, mutilaciones y violaciones se extendían por todas partes. Los esfuerzos de Gandhi por enseñarle a la gente a vivir como una familia, a superar los prejuicios religiosos y personales, se olvidaron.

«Si la inhumanidad es lo que mis compatriotas quieren, yo no tengo ningún deseo de vivir» dijo el angustiado líder, y comenzó una huelga de hambre. «Intenté enseñarle al pueblo humanidad, pero prefieren la bestialidad», se lamentó. «Es mejor que yo muera a que viva para ver esta carnicería». Aunque él era hindú, el Mahatma escogió ayunar en una cabañita situada en el gueto musulmán más pobre de Calcuta.

Si la gente no hubiera dejado de pelear, Gandhi ciertamente habría muerto. A los setenta y ocho, ya él no tenía la fuerza ni el ánimo para soportar un ayuno total por un período prolongado de tiempo. Los hindúes y los musulmanes por igual se dieron cuenta de que si Gandhi moría, ellos cargarían con el peso de la culpa. La relación paterna que Gandhi había cultivado a través de los años había hecho que tanto hindúes como musulmanes sintieran como si su propio padre estuviera a punto de morir por los errores que ellos habían cometido.

Souren Bannerji sabía que él no podía dejar que el Mahatma perdiera la vida. En su corazón, sabía que sus propias acciones violentas habían sido cometidas el día antes de que Gandhi anunciara su ayuno. Ahora esta noticia acerca de su héroe era exactamente la motivación que él necesitaba para separarse de la turba. Luego de una semana de búsqueda interna, se armó de coraje para acercarse a Gandhi cara a cara.

Con el rostro surcado de lágrimas, Souren se encaminó a la choza donde Gandhi apenas se sostenía a la vida. Silenciosa y reverentemente entró en la pieza donde un médico, un viejo amigo, frotaba con paciencia la frente de Mahatma. Souren puso su cabeza sobre los pies de Gandhi y sollozó incontrolablemente, pidiendo perdón. «*Bapu* [padre], perdóname. Soy un pecador que merezco morir, pero tú debes vivir», rogó Souren. «Todos somos pecadores, hijo mío», respondió Gandhi, con una voz apenas audible. «Ven, acércate y háblame de tu pecado».

Souren dejó que las palabras le salieran como un torrente. «He cometido un horrendo crimen. He asesinado a una familia musulmana después que a mi familia la mataran. Mi vida se ha convertido en un infierno viviente. No puedo aceptar el peso adicional de tu propia muerte sobre mi conciencia, Bapu. Por favor, abandona el ayuno».

«Si quieres salvar mi vida, ve y trabaja por la paz y la armonía. Y si quieres expiar tu pecado, te haré una sugerencia», dijo Gandhi. «Dime, Bapu», respondió Souren. «Haré todo lo que me digas. Quiero la paz, y quiero que tú dejes tu ayuno».

«Primero, para ti, ve y encuentra un niño musulmán huérfano y críalo como si fuera tuyo. Debes dejar que el bebé crezca en su propia fe». El hablar estaba dejando exhausto a Gandhi, que se quedó callado por un rato y luego añadió, «Somos una sola raza humana. La religión debe unificarnos, no dividirnos». Con estas palabras, Souren siguió su camino meditando en el consejo del gran hombre.

La noticia del ayuno de Gandhi y su apelación por unidad y armonía se transmitía amplia y repetidamente. Si la gente dejó de luchar porque entendieron su mensaje de unidad o simplemente porque deseaban salvar su vida, es difícil de decir. En cualquier caso, la paz vino rápidamente.

Souren no se olvidó de las palabras que Gandhi le había dicho. En su búsqueda por un niño musulmán huérfano, él encontró a una madre musulmana joven con un bebito que milagrosamente había escapado de la muerte. Su marido y su familia habían sido asesinados; ella había sido repetidamente violada, y ahora era un paria. Un momento de locura había cambiado su vida para siempre, así como había cambiado la vida de Souren.

Según conversaban acerca de sus sufrimientos, Souren y Miriam encontraron que tenían mucho en común. Lentamente se desarrolló una relación. Un día Souren compartió con Miriam las últimas palabras que él había oído de Gandhi. «Somos una sola raza humana. No dejes que la religión nos divida». Souren y Miriam se casaron. En el espíritu de Gandhi, decidieron que estudiarían las religiones de ambos y absorberían lo bueno que cada una tenía que ofrecer.

Conocí a Souren en Bombay varios años después. Él y Miriam tenían dos hijos; el hijo de Miriam, a quien Souren había adoptado, y una hija. Nunca olvidaron el papel de mi abuelo en esa unión, en hacer que el amor y una nueva vida triunfaran sobre un pasado marcado por el odio y la violencia. Antes de separarnos ese día, ellos me dijeron cómo habían aprendido una importante lección de Mahatma. Mirándose uno al otro y a sus dos preciados hijos, me dijeron: «entendemos lo que Gandhi quería dar a entender cuando decía que "el cambio llega tan sólo una vez en la vida"».

Experimente el poder de la no violencia como una herramienta activa para construir y mantener las relaciones humanas y evitar conflictos. Llame al **Instituto para la Noviolencia M.K. Gandhi** al 901-452-2824.

Escudo andariego

NARRADORA: JANE HARVEY

Su nombre lakota es «Escudo andariego», pero fuera de la nación sioux se le conoce como Phil Stevens. Para los que viven en la reservación de Pine Ridge, él es el hombre idóneo en el lugar exacto en el momento oportuno. Phil junta su herencia india, su experiencia en ingeniería, y sus contactos federales y militares para ofrecer esperanza a su gente. Él está forjando un renovado espíritu de comunidad en donde por mucho tiempo no hubo ninguno, y está reconstruyendo el hogar de su nación al tiempo que reconstruye la confianza de su pueblo en el gobierno de Estados Unidos.

Phil creció en un violento vecindario del Este de Los Ángeles donde sólo las historias que le contaba su padre le conectaban a sus raíces sioux. Como el biznieto de un cacique lakota que peleó en la batalla de Little Big Horn, el liderazgo estaba en su sangre. Se esforzó en salir adelante en la escuela, asistió a la universidad y obtuvo dos diplomas de Ingeniería. Finalmente, se convirtió en director técnico de la TRW, administrando un proyecto importante de la defensa nacional. Luego construyó su propia empresa multimillonaria de ingeniería.

Phil no tuvo muy presente su herencia indígena hasta que un grupo de indios norteamericanos tomó la isla y prisión de Alcatraz en 1969, para protestar las generaciones de injusticia. Mientras leía sobre esos dramáticos sucesos, se preguntaba si había algo que él pudiera hacer para ayudar. Entonces, nació en él un sentido de responsabilidad hacia su pueblo. Luego recordaría, «Yo quería ayudarlos, pero desde dentro del sistema de gobierno existente».

Durante los próximos veinte años, Phil ofreció voluntariamente su tiempo a varias tribus indias de todo el país. Trabajó con los indios norteamericanos que luchan por sobrevivir en el mundo empresarial. Ayudó a negociar varias disputas de tierras entre algunas tribus y el gobierno federal. En 1986, fue invitado por líderes tribales a visitar su patria de origen: la reservación india de Pine Ridge en Dakota del Sur. Lo que él vio allí cambió el curso de su vida.

En un clima que era de cuarenta grados bajo cero, la gente estaba viviendo en chozas de un solo cuarto sin calefacción. Dormían apilados como una cuerda de leña. Familias enteras estaban viviendo en autos viejos. Algunos habitaban en cuevas. Muchos no tenían inodoros, y el agua se encontraba a un cuarto de milla. Era muy descorazonador, especialmente la situación difícil de los niños que tenían que enfrentarse a escuelas muy mal equipadas y a servicios de salud burdamente inadecuados. Los índices de alcoholismo y de abuso doméstico, pasmosamente altos, eran indicios de una población desesperada. Una opresiva sensación de desesperanza se cernía sobre la reservación al igual que las nubes, tal como debe haber sido por generaciones.

Cuando Phil regresó a su casa, le dijo a su familia, «Nuestra gente vive como refugiados en su propia tierra». Ese día él tomó la decisión de hacer todo lo que pudiera para que los sioux volvieran a ser una comunidad fuerte y autosuficiente. Vendió su negocio y puso toda su energía y experiencia en ayudar a su gente a reconstruir su esperanza, sus sueños y su dignidad.

Phil quería que los sioux fuesen el pueblo fuerte y orgulloso que una vez habían sido. Quería que disfrutaran de los mismos beneficios que disfrutaban todos los demás en Estados Unidos, pero conseguirlo no iba a ser nada fácil. «Para tener éxito, la gente debe primero creer que puede tenerlo —explica—. Pero el amor propio andaba escaso en la reservación. Y sin esperanza, todo está perdido».

«Lo que sucedió hace cien años está presente en las mentes de nuestros hijos —dice—. Pero pese a las injusticias hechas a mi pueblo, ésta es una gran nación, ciertamente una tierra de oportunidades». Sin disimular la trágica historia de los sioux, Phil quiere ayudarles a sobreponerse al pasado y acelerar la edificación de su futuro. «Yo crecí con muy poca riqueza material, pero aprendí que si uno trabaja con ahínco y tiene ciertas habilidades, puede resultar muy favorecido en nuestra sociedad —apunta—. Yo quiero darle a otros indios norteamericanos una oportunidad».

Phil trabajó con los líderes tribales, preguntándoles lo que el pueblo quería y necesitaba y cómo ellos podrían trabajar juntos para lograr esas metas. Ellos se aparecieron con una larga lista de necesidades: alimentos, ropa, materiales de construcción, y mejores servicios de salud y de educación. El pueblo sioux estaba deseoso de trabajar arduamente para levantar nuevamente sus vidas y sus reservaciones si Phil podía ayudarles a suplir los recursos.

Desde la época en que trabajó en las agencias del gobierno, Phil sabía que las bases militares con frecuencia desechan materiales y suministros viejos no utilizados. Creó una estrategia para lograr que les donaran esos suministros a las reservaciones y fundó la Sociedad Indoamericana del Escudo Andariego para coordinar la logística. La sociedad comenzó por acopiar alimento y ropa para las familias de la reservación; luego recogieron libros y computadoras para sus escuelas. «Nos concentramos especialmente en la educación de manera que los niños pudieran tener una opción para su futuro —dice Phil—. Les digo a los jóvenes que deben aprender a vivir en ambas culturas: con un mocasín en un pie y un zapato de tenis en el otro».

Para ayudar a la gente de la reservación a reconstruir sus hogares de manera que pudieran tener calefacción en el invierno, ellos acometieron su más ambiciosa empresa y la llamaron Operación Escudo Andariego. Phil se enteró que debido a las reducciones militares que sobrevinieron al fin de la Guerra Fría, 463 casas recién renovadas en la base de la Fuerza Aérea de Grand Forks, en Dakota del Norte, iban a ser demolidas. «Estos hogares están apunto de ser destruidos —les dijo—. Los necesitamos para las reservaciones». Luego de negociar con el Departamento de Defensa, consiguió que las casas fuesen llevadas a siete reservaciones sioux, e incluso consiguió personal militar para instalar los cimientos de estas casas de tres dormitorios y dos baños como parte de sus ejercicios de adiestramiento militar.

Phil luego se dirigió al Internet para localizar materiales de construcción adicionales. Cuando los encontró en varias bases militares, le pidió a la Fuerza Aérea si se los podían entregar libres de costo en las reservaciones. Ahora, en lugar de volar en círculo encima de sus bases para cumplir con las horas de vuelos de adiestramiento, los pilotos militares estaban trasladando suministros desde bases militares de toda la nación hacia las reservaciones indias de Dakota del Sur.

Desde 1995, la Operación Escudo Andariego ha podido acopiar más de medio millón de libras en materiales de construcción de manera que el pueblo indio pueda reparar y reconstruir sus propias casas. También han negociando con otras bases militares que están cerrando para conseguir algunas casas adicionales, y para que las brigadas de construcción del Cuerpo de Ingenieros de la Marina de EE.UU. mejoren y reparen más de 200 millas de caminos en las dos reservaciones sioux en Dakota del Sur. Han conseguido también suministros y equipos médicos de los hospitales militares que están siendo cerrados en Turquía, Alemania, Corea e Inglaterra, lo cual ha resultado en el tratamiento de 5.300 pacientes en la reservación de Pine Ridge.

Los quinientos voluntarios con que cuenta la sociedad han ayudado a treinta de las 557 tribus de la nación, aproximadamente a 350.000 del millón de indios norteamericanos que viven en las reservaciones indias de nuestra nación. Conciliar las diferencias entre las culturas de los militares y los indios no ha sido tarea fácil. Y las relaciones no siempre marchan bien. Algunos de los militares estaban preocupados de cómo serían recibidos en las reservaciones. Por otra parte, algunos miembros de las tribus desconfiaban de que el gobierno llegara a hacer lo que había prometido. Pero cuando empezaron a excavarse los primeros cimientos, los temores y recelos comenzaron a desvanecerse.

Homero Soldado Remolino, descendiente de un jefe sioux, ha visto forjarse la colaboración gracias a la magia de Phil. «Hay cuatro tipos de personas en el mundo —dice—. Los primeros dos, pobres-ricos y pobres-pobres tienen una miserable visión de la vida y de la gente. Luego están los ricos-pobres y los ricos-ricos. Son los que rebozan de vida espiritual, los que hacen cosas por otros. Phil es uno de ellos».

Por su trabajo con la tribu, Phil fue la primera persona nombrada Jefe Especial de la Gran Nación Sioux. Es un honor extraordinario que muchos igualan al honor que le otorgaran a Toro Sentado, quien ayudó a unir al pueblo sioux hace más de un siglo. Pero para Phil, la recompensa no radica en el honor, ni siquiera en el mejor nivel de vida de las reservaciones. «No es la ropa, el equipo médico, o las casas lo que es realmente significativo —dice—. Lo más importante que estamos haciendo es ofrecerle esperanza a nuestro pueblo».

Pongamos juntas nuestras mentes y veamos qué tipo de vida podemos crear para nuestros hijos

TORO SENTADO

Ayude al **Walking Shield American Indian Society** a brindar alimento, abrigo, asistencia médica y educación a los indios norteamericanos. Para ofrecerse como voluntario, llame al 714-573-1434 ó visite su cibersitio: *http://www.netgate.net/~ddc/walkingshield/*.

Un mensajero de esperanza

NARRADORA: NANCY BERG

LA GENTE PENSABA QUE HABÍA PERDIDO LA RAZÓN CUANDO decidió rodar la película *American Me* en las calles más peligrosas del Este de Los Ángeles. Pero mientras crecía en el barrio de las Alturas de Boyle, en esa zona de la ciudad, Edward James Olmos nunca siguió las reglas: era mucho más probable que él las creara.

Desde temprano, el actor y activista latino usó su cabeza, su corazón y su talento para encontrar un modo de conseguir su propósito y de que otros pudieran seguirlo. Escogía cuidadosamente sus papeles como actor para que sirvieran de ejemplo. Haciendo el papel del firme pero justo Martín Castillo, teniente del personaje policía que encarnaba Don Johnson en *Miami Vice*, se ganó un gran respeto. Cuando desempeñó el papel de un riguroso maestro de matemáticas, Jaime Escalante, en *Stand and Deliver*, enseñó a la perdida juventud del Este de L.A. la manera de darse a respetar.

Cuando estuvo listo para dirigir su primera película, quiso llevar un enérgico mensaje en contra de las drogas y de las pandillas a los chicos de los barrios, de manera que se fue directamente al Este de L.A. Valiéndose de pandilleros como extras y como trabajadores del equipo de filmación, Eddie mostró la dura y dolorosa realidad de sus breves y violentas vidas. Para muchos de estos chicos, su única ambición era ir un día a San Quintín o a la prisión de Folsom. «Pasan de ser miembros de una pandilla callejera a la prisión. No ven alternativas a la vida de las pandillas», apunta Eddie. «Sin saber hacer nada y con la dificultad que hay en conseguir empleo, los chicos comienzan a vender drogas para ganarse la vida, y las pandillas controlan ese mundo», añade.

Eddie quería darles auténticos empleos con un verdadero futuro y una oportunidad para romper con el mundo de la pandilla. También quería mostrarles a los pequeños —aquellos que lo ven todo— que gente de su misma apariencia puede triunfar y hacer realidad sus sueños de una manera sana y positiva. «Los chicos del Este de L.A., como cualesquiera otros, necesitan esperanza. Uno se ilusiona por tener la oportunidad de ver un futuro. Ahora mismo, parece muy sombrío —dice Eddy—. Creo que en este momento, los modelos de conducta podrían ser lo más importante en la vida de esos muchachos ahora».

Eddie tuvo la suerte de contar con modelos que le mostraron que ayudar a otros puede ser un modo de vida; su propia familia ha llevado a la práctica esta idea. Su madre, Eleanor, trabajó durante quince años en el Pabellón del SIDA del Hospital General del Condado de L.A, y su padre, Pedro, ayudaba a coordinar el béisbol de las ligas menores en el Este de L.A. Su esposa, la actriz Lorraine Bracco, trabaja de voluntaria para una agrupación que ofrece vivienda para adultos discapacitados, y sus seis hijos ayudaron a pintar murales en las escuelas públicas de los barrios urbanos de L.A. «Todo es una obra de amor», dice Eddie.

Conocido por su gran corazón, Eddie alienta a otros a dar de sí mismos. Luego de los motines de L.A. en 1992, él galvanizó a la gente de la ciudad para unirse en la limpieza de los espantosos escombros. Con el simple pero poderoso gesto de sostener una escoba y una pala en la TV, invitó a todos los televidentes a salir a la calle, día tras día, a limpiar los escombros. En la Convención Nacional Demócrata de 1994, retó a la nación a incorporarse: «es la tarea de todo adulto comprometido ser un mensajero de esperanza para esta juventud sin privilegios».

Al filmar escenas de *American Me* allí en las calles del Este de L.A. y en la prisión de Folsom, Eddie ayudó a desmitificar el *glamour* del mundo de la pandilla. Al tiempo que lograba enviar este mensaje mediante la participación de actores jóvenes, pronto se dio cuenta de que no era suficiente. Aun antes de que *American Me* fuera estrenada, dos de los jóvenes del equipo de filmación de la película habían sido asesinados por bandas rivales. Cuando los motines de L.A. destrozaron la sección Sur/Central de la ciudad, Eddie decidió que tenía algo más que hacer: «Estos jóvenes sencillamente quieren dejar una huella en el mundo —dice—. Están en busca de su identidad, de un sentido de pertenencia. Cada uno tiene la necesidad de pertenecer. Eso es una parte instintiva del ser humano».

Eddie pensaba que si otros jóvenes podían ver lo que ellos habían aprendido de los pandilleros en *American Me*, eso podría ayudarles a cambiar de vida. Luego de convencer al Departamento de Justicia de EE.UU. de costear un documental educativo, Eddie y su equipo filmaron el drama de la vida real detrás del rodaje de la película. El barrio Hazard Grande y la pandilla Big Hazard dieron nombre a la película que se llamó: *Vidas en Hazard* (*Lives in Hazard*) en el cual muestran el poder social y las extrañas y trágicas opciones que estos jóvenes se ven obligados a tomar. También crearon un manual de estudio y un manual nacional de medios para darles a los maestros, consejeros y ministros las herramientas prácticas que necesitan para ayudar a estos jóvenes en peligro. El equipo ahora viaja a través del país compartiendo la película con adolescentes y dándoles la oportunidad de expresar sus propias luchas y preocupaciones.

Ya hable en escuelas, iglesias, prisiones o salones de jóvenes, el mensaje de Eddie siempre es el mismo: «Mi esperanza es que después de ver *Lives of Hazard*, cada uno de ustedes se sienta inspirado a ir más allá de lo que piensen que es posible para ayudarse mutuamente a asumir el control de sus vidas, sus futuros y sus comunidades».

Para millares de adolescentes hispanos como George Sarabia, Eddie se ha convertido en un mensajero de esperanza. Antes de que conociera a Eddie, George sólo había tenido una meta en la vida: salir de la prisión como un héroe, que se ha ganado sus «galones». A los veintiún años, había estado en una pandilla durante siete años, le habían disparado, y había perdido a su hermano, Javier, en la violencia de la pandilla. Cuando le ofrecieron un pequeño papel en *American Me*, rehusó, temeroso de traicionar la memoria de su hermano. Pero luego pensó en sus otros cuatro hermanos, todos viviendo en la cárcel. «Si no soy capaz de perdonar, ¿cuando va a parar esto?», se preguntó a sí mismo. Su decisión de trabajar con Eddie y su equipo fue el momento decisivo de su joven vida.

«Eddie me ayudó a cambiar radicalmente nuestra comunidad —dice George—. Me trató como a un ser humano y me dio una oportunidad de ayudar y la responsabilidad de limpiar el grafiti». Trabajar con el equipo de Eddie en *Lives of Hazard* inspiró a George a comenzar una nueva carrera en la producción de videos educativos. «Fue como él si me llevara de la mano y me mostrara una vida diferente», dice.

Gil Espinozo es otro joven que ahora tiene un futuro más prometedor, gracias a su experiencia con *Lives of Hazard*. Luego de trabajar como asistente de producción en la película, consiguió un trabajo como director de reparto de una compañía fílmica. Su experiencia le dio algo más que un adiestramiento laboral, le brindó un lugar sano al cual pertenecer, en lugar de una pandilla. «Pasaba mucho tiempo en el teatro —cuenta—. Son como una familia para mí, me aceptaron por lo que soy, y eso me gusta».

Cuando Eddie es encomiado por su trabajo, siempre dice que los méritos son de los «verdaderos héroes», como el padre Gregory Boyle, un sacerdote jesuita que trabajó con los jóvenes en la iglesia de la misión Dolores en el Este de L.A. «He tenido que enterrar y despedir a treinta y un jóvenes, todos muertos en esta locura del pandillismo —dice el padre Boyle—. Estos eran chicos que yo conocía bien, que eran cálidos, singulares, y llenos de posibilidades. No debían haber muerto tan jóvenes».

Jóvenes como George y Gil están ahora usando las experiencias de su vida para crear un futuro mejor para ellos y para otros. A los treinta y uno años, George dirige una organización sin fines de lucro, Inner City Focus, que crea programas para la prevención de la violencia que se exhiben en cinco de los proyectos de viviendas de L.A. a través de una compañía de cable de la localidad. Tomándose un momento de su atareada vida, él se detiene a pensar en su madre y en los que nunca lo abandonaron. «Antes de que ella muriera de cáncer el año pasado, llegó a ver que yo tenía una buena vida, que me había casado y tenía una familia —dice—. Estaba feliz de saber que su hijo había decidido tomar otro camino».

Sabiendo que los jóvenes con frecuencia escuchan más a alguien de su propia edad, Eddie a veces invita a George y a Gil a compartir sus historias y sus mensajes con otros jóvenes. «Todos tenemos opciones —les dice Gil—. Ustedes pueden hacer lo que quieran. No tienen que demostrarle nada a nadie, sólo a ustedes mismos». Luego se detiene por un momento y agrega, con calmada intensidad: «Piensen en eso. En lo que ustedes podrían hacer. En lo que ustedes podrían llegar a ser».

Cualquier cosa que puedas hacer para realzar la vida de un niño
es un paso en la dirección correcta hacia la creación de
auténticos derechos civiles para los niños.
Si no tienes hijos, ¡busca los de otros!
Llévalos a la biblioteca, al teatro, a un almuerzo en el parque.
Usa tu propia vida para ayudar a orientar una joven vida
en la dirección correcta.

OPRAH WINFREY

Sé un mensajero de esperanza para los jóvenes de tu barrio. Dales una oportunidad para una vida mejor. Para traer **Lives in Hazard** a tu escuela, tu iglesia o centro comunitario, llame al 310-557-7010.

Cooperación
comunitaria

Imagínese, si puede, una sociedad formada por todas las naciones
del mundo.
Personas de diferentes idiomas, creencias, opiniones;
en una palabra, una sociedad sin raíces, sin recuerdos,
sin prejuicios,
sin rutinas, sin ideas comunes, sin un carácter nacional,
y sin embargo cien veces más feliz que la nuestra.

ALEXIS DE TOCQUEVILLE, *DEMOCRACIA EN AMÉRICA,* 1835

CUANDO USTED SE REÚNE CON SU FAMILIA Y SUS AMIGOS, ¿con frecuencia no se pone a hablar de lo que no funciona en su escuela, su trabajo o su barrio? ¿Alza usted las manos en un gesto de frustración, creyendo que el problema es demasiado confuso, demasiado complejo o demasiado grande? ¿Piensa a veces que está demasiado ocupado, demasiado cansado o que es demasiado poco importante para hacer un cambio significativo?

Muchas de las personas en este capítulo se enfrentaron a desafíos semejantes a los suyos. Esas personas animaron a otras a vencer obstáculos y encontraron modos de hacer las cosas mejor. A través de sus relatos, aprendemos que cuando trabajamos juntos, podemos abordar algunos de los problemas más difíciles que enfrentan nuestras comunidades. «Nunca dude que un pequeño grupo de ciudadanos inteligentes y dedicados pueda cambiar el mundo; ciertamente, es lo único que lo ha logrado», dijo una vez Margaret Mead.

A nuestras comunidades, cada vez con mayor frecuencia, se les piden que se abastezcan con menos: alimentar a los hambrientos, atender a los ancianos y enseñar a los niños. En tiempos como estos, necesitamos más héroes comunitarios: hombres, mujeres y niños, jóvenes y viejos, que trabajen juntos, codo con codo por el bien común.

Alexis de Tocqueville tenía gran fe en el poder del pueblo estadounidense. En 1831, cuando sólo tenía 21 años de edad, vino de París a estudiar lo que hace de Estados Unidos una nación tan singular. Mientras viajaba por el país, se quedó impresionado con la gente enérgica, inventiva y solidaria con que se encontraba, que se reunía en pequeños grupos para resolver problemas locales. «En Francia, las decisiones las toman los profesores, los funcionarios electos, los profesionales y los gerentes —dijo—. En los Estados Unidos, es la gente común la que toma estas decisiones». En su libro, *Democracia en América*, contaba cómo estas pequeñas agrupaciones, o asociaciones como él las llamó, eran las piedras con las cuales se edificaba una sociedad fuerte. Casi dos siglos después, su libro sirve de modelo para la renovación del gran legado de nuestro país: personas que laboran juntas, configurando nuestro futuro y restaurando nuestras comunidades.

En la actualidad hay un renacimiento entusiasta de las personas vinculadas a comunidades en todo el país que son las que están reconstruyendo a Estados Unidos. Este capítulo aborda sólo unos pocos de los centenares que participan en este renacimiento: desde La Iniciativa de la Vecindad de la Calle Dudley en Boston (Dudley Street Neighborhood Initiative) a la Iglesia Bethel de la Nueva Vida en Chicago (Bethel New Life Church), del Proyecto de Restauración de Nueva York (New York Restoration Project) al TreePeople de Los Ángeles, estos relatos nos infunden una enorme esperanza, especialmente por la manera en que podemos renovar los barrios urbanos pobres. Como alguien una vez dijo, «a veces no basta darle a alguien un pescado o incluso enseñarle a pescarlo. Tenemos que preguntar quién es el dueño del agua».

Estos héroes comunitarios nos dan multitud de nuevas ideas y nos ofrecen valiosas lecciones de vida. Nos recuerdan la suerte que tenemos de ser ciudadanos estadounidenses, de tener el poder de cambiar las cosas, con nuestros votos o nuestras voces; con nuestro tiempo o nuestro dinero. Nos muestran que cuando trabajamos juntos, podemos tener un impacto mucho mayor del que podíamos tener solos. Nos ayudan a ver que el poder de la gente es nuestra mayor esperanza para el futuro. Al igual que los personajes de estos relatos, podemos realizar nuestros sueños y hacer que ocurran milagros.

Estos héroes comunitarios trabajan con otros para plantar un millón de árboles, construir un parque infantil o limpiar todo un parque de la ciudad. Se asocian con escuelas e iglesias, hospitales y organizaciones cívicas y transforman los muladares de desperdicios tóxicos en vecindarios llenos de vida, y economías tambaleantes en milagros económicos. Con un poco de imaginación e ingenuidad, asocian a personas con objetivos comunes, reavivan el espíritu recolector de antaño y rehacen el tejido de sus comunidades.

Cada uno de estos héroes comunitarios tiene un relato diferente acerca de cómo comenzó y cómo su vida se transformó al lograr que sus comunidades cooperaran. Así como no hay nadie a la mano para resolver los problemas de una comunidad, nunca hay un solo héroe comunitario. Cada persona da lo que puede y disfruta creando el espíritu de unidad. Juntos descubren que si bien cada uno de nosotros puede marcar una gran diferencia cuando trabajamos juntos, podemos hacer historia.

La próxima vez que se reúna con su familia y amigos, trate de hablar acerca de lo que podrían hacer para mejorar las cosas en el mundo en que viven.

¿Por dónde comenzaría usted?

¿A quién le pediría que se le uniera?

Y lo más importante, ¿cómo celebraría usted cuando haya concluido su tarea?

¡Piense tan sólo, si todos trabajamos unidos, cuánto mejorían las cosas para todos!

Los grandes planes de Ashley

NARRADORA: DAWN M. HUTCHISON

ASHLEY, UNA NIÑA DE SIETE AÑOS, MIRABA DESDE LA VENTANA de su cuarto a un hombre blanco de gran estatura, con una gorra de béisbol, que medía el solar yermo que estaba frente a su apartamento. Pensó que sería mejor tener una conversación con él. Probablemente él no lo sabía, pero ella tenía grandes planes para ese espacio. Se puso su mono azul y rojo y salió correteando escaleras abajo, sacudiendo las trenzas, y pasó por su madre y su hermanito como una flecha rumbo a la calle.

La gente del barrio había estado observando a Darell Hammond toda la mañana desde las ventanas de sus apartamentos. Algunos incluso se habían acercado para mirar más de cerca lo que hacía. Pero Ashley fue la primera en hablar con él: «¿Ha venido para hacer el parque infantil?», preguntó. «Un parque infantil, ¡que buena idea!», dijo Darell, sonriendo. ¿Cómo podría ella saberlo?, pensó él para sí.

«Me llamo Ashley —dijo ella—. ¡He estado rezando por un parque infantil y tengo grandes planes para él!». «¿Cuáles son exactamente tus planes?», preguntó Darell. Ashley volvió corriendo a su apartamento y regresó con un montón de dibujos. Para entonces, otros niños habían comenzado a reunirse. Darell miró los dibujos de Ashley y escuchó a los niños del barrio. Al parecer todos tenían grandes ideas: «Un dinosaurio que se pueda montar», dijo uno. «Un barco grande», dijo otro.

Darell miró a su alrededor: un terreno seco, polvoriento y desnudo. Él apenas podía imaginarse en lo que pasaba allí por las noches. Y tenía razón: el complejo de viviendas del Sudoeste de Washington, D.C. tenía un mantenimiento muy deficiente. La vecindad era famosa sobre todo por su pobreza y su nivel de delincuencia. El solar se convertía de noche en un criadero de actividades ilícitas: drogas, pandillas, violencia.

Darell enseguida simpatizó con Ashley. Le hacía acordarse de sí mismo cuando tenía su edad. Él había vivido en un orfanato, con sus ocho hermanos y hermanas, y también era un soñador: siempre imaginando modos de hacer un mundo mejor par los niños como él. Ahora, a los 24 años, tenía una idea para transformar este lugar.

Una semana después, regresó. Esta vez la madre de Ashley y unas vecinas, las Señoritas Marshal y Law, salieron a conversar con él. Les comentó a las mujeres acerca del sueño de Ashley y de cómo él quería ayudar a que se hiciera realidad. «Pero va a llevar mucho más que imaginación», les dijo, si bien eso era una declaración en extremo modesta. «De hecho, se necesitará más de cien voluntarios y alrededor de $40.000», agregó Darell, mientras la madre de Ashley lo miraba con incredulidad.

No había mucho más de cien adultos viviendo en todo el complejo y muchos de ellos eran madres solteras que disponían de poco tiempo libre. En cuanto a los $40.000, bueno, simplemente habría de ocurrir un milagro. Darell entendía las preocupaciones de la madre de Ashley, habiéndolos oído de boca de otros padres en otros complejos de vivienda. Pero él sabía que ellos podían hacerlo, y les habló de cómo otros vecindarios se habían unido y habían logrado lo imposible.

Las madres no estaban seguras de cómo iban a hacer para lograrlo, pero los niños querían intentarlo. Incluso los niños querían hacer su parte. «¡Yo ayudaré, Darell!», exclamó Ashley, mientras desaparecía con una cola de chiquillos que la seguían en busca de cien adultos.

Y su esfuerzo se vio recompensado. Una semana después, la reunión de la comunidad estaba tan repleta que los niños tuvieron que reunirse afuera. Con papel y crayones, los chicos hicieron aún más dibujos de sus ideas para el parque infantil. Dentro, los adultos conversaban animadamente. Al poco tiempo, las iglesias, las tiendas de víveres e incluso las gasolineras de la localidad tenían carteles avisándole a la comunidad del proyecto del parque infantil. Ashley y los otros chicos hicieron una campaña para recaudar dinero.

Pero según se acercaba el tiempo de construir el parque infantil, los promotores estaban desesperadamente escasos de fondos. Mucha gente estaba convencida de que el proyecto nunca se llevaría a cabo. «No en este barrio —decían—. Nunca llegarán a recaudar ese dinero ni a conseguir suficientes voluntarios». Después de un tiempo, hasta Darell se sintió descorazonado.

Un día cuando él estaba a punto de darse por vencido, Ashley corrió a su encuentro, casi sin aliento. «¡Darell, ¡recaudamos $9,97 en centavos esta semana! Con eso se puede comprar algo, ¿verdad? ¿Tal vez un tobogán?» En ese momento, Darell supo que Ashley nunca se daría por vencida. «Sí, Ashley —dijo—, con eso se comprará algo maravilloso», y le puso la gorra de béisbol en su cabecita. Si esta pequeña soñadora no se rendía, él tampoco lo haría.

Fue entonces cuando el destino intervino para tender una mano. Ese mismo día, Darell recibió una llamada de un aserradero local. ¡Querían donar un camión lleno de madera y cinco otros de virutas para esparcir alrededor del parque infantil! Al día siguiente, otra persona llamó para donar algunos neumáticos viejos. Una mujer de una tienda de pinturas donó la pintura y las brochas. La iglesia se ofreció a hacer desayuno para los voluntarios y enviar a su grupo de jóvenes para que ayudaran. El milagro que la madre de Ashley había pedido comenzaba a materializarse.

En una corrida, el solar yermo estaba lleno de montones de materiales donados y repleto de gente, voluntarios que trabajaron infatigablemente durante cuatro días consecutivos. Al segundo día llovió, pero ellos se mantuvieron construyendo.

Todo el complejo de apartamentos retumbaba con los martillazos, el ruido de las sierras y nubes de asserrín. Era un espectáculo digno de verse. ¡El último día de la construcción hubo casi quinientos voluntarios! Hasta los niños ayudaron. Llenaban carretillas y cubos de virutas de madera, esparciéndola por el vasto terreno del parque. Atornillaron las últimas tuercas del dinosaurio hecho de gomas de automóviles y colgaron las gomas que servirían de columpios.

Cuando el trabajo estuvo terminado, la mamá de Ashley y los otros vecinos se detuvieron a mirar con asombro. El parque infantil de la comunidad estaba finalmente terminado; construido para los niños. La Srta. Marshall simplemente hizo un gesto de asentimiento con la cabeza, al tiempo que decía calladamente: «Nunca lo hubiera imaginado…». Pero Ashley no se sorprendió. «Darell y yo… siempre supimos», dijo ella con confianza, mientras contemplaba el tobogán de 24 pies. «Nosotros dos teníamos grandes planes».

Los adultos necesitan a los niños en sus vidas
para conservar fresca la imaginación
y sus corazones jóvenes,
y para hacer del futuro una realidad
por la cual ellos estén dispuestos a trabajar.

MARGARET MEAD

Éste fue el primer parque infantil construido en sociedad entre Darell Hammond y Dawn Hutchison, quien prosiguió para ser cofundador de **KaBOOM!**, una organización nacional sin fines de lucro. KaBOOM! invita a individuos, organizaciones y empresas a unirse para crear lugares accesibles, seguros y en extremo necesarios para que los niños jueguen. A través de este empeño en equipo, KaBOOM! ayuda a las comunidades a crear un modelo de asociación que logra cambios positivos y duraderos en vecindarios de toda la nación. Para más información, llame al 888-789-PLAY.

Los Arbóreos

NARRADORA: SKYE TRIMBLE

EL CAMPAMENTO RESULTÓ MUY DIVERTIDO ESE VERANO DE 1970. El tostado de malvaviscos y el selvático olor del fuego hicieron que el joven Andy Lipkis, de quince años, se enamorara de la maravillosa vida del campo. Pero mientras contemplaba las boscosas montañas que se asoman sobre la ciudad de Los Ángeles, se sintió descorazonado: sabía que los escarabajos horadadores estaban matando los árboles ya debilitados por la contaminación ambiental a un ritmo acelerado.

Andy no podía quedarse quieto y verlos morir. Convocó a sus compañeros de campamento a emprender una extraordinaria aventura para salvar árboles. Comenzaron por plantar árboles que resistieran la contaminación ambiental en un viejo estacionamiento del campamento. Mientras blandían picos y sembraban los plantones, le devolvían la vida a ese pedazo de tierra. Cuando el campamento se acabó, uno de los compañeros campistas de Andy le puso la mano en el hombro y le dijo: «Volvamos a visitar a los árboles cuando seamos viejos». Y Andy se sonrió sabiendo que lo harían algún día.

Para Andy, ese verano le inspiró una idea: «Necesitamos extender esta labor a más tierra y más personas» pensó. De súbito, sintió miedo: no al fracaso, sino al éxito. Sabía que si lograba que la gente se le uniera, sería responsable de algo muy importante. ¡Podría significar que tendría que plantar árboles por el resto de su vida! Pero él decidió seguir los dictados de su corazón, dondequiera que pudieran llevarlo.

Pocos años después, Andy oyó decir que el Departamento de Bosques de California estaba a punto de destruir veinte mil plantones sobrantes. Andy preguntó si podía recibirlos para otro proyecto de plantación de árboles. «Eso se consideraría un "regalo de fondos públicos" —dijo el Departamento—. La ley nos prohíbe dárselos».

Pero Andy no se dio por vencido fácilmente. Llamó a los periódicos, a senadores y a cualquiera que pudiera ejercer alguna influencia. Les dijo lo que estaba por ocurrir y les suplicó que hicieran algo. Sus llamadas tuvieron resultado. Cuando *Los Angeles Times* llamó a la oficina del gobernador para confirmar la crónica que ellos se proponían publicar, la oficina del gobernador respondió ordenando que detuvieran las topadoras: era en el preciso momento en que empezaban a desenterrar los plantones.

A Andy le permitieron adoptar los plantones sobrantes y reunió a niños y consejeros de veinte campamentos de verano para un gran proyecto de repoblación forestal. El reportaje de la prensa condujo a más donaciones, más voluntarios y a una nueva ley que exigía que el gobierno cediera los excedentes de árboles a las agrupaciones sin fines de lucro que los quisieran. Personas de todas las procedencias se unieron a Andy y a su creciente grupo de silvicultores. El apodo del grupo «Los Arbóreos» (TreePeople) se arraigó.

En 1980, el alcalde de Los Ángeles, Tom Bradley, oyó hablar del éxito de Los Arbóreos. Había leído que una masiva plantación de árboles podía reducir la contaminación ambiental y se preguntaba si plantando un millón de árboles en L.A. podía devolverle el aliento de la vida a su ciudad. Al alcalde le dijeron que tomaría veinte años y doscientos millones de dólares llevar a cabo tal proyecto. Pero la ciudad no podía esperar veinte años; tenía que hacerlo enseguida. Así, el alcalde Bradley pidió a Los Arbóreos que enfrentara ese reto. «L.A. acababa de ser elegida como sede de las Olimpiadas de 1984 —dice Andy—. Yo vi esto como una perfecta oportunidad para demostrar el poder de la acción cooperativa a un público global. Le dije al alcalde que estaba seguro que la gente de L.A. podía hacerlo, virtualmente sin costo alguno para el gobierno».

La respuesta a la campaña del millón de árboles fue entusiasta desde el comienzo. Un vivero forestal ofreció donar un excedente de cien mil árboles para poner en marcha el plan si Los Arbóreos podían encontrar un modo de transportarlos. Mediante la ayuda del oficial de la Fuerza Aérea, Andy Drysdale, Los Arbóreos habían conseguido transporte de la Fuerza Aérea antes, y una vez más ese instituto armado se prestó a colaborar. Una mañana temprano en noviembre de 1981, ocho enormes camiones llegaron en un convoy que se extendía por un cuarto de milla en la autopista para trasladar los pimpollos a través de la cuenca de L.A. La campaña del millón de árboles había comenzado. Trescientos voluntarios y soldados trabajaron mano a mano todo el día para trasladar los plantones.

Mientras los soldados se preparaban para irse al final del día, un hermoso espectáculo los detuvo. De pie ante ellos, un grupo de voluntarios tomados de la mano había formado un círculo, el resplandor del ocaso los bañaba de una luz difusa. Los soldados se sintieron tan emocionados que se detuvieron y se unieron al círculo, haciéndolo dos veces mayor. Con las manos juntas celebraban no sólo el día, sino la contribución que todos ellos habían hecho a la vida. Ese día, las tropas utilizaron instrumentos de guerra para crear paz y unidad.

Con este propicio comienzo, Los Arbóreos inspiraron a centenares de voluntarios con un ambicioso objetivo: plantarían el millón de árboles para las Olimpiadas de Verano de 1984. Por los próximos tres años, esta meta llevó a personas de todas partes de Los Ángeles a trabajar juntas para crear un bosque urbano. Los carteles anunciaban: «Dobla una nueva hoja, Los Ángeles»; en las calcomanías en los parachoques de los autos podía leerse «Plantamos nuestro futuro». La gente se sentía conectada por la esperanza de que los árboles que habían plantado podrían ayudar a restaurar su hábitat y también su planeta.

Cuatro días antes de que se encendiera la llama olímpica, el millonésimo árbol terminó de plantarse. La gente de Los Ángeles estaba asombrada de que hubieran podido hacer algo tan significativo con sus propias manos. Para celebrar la ocasión, los voluntarios se reunieron en las montañas que dominan la ciudad. Viejos y jóvenes, hombres y mujeres, dirigentes de corporaciones, pandillas y agencias del gobierno compartieron sonrisas y bailaron juntos en las montañas.

A partir de la campaña del millón de árboles, Los Arbóreos están adiestrando a jóvenes para que se conviertan en «custodios del medio ambiente». Les enseñan a los niños que la ciudad es un ecosistema viviente que puede ser restaurado y nutrido sólo por las acciones dirigidas de ciudadanos responsables. Entregan árboles frutales a familias de bajos ingresos a lo largo y ancho de la ciudad para que puedan contar con sus propias frutas frescas. En el Día de Martin Luther King Jr., llevaron a miles de angelinos a plantar el mayor memorial viviente que jamás se hubiera creado para honrar al Dr. King. Quinientos árboles ahora se alinean a lo largo de las siete millas de King Boulevard. Los silvicultores de TreePeople están ahora organizando barrios enteros para plantar y cuidar árboles a través de Los Ángeles.

El sueño de Andy en aquel campamento de verano se ha convertido en el don de una vida entera. Andy ahora les dice a los niños de todo el país: «Crean en sus sueños. Eso fue lo que alentó a que los míos se realizaran».

Tenemos la responsabilidad sobre la mayor población de todas, los cientos de miles de millones de personas que aún no han nacido, y que tienen derecho a ser, que merecen un mundo al menos tan bello como el nuestro.

DAVID R. BROWER

Plante un árbol y cuide de él. Entérese cómo puede ayudar a repoblar los bosques de su comunidad, llamando al parque forestal de su localidad o a la **National Association of Service and Conservation Corps** al 202-737-6272. Si usted vive en Los Ángeles y quiere ayudar a Andy en la reforestación, la limpieza del aire y el fortalecimiento de la economía, llame a Leslie Mylius, en **TreePeople** al 818-753-4600.

El alzamiento del gran establo en Martha's Vineyard

NARRADORES: RICK GLASSBERG Y SUSAN SPENCE

CUANDO LA GENTE SE ENTERÓ QUE LA SOCIEDAD AGRÍCOLA estaba vendiendo el querido y antiguo Ag Hall, se sintió descorazonada. El encantador edificio con sus ostentosos aleros había sido un centro de reuniones comunitarias desde su construcción, 139 años antes. Más que un simple inmueble, era un icono que representaba un modo de vida entrañable y tradicional. Por tanto tiempo como cualquiera pudiera recordar, había sido la sede de la Exhibición y Feria Ganadera anual de la sociedad y por los últimos 20 años, de los mercados semanales de los granjeros. Perderlo habría sido como decirle adiós a un viejo amigo.

Desgraciadamente, los dirigentes de la sociedad pensaban que el edificio resultaba ya demasiado pequeño para sus necesidades y la creciente comunidad de la isla. Pero cuando se dieron a conocer los planos para un nuevo edificio de estructura de acero, hubo montones de protestas. Esa ruptura con la tradición era un trago amargo para muchos en la comunidad. Uno de los miembros jóvenes de la sociedad, Andrew «Woody» Woodruff, se hizo eco de los sentimientos de todos cuando dijo que el nuevo plan era «un momento muy decadente de la Sociedad Agrícola». Como todos los chicos de la isla de Martha's Vineyard, él consideraba la feria en el antiguo Ag Hall como el mayor acontecimiento del año. Sencillamente no podía dejar que todo se perdiera y renunciar a toda una vida de maravillosos recuerdos.

El espíritu comunitario en este pedacito de tierra justo frente a Cabo Cod es legendario. Por haber capeado muchas tormentas juntos, los isleños han desarrollado un código no escrito bajo el cual los vecinos prestan su ayuda cuando hay que hacer algo importante. Y aunque Woody no lo sabía, él estaba a punto de emprender una contienda de un año entero que levantaría a la comunidad a luchar por sus queridos valores y tradiciones.

Andrew sabía que tenía que actuar rápidamente. Se dirigió a Rick Anderson, un contratista respetado, amante de edificios tradicionales y restaurador de viejos graneros. La experiencia en construcción de Rick, y su talante apacible y paciente, eran un perfecto complemento para la intensa energía huracanada de Andrew. Rick no tardó en localizar un establo de tres pisos y noventa años de edad que estaba a la venta en New Hampshire y de inmediato se dio cuenta de que sería un perfecto reemplazo para el viejo edificio. Cuando Woody lo vio, estuvo de acuerdo. El establo poseía ese carácter peculiar.

Sin embargo, el comité de la Sociedad Agrícola no estaba muy convencido. Les preocupaba que el traslado, la reconstrucción y la adaptación de ese establo de New Hampshire fueran demasiado costosos. Woody y Rick se mantuvieron firmes. Cabildearon con los fideicomisarios de la sociedad que simpatizaban con la idea e hicieron contacto con amigos constructores que se comprometieron a aportar mano de obra, materiales y equipo.

Los periódicos locales seguían de cerca la disputa y pronto elocuentes cartas de apoyo comenzaron a aparecer en cada número. «Este puede ser el último establo que se erige en Vineyard a la vieja usanza y yo quiero que mis nietos lo vean», afirmaba una de ellas. Pero un buen número de dirigentes de la sociedad se mantenía firme. De manera que Woody decidió someter su propuesta al pueblo. La petición que él circuló generó 700 firmas durante la primera semana. El aumento constante de apoyo por parte de la comunidad y la abundancia de bienes y servicios gratuitos comenzaron a cambiar opiniones. Un miembro clave del comité de construcción de la sociedad visitó la colina nevada de New Hampshire para inspeccionar el establo. Cuando regresó convertido en un entusiasta de la idea, la marea cambió.

Woody y Rick organizaron rápidamente lo que se llamó los «ensambladores de Vineyard»: 55 voluntarios de todas las edades que viajaron a New Hampshire para desmontar el establo. Durante cinco días de frío intenso, los «ensambladores» bajo la dirección de Rick, desmontaron el gigantesco edificio, clasificaron cada pieza, y la empacaron en camiones prestados por las empresas de la isla. John Keene, que donó el equipo de excavación, nunca se olvidará del regreso a la isla en medio de la noche. «Teníamos la carretera para nosotros solos y compartíamos la sensación de que estábamos haciendo historia. Estábamos llevando a casa este establo que habríamos de ver por el resto de nuestras vidas».

Los dioses que controlan el clima bendijeron el establo en los primeros días de noviembre con cielos despejados y temperaturas en los 60 grados F. A los «ensambladores» se les unieron veintenas de artesanos y trabajadores no calificados que se ofrecieron a hacer lo que fuera necesario. Una muchedumbre se congregó para presenciar el histórico acontecimiento. Las mesas de *picnic* crujían bajo el peso de interminables suministros de comida, café y refrescos. Lee Waterman, la antigua dueña del establo, vino a Vineyard para el evento, rebosante de alegría, y dijo que a su difunto marido Asa «le habría encantado participar en lo más reñido de la disputa».

A media tarde, siguiendo las precisas instrucciones de Rick, levantaron el armazón del establo de 150 x 45 pies, exactamente como miles de ellos habían sido levantados antes: gracias al esfuerzo de muchas manos fuertes y de corazones dispuestos. Con precisión, Woody y Rick se subieron en la pieza final de la maciza armazón mientras la alzaban hasta el lugar adonde iría puesta. A través de toda la noche, visitantes y fotógrafos vinieron a rendir tributo al magnífico esqueleto inundado de luz que resplandecía en medio de un campo de 22 acres. Un granjero descendiente de una de las primeras familias de la isla comentaba: «Es algo que ocurre una vez en cien años: una suerte de experiencia religiosa».

A la mañana siguiente, cientos de voluntarios regresaron para ensamblar el techo y las paredes, fijar las ventanas y comenzar la enorme cobertura del edificio. «Conté 110 personas trabajando en la cobertura: dos de ellos eran un par de niños de cinco años con sus martillitos —dice Andrew—. Era maravilloso».

La magia continuó mientras artistas y obreros voluntarios se esforzaban en concluir el edificio y fluían donaciones de todos los montos. En agosto, la 134ª Exhibición y Feria Ganadera de la Sociedad, con toda propiedad llamada «Amanecer de una Nueva Era», se celebró en el nuevo Ag Hall y recibió encomio universal. Dos personas, James Taylor y Carly Simon, que de chicos habían pasados sus veranos en Martha's Vineyard, se reunieron para un espectacular concierto al que llamaron «En gratitud a la edificación del establo». Era la primera vez que los dos compartían el escenario desde el concierto contra las armas nucleares (No Nukes Concert), celebrado en la ciudad de Nueva York muchos años antes. Diez mil personas participaron del entusiasmo de esa noche espectacular y los fondos que se recaudaron en el concierto cubrieron una porción significativa de los costos del proyecto.

En la actualidad el nuevo Ag Hall, construido con el amor de una comunidad muy peculiar, es muy solicitado para reuniones, bodas, fiestas especiales, conciertos, tómbolas y el acontecimiento más importante, la feria anual: el hito del verano en Martha's Vineyard.

Woody y Rich tuvieron éxito más allá de sus más delirantes expectativas: la sociedad tiene una nueva sede magnífica, los vecinos de la Vineyard una nueva instalación comunitaria, y la isla una nueva leyenda. Pero lo más importante de todo es que la comunidad aprendió, una vez más, que si bien los individuos pueden producir un cambio significativo, cuando trabajan juntos, pueden hacer historia.

Visite Martha's Vineyard a mediados de agosto y se sentirá verdaderamente inspirado por el espíritu comunitario que irradia del magnífico establo de la **Sociedad Agrícola** y su famosa **Exhibición y Feria Ganadera Anual**. Llame a la Cámara de Comercio de Martha's Vineyard al 508-693-7157.

De la huerta a la mesa

NARRADOR: JEFFREY MADISON

EN 1992, EN EL MOMENTO EN QUE ESTALLARON LOS MOTINES de Los Ángeles, Karla Becerra, una muchacha de quince años entonces, iba en un autobús de la escuela a su casa. Ella podía oler el humo y ver los incendio, y la gente que corría por las calles con carretillas repletas de cosas robadas de las tiendas que habían asaltado. Pero no fue hasta una semana después, cuando finalmente encontró el valor para salir de su casa, que Karla vio la verdadera extensión de los destrozos.

Dondequiera que miraba, los edificios estaban quemados hasta el suelo. La Guardia Nacional patrullaba las calles. Para Karla, aquello ya no se parecía a Los Ángeles que ella conocía, sino más bien a su natal El Salvador. La ciudad y su gente habían desparecido. «Todo el mundo en nuestra escuela secundaria hablaba de lo que había que hacer —recuerda ella—, pero todos sentíamos que no había nada que pudiéramos hacer. Teníamos miedo incluso de salir afuera».

Tammy Bird, la maestra de Biología de Karla, se sintió muy molesta al ver lo que sus alumnos de la escuela secundaria de Crenshaw habían sufrido durante las revueltas. Ella quería ayudar a Karla y a los otros a recuperar una sensación de control sobre sus vidas, y eso dio lugar a una idea. Directamente detrás del aula donde se reunían, había un solar abandonado y lleno de malezas. Tammy invitó a sus estudiantes a limpiar el pequeño terreno de un cuarto de acre de tierra y crear allí un huerto comunal. Uno por uno, los alumnos comenzaron a arrancar las malezas para darle lugar a la nueva vida que vendría, y sembraron plantas y tomates. Luego vinieron las coles, la lechuga y las zanahorias. «Cuando empezamos, yo no sabía nada de huertas o plantas», dice Karla. Pero ella aprendió rápidamente y fue puesta a cargo de las tareas de regar, escardar y cosechar los cultivos.

El solar yermo no tardó en florecer con toda clase de coloridas y deliciosas hortalizas. Los alumnos convertidos en hortelanos habían transformado un terreno baldío en un país de las maravillas, del cual todo el mundo se había enamorado. La comunidad maltrecha estaba volviendo a la vida. La Señorita Bird y sus granjeros urbanos formaron luego una nueva compañía, usando un aula vacía como oficina. Los estudiantes poseerían y dirigirían su propia empresa, a la que llamaron *Food from the 'Hood*. Bird invitaría a otra voluntaria adulta, Melinda McMullen, para enseñarles a los alumnos a crear una exitosa compañía mediante las relaciones públicas.

Los alumnos se sintieron todos muy orgullosos cuando compartieron el 25 por ciento de su primera cosecha con los desamparados de los centros de socorro de la Comunidad de Crenshaw. «Todos nos habíamos enamorado de la huerta porque allí estábamos sembrando la felicidad —resalta Karla—. Saber que personas de nuestra comunidad eran alimentadas por nuestros productos y que las cenas de Acción de Gracias o de Navidad serían algo más especiales para nuestros prójimos hizo sentirme agradecida de ser parte de esto».

El resto de la cosecha se vendió a los mercados de los granjeros de la localidad. ¡Los alumnos-propietarios estaban felices de poder proporcionar hortalizas frescas a la comunidad y de obtener algún dinero en el proceso! Según la empresa prosperaba, dieron un paso más, invirtiendo las ganancias en su propio futuro. Decidieron usar el dinero ganado de las ventas de los productos en becas universitarias para los alumnos de último año que se graduaban en su escuela. Ahora comenzaban realmente a cosechar los frutos de su trabajo. Pero los réditos sólo podían costear unas pocas becas.

Los estudiantes querían crear algo que pudiera ayudarlos a todos ellos a pagar sus estudios universitarios. Fijándose en la amplia variedad de hortalizas que crecían en el solar, vieron los ingredientes para una maravillosa ensalada. ¡Lo único que faltaba era el aderezo!. Fue así que los alumnos crearon su propio aderezo, y lo llamaron: De la huerta a la mesa: vinagreta cremosa estilo italiano (Straight Out of the Garden: Creamy Italian Salad Dressing).

Los estudiantes-propietarios tuvieron que aprender mucho de contabilidad, así como de la fabricación, mercadeo y distribución del nuevo producto. Tuvieron que aprender a comprender el particular lenguaje empresarial a fin de reunirse con ejecutivos del comercio de víveres para hablarles acerca de su aderezo para ensaladas. «Al principio, yo era muy tímida, una niñita encogida en un rincón sin nada que decir —dice Karla—. La primera vez que tuve que hacer una presentación, me eché a llorar. No quería enfrentarme con esa gente de negocios», cuenta ahora, riéndose. Pero con el paso del tiempo y el apoyo de sus compañeros estudiantes, Karla encontró la confianza para hablar fácilmente con gran convicción.

En noviembre de 1994, su Alteza Real, el príncipe Carlos de Inglaterra, aceptó una invitación para visitar la huerta *Food from the 'Hood*. Los estudiantes decidieron elegir a uno de ellos para guiar al Príncipe en un recorrido por la huerta y escogieron a Karla. La muchacha que una vez había sido tan tímida para hablar en el aula se enfrentó a una multitud de más de doscientos reporteros armados con cámaras y micrófonos.

«Karla nunca fue uno de esos niños en peligro de verse involucrados en la delincuencia. De lo que estaba en peligro era de no llegar a realizar nunca sus posibilidades —dice Tammy—. «*Food From the 'Hood* cambió todo eso. Según nuestra huerta florecía, tambien floreció ella, para convertirse en una persona confiada, solidaria y comunicativa». Karla agrega: «Teníamos la meta de hacer algo que sirviera para que todos, de todas las razas, nos uniéramos. Y lo hicimos. Le mostramos al mundo que con esfuerzo laborioso y un sueño todo es posible».

Hoy en día, el aderezo para ensalada *Food From the 'Hood* se vende en más de dos mil tiendas de víveres y cadenas de supermercados de todo el país. El negocio de los estudiantes ha crecido tanto como sus hortalizas. Gracias al fondo de becas, los que se gradúan de la escuela pasan directamente de la escuela secundaria a la universidad. Y todo comenzó por plantar unas pocas semillas en un solar yermo y por el deseo de una maestra de sacar lo mejor de sus alumnos.

Compre los aderezos **Food From the 'Hood** (De la huerta a la mesa: vinagreta cremosa estilo italiano y aderezo para ensaladas de mostaza dulce) y ayude a estos alumnos que se gradúan a pasar directamente de la escuela superior a la universidad. Si no los encuentra, pídale a su tienda de víveres que se una a las más de 2000 otras tiendas de víveres y alimentos integrales en toda la nación que actualmente los venden.

Hará falta un milagro

NARRADOR: PATRICIA BROUGHTON

«ES COMO UNA ZONA DE GUERRA». ESA NO ES LA MANERA que uno quisiera describir el barrio en que vive, pero para Porter Billingsley de West Garfield Park en Chicago, ésa es la realidad. Él ha vivido allí durante doce años y apenas puede recordar un día en que alguien no haya sido baleado, apuñalado, apaleado o muerto. «En cada esquina, hay muchachos vendiendo drogas —dice—. Como hombre negro, veo que nuestra raza se va a pique. Alguien tiene que hacer algo».

Y él lo ha hecho; él y centenares como él se han unido con la congregación afroamericana de la iglesia luterana Bethel y su programa de atención a la comunidad, Nueva vida de Bethel (Bethel New Life). Su misión, con el nombre de Recuperar las Calles (Take Back the Streets), se propone librar al vecindario de los vendedores de drogas y de los pandilleros. La acción intensiva en las calles se combina con otras estrategias de vigilancia comunitaria para combatir al más alto índice de asesinatos de los setenta y siete distritos de Chicago. La batalla se está librando contra la causa fundamental de los crímenes: un floreciente mercado de drogas al descubierto que se burla de la ley y el orden.

Recientemente, cien hombres de Bethel tomaron las calles. Sus enemigos portan armas automáticas y tienen un escalofriante desdén por la vida humana. Pero estos pacíficos guerreros estaban armados solamente con linternas y camisetas negras en que pedían un «cese al fuego». Porter salió el sábado por la noche, como ha venido haciendo en incontables otras noches. Dice al respecto de estas marchas: «Tal vez no logran mucho, pero algo es algo. Les muestran a las pandillas que hay personas aquí que no van a tolerarlos más. Como hombres, debemos sentar la pauta para los jóvenes —y añade—: se supone que seamos ejemplos».

Reflexionando sobre la marcha del sábado, Mary Nelson, presidente de *Nueva Vida de Bethel*, cita uno de sus pasajes bíblicos preferidos, del relato evangélico (Lucas 1:8) de la viuda persistente: «"¿No protegerá Dios a sus elegidos que le oran noche y día? ¿No se preocupará por ellos? Él de seguro se apresurará a ayudarlos". Debemos seguir siendo fieles», exhorta ella a su equipo. «Dios escribe derecho en renglones torcidos». Ella ha comprometido su vida a esta promesa. Junto con un equipo y una junta de personas enérgicas y dedicadas a esta causa, ha aportado nueva vida a esta problemática comunidad del oeste de Chicago.

Mary llegó aquí en 1965 para ayudar a su hermano David a mudarse de su cómoda parroquia en Country Club Hills, Illinois, a una nueva congregación en West Garfield Park. Ella planeaba regresar a su casa, pero cuando vio la magnitud del trabajo que hacer, sufrió un cambio de actitud. «No podía dejar a mi hermano aquí librado a su suerte. Me tuve que quedar», dice. Tres días después de llegar, les lanzaron una granizada de piedras, atrapados en el primero de cinco motines que casi destruyeron el oeste de Chicago. Al principio, nos movimos rápidamente. No había mucho tiempo para reuniones de comités ni planificaciones a largo plazo —recuerda Mary—. Si la iglesia iba a hacer algo, tenía que salir a las calles, donde estaba el dolor y la agonía. De manera que es allí donde hemos estado por más de treinta años».

Con el paso del tiempo, ella ayudó a David a convertir una iglesia moribunda en una robusta comunidad espiritual de más de seiscientos miembros activos. Comenzaron arriesgándose desde el principio. Su programa de atención comunitaria comenzó en 1979 con la compra de un ruinoso edificio de apartamentos de tres pisos. Valiéndose de dinero prestado de tarjetas de crédito personales, recaudaron los fondos para las renovaciones.

Una fe profunda y constante sostiene a David, a Mary y a los miembros de Bethel. Es esta fe la que le permite a la iglesia ofrecer su propiedad como fianza, una y otra vez, cuando los bancos rehúsan hacerles un préstamo. Es esta fe la que le permite a la junta directiva de la comunidad de Bethel emprender proyectos masivos como el Centro por la Vida Beth-Anne (Beth-Anne Life Center).

En 1988, el hospital de St. Anne cerró sus puertas a la comunidad. Shirley McDonald vivía frente por frente al hospital. Ella comenta, «Cuando el hospital cerró, el índice de delitos aumentó». Según titular en el periódico de negocios *Crain's*: «Hará falta un milagro» para resucitar la instalación.

Pero no habían contado con la gente de Bethel. Juntos, compraron los 9,2 acres del lugar, lo adaptaron para uso comunitario y lo nombraron Centro Beth-Anne, que ahora se enorgullece de contener un centro para el desarrollo infantil con los últimos adelantos y un pequeño centro de negocios para empresarios locales. También alberga el único banco y la única farmacia de la zona. Y ahora se encuentran en construcción un complejo de viviendas para ancianos y un centro cultural.

Los residentes como Shirley están encantados. Ella se siente especialmente satisfecha de ver la guardería infantil en construcción. En ese momento, estaba embarazada de su sexto hijo. Su hija Richelle, que ahora tiene tres, recién comenza a asistir al centro. «¡Me encanta! —dice Shirley—. Es realmente un hermoso regalo divino para todos nosotros».

El Centro Beth-Ann es sólo un ejemplo del milagroso empeño de esta congregación. En 1993, cuando la Autoridad de Tránsito de Chicago (CTA por sus siglas en inglés) parecía estar empeñada en cerrar la línea elevada del Oeste, Bethel ayudó a movilizar la comunidad y a los líderes suburbanos. La coalición convenció a la CTA no sólo de *no* cerrar la línea, sino de invertir $350 millones en renovarla completamente y en construir una «super estación» comercial de tres plantas en una parada fundamental en West Garfield Park.

La historia del éxito de Bethel se propaga. Solares yermos llenos de basura y residentes desempleados fueron el punto de partida para un centro de reciclaje que puso más de 1 millón de dólares en manos de los residentes locales. Un programa de servicios para personas mayores que emplea más de doscientos residentes desempleados y mantiene alrededor de 750 ancianos fuera de los asilos al proporcionarles atención en sus casas.

Bethel ha conseguido sacar a veinticinco mujeres de la nómina del Servicio de Bienestar Social al ayudarles a comenzar programas de guardería infantil en sus casas. «En verdad un milagro ha operado en mi vida», dijo Nora Bryan, que vivió en un sótano infestado de cucarachas y ratas hasta no hace mucho. Ella puso alrededor de 750 horas de duro trabajo en la construcción de su casa, esfuerzo suficiente para ganarse el pago de la entrada.

Hoy en día, Bethel New Life sirve de modelo y le da esperanza a toda la nación. A través de sus empeños, veinte mil personas participan en la reconstrucción del tejido político, económico y espiritual de su comunidad. Ellos son la prueba viviente de lo que un grupo de personas inspiradas puede hacer por una comunidad a la que aman. Reflexionando sobre los muchos milagros que se han producido a través de esta iglesia en West Garfield Park, el pastor Nelson dice: «Aunque no conocemos lo que nos reserva el futuro, Dios sí lo sabe. Él ha reunido a personas dedicadas que han trabajado arduamente para producir mucho más de lo que habíamos imaginado. Le damos gracias a Dios porque su Espíritu se manifiesta en estas personas».

Si usted puede ver los problemas como posibilidades, puede resistir hasta el final y quiere asociarse con una comunidad que se reconstruye de adentro hacia afuera, llame a **Bethel New Life** al 773-826-5540. Venga a ayudarnos a forjar una sostenible comunidad más sana en el oeste de Chicago.

Un día para reconstruir Los Ángeles

NARRADOR: TOM DELLNER

«Hoy —dijo la organizadora Marianne Tyler con confianza—, cambiaremos nuestra ciudad para siempre». Fue el primer Día de Los Ángeles Trabaja (L.A. Works Day) y varios autobuses cargados de nerviosos y no obstante entusiastas voluntarios se dirigían a todos los complejos de viviendas de Los Ángeles. Cientos de ciudadanos se estaban uniendo y dando el primer paso para reconstruir su afligida comunidad.

Conocida en todo el mundo por su sol brillante, su hermoso paisaje y las estrellas de Holywood, L.A. también ha adquirido reputación por la violencia, la pobreza y las tensiones raciales. Los motines de 1991 fueron el último moretón en el rostro de esta destacada ciudad.

El actor Richard Dreyfuss se sentía muy perturbado por lo que estaba sucediendo y sabía que las soluciones a muchos de los problemas de la ciudad estaban en manos y en los corazones de la gente. «Percibía un recurso intacto en nuestra comunidad —dice—. La gente quería ayudar, pero no sabía lo que necesitaba hacerse o la manera de participar». Un día, se unió a un grupo de jóvenes profesionales, la mayoría de ellos del mundo del espectáculo, que querían movilizar sus energías en favor de la comunidad. Richard extendió un cheque para hacer que el proyecto arrancara y L.A. Works fue creado.

En la primera L.A. Works en 1993, mil voluntarios viajaron a lugares de trabajo desde el Centro Sur hasta el Valle de San Fernando. Llevaban palas, pintura, brochas, árboles y flores. El ejército de voluntarios pintó murales, restauró parques infantiles, quitó grafitis, embelleció escuelas y plantó árboles. Y cada año desde entonces, personas de todas partes de Los Ángeles se reúnen un día para renovar esta tradición y reparar su ciudad. Se hace muchísimo trabajo en un día, pero tal vez lo más importante es el impulso moral que se le trae a L.A.

Los voluntarios que trabajan con vecinos de la localidad comparten relatos de sus vidas y familias y conversan acerca de los problemas de la ciudad. «Cuando uno trabaja en equipo, codo con codo, manchado de pintura, las barreras que de otro modo existen tienden a desaparecer —dice Dreyfuss—. Es muy simple, una escuela necesita un cajón de arena. Luego, la gente ayuda a hacer uno: tanto los maestros y alumnos de la escuela como la gente del barrio».

«Tal vez esto suena superficial, limpiar los terrenos de una escuela cuando hay tantos problemas más profundos y complicados en Los Ángeles —dice Bill Schwaab, coordinador de sitios—, pero uno ha de empezar en alguna parte». Y cuando uno lo hace, se propaga la magia. «El interés comunitario se vuelve contagioso —prosigue él—. Las actitudes de barrios completos cambian. La gente se enorgullece más de su comunidad. Ahora cuando ven que han pintado un grafiti, llaman a la policía. Eso no sucedía antes. Todo puede remontarse a un día de trabajo». Incluso algunos chicos pandilleros se muestran respetuosos al no volver a pintar los grafiti.

Marianne y miles como ella han descubierto que la L.A. Works les facilita las cosas al voluntario. «Uno hace un compromiso de tiempo mínimo en un ambiente absolutamente seguro —dice ella—. Y trabaja con miles de personas un domingo por la tarde. No necesita ninguna habilidad especial y le proporcionan todos los materiales».

Durante el resto del año, L.A. Works orienta a mucha gente a donar más de su tiempo a otras organizaciones. Los voluntarios renuevan viviendas de personas de bajos ingresos con Habitat for Humanity, atienden a personas que viven con SIDA, y salen de excursión con adolescentes fugados que se hospedan en el albergue del Vuelo del Ángel (Angel's Flight Shelter). Los siete mil quinientos voluntarios de L.A. Works son tan diversos como los proyectos que emprenden.

«Los Ángeles es famoso por su riqueza de personas talentosas en distintos campos, pero estos grupos nunca se relacionan: la sociedad empresarial del centro de la ciudad, los ingenieros aeroespaciales, las fortunas de los barrios del Oeste, las academias del Este, los artistas, la gente de Hollywood, y las comunidades negra, hispana, asiática, blanca anglosajona y judía —explica Dreyfuss—. La ironía es que nuestra fuerza como ciudad y como país no radica en nuestras semejanzas, sino en nuestras diferencias. No estamos vinculados por la ascendencia, la religión o la experiencia, sino por un conjunto de ideales que son peculiarmente estadounidenses». En suma, como Dreyfuss lo explica, «L.A. Works expresa esos ideales».

Cuando las diversas personas de L.A. se unen, tiene lugar la sinergia. «Se respira un entusiasmo en el ambiente —explica Dreyfuss—. El ver a millares y millares de personas, que no tienen que estar allí, dedicándose a pintar, plantar y ayudar a reconstruir la ciudad, es un espectáculo enormemente conmovedor».

Como resultado de su experiencia con L.A. Works, Dreyfuss cree que todo el mundo debe contribuir con un año de servicio a su país antes de graduarse de la escuela secundaria. «Podrían optar por prestar servicio en el ejército, los hospitales, la agricultura o el servicio comunitario, —apunta—. Ayudaría a nuestros jóvenes a sentirse conectados con su país y con el mundo. La gente ve los problemas de nuestra sociedad y dicen que no pueden resolverse —y agrega—. Eso no es cierto. En L.A. Works resolvemos problemas pequeños todos los días. Esto significa más para la gente que toda la buena obra que hemos hecho. Significa que juntos podemos resolver problemas mayores también».

Florencia López está de acuerdo. Como presidenta del Consejo Asesor del Residente para el Ramona Garden Development, ella vio lo que sucedió cuando la L.A. Works Day se hizo presente en su barrio el año pasado. «Fue un día muy especial —dice—. Todo el mundo estaba realmente motivado con un espíritu de armonía y de cooperación para hacer algo positivo por nuestra comunidad. Le doy las gracias a L.A. Works por esta oportunidad. Fue particularmente bueno para nuestros jóvenes. Trabajando juntos podemos hacer más de lo que jamás pudimos hacer solos».

Incorpórese a los siete mil quinientos voluntarios que contribuyen con más de setenta y cinco mil horas cada año para ayudar a más de 650 comunidades del sur de California. Llame a **L.A. Works** al 213-936-1340 y ayude a reconstruir nuestra gran ciudad.

La recuperación en la montaña

NARRADORA: SUKI MUNSELL

EL MONTE TAMALPAIS, HOGAR DE LAS MAGNÍFICAS SECOYAS gigantes del norte de California, es un paraje mágico. Desde casi cualquier lugar de la Bahía de San Francisco uno puede ver la cresta de la montaña que forma la silueta dormida de la princesa india Tamalpais, con la cara levantada hacia el cielo. Cuenta la leyenda que esta doncella miwok cayó bajo el hechizo de su madre, que temía al compromiso de la muchacha con un valiente guerrero de una tribu vecina. La princesa despertará, prosigue la historia, cuando reine la paz entre todos los pueblos.

Para los que viven en las cercanías, la hermosa montaña ofrece un alivio a sus vidas atareadísimas en ambientes superpoblados. Caminamos a través de la fragante floresta, acampamos en los valles de exuberante verdor, y celebramos matrimonios en las soleadas laderas que dominan el vasto panorama del Océano Pacífico. Pero en un pálpito, la montaña fue ultrajada, y le robaron la apreciada serenidad que ofrecía.

En 1980, un asesino se puso al acecho y una a una, asesinó a cuatro mujeres que subían por las apacibles colinas. La montaña, una vez un amparo seguro y refugio para los moradores de la ciudad, se convirtió rápidamente en un símbolo de temor: un lugar que debía evitarse. Los campistas buscaron otros lugares, los caminadores otras sendas. n los meses siguientes, la frustración y la cólera atormentaron a la gente de las comunidades circundantes. Nos habían arrebatado nuestro amado Monte Tamalpais, y sentíamos que no podíamos recuperarlo. Hasta el día que Anna nos invitó a ayudar a rescatar la montaña.

Anna Halprin es una maestra de danza con una pasión particular por ayudar a las personas a curarse a sí mismas. Como refugio del mundo tradicional de la danza moderna, Anna ha ensayado modos de ayudar a las comunidades a restaurarse a través de una danza expresiva. «Las culturas de todas partes del mundo han canalizado el poder de la danza para convocar la lluvia, la caza, para el crecimiento de los cultivos, o para iniciar a los jóvenes —dice ella—. La danza puede renovar, inspirar, crear y restaurar la vida de una comunidad».

En el gueto de Watts, Anna inspiraba la gente a aliviar las tensiones raciales de la comunidad. Ayudó a la comunidad homosexual de San Francisco a enfrentarse con la crisis del SIDA y restaurar sus vidas rotas. En los hospitales, alentaba a los pacientes a desafiar su enfermedad como ella misma había hecho para liberar su propio cuerpo del cáncer.

Esa Pascua, ella y su marido, Lawrence, reunieron a miembros de nuestra comunidad para ayudarnos a descubrir nuestro poder para restaurar la montaña. Exploramos nuestros sentimientos por la montaña y recordamos que era especial para cada uno de nosotros. Recordamos por qué valía la pena recuperarla. Anna y Lawrence nos alentaron a enfrentar nuestros temores y a expresar nuestra cólera de manera artística a través de la danza. Bajo su orientación, nos convertimos en una tribu atronadora que danzaba para nuestra montaña viviente. A través de nuestra representación, evocamos al espíritu de la princesa

Tamalpais y escenificamos la captura del asesino, mientras, en el público, las madres de las cuatro mujeres asesinadas lloraban incontenablemente.

Al amanecer del día siguiente, nos reunimos para orar en la montaña. Los líderes espirituales de muchas fes nos ayudaron a fortalecer el espíritu de nuestra comunidad. Nuestra «tribu» volvía a conectarse con el espíritu restaurador de la Madre Naturaleza. Danzando y cantando descendimos de la montaña, nos detuvimos para orar a la orilla del camino, en los lugares donde habían tenido lugar los crímenes. Varios días después el asesino fue capturado y la paz regresó a la montaña.

Desde 1980, Anna y la comunidad han vuelto para danzar cada año el Domingo de Pascua a fin de seguir purificando la montaña. Durante años, cien bailarines han entrenado durante una semana, han escenificado su espectáculo el viernes y el sábado por la noche, y han regresado a la montaña en la mañana del Domingo de Pascua. La danza se convirtió en una danza por la paz; y para 1985, esta celebración había adquirido celebridad mundial. Se realizó en la Plaza de las Naciones Unidas, en la ciudad de Nueva York, en la tumba de Hitler en Potsdam, Alemania, y viajó a través del Pacífico hasta Australia y Asia. Finalmente, Anna creó una danza que podía ser bailada por gente de todas las edades en todo el mundo. La llamó la «danza planetaria» que ya se ha bailado en todo el planeta. Cada año el Domingo de Pascua, la danza se lleva a cabo en treinta y seis países de seis continentes como la primera danza mundial por la paz. Pero para nosotros, siempre será una danza para nuestra montaña.

Cada mañana de Pascua a la salida del sol, nuestra comunidad se reúne en devota celebración: acuden las familias, trayendo a sus hijos que se unen en la danza de los niños. Al amanecer, muchos de nosotros descendemos hasta la playa donde la montaña es besada por el Océano Pacífico. Danzamos exuberantemente con gratitud. Las llamas de las fogatas acarician la sombra del monte Tamalpais. En el fuego creo poder ver su espíritu danzando con nosotros.

Los caminantes y los campistas han vuelto a la montaña. Las risas y los cánticos una vez más repercuten en sus valles. La montaña ha sido restaurada, y nosotros también.

> *La esperanza es aquello que con alas*
> *se prende en el alma.*
> *Y canta la tonada sin las palabras*
> *y nunca deja de cantar.*

EMILY DICKINSON

Organice un grupo de danza o teatro, o cualquier otro equipo artístico con su iglesia, sinagoga o centro comunitario de su localidad. Asista a la Danza Planetaria de Anna el próximo Domingo de Pascua o invítela a una transformación curativa a través de la danza en su comunidad. Llame al **Tamalpa Institute** en el 415-457-8555.

De una bellota a un roble

Narradora: Frances Moore Lappé

Phil Donahue presentó con gran entusiasmo a su próxima invitada. «¡Y ahora, démosle la bienvenida a Elena Hanggi, toda una estadounidense común y corriente!». La multitud expresó estrepitosamente su aprobación. Elena se sentó entre un congresista demócrata de Massachusetts y un congresista republicano de Texas que era también un funcionario bancario del gobierno.

Era a fines de los años 80 y en su programa de televisión *Donahue* estaba tratando el tema de sumergido en la crisis del ahorro y del préstamo. Con su cautivador acento sureño, matizado por un ligero balbuceo, Elena procedió a aclararle al público y a sus distinguidos compañeros del panel: «Cada uno de nosotros pagará por lo menos mil dólares en impuestos para limpiar este desastre creado por unos cuantos magnates» proclamó. Su indignación era palpable.

Elena estaba invitada en uno de los programas de TV más vistos del país porque ella es una autoridad en la industria bancaria, los entresijos de la cual desconciertan a la mayoría de nosotros. Pero ésa era sólo una razón por la cual había sido invitada. Elena hablaba también desde el terreno moral de lo que ella sentía profundamente que era justo.

Frisando la cincuentena, Elena ya se había convertido en una dirigente nacional de una de las agrupaciones cívicas más grandes del país —La Asociación de Organizaciones Comunitarias en pro de una Reforma, ahora conocida por su sigla en inglés ACORN (la cual significa una bellota) que se levantó desde la base por personas de bajos ingresos.

Poco después de la aparición de Elena en el programa de *Donahue*, ACORN logró convertir los deseos de muchos estadounidenses en una ley que rige sobre beneficios secundarios de los ahorros y el colapso de los préstamos. Esta crisis arrojó al mercado montones de propiedades hipotecadas. La pregunta era, ¿quién se iba a quedar con ellas? Gracias a una ley concebida en gran medida por ACORN, decenas de miles de estadounidenses de bajos ingresos tuvieron una oportunidad de comprar parte de esas propiedades, entre ellos familias para quienes la propiedad de una casa les había parecido un sueño imposible. Y lo que acaso es aún más importante, la ley especifica que ciudadanos comunes como Elena ahora tendrían un asiento oficial en la junta de gobierno de la industria del ahorro, a través de representantes de los ciudadanos que están allí para asegurar que los ahorros y los préstamos respondan a las necesidades de todos los estadounidenses.

Desde que conocí a Elena, siempre me hice esta elusiva pregunta, «¿por qué ella? y ¿por qué no cualquiera de nosotros?» ¿Qué hace posible para cualquiera de nosotros, que hemos crecido dentro de reducidos límites prescritos, transcenderlos y desbrozar un nuevo campo moral para nuestra sociedad?

Los primeros años de Elena daban muy pocos indicios de que ella tendría algún futuro como una líder nacional. Habiéndose criado en Little Rock, Arkansas, en los años 50, su casa era un típico hogar de clase obrera: su madre era peluquera y su padre trabajaba para el ejército. Ellos no le enseñaron a defender públicamente sus creencias, aunque ella diría, riéndose, que su madre le dio unas cuantas señales de que su familia era distinta. «Éramos los únicos chicos en la cuadra a los que se nos permitía comprar música de artistas negros. ¡Así que todos mis amigos venían a casa para oír a Chuck Berry!»

Pero hubo un momento decisivo, recuerda Elena, en el cual sus creencias de toda una vida, de súbito, chocaron frontalmente con lo que ella podía ver por sí misma. Fue en 1957 cuando a la escuela secundaria Central High de Little Rock, a la que Elena asistía, la estaban obligando a integrarse. Un día, mientras ella y sus compañeros de aula se levantaban para la jura de la bandera, ella miró a través de las grandes ventanas abiertas de la escuela.

«De pie allí, con la mano en el corazón, podía oír el rugido de una multitud que cada vez se hacía más poderoso —me contaba—. Miré hacia mi izquierda, a la calle Park en frente de la escuela y vi a una turba de blancos persiguiendo a un señor negro anciano, y me dije "¡Dios mío, si lo agarran, lo matan!" De repente, todo pareció irreal. Me sentía como si estuviera en una película de ciencia ficción o algo por el estilo. ¿Cómo podía estar allí, de pie, repitiendo estas hermosas palabras acerca de la libertad y la justicia mientras eso estaba ocurriendo allá afuera?» En ese momento, Elena cuestionó todo lo que sus amigos aceptaban.

Fue un momento que nunca olvidó. Pero, durante la mayor parte del tiempo, en los años que siguieron, ella siguió llevando una vida tranquila. Se casó, tuvo dos hijas, y vivió una existencia rutinaria. Luego un día del verano de 1974, tocaron a su puerta. Un vecino vino a preguntarle si quería asistir a una reunión para ayudar a combatir la construcción de una autopista que pasaría a través del barrio. Su vecino era miembro de ACORN, que se había fundado unos pocos años antes. «Seguramente, estaré allí —le dijo—. Ocuparé una silla en su reunión, pero no se les ocurra pedirme que hable en público».

«Aunque les dije que no hablaría, no me escucharon —dice Elena ahora—. Querían que expusiera las razones por las cuales ACORN se oponía a la autopista. Cuando llegó mi turno de hablar, estaba tan atemorizada, que casi me tuvieron que empujar al micrófono. Estaba aterrada… pero al mismo tiempo agradecida —recuerda ella—. Alguien veía algo en mí que yo misma no había visto».

Habiendo experimentado el poder de ser impulsada a hacer algo, Elena dirige ahora la sección de impulsores de ACORN: el Instituto pro Justicia Social. Este instituto viajero de adiestramiento prepara a amas de llaves, oficinistas, tenderos, secretarios, cocineros, camareras y camioneros de los cien mil miembros de ACORN. Ella ha visto a personas tan temerosas de hablar en sus clases de adiestramiento que se echan a llorar cuando se les pide que se presenten al grupo. Y ha visto a las mismas personas salir cinco días después como convincentes presentadores públicos y activistas seguros de sí mismos.

«Mirando ahora desde mi ventana», dice Elena, «puedo ver a los obreros municipales cortando las curvas de las aceras para construir rampas para las sillas de ruedas. Otro ejemplo de lo que hemos logrado".

Los beneficios para la sociedad son claros, pero para Elena hay recompensas personales también. «Mis cuatro hijas no tienen miedo, como tenía yo, de hablar en público», dice ella con evidente satisfacción. Una de las hijas está a la espera de comprar una casa dentro de poco, gracias a la tasa de intereses módica y subsidiada que la ley, creada y aprobada por los esfuerzos de ACORN, hizo posible.

«Fíjate, nunca pensé que al comportarme de la manera que yo creía correcta, me habría de llevar a aprender todo acerca del sistema bancario —dice ahora Elena, sorprendida del rumbo que ha tomado su vida—. Todo parecía tan fuera de mi alcance, pero descubrí un gran secreto a lo largo del camino… que todo ese conocimiento que nos hacen creer que está fuera del alcance de la persona común es realmente comprensible para cualquiera de nosotros».

Si crees que eres demasiado pequeño para ser eficaz, nunca has estado en la cama con un mosquito.

BETTE REESE

¿Quiere descubrir sus posibilidades para trabajar con sus vecinos y aportar cambios a su barrio, ciudad, estado y nación? Llame a **ACORN** al 202-547-2500.

Pan y vino para el camino

Sacándole el aceite a la aceituna

NARRADOR: JENNY MIDTGAARD

JOE TYSDAL ERA EL TIPO DE VOLUNTARIO CON QUIEN TODO el mundo le gustaría contar. Dedicado al éxito del Festival del Ajo de Gilroy, cumplía sus deberes de voluntario con gran entusiasmo. Aunque estaba batallando contra la leucemia, manteniéndose vivo con un tanque de oxígeno sujeto a un costado, llegaba el lunes con una escuadra de tipos para construir el «Gourmet Alley» del Festival para el viernes. Luego serviría durante tres largos, calurosos y extenuantes días, sus famosas ollas de *pasta con pesto* para los miles de visitantes que se presentan cada año.

Sin embargo, el esfuerzo sobrehumano de Joe y su perseverancia no eran insólitos. El Festival del Ajo de Gilroy inspira extraordinaria dedicación, une a la gente, y ha ayudado a sostener una comunidad que necesitaba un motivo de orgullo y un sentido de identidad.

Rudy Melone recuerda que vino a Gilroy a fines de la década del 70 y se quedó pasmado. Él había oído los comentarios sarcásticos y los chistes indirectos, había visto la actitud avergonzada de los residentes cuando la gente visitaba este pueblo de California de 32.000 habitantes, y los residentes se excusaban por el olor. Si hacían preguntas sobre Gilroy, poca gente del pueblo mencionaba los hermoso campos de ajo que se extendían por muchas millas, ni las gigantescas plantas procesadoras de ajo. Les parecía que era mejor ignorar completamente el ajo. De todos modos, mucha gente odiaba el olor y el sabor.

«Había una vergüenza general por el ajo —dice Melone, que había sido contratado como presidente del preuniversitario local—. Pero, tal como yo lo veía, era algo de lo que uno podría enorgullecerse». Como ítaloamericano criado con ajo, se empeñó en remediar el problema de la falta de amor propio del pueblo, usando su propia versión de sacarle el aceite a la aceituna.

Así surgió el Festival del Ajo de Gilroy. Melone había oído hablar de Arleux, un pueblito de Francia que recibe a unas ochenta mil personas en su festival del ajo anual. En efecto, los de Arleux pretenden que esta ciudad es la capital mundial del ajo. Melone sabía que la producción y el procesamiento de ajo en Gilroy sobrepasaban los de cualquier otra área. Lo que necesitaba era un modo de convencer a los gilroyanos que debían tener su propio festival del ajo.

El trabajo voluntario siempre había tenido una gran vigencia en el carácter del pueblo. Las agrupaciones comunitarias eran grandes en Gilroy, como lo eran la recaudación de fondos para fines caritativos a través de las ventas de pasteles, los lavados de automóviles, las ventas de revistas de puerta en puerta y muchas otras pequeñas ventas. Melone, nombrado presidente de la recaudación de fondos del Club Rotario de la localidad, estaba encargado de recaudar dinero para sus proyectos y para la Cámara de Comercio. Si él pudiese presentar el festival del ajo como un método de recaudación de fondos, podría llegar a conseguir el respaldo del pueblo, pensó.

Su primer paso fue venderle la idea al Club Rotario. Copió montones de documentos, todos acerca de los efectos saludables del ajo, la abundancia de recetas con ajo, y del amor del ajo en Arleux, y las pegó en las paredes de la sala de reunión a la mañana siguiente. Interesante material, dijeron los miembros, ¿pero y qué? Sin desalentarse ante la actitud negativa del Club Rotario, Melone se reunió con los plantadores de ajo en un café del pueblo.

«¿No podríamos reunir a todos los plantadores, servir un almuerzo agradable y mostrarles realmente a los rotarios el valor del ajo?», les preguntó. Don Christopher, ahora uno de los más grandes exportadores de ajo del mundo, estuvo de acuerdo en co-auspiciar con Melone un almuerzo preparado por el chef Val Filice.

Invitaron a miembros de la prensa local y nacional a la comida del ajo, a la cual llamaron «increíble». Los líderes de la comunidad de Gilroy se pusieron a conversar con los periodistas visitantes. Betsy Bosley de *Los Angeles Times* hizo un aparte con Christopher y le instó a llevar adelante la idea de un festival del ajo. «Esto va tan bien que debía hacerse todos los años», dijo Melone de manera informal a Harvey Steinem del *San Francisco Chronicle*. La próxima semana, Steinem escribió acerca del almuerzo y de la idea del festival en su columna y la idea echó a rodar.

Por supuesto, había escépticos. En efecto, varios peces gordos del pueblo se rieron a carcajadas cuando Melone presentó la idea del Primer Festival Anual del Ajo de Gilroy. Pero él siguió insistiendo, y cuando comenzó la planificación, todos estaban allí para ayudar. Siete meses después se celebró el primer Festival del Ajo en Gilroy, costeado con dinero prestado y organizado por un pequeño comité con grandes esperanzas y no pocas dudas.

Melone recuerda el silencio de la primera mañana del festival: la calma, las luces del tránsito, y la neblina. «Nos preguntábamos si alguien vendría a nuestra fiesta», dice. Pero después de un rato, el sol empezó a dejarse ver, trayendo con él hordas de amantes del ajo. La muchedumbre fue abrumadora. Los quince mil boletos impresos para el evento se acabaron, de manera que algunos voluntarios se vieron obligados a recogerlos en la entrada y llevarlos de nuevo a la taquilla para volverlos a usar.

Entre tanto, las mujeres de la localidad estaban cocinando frenéticamente pastas en una casa de Bloomfield Road. Con su voz estentórea, Filice, el chef principal de Gourmet Alley, ordenaba a varios hombres que fueran hasta Monterrey por más camarones y calamares. A mediados del primer día el presidente del comité de la cerveza llamó a Budweiser: «¡Oiga, olvídense de los barrilitos! ¡Envíen los camiones cisternas!»

Ese primer festival dejó una ganancia neta de diecinueve mil dólares. En los dieciocho años transcurridos desde entonces, el festival ha aportado más de cuatro millones de dólares a la comunidad. Más de cuatro mil voluntarios de todas partes de Gilroy han desempeñado centenares de trabajos, ganando un salario por horas que luego donan a instituciones de caridad de su elección. Colectivamente, han hecho grandes contribuciones a la comunidad que realmente les importa mucho.

En 1995, la logia local de los Elks recaudó más de diez mil dólares para comprar lentes para niños pobres, ayudar a una familia que había perdido su hogar en un incendio, y construir un paseo bordeado de banderas para honrar a los veteranos. Hope Rehabilitation, que enseña a personas discapacitadas a trabajar, ganó más de tres mil dólares. La idea de Melone de que el pueblo celebrara el ajo en lugar de avergonzarse de él ha sido sin duda mucho más que exitosa. Pero hubo otros beneficios también.

«De lo que más me enorgullezco es de cómo el festival ha unido a la gente de Gilroy», dice Melone, ahora de setenta y un años. Todos los miembros de la comunidad multicultural de Gilroy —hispanos, caucásicos, asiáticos, así como las familias italianas fundadoras— trabajan vigorosamente. Los voluntarios del festival con frecuencia se encuentran trabajando codo con codo con alguien que a lo contrario no hubieran conocido. Los padres con hijos en el sistema escolar trabajan con los miembros de la Cámara de Comercio Hispana de Gilroy. Los *Boy Scouts* venden programas junto a los miembros de 4-H. Los jugadores de fútbol americano de la escuela secundaria sirven platos de pasta cerca de los miembros del coro.

Melone pregunta, «¿cuán a menudo puede uno recaudar dólares para su causa preferida, y a la vez divertirse?». Agradable como es, el festival es sólo la mitad del acontecimiento para los voluntarios. Cada año son recompensados por su esfuerzo con una barbacoa para los voluntarios, auspiciado por el festival en el fin de semana del Día del Trabajo. En esta ocasión, los voluntarios comparten sus historias y conversan con las personas que ahora conocen bien después de haber trabajado con ellas.

Tristemente, Joe Tysdale no asistió al picnic para los voluntarios en 1996. Se había sentido lo bastante enfermo como para tampoco asistir al festival. Pero envió a su hijo, a su nuera e incluso a varios parientes suyos de fuera del estado a que cubrieran sus turnos de trabajo.

Mientras el exhausto equipo comenzaba a cerrar el Gourmet Alley el domingo por la noche, les avisaron que Joe estaba agonizando. Steve Morrow, su amigo y compañero de los Elks, dice: «Estábamos cerrando la tienda aproximadamente a la misma hora en que Joe se moría. Agotados como estábamos, sentimos como si Joe estuviera allí, vigilando hasta el último detalle, resistiendo lo suficiente para cerciorarse de que habíamos hecho un buen trabajo».

Joe murió esa noche. Pero su espíritu vive en los corazones de todos los dedicados voluntarios que hacen de Gilroy un lugar muy particular para visitar y una comunidad muy orgullosa de sí misma en la cual vivir. «Es una increíble historia de éxito», dice Rudy Melone, «para todos nosotros».

El trabajo voluntario es bueno para el alma.

STEVE ALLEN

Trabaje con el Club Rotario de su localidad para convertir los problemas de su comunidad en situaciones exitosas. Asista al próximo **Festival del Ajo de Gilroy** y compruebe cómo le hemos sacado el aceite a la aceituna. Llame al 408-842-1625, o visite nuestro cibersitio en http://www.garlicfest.com.

Calles de esperanza

NARRADORA: HOLLY SKLAR

CHÉ MDYUN RECUERDA EL HEDOR DEL HUMO Y LA BASURA. Recuerda el aullido desgarrador de las sirenas día y noche. Recuerda el despertarse con palpitaciones, temerosa de que su hogar fuera el próximo en quemarse.

En 1976, el barrio Dudley de Boston parecía como si un terremotolo hubiera sacudido. Había manzanas y manzanas de solares yermos donde alguna vez habían habido viviendas y comercios. En la medida en que el vecindario se hizo más racialmente diverso, fue abandonado por el gobierno, los bancos, las empresas y los propietarios. Algunos de los propietarios incendiaron los edificios de apartamentos para poder cobrar el dinero del seguro.

Por la época en que el humo se disipó, un tercio del barrio de Dudley era un páramo. La gente y los comercios de fuera de la vecindad usaban los solares como muladares ilícitos para lanzar toda clase de basuras, desde refrigeradores viejos a productos químicos tóxicos. Los niños vomitaban a causa del hedor.

Ché y sus vecinos no estaban dispuestos a consentir que el futuro de sus hijos se estropeara. Así fue como nació la campaña Don't Dump on Us (No nos tiren basura). Organizada por un grupo llamado Iniciativa del Vecindario de la Calle Dudley (DSNI por sus siglas en inglés), cientos de residentes del barrio celebraron reuniones, hicieron marchas y finalmente convencieron al nuevo alcalde para que limpiara los muladares e hiciera cumplir las leyes contra el lanzamiento ilegal de basura. Después de ese éxito, la gente de Dudley conoció una nueva clase de fuego: comenzaron a creer que si habían logrado limpiar los muladares, podrían hacer cualquier cosa.

Trabajando juntos en DSNI, Ché y sus vecinos se convirtieron en visionarios poderosos. Invirtieron el usual proceso de planificación urbana, que empieza de arriba hacia abajo, en un proceso que filtrara de abajo hacia arriba, de manera que la gente que realmente vivía allí tuviera la opinión decisiva en lo que ocurría en su propio vecindario. Con el apoyo de la Fundación Riley de la localidad, cientos de residentes participaron en la planificación de su villa urbana. Soñaban con un lugar en que pudieran contar con viviendas asequibles, así como centros y jardines comunitarios, parques infantiles, pequeñas empresas y una plaza para la comunidad. Juntos en 1987 convencieron a la ciudad de Boston a respaldar el plan y a convertirse en socios en la reconstrucción del vecindario.

Los residentes de Dudley luego hicieron historia al convertirse en la primera agrupación comunitaria de la nación en ganar una prominente autoridad territorial. Eso le dio a la comunidad el derecho a comprar y desarrollar treinta acres de solares yermos en la parte del vecindario donde había más edificios quemados. Una década después, la zona que una vez pareció como si un terremoto la hubiera sacudido, está renovada con familias viviendo en casas nuevas.

Sin embargo, Dudley necesitaría mucho más que nuevas viviendas para transformar realmente al vecindario. «Usted puede construir todas las casas que quiera —dice Ché, quien prestó servicios como Presidenta de la DSNI entre 1986 a 1995—, pero si no intenta tocar las vidas de las personas, sólo está poniendo ladrillo y argamasa». De manera que la DSNI restauró un parque local y comenzó un campamento de verano. Continúa auspiciando festivales anuales y limpieza de vecindarios. El grupo organiza a inquilinos, trabaja con programas de empleo y mucho más. Alienta a las agencias locales de servicio sin fines de lucro a responder a las necesidades y prioridades de los residentes. En 1992, cuando Los Ángeles explotó con la furia de los sueños rotos de los barrios urbanos de Estados Unidos, Dudley estaba surgiendo con el poder de los sueños que se realizan. Como dice Ché, «la esperanza es la gran aliada de la organización».

Un proverbio africano enseña: «juntos, encontramos el camino». La Declaración de los Derechos Comunitarios de la DSNI, dice:

Nosotros, los jóvenes, los adultos y ancianos con ancestros africanos, latinoamericanos, caribeños, indoamericanos, asiáticos y europeos, somos la comunidad de Dudley. Una vez fuimos el muladar y el vecindario olvidado de Boston. Hoy ¡estamos en ascenso! Estamos reclamando nuestra dignidad, reconstruyendo viviendas y rehaciendo el tejido de nuestras comunidades. Mañana, realizaremos nuestra visión de tener un vecindario vigoroso y culturalmente diverso donde todo el mundo sea evaluado por sus talentos y contribuciones a la comunidad mayor.

En la actualidad un hermoso parque sirve de acogedora entrada a Dudley. La gente viene de diferentes estados e incluso de otros países a intercambiar ideas con los vecinos de Dudley sobre la edificación de una comunidad. En 1996, la DSNI celebró una nueva serie de reuniones sobre el futuro de la comunidad, donde los vecinos soñaban en voz alta y planeaban cómo hacer realidad esos sueños a lo largo de diez o veinte años. «Nuestro pueblito es una comunidad culturalmente vigorosa, activa, centrada en las personas; que se basa en el mutuo sostén y en un sentido de optimismo activo», escribieron. Su visión del futuro incluye enseñanza vitalicia en escuelas y centros comunitarios, empresas florecientes, granjas de cultivos orgánicos y un medio ambiente seguro y saludable.

Por supuesto, Ché Madyun dista de ser la única heroína de esta historia. «La gente trabajaba como una familia», cuenta. La DSNIU, en efecto, es una familia grande, con más de dos mil quinientos miembros en el barrio y otros miles que la apoyan desde afuera. Centenares de residentes han prestado servicios activos en la junta de la DSNI y en sus diversos comités, así como en su propio comité de la juventud. Para ilustrar su lema de «unidad a través de la diversidad», el comité de la juventud creó un hermoso mural en el que están representados niños adolescentes y ancianos. Ché aparece bailando en él.

Ahora los jóvenes de Dudley ayudan a dirigir programas de verano. Siembran cultivos en los terrenos de la vecindad y son mentores de los niños más pequeños. Incluso llegaron a planear un centro comunitario del futuro durante el Proyecto de Arquitectos y Planificadores Jóvenes de Dudley. El éxito de este proyecto en palabras de Ché «se basa en los sueños y la creatividad de jóvenes que, con demasiada frecuencia, algunos dan por perdidos como si carecieran de valor». Carline Dorcena, líder de la juventud, recuerda las palabras del exdirector de la DSNI, Gus Newport: «La semilla que uno plante el primer día de primavera, crecerá y seguirá creciendo».

La actitud de sus jóvenes es una medida del extraordinario progreso de esta comunidad una vez devastada. Carline Dorcena, hija de inmigrantes haitianos, quien ha experimentado el prejuicio de primera mano, siempre está intentando construir puentes en donde otras personas levantan murallas. Actualmente en la universidad, Carline no ha decidido aún qué carrera elegirá. Pero cualquiera que ésta sea, ella se propone utilizar su educación para mejorar la vida de Duddley. «Sea lo que yo sea, abogada, educadora, filósofa, psicóloga corporativa o empresaria internacional, quiero regresar a nuestra comunidad», dice. Ella definitivamente está orgullosa de su barrio. «La gente puede mirarla a una y decirle: "Te respeto porque tú eres de Dudley y sé que ustedes están intentando hacer algo"».

La visión de un nuevo Boston debe extenderse
en el corazón de Roxbury y en la mente de todos los niños.

MARTIN LUTHER KING JR.

Reclame un solar yermo en su vecindario, y póngalo al servicio de su comunidad. Para aprender de la Iniciativa Vecinal de la Calle Dudley (**Dudley Street Neighborhood Initiative**) y su actual trabajo comunitario, visítelos en http://www.cpn.org/ DSNI o llame al 800-533-8478 para solicitar el libro **Streets of Hope** y al 201-652-6590 para encargar la película *Holding Ground.*

Papá para los suyos

NARRADOR: DON CORATHERS

AL FINAL, LLEVARON A ERNIE DE REGRESO A KENTUCKY Y LO pusieron a descansar en la cima de una colina del Condado de Knox. Él había estado ausente por casi cuarenta años.

Había dejado su hogar en Kentucky Oriental como parte de la más grande inmigración interna de la historia de este país, que empezó como un goteo de las colinas y valles de Kentucky, Tennessee y Virginia Occidental en la primera parte de este siglo, y se convirtió en un torrente durante la Segunda Guerra Mundial y en la posguerra: cientos de miles de familias se mudaron de las áridas granjas y las agotadas minas de carbón en los Apalaches para encontrar una vida mejor en la ciudad.

La migración de los Apalaches no se conoce tan bien como el éxodo de la sequía en los años treinta porque no contó con un John Steinbeck que la narrara, pero sí tuvo un Tom Joad. Su nombre fue Ernie Mynatt, y ésta es su historia.

En 1959 Ernie, entonces a mediados de su treintena, se mudó del condado de Harlan, en Kentucky, a Cincinnati, uno de los primeros destinos de los migrantes apalaches. Había estado en la guerra, obtenido un diploma universitario y enseñado durante diez años en escuelas públicas del Condado de Harlan; había conocido a Purley Ayer, un carismático apalache —predicador, educador y activista social— quien lo persuadió de que había una importante obra por hacer en las calles de Cincinnati.

Por ese tiempo, la antigua barriada alemana (German Over the Rhine) que bordeaba el centro de Cincinnati se había transformado en un pueblo mediano de Kentucky en medio de una ciudad de Ohio. «Era una práctica común —decía Marlin Wightman, un proveniente de Tennessee que vivió en Over the Rhine en los años cincuenta—, cuando uno conocía a alguien, preguntarle "¿de dónde viene, de Kentucky o de Tennessee?"».

Para muchos emigrantes apalaches, la ciudad era un lugar difícil. Habían venido a Cincinnati en busca de empleos, y los habían encontrado, pero con frecuencia los salarios y las condiciones de trabajo eran abusivas. Criados en una cultura que valoraba el hogar, la familia y la conexión con sus alrededores, se encontraban viviendo en apartamentos pequeños alquilados por semana, separados de sus grandes familias, en un lugar donde no había nada con lo cual relacionarse. Su pesar se expresaba en una música nostálgica, la banda sonora de la migración, tristes canciones acerca de la separación, la pérdida y el pesar.

Era mucho más difícil para los niños. Despreciados por sus condiscípulos e incomprendidos por los maestros que consideraban el acento de Kentucky como una señal de ignorancia, muchos de los hijos de emigrantes apalaches abandonaron la escuela en la primaria superior o antes. No tardaron en aprender de cuántas maneras un muchacho campesino podía meterse en líos en las calles de la ciudad.

Fue en ese ambiente que Ernie Mynatt abrió una tienda en Over the Rhine en 1961. Con el apoyo del Fondo Apalache, dotado por Herbert Faber, presidente de la compañía Formica que tenía su sede en Cincinnati, Ernie comenzó a los treinta y ocho lo que llegaría a convertirse en la obra de su vida: ayudar a sus amigos y vecinos, y especialmente a los hijos de estos, a aprender a enfrentarse con la vida de la ciudad.

Al principio el empeño fue al por menor, un muchacho a la vez. Comenzó vagando por las calles para ganarse la confianza de los chicos, quienes al principio sospechaban que él debía ser un policía, un agente holgazán o un pederasta. Iba a la corte juvenil todas las mañanas y mediante una diáfana persistencia persuadía a los jueces que asignaran a los jóvenes delincuentes a su cuidado en lugar de enviarlos a la cárcel o al reformatorio.

Finalmente llegó a hacerse responsable por más de seiscientos adolescentes. Podían jugar al billar en el mostrador de su tienda de la Calle Mayor, ver televisión allí usar el teléfono para llamar en busca de empleos. Lo más importante, ellos podían hablar con Ernie, un muchacho campesino que había llegado a comprender esta ciudad.

Ernie se convirtió oficialmente en «Papá para los suyos» en Cincinnati. Eso es lo que dice en la placa que le dieron hace unos años, y es una verdad medular en los corazones de centenares de residentes de clase media y de mediana edad de Cincinnati que aún se refieren a sí mismos como «los chicos de Ernie».

Larry Reddin, en la actualidad uno de los miembros principales del Consejo de Apalaches Urbanos de Cincinnati, proviene también de esa fraternidad. Él era un muchacho de la calle en Over the Rhine, desamparado a la edad de once años. Ernie lo recibió en su grupo, ayudándolo al principio con lo que podría llamarse «pequeños asuntos de gran importancia», como dinero para el almuerzo. Finalmente Ernie consiguió un lugar para Larry en un programa residencial para adolescentes varones.

«De la manera en que estábamos creciendo, no había ningunas ilusiones del futuro —dice Reddin—. No había ninguna luz al final del túnel porque uno sólo pensaba en el día presente, de dónde iba a llegar la próxima comida. Lo que Ernie hizo fue darnos un modo de ver otras oportunidades.

«Cuando uno necesitaba a Ernie, siempre podía contar con él. Uno se decía, "¿Dónde estará Ernie?", y en unos pocos minutos él venía bajando la calle. Era algo mágico. Y era totalmente incondicional. Con Ernie no sólo había una segunda oportunidad. Para muchísimos de nosotros hubo una tercera y hasta una cuarta».

«Ernie pastoreó a toda una generación en Over the Rhine hacia la adultez —cuenta Michael Maloney, quien comenzó a trabajar con Ernie cuando era estudiante en los años sesenta—. Y fue el mentor de una generación de consejeros sociales, muchos de los cuales todavía trabajan en los barrios pobres de la ciudad».

Cuando no estaba trabajando en las calles, Ernie estaba agitando en el Ayuntamiento en favor de la gente que vivía en los peores barrios de Cincinnati. Con el tiempo, su organización comunitaria comenzó a asentarse y a expandirse en círculos cada vez más amplios. Las organizaciones que él comenzó terminaron por convertirse en el Consejo Apalache Urbano, una agencia que supervisa toda una amplia gama de servicios sociales y programas culturales para los 250.000 ciudadanos de Cincinnati de origen apalache.

Conocí a Ernie en el último año de su vida, mientras yo trabajaba en una serie de entrevistas con emigrantes apalaches y sus hijos. Aun en aquel tiempo era fácil ver al hombre que, sin mucho más que la fuerza de su intelecto y su personalidad, salvó a una generación de muchachos campesinos hace treinta años: un hombre alto, poderoso, de cara grande y franca que no veía en nadie a un extraño. Tenía una sonrisa que parecía decir: «Entra, siéntate, hablemos».

A Ernie se le había acortado un poco el paso por la fractura de una cadera que había sufrido un par de años antes, y su vista no era tan buena como solía ser, pero su mente, su ardiente compromiso con la justicia social y su gusto de contar historias no habían disminuido.

Especialmente la parte de contar historias. Es una cosa monumental: la respuesta de Ernie a cualquier pregunta era contar un relato. Resulta más largo, pero al final hay más verdad en eso que si él simplemente respondiera con hechos. Si uno le preguntaba directamente, como hice yo, qué era lo que había inspirado a dedicar su vida a la organización comunitaria, comenzaba a contarte un relato de la Segunda Guerra Mundial. A los veintiún años, había sido un aparejador de la Armada en una lancha torpedera en 1944, parte de la campaña secreta para ablandar las defensas costeras alemanas antes de la invasión de Normandía. En el Día D, él estaba en la Playa Utah.

«Sabes una cosa —me dijo una vez—, en el pueblito en que yo crecí, éramos aproximadamente seiscientas personas. Y sabes que la mayoría de los chicos con los cuales anduve de niño en ese pueblo están muertos; los mataron. Fueron llamados a las filas, y eso pasó porque éramos un montón de campesinos ignorantes que no sabíamos hacer nada, excepto disparar un fusil.

«En la playa, sabes, donde la ola baña la playa, la orla del agua, lo blanco no era blanco, era rojo. Por unas diez, veinte yardas. Tenía toda esa sangre metida en mis ropas, impregnada hasta en los calzones y en todas partes, tan dura como una tabla. Y era la de mis amigos, era su sangre, no la mía».

Aun después de cincuenta años, el recuerdo lo llevó al borde de las lágrimas:

«Si salgo de ésta, me dije, nunca voy a entrar en ninguna otra. Dije que si vivía, y volvía a los Estados Unidos, mi vida sería diferente».

Él volvió y cumplió su promesa. Y ahora, finalmente, ha regresado a su hogar.

Pasaré a través de este mundo nada más que una vez.
Cualquier bien que pueda hacer o cualquier bondad que pueda
mostrar a cualquier ser humano,
déjenme hacerlo ahora. No me dejen diferirlo o abandonarlo,
porque no he de volver a pasar por este camino.

Mahatma Gandhi

Capacite a individuos dentro de las comunidades apalaches para que fortalezcan las familias, desarrollen organizaciones comunitarias, y reformen los sistemas que afectan nuestras vidas. Llame a **The Urban Appalachian Council** al 513-251-0202.

Una oportunidad para los niños

NARRADOR: ROBERT MARRA

JUDITH KURLAND NO SE IMPRESIONABA CON FACILIDAD, pero esta vez se sintió físicamente asqueada. Era su primer recorrido por las salas de maternidad del Hospital Municipal de Boston, y estaba enfurecida por lo que encontró allí: no por las condiciones atroces, porque —después de todo la habían contratado para que propusiera un modo de construir un nuevo hospital público que reemplazara al antiguo edificio, ella esperaba encontrar las instalaciones deterioradas, la tenebrosa atmósfera; lo que la enfurecía era ver las hileras de bebés diminutos, nacidos prematuramente y demasiado pequeños para progresar o incluso para sobrevivir.

Cuando Judith vio las caras de esos niños, los tubos que se introducían en sus cuerpecitos y los respiradores que realizaban las funciones pulmonares por ellos, pensó en los lujosos edificios y elegantes vestíbulos que se estaban construyendo para los hospitales de primera clase al servicio de los barrios más ricos de Boston. Esta ciudad, el centro mundial de la medicina de alta tecnología, la meca de los hospitales de docencia médica, ya había gastado mucho más en hospitales que cualquier otra ciudad del país. Sin embargo, estos bebés que ella estaba mirando habían nacido de mujeres que habían tenido poco o ningún cuidado prenatal y escasa nutrición. En otros casos, eran desamparadas o no tenían acceso a información para ayudarse a sí mismas. La ciudad de Boston ostentaba en tener diecíseis hospitales docentes, tres facultades de Medicina y dos escuelas de Salud Pública, pero a la sombra de esos deslumbrantes edificios se encontraba lo que podría llamarse zonas de muerte infantil. En Boston la tasa de mortalidad infantil era más alta que en muchos países del Tercer Mundo. Cuanto más pensaba en eso, tanto más enfurecida se sentía.

Esto pasaba en 1988, y el alcalde de Boston había acabado de nombrar a Judith como jefa del Hospital Municipal de Boston y Comisionada del Departamento de Salud Pública. Para muchos resultó una decisión sorprendente. No sólo era ella la primera mujer nombrada para esos puestos, sino que era una extraña, desconectada con los que dirigían esta politizada ciudad. Era una judía menuda y llena de acometividad, procedente de Brooklyn por vía de Nueva Jersey, en una ciudad que identificaba la estirpe de uno por el barrio en que había nacido; una activista progresista en medio de una comunidad médica conservadora.

En su primer día de trabajo Judith había visto lo suficiente para saber cuál sería su misión. Era inexcusable que aquello pudiera ocurrir aquí. «Esta es una ciudad rica —dijo—. Hay suficientes recursos para asegurar que todos los niños de Boston tengan una buena probabilidad de vivir una vida feliz, sana y productiva».

Todos los días por los próximos cinco años, Judith usó su astucia, su audacia y su poder de todas las maneras que pudo: empujó, aguijoneó, presionó y suplicó. Compartió su visión con legisladores, filántropos, dirigentes y fundaciones; y su información —estadísticas de salud, cifras de presupuestos y estados de ganancias—, con agrupaciones comunitarias, políticos y medios de difusión. Creía en el dicho «saber es poder» y quería que el poder se compartiera. Hizo historia al construir un nuevo hospital a un costo de 180 millones de dólares para los ciudadanos más necesitados de Boston: un patrón de excelencia con el cual medir los servicios prestados a los pobres por los demás hospitales.

Pero ella no se conformó con recaudar fondos o resolver el problema con tan sólo el dinero. Comprometió a personas interesadas en mejorar la desesperada situación de Boston: mujeres profesionales para que asesoraran a madres adolescentes, abuelitas que tejieran suéteres y botitas para los bebés recién nacidos, voluntarios que les leyeran a los niños y que aconsejaran a sus padres, estudiantes universitarios que compartieran sus pericias con estudiantes de secundaria, y trabajadores del sistema hospitalario que se relacionaran con las comunidades fuera de los muros de sus instituciones.

Judith creía también que muchas de las soluciones a los problemas de una comunidad estaban dentro de los recursos no explotados de la misma comunidad, que los problemas de la mortalidad infantil, la violencia y el abuso de substancias narcóticas exigía no sólo los recursos de las grandes instituciones, sino las ideas y la comprensión de los vecindarios de la ciudad. Había aprendido en sus visitas a centros comunitarios de salud y hospitales públicos en África, que cuando se apela a los pobres a contribuir en la enseñanza y el cuidado de la salud para ellos mismos y sus familias, lo realizan con un grado de creatividad y entusiasmo impresionantes, curándose a sí mismos en cuerpo y alma, a la vez que ayudan a sus prójimos. Así que decidió expandir dramáticamente programas públicos de salud que fortalecieran familias y sus comunidades.

Judith quería valerse de los recursos de la comunidad

para encontrar soluciones a largo plazo para los complejos problemas por medio de una mezcla singular de respaldo público y privado. Reunió a 250 líderes del campo de la salud y del desarrollo comunitario en Boston y alrededor del mundo. Su conclusión era directa: si uno quiere mejorar la salud de los niños, debe elevar el nivel educativo de la madre.

Aquello condujo a la creación de Healthy Boston. Con mucho tacto, Judith reunió a personas de todas partes de la comunidad para promover la buena salud mediante empleos, escuelas, viviendas y asistencia médica. A través de Healthy Boston, personas de los barrios más ricos y más pobres de Boston comenzaron a trabajar juntas, algunos por primera vez en sus vidas. Ambos grupos se quedaron asombrados de descubrir tales dones en personas de las que ellos habían sido preparados a desconfiar desde que tenían uso de la razón.

Ella también estaba empeñada en comprometer a los hospitales ricos de Boston a su causa. Luego de tres años de instar amablemente a los líderes de los hospitales a compartir más de su gran riqueza con la comunidad, decidió que necesitaban un empujón. De manera que comisionó un informe que el *Boston Globe* publicó durante tres días como una serie de primera plana. Contrastaba la alta mortalidad infantil con la riqueza de los hospitales de Boston. Finalmente, los administradores de hospitales más recalcitrantes aflojaron las garras de sus billeteras.

El desafío de poderosas instituciones y la provocación de importantes cambios crea una vigorosa oposición. El mayor partidario, socio y sostén de Judith era su marido, Benny, el padre de sus tres hijos. En cualquier momento que ella se desesperaba, él se encargaba de recordarle —con palabras de Gandhi y una admonición de Talmud—

por qué había aceptado ese trabajo: «por la injusticia visible» y «para reparar el mundo».

Trágica y repentinamente, Benny sufrió un ataque cardíaco mortal a los cuarenta y seis años. Había perdido a su mejor amigo y sus hijos la necesitaban. El período de Judith como comisionada de salud llegaba a su fin, y ella había arraigado los cambios de tal manera que el progreso logrado con tanto esfuerzo no corriera peligro de perderse. El trabajo de amor de Judith resultó en notables mejoras para los niños de Boston. Durante su administración, las tasas de mortalidad infantil y de embarazo de adolescentes entre la población afroamericana decrecieron significativamente; en tanto los índices de inmunización eran los más altos del país y ahora los barrios estaban colaborando para resolver sus problemas.

Aquellos de nosotros que hemos trabajado con Judith decimos que ella nos recuerda a la Glinda de *El mago de Oz*. Con la fuerza de un tornado y la magia de Glinda, ella puso a Boston de cabeza y lo sacudió vigorosamente hasta que los ricos y los pobres por igual redescubrieron la bondad dentro de sí mismos. Ahora están usando esa bondad —sus cerebros, su valor, y su corazón— para edificar una verdadera Ciudad Esmeralda en la colina.

Haga que sus organizaciones hospitalarias y comunitarias trabajen conjuntamente para edificar una comunidad más saludable. Entérese de los movimientos de esta creciente comunidad a través de la nación; llame a **The Coalition for Healthier Cities and Communities** al 312-422-2635, o visite su sitio en la red: *http://www.healthycommunities.org*.

Para hacer relucir la Gran Manzana

NARRADORA: NANCY BERG

ANNETTE WILLIAMS HABÍA ESTADO RECIBIENDO ASISTENCIA
pública (*welfare*) durante diez años cuando Joseph Pupello
le ofreció un empleo con el Proyecto de Restauración de
Nueva York (NYRP). Luego de servir voluntariamente
durante los últimos cinco años como preceptora de lectura
en las escuelas públicas de Nueva York y como auxiliar de
jardinería, se dio a conocer como una trabajadora dedicada
y confiable que era excepcionalmente amable con la gente.
Durante siete veranos, trabajó con Joseph en Jardines
Exitosos (Success Gardens), una organización sin fines de
lucro que convirtió solares yermos en pequeños paraísos
comunitarios.

Annette recuerda su primera reunión del NYRP con
Joseph: fue en un parque abandonado. «Parecía una
selva», cuenta. Viendo el área cubierta de malas hierbas y
vagabundos que encontraban refugio provisional detrás
del parque infantil, se preguntaba si ese lamentable retazo
de tierra podría convertirse en un parque otra vez. Pero
sólo un mes después, ella presenció lo que parecía un milagro: «La gente comenzó a regresar —cuenta Annette—.
Los niños vinieron primero, haciendo preguntas sobre lo
que hacíamos. "Estamos devolviéndoles su parque", era
todo lo que les decíamos».

Siendo ella también una madre de seis hijos en una
zona financieramente afectada, Annette conoce la importancia de contar con lugares seguros para que los niños

jueguen: «Los niños hoy día no tienen lugares dónde jugar. Nuestras ciudades están llenas de cemento y nuestros parques, de drogadictos, de vagabundos, de perros sueltos. Los niños dicen "no tenemos nada que hacer". No es sorprendente que se metan en líos». Gracias a Annette y a su equipo, ellos tienen ahora un lugar seguro adónde ir.

Después de un año en el NYRP, Annette fue ascendida a directora de campo, encargada de un equipo de cuatro empleados, veinte voluntarios de AmeriCorps, y de supervisar a treinta y cuatro miembros del Programa de Experiencia Laboral (cuyas siglas en inglés son WEP). Juntos son responsables de restaurar a su belleza original seis de los parques de la ciudad de Nueva York. «Los voluntarios de AmeriCorps son como mis hijos —dice—. Me he convertido en su madre, su hermana y su amiga. Son como mi familia». Gracias al trabajo con Annette, los miembros del WEP aprenden oficios y desarrollan su autoestima. Levantándose cada mañana y haciendo algo positivo por ellos mismos y por los demás, adquieren la confianza de que podrán llegar a obtener un verdadero empleo. «Sé cómo se siente estar recibiendo asistencia pública —admite Annette—. Es fácil paralizarse en el sistema». Ella alienta a la gente a empezar a salir de la asistencia pública ofreciéndose a trabajar de voluntarios «para que la gente pueda verte como algo más que una madre que requiere de la asistencia pública». Después de dos años, ella ha visto a cinco de su gente de Welfare to Work conseguir buenos empleos. «¡Uno acaba de casarse y conduce un Lexus!», dice alegremente.

La mayoría de la gente se sorprendería de descubrir que Annette Williams tiene una buena amiga y compañera llamada Bette Midler que fundó el Proyecto de Restauración de Nueva York. Ellas tienen más en común de lo que parece a primera vista: ambas mujeres tuvieron que aprender, de primera mano, a luchar para salir de la pobreza, pero mientras Annette pasó su niñez en el laberinto de concreto de Nueva York, Bette creció rodeada por la belleza de Hawai.

Mientras crecía en la Halawa, uno de los barrios más pobres de Hawai, Bette Midler y su familia eran los únicos no hawaianos en varios kilómetros a la redonda. Tratada casi como un paria cuando niña, se solazaba en la asombrosa e inspiradora belleza natural que la rodeaba. En el azul transparente del mar, la niñita nadaba junto a los peces *kuma* con su color solferino intenso y a los peces papagayos de deslumbrante añil. Palabras como esmog y contaminación no tenían ningún significado para ella. Pensaba que el mundo entero era tan bello como Hawai. Cuando creció, hizo su primer viaje a Estados Unidos continental. Fue como si acabara de bajarse de alguna máquina del tiempo proveniente de una edad preindustrial. Estaba totalmente pasmada por el descuido con que la gente trataba la tierra.

Durante años Bette vivió en el sur de California, dedicada al desarrollo de su carrera. Posteriormente, ella y su marido Martin se mudaron a Nueva York para criar a su hija Sophie. En un sentido, la artista encontró un hogar espiritual allí. «Me encantan los neoyorquinos y yo soy como ellos —dice ella—. Soy bulliciosa. Tengo mis opiniones». Bette rezume una energía y un vigor que ha llevado a la mayoría de los estadounidenses a suponer desde el principio que ella era neoyorquina.

Pero los desperdicios y la mugre de Nueva York la tomaron por sorpresa; la gente arrojaba la basura por las ventanas. Los otrora majestuosos parques de la ciudad estaban llenos de desechos, de muebles viejos, incluso de tazas de inodoros abandonadas. «Amamos esta ciudad. La degradación era desgarradora e inaceptable —dice Midler—. Me di cuenta de que tenía que hacer algo. Aun si eso significaba tener que salir y recoger toda esa basura con mis propias manos».

Era obvio para cualquiera que hubiera caminado por los parques de la ciudad de Nueva York que se necesitaba un esfuerzo voluntario. La ciudad una vez había tenido 80.000 trabajadores en el Departamento de Parques para cuidar más de treinta mil acres de parques infantiles, bosques, centros de recreación, senderos, jardines y kilómetros de ribera. Las reducciones en fondos públicos eliminaron la asombrosa cifra de 77.660 de esos empleos. Con sólo 2.400 trabajadores, había sencillamente demasiados desperdicios, lanzamientos ilegales de basura y vandalismo para controlarlos todos.

Bette decidió llamar a su amigo Scott Mathes al Proyecto Ambiental de California, una organización que ha recogido más de 3,5 millones de libras de escombros en Los Ángeles desde 1989. Bette consiguió que Mathes la ayudara a crear un proyecto semejante en Nueva York. De allí nació el NYRP y fue provisto de fondos por una premier especial de su película *The First Wives Club* y $250.000 que Bette sacó de su bolsillo.

Joseph recuerda su primer día como director del NYRP. Fue en el pequeño faro rojo que se encuentra debajo del puente George Washington. Midler estaba con el alcalde Rudolph Giuliani, algunos voluntarios y sesenta escolares del Alto Manhattan para comenzar a limpiar basureros, plantar árboles y sacar automóviles enmohecidos en un empeño colectivo para rescatar los parques de Fort Tryon y Fort Washington y devolverles la belleza a varios kilómetros de la ribera del río Hudson. Desde entonces, con ayuda de los voluntarios de Ameri-Corps y del Cuerpo de Ingenieros del Ejército, se han llevado más de cincuenta mil libras de desperdicios de los parques de la ciudad. «La divina Miss M. le aporta caché al proyecto, y ella realmente se ensucia las manos», dice Joseph. «Le muestra a los neoyorquinos que ellos pueden participar».

Cuando la gente le pregunta a Annette sobre su trabajo, responde con orgullo, «recojo basura». Ella encuentra que su trabajo con Bette es una verdadera alegría: «Bette es parte de nuestra gran familia —dice—. Ella tiene muy bien puestos los pies en la tierra y sencillamente hace su trabajo con su overol y sus tenis, mostrándoles a otros que hay un modo más limpio de vivir. La gente pasa junto a ella y la saluda, sin saber quién es. Y ella sigue trabajando como si nada».

Bette sí está dispuesta a usar su condición de ser una celebridad si consigue resultados, particularmente con los niños. «Desde que tengo uso de la razón, he visto campañas contra los desperdicios, pero nadie les hace caso». Midler se dirige a un grupo de niños, haciéndoles reír mientras se transforma en su famosa y extravagante persona. «Ellos tiran sus almuerzos al piso y allí se acaba el asunto. Y yo tengo que venir detrás y barrerlo todo y eso quiere decir niños que estoy sin resuello, que estoy muerta. Hay más basura de la que puedo recoger y si la dejamos que aumente no quedará ningún lugar para caminar; estaremos abriéndonos camino sobre montones de latas y botellas, acres de cartones de huevos y océanos de envolturas de plástico. Por favor, les ruego, dejen de tratar a la tierra como si fuera un cenicero. Digánselo a sus amigos, a sus mamás, a sus niños, ¡sencillamente tenemos que parar! Realmente creo que si todos hiciéramos nuestra parte sería un mundo muy bello».

Organice un día de limpieza en su comunidad. Si quiere ayudar a embellecer los parques y ríos de la ciudad de Nueva York, llame al **New York Restoration Project** al 212-258-2333.

Madurando

como nación

COMO EL PROTAGONISTA DE UN CUENTO FOLCLÓRICO, Johnny Appleseed despertó un espíritu de comunidad cuando plantó semillas de manzana en todo Estados Unidos. Este estadounidense legendario, llamado John Chapman, nacido en 1774, creció en Boston. Al igual que Alexis de Tocqueville, estaba en la veintena cuando salió a viajar por todo el país. Antes de salir, recogió cientos de semillas de manzanas y las regó dondequiera que fue. Quería que las familias que se trasladaran hacia el Oeste vieran los manzanos creciendo en todas partes y se sintieran como en casa. Durante los próximos 40 años, Johnny Appleseed visitó sus manzanares, podándolos y cuidándolos y enseñando a centenares de colonos a plantar los suyos. Veinticinco años después, cuando de Tocqueville viajó por el país en 1831, probablemente disfrutó de esos árboles plenamente crecidos, repletos de flores fragantes y cargados de deliciosas frutas, tanto como apreció el rico espíritu comunitario de nuestro país.

Al igual que Johnny Appleseed, los héroes nacionales que aparecen en este capítulo han estado plantando semillas de esperanza y enseñando a otros a cuidar de sus comunidades durante muchos años. Algunos "héroes comunitarios" de este libro han estado ayudando a los demás durante veinte, treinta y hasta cuarenta años.

En la actualidad, hay más de 600.000 organizaciones sin fines de lucro con 14 millones de empleados y más de 100 millones de voluntarios que sirven al pueblo de Estados Unidos. Ningún otro país del mundo cuenta con este tipo de sector público tan ampliamente desarrollado. Todos y cada uno de los días del año, nos beneficiamos de los frutos de su trabajo. Los beneficios que han aportado a nuestra nación son inapreciables y le proporcionan una firme columna vertebral a la democracia.

Los relatos de este capítulo honran a unos cuantos de los muchos estadounidenses que han dedicado sus vidas a servir. Muchos luchan por crear un sistema de seguridad para los menos afortunados, a pesar de su empeño por hacer realidad el sueño americano. Estos relatos reconocen a estos héroes nacionales, reconocen sus grandes dones y describen el asombroso impacto que han tenido en nuestro país.

Sus historias muestran que la senda del servicio nunca es predecible. Si bien algunos héroes de la comunidad comenzaron con un giro dramático en su camino, para muchos fue un compromiso que evolucionó gradualmente, un paso que llevó al otro, y luego al otro. Jonah, el hijo de Marian Wright Edelman, nos cuenta acerca de la inspiración que sostuvo la dedicación vitalicia de su madre por hacer del mundo un lugar mejor para todos los niños. Harris Wofford comparte la experiencia de trabajar codo con codo con John F. Kennedy en la fundación de los Cuerpos de Paz (Peace Corps).

En ciertos relatos se muestra cómo algunos héroes nacionales, como Billy Shore en Comparta su Fuerza y Patty Johnson de Navidad en abril, están asociándose a compañías públicas-privadas para alcanzar de manera más efectiva las nobles metas de esas organizaciones. Otros héroes nacionales, como Dorothy Stoneman, han hecho una coalición de cientos de organizaciones y sociedades juveniles con agencias del gobierno a fin de usar de manera más eficaz los fondos federales para responder a las necesidades de la comunidad.

Algunos de estos relatos muestran cómo los jóvenes han llevado a cabo el legado de sus héroes. Para Alan Khazei y Michael Brown, fue el presidente Kennedy quien los inspiró a fundar City Year. La capacidad de Gandhi de movilizar a millones de personas con el simple acto de ayunar, llevó a Nathan Gray a fundar Oxfam-America's Fast for World Harvest.

A veces, a medida que la obra de estos líderes nacionales se desarrolla a partir de una pequeña oficina hasta llegar a convertirse en una gran organización nacional, terminan por cansarse. Luego de años de redactar pedidos de subsidios, trabajar con burocracias y tratar con la política, a veces hasta pierden las esperanzas. Esperamos que estos relatos los revitalicen y los conecten de nuevo con la fuerza y la promesa existente en el espíritu de servir.

Vivimos en una época donde el mundo cuenta con muchos grandes líderes, la mayoría de los cuales nos son desconocidos. Este capítulo narra algunas de sus historias. Ellos se encuentran entre los mejores maestros que el mundo jamás haya conocido. Su experiencia de primera mano y la riqueza de su saber cuentan entre los más grandes recursos de nuestro país. Así como Alexis de Tocqueville cosechó los frutos que Johnny Appleseed había sembrado 25 años antes, nosotros podemos cosechar los beneficios de estos héroes de la comunidad y de sus años de servicio. No todo el mundo dedica su vida a servir, sin embargo, todos podemos aprender de aquellos que lo han hecho y descubrir cómo podemos ayudarles con esta importante tarea.

Cada una de estas personas y sus organizaciones podría utilizar su ayuda:
sus dones, sus habilidades y sus recursos.

Déles una llamada y aprenda cómo podría cambiar su vida y la del mundo, día por día.

A favor de los niños

NARRADOR: JONAH EDELMAN

EN 1967, MISISIPÍ ERA UN LUGAR PELIGROSO PARA VIVIR SI uno era negro. Cora Bell Sade lo sabía muy bien. Sin embargo, la vida le había dado a Efrem Douglas, su hijo de cinco años, y su nacimiento había renovado sus esperanzas de un futuro mejor.

Cora Bell le daba a Efrem casi todo al alcance de sus posibilidades, y él por lo general era tan feliz como podría esperarse de un niño de su edad. Un día fueron al pueblo en su maltrecha camioneta. Al llegar a la primera intersección, ella señaló hacia un grupo de niños negros que jugaban en los terrenos de la escuela cercana y le dijo: «Efrem, cuando vayas a la escuela el año próximo, estarás jugando allí».

Efrem miró al terreno de recreo que ella le señalaba, y luego cambió la vista hacia la otra orilla del camino. «Pero yo no quiero ir a esa escuela, mamá —respondió—. Quiero ir a esta otra». A Cora Bell se le desplomó el corazón. El dedito de Efrem apuntaba hacia la escuela primaria reservada sólo para blancos, que quedaba frente por frente a la de los negros.

«Ah, tú no puedes ir ahí, cariño —Cora Bell se sintió obligada a decirle a su hijo—. Esa escuela es para niños blancos». La carita de Efrem se compungió. La vista de las lágrimas de su hijo desgarró el interior de Cora Bell. Pensó en que siempre le había dicho a Efrem que, si estudiaba, él podría hacer lo que quisiera en la vida, aunque fuera negro y pobre.

En ese momento, algo en Cora Bell cambió y fortaleció

su resolución. Ella no podía poner en peligro los sueños de su hijo. Antes de darse cuenta de lo que hacía, se vio apuntando hacia la escuela de los blancos y diciendo, «cuando te llegue el momento de ir a la escuela, irás ahí».

Ella oyó esas palabras salir de su boca como si fuera otra persona quien las estuviera diciendo. Luego sacudió la cabeza y suspiró profundamente. Cora Bell Shade no tenía la menor idea de cómo podría llegar a cumplir su promesa.

Un día una amiga le habló de mi madre, Marian Wright Edelman, que trabajaba como abogada del Fondo de Defensa legal de la NAACP. Cuando Cora le contó a mi madre su historia, la impulsó de inmediato a tomar acción. Primero, confirmó las implicaciones legales y políticas de matricular a un niño negro en una escuela de blancos. Luego consiguió para Efrem un preceptor especial que lo preparara para asistir a la escuela de los blancos, en el momento en que ganaran el caso, si es que esto ocurriera. Lo ganaron, y por haber participado en un programa llamado Ventaja Inicial (Head Start), él tenía muy firmes cimientos escolares. Aquel otoño, él asistió a la escuela recientemente segregada y empezó a avanzar en su vida.

Cuando mi madre se mudó de Misisipí a Washington, D.C., dejó un rico legado. Debido a su trabajo con la NAACP, centenares de niños como Efrem pudieron asistir a escuelas que anteriormente habían sido segregadas. Al traer el programa de Ventaja Inicial a Misisipí, les dio a millares de niños pobres la oportunidad de aprender. Debido a los programas nacionales de nutrición que ella ayudó a expandir, decenas de miles de niños y familias no siguieron hambrientos. Y centenares de niños con quienes ella había llegado a tener una relación personal llegaron a creer en sí mismos. ¿Dónde encontró ella el valor para servir tan bien por tanto tiempo? Parte de la respuesta está en un relato que mi madre me contaba con frecuencia por la época en que yo era niña.

La noche en que mi abuelo, Arthur Jerome Wright, murió de un ataque cardíaco en 1954, él le pidió a mi madre que lo acompañara al hospital en la ambulancia. Mi abuelito sabía que le quedaba muy poco tiempo y no quería perder su última oportunidad de aconsejar a su hija más joven.

Mi madre se subió y se puso junto a su padre que yacía en una camilla. En ese momento, él sentía una terrible picazón en los pies debido a la falta de circulación, y le pidió que se los rascara. Mientras ella comenzaba a desatarle los zapatos, se quedó pasmada por lo que vio. Su padre era un pastor y uno de los líderes negros más respetados en el pueblo segregado de Bennettsville, Carolina del Sur. Había construido una iglesia nueva, una casa parroquial, un edificio para la escuela dominical y un asilo de ancianos. Había enviado a tres de sus hijos a la universidad y había adoptado los hijos de su hermana difunta más otros huérfanos. ¡Este hombre que había hecho tanto por tanta gente tenía agujereadas las suelas de sus zapatos!

Aquellas suelas agujereadas dejaron una permanente impresión en mi madre. Su padre y mi abuela Maggie le habían dicho una y otra vez que las cosas materiales no eran la medida de nuestro éxito. La verdadera medida de nuestro éxito, decían ellos, era nuestro servicio a otros. «Si ves un necesitado, no te acomodes a su lado y pienses que alguien más hará algo al respecto —solía decir Papá Wright—. Levántate y atiende tú misma al necesitado y no te preocupes de obtener dinero o crédito por ello». La vista de los zapatos aguajereados de mi abuelo grabó en mi mente ese consejo de una manera permanente.

Mientras la ambulancia serpenteaba por las soñolientas calles de Bennettsville hacia el pabellón de los negros en el hospital, el abuelo Wright sujetó a mi madre de la mano y compartió con ella su última lección. «La gente te dirá que por ser negra y mujer, no puedes hacer lo que quieras en tu vida —le dijo mirándola intensamente a los ojos—. Pero nunca creas eso. Si logras educarte, puedes alcanzar todo lo que quieras». Mi madre, con el rostro cubierto de lágrimas, se aferró a las palabras de su padre. Unas pocas horas después él se había ido.

Mi madre nunca tuvo agujeros en los zapatos, pero siguió directamente las huellas de su padre y ha pasado su vida levantándose a favor de la gente que necesita ayuda. Las palabras de su padre le dieron la fuerza y el valor para seguir adelante, aunque las circunstancias le fueran desfavorables.

Tal como su padre hizo antes que ella, mi madre llevó a la práctica lo que predicaba. Cuando yo estaba creciendo, ella estaba en extremo ocupada con su trabajo. Sin embargo, aunque viajaba mucho, mis hermanos y yo siempre supimos que nosotros estábamos primero. La mayoría de las mañanas, mi madre se las arreglaba para hacer lo que a mi parecer eran las mejores torrejas (tostadas francesas) del mundo. Asistía a todas las reuniones de padres y maestros, y nos apoyaba en las competencias atléticas de importancia. Tal como sus padres habían hecho con ella, siempre nos llevaba consigo en sus viajes, llevándonos a oír oradores y presentándonos a personas interesantes. Quería estar segura de que nunca nos íbamos a perder tras su sombra. «¿Conoce a mi hijo?», siempre eran sus primeras palabras cuando íbamos a un lugar nuevo. Lo era todo para nosotros, el contar con padres que siempre te distinguían de esa manera. Eso le da uno la sensación de poder hacer cualquier cosa.

Así, pues, cuando me pidió que la ayudara a iniciar un poderoso movimiento a favor de los niños en este país, me puse alegremente a su lado. Al proponer que hubiera un día "A favor de los niños", pensó que sería la mejor manera de inspirar a cientos de miles de adultos a dedicarse a cambiar las condiciones de vida de los más jóvenes en sus comunidades.

Aunque muchos dijeron que había demasiado poco tiempo y dinero, mi madre tomó una lección de Papá Wright y no les prestó ninguna atención a las críticas. Reservó el Monumento a Lincoln en Washington, D.C. para el 1 de junio y un espacio de oficina para nuestro despacho. En enero, esperábamos que cuarenta y cuatro organizaciones se unirían al llamado a la acción del Fondo en Defensa de los Niños. Para mayo más de tres mil setecientas organizaciones habían respaldado la iniciativa.

Pronto millares de personas de todas clases y condiciones fueron propagando la noticia acerca de la manifestación. Henry Bird, un abuelo de Maine que nunca se había considerado un activista, se presentó con un autobús cargado de manifestantes. Los Jacobsen, una familia cuyos miembros estaban dispersos por el Medio Oeste, convirtieron el día «A favor de los niños» (Stand for Children) en una reunión familiar, recogiendo a tres generaciones de miembros de la familia a lo largo de la ruta de Wisconsin a Washington, D.C. Cory Fischer-Hoffman, una niña de Filadelfia, de sólo doce años, organizó un autobús de su sinagoga para su proyecto de *bat mitzvah.*

En total, más de un cuarto de millón de personas respondieron al llamado de mi madre a los estadounidenses de dedicarse de nuevo a nuestros niños. Vinieron de todos los estados de EE.UU. al monumento a Lincoln el 1 de junio de 1996 para manifestarse a favor de los niños. Los que asistieron oyeron el mismo mensaje sencillo que Abuelo Wright le transmitió a mi madre, el que Cora Bell Shade le transmitió a su hijo, Efrem, y el que mi madre me ha transmitido a mis hermanos y a mí: que las personas solícitas y comprometidas en el bienestar de los niños los capacitan para luego poder defender sus propios derechos.

«Cada uno de nosotros puede hacer más para asegurar que nuestros hijos crezcan seguros, sanos y educados en familias que los formen y en comunidades solícitas —dijo mi madre—. Juntos podemos devolverles a nuestros niños su niñez, su seguridad y su esperanza. Podemos beneficiar a millones de vidas jóvenes ahora mismo —y agregó—: vuelvan a sus hogares y manténganse unidos a favor de sus hijos todos los días, hasta que todo el país nos apoye».

En nuestras luchas, si hemos de producir el género de cambios
que causará que el mundo se levante y se entere,
debemos estar comprometidos.
Hay tanto trabajo por hacer.
Es una enorme tarea, pero no hay nadie mejor
para hacerla que los que vivimos aquí.
Podríamos mostrarle al mundo cómo debería
hacerse y cómo llevarla a cabo con dignidad.

DR. MARTIN LUTHER KING JR.

Para edificar una vida mejor para los niños de su comunidad únase a **Stand For Children**, una red de activistas locales defensores del bienestar de los niños que está creando servicios directos y programas de promoción. Llame al 800-663-4032 o diríjase por e-mail a cats@stand.org para formar un Children's Action Team local, o incorporarse a alguno que ya exista.

Comparta su fuerza

Narrador: Billy Shore

Dentro de un cuarto se ganan y se pierden batallas y se decide el futuro. En una campaña presidencial, lo llaman la Sala de Guerra. En la Casa Blanca, se le llama el Situation Room. En la Clínica de Crecimiento y Nutrición del Hospital Municipal de Boston, los médicos lo llaman lo que realmente es: un guardarropa. Es el único lugar que pudieron encontrar. Pero no deje que el nombre lo engañe. El trabajo que allí se lleva a cabo con frecuencia es asunto de vida o muerte.

Éste es el sitio donde la Dra. Deborah Frank y su equipo (un médico, una consejera social, un nutricionista, un asesor de asuntos comunitarios y un psicólogo) se reúnen cada miércoles. Se preguntan qué puede hacerse por los bebés desnutridos de Boston, nacidos en el seno de las familias más pobres. Todos los días, la Dra. Frank y su dedicado equipo se enfrentan con problemas que la medicina no puede curar. Buscan los síntomas, no con un estetoscopio, sino mediante el examen del estilo de vida de la familia, la relación entre padres e hijos y los presupuestos domésticos.

Desde este guardarropa, la Dra. Frank ha ayudado a nutrir a bebés «en peligro» durante casi dos décadas. Ella y su equipo se sientan en sillas giratorias torcidas, apiñados en torno a una mesita, revisando casos y eligiendo estrategias. Todo lo que les rodea son suministros para atender las necesidades de sus pacientes: abrigos, zapatos, ropa descolorida de segunda mano y una despensa provisional.

Hoy, el equipo se ocupa de un caso que ha asombrado a

todos. Rosie Smith, una bebita de 26 meses, no ha aumentado ni una onza en cuatro meses. Según la clasificación acuñada por los médicos, la bebita "no prospera". Con talla y peso muy por debajo de lo normal para su edad, la diminuta niña se enfrenta a la posibilidad de problemas de salud y dificultades de aprendizaje para toda su vida. Los preocupados padres de Rosie insisten en que siempre le dan suficiente comida, aunque sus ingresos están por debajo del límite de la pobreza establecido por el gobierno federal. La Dra. Frank anda a la caza de pistas que expliquen el por qué los marcadores de la tabla de crecimiento de Rosie no se mueven.

La médica, quien se comporta como un dínamo de cinco pies de altura, es una apasionada de los niños. Será la primera en decirle que se necesita algo más que comida para combatir el hambre. Sabe que en Estados Unidos el hambre de la infancia se enmascara como un párvulo somnoliento, un bebito con dolor de oídos que no se le quita, o lo que al parecer es un bebé saludable de dos años cuando realmente es un niño desnutrido de cuatro años.

Ella traspasa los límites de la medicina tradicional, investigando los hogares de las familias necesitadas. Bajas calificaciones escolares, una actitud menos activa en el aprendizaje, y cuerpos y cerebros por debajo de lo normal son algunas de las pistas que busca. A veces receta la participación en programas federales de nutrición; a otros, una vivienda adecuada. Ella incluso almacena mantequilla de maní (crema de cacahuate) y pasas junto a los motos de algodón y los vendajes en su oficinita.

También instruye a millares de padres que se enfrentan a los diarios dilemas de criar a los hijos en condiciones poco ideales. Muchos padres deben elegir entre calentar sus casas en invierno o comer; entre darle a un bebé toda la leche o aguarla para que los otros niños tengan alguna; y entre llenarles las quejosas barriguitas con agua hasta la próxima comida o distraerlos hasta que el hambre se les pase.

La Dra. Frank debe estar haciendo algo bien. El ochenta y cinco por ciento de los niños de su clínica ya han revertido la desnutrición y están creciendo normalmente.

De vuelta al guardarropa, la Dr. Frank tiene una idea genial. Y grita en voz alta, «¡una silla alta! ¿Tienen los padres de Rosie una silla alta?». ¡Era eso! Evidentemente, Rosie comía mientras rondaba por la casa con su andador y nunca se detenía lo bastante para digerir sus alimentos de manera que pudiera crecer. El equipo de la clínica le conseguirá una silla alta a Rosie, y la Dra. Frank se ocupará de que la familia reciba ayuda adicional, así como visitas de seguimiento.

«Los niños hambrientos necesitan más que una dieta rica en calorías y proteínas —dice la Dra. Frank—. Necesitan asistencia médica para abordar las complicaciones graves de la desnutrición. Necesitan maestros que tengan el tiempo de prestarles atención individual a su estilo de aprendizaje. Necesitan que los centros de trabajo de sus padres les ofrezcan seguros de salud y, por supuesto, necesitan amor».

La Dra. Frank es una de las tantas personas extraordinarias que trabajan con Share Our Strength, la organización contra el hambre que ofrece oportunidades a las personas de descubrir algo especial en sí mismas, y a contribuir a algo más grande que sus propias vidas, como la clínica de la Dra. Frank. Desde 1984, Share Our Strength ha movilizado más de 10.000 personas en toda la nación —chefs, escritores, líderes de empresas y artistas— para contribuir con sus destrezas y talentos, donando más de 43 millones de dólares en la lucha contra el hambre.

A través de una singular asociación con American Express y otros socios corporativos, Share Our Strength puede ayudar a personas como la Dra. Frank y su equipo, a devolverle la salud a niños como Rosie. Por ejemplo, el creativo programa de recaudación de fondos «Carga contra el hambre» produjo más de $22 millones entre 1993 y 1996 para combatir el hambre.

Los fondos recaudados por Share Our Strength se emplearon en ayudar a los líderes locales que socorren a familias necesitadas. Share Our Strength otorga fondos para distribuir alimentos, crear cocinas populares, plantar huertas, educar a familias sobre la nutrición y sostener clínicas como la de la Dra. Frank.

Share Our Strength mide su éxito no por el número de comidas que ha servido, sino por las familias a las que ha ayudado; familias como la de Rosie, que ya no dependen de ir a un comedor de caridad hacia fines de mes. Con un sano comienzo en la vida, Rosie puede esperar un futuro más brillante. Su fuerza la ayudará a aprender mejor en la escuela, a vivir una vida plena y a construir un mañana mejor. Para Rosie la ayuda ofrecida por Share Our Strength sentará una pauta significativa para el mundo.

Hay un país al final del mundo
donde no nacen niños, salvo para vivir más que la luna.

WILLIAM BUTLER YEATS

Pase al menos un día feriado al año trabajando voluntariamente en un programa de alimentos gratuitos, llame al 800-532-3663. Si quiere contribuir con sus talentos o movilizar su industria para combatir el hambre, mientras invierte en soluciones a largo plazo para el hambre y la pobreza, llame a **Share Our Strength** al 800-969-476.

Algo más grande que sí mismos

Narradora: Rosabeth Moss Kanter

En su primera infancia, cuando vivía en Boston, a Herman le tocó un hogar desecho y abusivo con poco amor o apoyo. Su traspatio era un solar yermo donde jugaba con sus amiguitos en medio de desperdicios y de botellas rotas. Una tarde en que Herman se entretenía con sus amigos, una docena de jóvenes que llevaban chaquetas de color rojo vivo con las palabras *City Year* escritas en la espalda, aparecieron súbitamente. Para su sorpresa, comenzaron a limpiar el solar yermo. Ellos estaban aún enfrascados en su trabajo cuando regresó a casa esa noche.

Al día siguiente, se quedó sorprendido; nunca había visto que algo tan maravilloso ocurriese en su barrio. No sólo el solar estaba completamente limpio, ¡sino que los jóvenes estaban comenzando a construir un parque infantil! De ese modo Herman se enteró de la existencia de City Year, y fue un día mágico.

Varios años después, en su primer día en la escuela intermedia, Herman estaba nervioso preguntándose si él encajaría. Cuando dobló para entrar en su aula, vio a uno de esas chaquetas rojas que ya le resultaban familiares. Khary, perteneciente al cuerpo de City Year, había sido asignada para asistir a la maestra de Herman. Cuando Khary le sonrió, Herman supo que las cosas le irían bien. Y por un tiempo así le fueron: Khary era cálida y divertida, y le prestaba a Herman mucha atención individual. Cuando Herman entró en la competencia de oratoria de las escuelas públicas de Boston, todo un equipo de City Year lo alentó y lo adiestró. ¡Ellos se sintieron tan orgullosos como él cuando finalmente ganó!

Sin embargo, con el paso de los años, el aliento que Herman recibió de los voluntarios de City Year no fue suficiente para combatir todas las cosas que conspiraban contra él. Fue quedándose a la zaga en la escuela, desaprobó el 11° grado y finalmente abandonó los estudios. Estaba casi desesperado cuando un consejero le sugirió que se uniera al cuerpo de jóvenes de Boston. City Year, le dijeron, estaba recibiendo a jóvenes dedicados de todas las procedencias, incluso los que habían dejado los estudios, siempre que estuvieran dispuestos a intentar obtener su GED, título equivalente a un diploma de la escuela secundaria (preparatoria). Él se sintió emocionado cuando lo aceptaron en el programa, y fue el comienzo de un gran cambio en su vida.

City Year fue fundada por dos jóvenes que soñaban producir un cambio significativo en las vidas de los muchachos de la ciudad. En 1978, dos alumnos del primer año de Harvard, Michael Brown y Alan Khazei, encontraron que compartían algo más que el cuarto de un dormitorio: compartían una pasión por querer hacer del mundo un lugar mejor. Cada noche se quedaban despiertos hasta tarde, hablando sobre los modos de resolver los problemas a que se enfrentaba su país. Habían oído cómo el Cuerpo de Conservación Civil del presidente Roosevelt había ayudado a reconstruir a Estados Unidos durante la depresión de los años treinta. Estudiaron el movimiento de los derechos civiles y los Cuerpos de Paz, los cuales habían llevado a que la gente se uniera en los años sesenta.

Michael y Alan sabían que ellos querían sentar una pauta, tal como sus héroes: Gandhi, Martin Luther King

Jr. y el presidente Kennedy. Estos hombres habían inspirado a otros, particularmente a los jóvenes, a servir, a la creación de algo más grande que ellos mismos. Michael y Alan querían seguir sus pasos. De manera que en el verano de 1988, habiendo concluido su educación formal, comenzaron City Year con 30 jóvenes, y una larga lista de proyectos comunitarios.

En la actualidad, vestidos con sus uniformes de pantalones caqui, camisas blancas y esas chaquetas rojo brillante, más de 700 afiliados a City Year, provenientes de todas clases y profesiones, siguen viviendo la divisa de la organización: «Poner el idealismo a funcionar» al servicio de los barrios urbanos pobres y a iluminar la existencia de muchos niños como Herman. Desde su aparición, City Year ha servido para inspirar una renovación de la ciudadanía en todo el país. En 1993, el presidente Clinton utilizó City Year como modelo para AmeriCorps, su programa nacional de servicios. Cada año, decenas de miles de adultos se suman a las filas de estas personas comprometidas a servir a sus semejantes, donando un día de su propio tiempo para trabajar en proyectos especiales de la comunidad.

Herman forma parte ahora del equipo de City Year que se ocupa de los niños discapacitados en una escuela primaria de Boston. Ha llegado a ser otro de los crecientes eslabones en la cadena de servicio nacional; desde Franklin Roosevelt, John F. Kennedy y Martin Luther King Jr., a Michael Khary y ahora Herman. Él ha aprendido que lo que a otros podrían parecerles unos breves pasos, son saltos gigantescos en favor de «sus» niños. Nada le hace más feliz que ayudarles a leer, a pintar y a emprender nuevos intereses.

El pertenecer a City Year también le ha dado a Herman una oportunidad de transformar su propia vida. Ya ha obtenido su GED y recibirá ayuda económica para asistir a la universidad, donde se propone convertirse en un intérprete de idiomas para trabajar con los ciegos. Como una reacción en cadena provocada por un guijarro lanzado en un estanque de agua, esta obra transciende las buenas acciones de hoy. Los que trabajan para City Year ayudan a los Hermanes de este mundo, de manera que también pueden dejar un legado más grande que sí mismos.

Cada vez que un hombre se levanta por un ideal, o actúa para mejorar la vida de otros o se rebela contra la injusticia, envía una diminuta onda de esperanza, y esas ondas, cruzándose desde un millón de diferentes centros de energía, crean una corriente que puede derribar las murallas más poderosas de la resistencia y la opresión.

ROBERT F. KENNEDY

Si usted tiene entre 17 y 24 años de edad y quiere dar un año de su vida para ayudar a las escuelas públicas y los barrios urbanos, o si su compañía anda en busca de medios para cambiar comunidades mediante el surgimiento de líderes que se comprometan con proyectos de servicio, llame a **City Year** al 617-927-2500.

Leyendo, hombre, leyendo

NARRADORA: JENNIFER POOLEY

A LAS 11.00 DE LA MAÑANA DE UN SÁBADO COMIENZAN A surgir los gritos y los hurras en los últimos segundos del partido de Rockets en Houston. «¿Qué aula es esta?», pregunta Mike Feinberg. «Esta es el aula... de los niños... que quieren aprenden... a leer libros... para construir un mañana mejor», corean sus alumnos de quinto grado, tamborileando con las manos en los pupitres. Sus entusiastas voces forman un rugido ensordecedor según cantan los continentes, armonizan fracciones y largas operaciones de dividir al ritmo de hip-hop.

Los maestros Dave Levin y Mike Feinberg alientan el entusiasmo con palmadas, cantan con los alumnos y continuamente les inventan nuevos retos. Estos estudiantes de quinto grado no les quitan los ojos de encima mientras ellos les disparan preguntas y les explican los problemas. Con una urgencia de vida o muerte, aprovechan cada minuto para aprender. Levantan las manos. Los voluntarios leen. Cada alumno coopera. Las motivaciones inundan el aula, y pasan de un estudiante a otro. Todos se ayudan mutuamente. Tienen éxito en funcionar como un equipo. Aprender es una celebración.

Fuera del aula de Mike y Dave en Houston, los obstáculos han sido feroces: pobreza, sistemas de educación deficientes, y violencia en las calles que ensombrecen las jóvenes vidas de los alumnos. En la mayoría de las escuelas de los barrios urbanos pobres reina la apatía, se organizan pandillas y el rendimiento académico es deficiente. La escuela intermedia alternativa de Mike y Dave, y su Programa de Saber es Poder (cuyas siglas en inglés son KIPP), les ofrece a los estudiantes una opción, y los estudiantes escogen aprender. Mike y Dave toman a estos niños y los mantienen separados de los «equipos perdedores» como los drogadictos, los pandilleros y los que abandonan sus estudios. Reemplazan estos callejones sin salida con un futuro para estos niños.

Los alumnos de la Academia KIPP asisten a la escuela 9 1/2 horas diarias de lunes a viernes, y cuatro horas los sábados. Aunque van a la escuela todo el año, rara vez pierden un día o toman vacaciones. Presumen de tener un envidiable promedio de asistencia de 99 por ciento. «Somos un equipo y una familia —explican—. Estamos escalando juntos la montaña».

Para Mike y Dave, KIPP es un empeño de 24 horas. Para mantenerse conectados tienen un número telefónico de llamada gratuita, un número de trabajo y un teléfono celular. Incluso compran relojes despertadores para los estudiantes, de manera que puedan responsabilizarse de llegar a tiempo a la escuela. Los estudiantes ansiosos pueden llamar de cabinas telefónicas locales cuando necesitan tratar algo relacionado con sus tareas o simplemente cuando quieren conversar. Todos los días Mike y Dave alientan a los alumnos sentándose a almorzar con ellos, enseñándoles nuevos pasos de baile o jugando baloncesto con ellos. Están dispuestos a hacer todo lo que sea menester para que esos niños asistan a la universidad: carteles universitarios cuelgan junto con carteles con consignas positivas, vistosas decoraciones y problemas de matemáticas en los pizarrones.

«No hay atajos. No hay ningún margen de error —dice Mike—. Debemos jugar un partido perfecto». En las aulas de KIPP, los estudiantes deben aprender a responsabilizarse por sí mismos y su educación. La autosuficiencia y el amor propio se cultivan a diario. Estas virtudes son tan importantes como lo es practicar la ortografía. Los niños saben que las probabilidades están en su contra. Pero también saben que las pueden vencer.

Siendo alumna del último año en Princeton, Wendy Kopp comenzó Teach For America (TFA por sus siglas en inglés), la organización nacional de maestros que ha movilizado a algunos de los más notables graduados universitarios de la nación para mejorar nuestras escuelas. Cada maestro de TFA adquiere una verdadera experiencia de la vida al comprometerse a trabajar durante dos años en algunas de las escuelas públicas, urbanas y rurales, más pobres del país.

Cuando Dave y Mike se unieron a TFA, ambos eran unos novatos que no tenían otra cosa que aportar más que su talento natural. Unos cuantos años después, abrieron su propia escuela, la Academia KIPP, en Houston. Su energía, innovación e impresionantes resultados captaron la atención de los administradores escolares de Nueva York. Dave trabaja ahora en el Sur del Bronx, dirigiendo una Academia KIPP para alumnos de quinto a octavo grados.

Luego de completar dos años en TFA, antes de mudarse para la Gran Manzana, Dave acompañó a Mike y los estudiantes de Houston en un viaje para celebrar el fin del año escolar 1995. Recaudaron suficiente dinero para ir todos a Washington, D.C. Cuando llegaron, utilizaron la ciudad como un aula abierta. En el capitolio de la nación, la historia de los EE.UU. se adueñó del escenario, generando fascinantes discusiones. Las preguntas y respuestas eran eléctricas.

Durante una visita al Tribunal Supremo, los estudiantes hasta lograron reunirse con el juez Bryer. Mike le presentó al magistrado los alumnos de quinto grado como los niños más laboriosos del país.

—¿Están disfrutando de su viaje? —les preguntó el juez a los niños. Una manita comenzó a agitarse frenéticamente:

—Perdone, señor —preguntó Rubén García—. Pero ¿estaba usted aquí cuando se decidió el caso *Miranda vs. Arizona*?

—No, eso fue anterior a mi época —replicó asombrado el juez.

—De haber estado, ¿cómo habría votado usted? —insistió el confiado alumno de once años.

—¡Arriba, Rubén! —gritaron sus condiscípulos. El magistrado le contestó en un tono reflexivo:

—Habría estado de acuerdo. —Y agregó—: la Constitución fue concebida para salvaguardar los derechos de todos nuestros ciudadanos.

Rubén escuchaba atentamente: ¡no es frecuente que una pregunta legal de un niño de quinto grado sea respondida por un magistrado del Tribunal Supremo! Para este joven ciudadano estadounidense de origen hispano, la respuesta del juez era particularmente significativa.

En su última noche en Washington, D.C. el entusiasmo y el asombro llenaban a estos chicos de once años. Dave y Mike habían conseguido una visita a la Casa Blanca para el día siguiente. ¿Quién sabe qué secretas ambiciones y sueños danzaban en las mentes de estos niños? ¿Cómo podían olvidar que su mayor deseo era ver al Presidente? Mientras esperaban en el jardín delantero, empezaron a corear «¡QUEREMOS VER A BILL!» y a esto siguió su original

*School House Roc*k: «¡Llegó KIPP a la Casa marcando el compás! ¡Llegamos leyendo, hombre, leyendo!». Un gentío se congregó en torno a los estudiantes escuchándolos mientras le cantaban al Presidente. Cantaron el Preámbulo de la Constitución y chillaron la Declaración de Independencia. Desde las azoteas los agentes del Servicio Secreto comenzaron espontáneamente a mover los brazos marcando el ritmo de los estudiantes.

Luego el presidente Clinton salió y el júbilo se apoderó de los niños. Se abrazaban, vitoreaban y aplastaban a sus maestros con frenético entusiasmo. En momento, semejante al día en que el joven Bill Clinton le estrechó la mano al presidente Kennedy en la Casa Blanca, las caras radiantes de los chicos expresaban la alegría de ese día singular y toda la esperanza de que les estaba reservado un brillante futuro.

Yo habito en la posibilidad.

EMILY DICKINSON

Al igual que Mike y Dave, usted puede abrir un mundo de oportunidades para algunos de los estudiantes con más carencias en Estados Unidos. Únase a **Teach For America** y a otros universitarios recién graduados que se comprometen a enseñar durante dos años en escuelas públicas, urbanas y rurales, de escasos recursos. Llame al 800-832-1230 o visite http://www.teachforamerica.org.

Youth Build

NARRADOR: JOHN BELL

CHANTAY HENDERSON JONES TENÍA SÓLO 14 AÑOS CUANDO Dorothy Stoneman le hizo una pregunta a ella y a sus amigos de East Harlem, que cambiaría sus vidas: «¿Qué harían para mejorar su vecindario si supieran que yo haría todo lo que estuviera a mi alcance para ayudarlos a tener éxito? Si yo les ayudara a planear el proyecto, consiguiera a otros adultos que los apoyaran, y los ayudara a recaudar dinero, ¿qué les gustaría hacer realmente?».

Fue como si Chantay y sus amigos hubieran estado esperando todo este tiempo que alguien les hiciera justamente esa pregunta:

—Arreglaría los edificios ruinosos para que los desamparados pudieran vivir en ellos —dijo uno de los estudiantes con entusiasmo.

—Arreglaría los elevadores de los proyectos de viviendas para que los ancianos no tuvieran que subir las escaleras —añadió otro pensativamente. Uno de los adolescentes terció:

—Yo haría un lugar a donde nosotros pudiéramos ir, para no tener que estar sentados en las esquinas o las calles.

—¡Eliminaría el delito! —afirmó otro con entusiasmo. Y otro más añadió:

—Construiría hermosos parques para que los niños fueran a jugar.

Cuando Chantay compartió su idea, los demás asintieron con la cabeza en señal de aprobación:

—¿Qué les parece contratar a jóvenes desempleados como nosotros para reconstruir los edificios abandonados y hacer viviendas para los que no tienen casas?

Todos convinieron en que si se les daba una oportunidad, harían mejoras permanentes, tales como arreglar edificios en lugar de limpiar las calles y los parques, puesto que estos se ensuciarían de nuevo al día siguiente. «Haríamos algo que les pudiéramos mostrar a nuestros nietos», asintieron.

Esto ocurrió en 1978, y Dorothy había estado enseñando y trabajando en la comunidad por 14 años. Ella les había dado clases a Chantay y a muchos de estos estudiantes cuando estaban en primer grado. Se sentía profundamente atribulada porque algunos de sus alumnos preferidos habían muerto de adolescentes en las peligrosas calles de la ciudad. Creía que la pérdida del talento y bondad de estos jóvenes era una vergüenza nacional que podía y debía revertirse. Tenía la certeza también de que estos adolescentes sabrían cómo ayudarla a lograr precisamente eso.

De manera que Dorothy escuchó atentamente mientras Chantay y sus amigos compartían sus ideas con ella, y se quedó impresionada de la capacidad que tenían de ver cuáles eran las necesidades de la comunidad y la energía e interés que mostraban en hacer algo al respecto. Reafirmaban la creencia de Dorothy de que los jóvenes podrían ser una fuerza vital en el mejoramiento de la comunidad, y confirmaban su deseo de fundar un movimiento nacional de jóvenes como líderes en pro de un cambio social positivo. Dorothy les pidió a Chantay y a sus amigos que se le unieran para dar los primeros pasos hacia la realización de este gran sueño.

En aquel tiempo, había muchos jóvenes desempleados en la ciudad de Nueva York. Dorothy también había descubierto que existían 10.000 edificios abandonados de propiedad municipal y 50.000 personas sin hogar que estaban viviendo en las calles de Nueva York y en los túneles del metro. Si a estos chicos se les diera verdaderos empleos, Dorothy sabía que podían contribuir a los ingresos de sus familias al igual que al bienestar de su comunidad. Creía que esta era una perfecta oportunidad para poner en práctica la gran idea de Chantay.

Fue así que Dorothy me invitó a mí, su compañero de trabajo —y marido de muchos años—, así como a otros maestros y padres, y a Chantay y sus amigos, para comenzar con un edificio abandonado en la calle 107 entre las avenidas Lexington y Tercera. Cuando comenzamos a repararlo, todo lo que teníamos eran bolsas de basura, un par de palas y una determinación resuelta.

De noche el edificio pertenecía a los borrachines que bebían y dormían allí. Así que compramos bloques de concreto y cemento y tapiamos con tablas las ventanas. Una noche iluminados por las luces del alumbrado público, pasamos cinco horas para poner 14 ladrillos. Usábamos el agua de una boca de incendios que quedaba a dos cuadras de distancia para mezclar el cemento en un balde pequeño. Pero los "inquilinos" nocturnos echaron abajo los ladrillos y tomaron el lugar de nuevo. Lamentablemente nos vimos obligados a abandonar ese edificio, pero lo apuntamos como una «experiencia de aprendizaje».

Durante los próximos seis meses, Dorothy prosiguió intentando recabar apoyo de diferentes líderes comunitarios y organizó varios proyectos de voluntarios. Conseguimos que East Harlem Block Schools, una escuela controlada por los padres donde habíamos trabajado durante muchos años, conviniera en darnos albergue a nosotros y a nuestro Programa de Acción Juvenil (YAP por sus siglas en inglés). Pusimos nuestras ideas en una propuesta y recibimos una donación del gobierno federal para comenzar. Nuestro primer proyecto oficial fue rehabilitar un edificio de seis pisos en la Segunda Avenida y la calle 119.

Fue un trabajo enorme que nos tomó cinco años terminarlo. Tuvimos que tirar abajo el viejo inmueble antes de construir el nuevo. Día tras día, los jóvenes nos ofrecieron voluntariamente su tiempo y su energía: una tarea ardua, que nos llenaba de satisfacción. Al final de cada día, estos adolescentes se sentían orgullosos de su contribución al vecindario. Y en el proceso de reconstruir el edificio, muchos de ellos rehicieron sus propias vidas. Para los jóvenes desamparados que trabajaban en el proyecto, el edificio se convirtió en su nuevo hogar. Para otros significó la oportunidad de hacer un cambio significativo. Como uno de los jóvenes lo diría: «el edificio era como yo, todo revuelto en su interior. Pero lo limpiamos, lo arreglamos, y ahora está nuevo, ¡tal como yo!».

A lo largo de los años, Chantay y sus amigos también trabajaron para hacer realidad sus otros sueños. Además de rehabilitar el edificio, construyeron un parque, organizaron una patrulla para prevenir delitos, crearon un «Hogar lejos del hogar» para adolescentes desamparados y un centro de atención infantil para hijos de madres solteras que trabajan. Comenzaron también una escuela de liderazgo y organizaron el congreso de la Juventud de East Harlem.

No había pasado mucho tiempo antes de que el YAP se hiciera famoso por darles a los jóvenes la oportunidad de hacerse líderes de sus barrios. Los adolescentes aprendían allí a convertir sus ideas en planes de acción, y a desarrollar un buen sentido respecto a cómo ponerlos en marcha con la orientación de adultos experimentados. Ellos ayudaban a tomar todas las decisiones, contratando el personal de oficina, dirigiendo el programa e incluso ayudando a Dorothy a decidir respecto a los planes de acción. En el proceso, demostraron cuán poderosa autoridad podían ser los adolescentes para promover el cambio social... si se les daba una oportunidad.

Luego empezaron a pensar realmente en grande. Si pudieron mejorar las cosas en East Harlem, ¿por qué no en toda la ciudad de Nueva York? Su congreso de la Juventud de East Harlem inició una red de organizaciones comunitarias, llamada la Coalición para $10 millones, para persuadir al Consejo Municipal de Nueva York de que le otorgara fondos a programas como YAP a través de toda la ciudad. Centenares de jóvenes testificaron en el Ayuntamiento, pidiendo recursos para reconstruir sus arruinados vecindarios. Los concejales quedaron impresionados por sus antecedentes, así como por su sinceridad y su genuino llamado de auténticos empleos para reconstruir sus comunidades.

Hacia 1988, se recibían llamadas de todo el país de personas que querían poner a jóvenes a arreglar viviendas para los desamparados. Fue así que lanzamos nuestro modelo a nivel nacional y lo llamamos YouthBuild. Trabajamos con los organizadores de la comunidad local en otras ciudades que querían reconstruir sus comunidades al igual que los jóvenes de East Harlem lo habían hecho. Existen ahora 108 programas de YouthBuild en 38 estados, que ponen a trabajar 4.600 jóvenes cada año. Y nuestra red se ha extendido a 650 organizaciones en 49 estados que solicitan fondos federales. Con el paso de los años, la Coalición

YouthBuild ha recaudado $158 millones en fondos federales para emplear y adiestrar a decenas de miles de jóvenes en los proyectos de rehabilitación de viviendas. Un estudiante en ese primer proyecto de East Harlem predijo nuestro futuro cuando dijo: «Hay mucho amor en el Programa de Acción de la Juventud, y algún día vamos a extendernos por todo el mundo».

Chantay es ahora la coordinadora del proyecto para un programa de rehabilitación de drogas en Brooklyn, y utiliza muchas de las habilidades de liderazgo que adquirió durante sus años en el Programa de Acción de la Juventud: escribir, negociar, instar a la gente a pensar, y movilizar a las comunidades. Estando parada en la calle 119 y la Segunda Avenida, mirando al primer edificio que ella ayudó a reconstruir hace casi veinte años, Chantay afirma: «Hay un viejo proverbio africano que dice: criar a un niño es tarea de toda una aldea. Bueno, también es tarea de un niño levantar una aldea —dice ella—. Todo el mundo, no importa cuán joven o cuán viejo sea, tiene una responsabilidad de ayudar a su comunidad. Los jóvenes pueden tomar la delantera».

Cuando me atreva a ser poderosa:
a poner mi energía al servicio de mi visión,
entonces se hará cada vez menos importante el tener o no miedo.

AUDRE LORDE

¿Quiere unirse al **YouthBuild**, el movimiento de jóvenes adultos que reedifica viviendas para personas sin hogar y de bajos ingresos a adquirir mayor experiencia académica y asumir el liderazgo para mejorar sus vidas y las de sus comunidades? Llame a **YouthBuild USA** al 617-623-9900.

Navidad en abril

NARRADORA: SKYE TRIMBLE

ERAN LAS 3.30 DE LA MAÑANA Y FRANCES VAUGHN HABÍA acabado de terminar su turno en el *Washington Post*. Tenía las manos manchadas de tinta de las horas que llevaba ordenando papeles. A la luz de la luna, se apresuraba a tomar el último autobús de la noche. Sosteniéndose firmemente de la mano del chofer, Francis subió al autobús, se sentó en el primer asiento vacío y cerró sus cansados ojos. Para pasar el tiempo, comenzó a tararear quedamente una tonada. El ruido del motor no tardó en cambiar. La agotada mujer sabía que su parada estaba cerca. Luego que el conductor la ayudara a bajar, Frances se lo agradeció con la mirada. Siguió las luces del alumbrado público hasta llegar a su casa y comenzó a subir las escaleras. Esos condenados peldaños. Con dos rodillas artificiales, constituía un verdadero esfuerzo para Francis. Lo había hecho antes y lo volvería a hacer, pero a los 72 años, no era nada fácil.

Francis se fue a la cama esa noche pensando en su futuro. Tendida en su viejo colchón le pasó la vista a la ruinosa habitación. Con el transcurso de los años, su casa se había ido cayendo a pedazos a su alrededor. Ojalá pudiera ocuparse de ella como solía hacerlo antes de enfermarse. Odiaba la idea de mudarse a un hogar de ancianos o el tener que irse a vivir a las calles. Esa noche, como siempre lo hacía, Francis rezó con un corazón lleno de esperanza.

Ignoraba que por la mañana sus oraciones serían respondidas. Se despertó con una sorprendente llamada telefónica de Patty Johnson, la cofundadora de Christmas in April USA. Durante los últimos 10 años, la institución que ahora cuenta con más de 205 sucursales en todo el país, ha estado organizando voluntarios, reavivando la tradición de prestarles ayuda a los vecinos. La «especialidad de su ayuda» era justamente la de reparar los hogares de familias de bajos ingresos.

Frances se quedó pasmada, envuelta en su bata de franela, mientras escuchaba el desbordado entusiasmo de Patty por teléfono: «Un sábado de abril cada año, enviamos nuestro equipo a hogares de todo el país —le explicó—. Para la hora de la cena, a vecinos como usted se les habrá devuelto un poco de comodidad y seguridad a sus vidas. ¡Este año nos gustaría ir a visitar su casa!».

Frances se quedó callada por un instante. Indagó en sus recuerdos por un momento y se dio cuenta de que, en todos sus años, nadie jamás la había ayudado en su casa. La noticia de Patty Jonson le sonaba como una música celestial. «¡Este es un día extraordinario!», le respondió Frances a Patty, y colgó el teléfono sin salir de su asombro. El corazón se le aceleraba según aumentaba su entusiasmo, de sólo pensar en las reparaciones que había esperado por tanto tiempo.

Luego, el último sábado de abril, treinta enérgicos voluntarios llegaron a la puerta de Frances. Portaban materiales donados por patrocinadores corporativos como Home Depot. Siguiendo las instrucciones de Patty Johnson, ¡encarnaban en puro vivo el espíritu de los ensambladores de antaño! Como Frances tan bien lo definiera: «Echaron mi casa abajo y juntos la levantaron otra vez, ¡como si fuera nueva!». Con Frances de testigo entusiasta, un equipo de voluntarios se reunió para arreglar la parte más importante de la casa: la escalera. Hicieron la baranda lo más fuerte posible, para que Frances pudiera subir y bajar con más facilidad. Ya con todo lo que Christmas in April había hecho, ella se habría sentido feliz. Pero esos chicos le tenían reservada a Francis mayores sorpresas.

Mientras algunos le remendaban el techo, otros ponían las losas y alfombras. Otros aportaron seguridad a su casa con un nuevo cerrojo, un horno y un detector de humo. Los voluntarios plantaron un césped y un árbol de sombra.

Todos los rincones de la casa se llenaron de sonrisas y relatos cantados por las voces de Christmas in April. Cualquiera que pasara por la 'familia del barrio' vería a todos los segmentos de la comunidad trabajando. Los chicos de la calle trabajaban codo con codo con voluntarios como la Junior League. Estas damas bien relacionadas se unían todos los años a la causa en comunidades de todo el país. «Cambian sus guantes blancos por la pintura blanca», diría Patty. Ellas añaden sus habilidades organizativas mientras otros aportan sus músculos. «Todo procede de gente solícita —dice Patty—; no hay barreras, ni gente de oficina ni trabajadores, sólo personas. Así es como debe ser». Hasta el presidente Reagan envió al personal de la Casa Blanca a remover la vieja pintura y aplicar nuevas capas de pintura blanca.

Un adolescente se sentó afuera con Frances, respirando el aroma dulzón de la hierba nueva. Le contó cómo Patty Johnson provenía de un hogar pobre y había crecido con la determinación de ayudar a la gente a sentirse segura en lo suyo. Una sonrisa le afloró el rostro mientras él describía su trabajo como «milagros de la construcción, una casa a la vez». Frances se quedó impresionada cuando le explicó que su enérgica líder había trabajado tiempo adicional en el sótano sin calefacción de su casa, hasta hacía casi 10 años, sólo para lograr que el programa se extendiera por toda la nación. Frances sintió una profunda gratitud… y una verdadera hermandad con el animoso espíritu de Patty.

Esa noche, todo el mundo se reunió fuera de la hermosa casa renovada de Frances. Mientras subía las escaleras llena de orgullo, sosteniéndose de la nueva baranda, sus nuevos amigos coreaban: «¡Fran-ces! ¡Fran-ces!» Ella no podía creer lo que *Christmas in April* había creado en un solo día. Se sentía agradecida que su mayor ilusión, permanecer en su propia casa según envejecía, se hubiera convertido en realidad. Nunca olvidaría a aquellos voluntarios que le regalaron el día más feliz de su vida.

El mundo necesita gente amiga como tú.
En este mundo turbulento, es maravilloso encontrarse a alguien que aún tiene tiempo de ser amable. Alguien que aún tiene la fe de creer que cuanto más se da, más se recibe.
Alguien que esté dispuesto de pensamiento, palabra y obra a tender una mano
en los tiempos de la adversidad.

HELEN STEINER RICE

Pase el último sábado de abril con miles de voluntarios de **Christmas in April** rehabilitando las casas y renovando las vidas de los ancianos. Llame al 202-483-9083 para incorporarse a una de las 580 comunidades que existen en la nación.

Abriendo corazones

Narradora: Elaina Verveer

Mientras la mayoría de los ancianos de setenta y nueve años se han acogido a la jubilación, Louise Jackson está demasiado ocupada para ni siquiera pensar en acortar el paso. Con cuatro hijos, siete nietos y setenta y siete tataranietos, dedica su tiempo a ocuparse de los niños abandonados en la capital de la nación. No espere que ella se detenga próximamente; en su opinión, su trabajo apenas acaba de empezar.

En realidad, comenzó cuando ella tenía aproximadamente ocho años de edad. Louise acompañaba a su bisabuela, una comadrona que asistía partos de mujeres pobres. Con frecuencia le daban la responsabilidad de acunar a los recién nacidos, por lo que ella aprendió a atender a los pequeñitos desde temprana edad. A lo largo de los años, dejó instintivamente que este cuidado llegara a ser una parte importante de su vida.

En la actualidad, como voluntaria del Programa de Abuelos Adoptivos del Distrito de Columbia, Louise trabaja con familias afectadas por el abuso infantil. Enseña a los adultos destrezas de la paternidad y los ayuda a encontrar empleo. Pero el mayor don de Louise es su amor por los niños. «Cada niño merece ser amado —dice—. Si me encuentro con niños cuyas lágrimas las causa el abandono, los ayudo a abrir su corazones para que puedan amar otra vez».

En 1985, Louise hizo precisamente eso por una pareja de mellizos, Phyllis y Phillip, y su madre soltera. En su primer encuentro, Louise advirtió los ojos ensangrentados y las venas ennegrecidas de la madre. Vio los miembros vendados de los niños y sus caritas llorosas. Percibiendo la magnitud del reto a que debía enfrentarse, Louise dedicó los próximos meses a ayudar a esa atribulada familia.

Le dio a la madre lecciones de cocina y asesoría sobre adiestramiento laboral. Pero la joven mujer, abrumada por su vida difícil, siguió poniendo su adicción a las drogas por encima de las necesidades de los niños. Louise se sentía indignada por haber encontrado a los bebés solos y hambrientos varias noches cada semana. Sabía que sus pañales sin cambiar y sus estómagos vacíos eran señales de un problema mucho más grave. Cuando su madre fue encarcelada por posesión de drogas y abuso infantil, los mellizos se quedaron sin nadie que cuidara de ellos.

Louise sufría cada vez que veía a niños que arrojaban al azar en hogares adoptivos. «¿No habían sufrido ya bastante estas dos criaturas?». En lugar de permanecer ociosa, ella dio el salto de la fe. Louise sabía que lo que los mellizos necesitaban más que nada era una madre. Aunque en ese momento ella tenía 70 años, aceptó la sugerencia del juez de adoptarlos oficialmente. «Sentí dentro de mi alma que ellos me habían sido destinados —dice—. Desde el principio, los quise como si fueran míos».

Fue su singular amor por estos niños lo que ayudó a Louise a pasar por el difícil y lento proceso de adopción: su amor y la memoria de como ella había descubierto a los mellizos: metidos en una cunita y con las caras rojas de las horas que llevaban llorando. Gracias a la valiente dedicación de Louise, los síntomas del abandono ya han desaparecido y los niños se desarrollan bien.

Hoy día, Phyllis y Phillip están felices y saludablemente insertos en los rituales de una niñez normal. Cuando no están estudiando Ortografía o sacándose una «A» en Aritmética, se les puede encontrar jugando fútbol en el jardín, cantando en el coro de la iglesia, o imaginando sus futuros: la niña como bailarina y el varón como agente de la policía. Ellos también demuestran lo mucho que se quieren abrazándose, dándose la mano y chocándose alegremente las palmas.

Louise está decidida a brindarles a Phyllis y Phillip una sólida formación y un futuro esperanzador. Dedicada activamente a la educación de sus hijos, se asoma por encima de los niños mientras leen sus libros de cuarto grado. «Ayuda a los niños con sus tareas y les aconseja sobre su futuro —dice Constance Todd, directora del Programa de Abuelos Adoptivos—. Los recoge en la escuela y hace todo lo que una madre haría por sus hijos». Pero Louise es más que una madre. Pese a los muchos años que lleva ejerciendo la maternidad, todavía se acuerda de cómo era ser un niño. Eso la convierte en una amiga.

¿Qué espera Louise a cambio de todo lo que ha hecho? «Ver a mis angelitos subir al estrado y recibir sus diplomas —dice—. Eso significaría que hice mi tarea. Después de todo, ¿qué más podría desear una madre?». Imagine lo que habría sido de los mellizos si Louise hubiera creído que era demasiado vieja para darles la oportunidad de un cambio. Al contrario, mientras ella viva, estará dando el mayor don que cualquiera puede dar: el don del amor.

Puede que no sea la noticia del día
el que un abuelo adoptivo tome de la mano a un niño
que nunca ha tenido a nadie que le tienda una mano, excepto con
violencia.

Puede que no sea el tema de que la gente escriba,
cuando las personas mayores comprenden que ellos también tienen
algo que seguir dando,
pero incontables norteamericanos se benefician de sus acciones
todos los días.

HILLARY RODHAM CLINTON

Si usted tiene más de 60 años y ama a los niños, llame al Programa de Abuelos Adoptivos (**Foster Grandparent Program**) al 800-424-8867 para que le informen de la oficina que le quede más cerca. Únase a los 24.000 estadounidenses mayores de 60 años que ayudan a 80.000 niños en escuelas, hospitales, instituciones, programas de aceleración y guarderías infantiles a través de los Senior Corps.

Para ayudar a otros a ver

Narrador: Ram Dass

Si usted se encuentra en el momento de su vida en que se dispone a crecer, a llevarse un poco adelante, a abrir su corazón a una compasión más profunda, visite el Hospital Oftalmológico Aravind en Madurai, India. Ofrézcase de voluntario por el tiempo que le venga bien. Incluso una semana resultaría, como hice yo. Luego observe con asombro cómo el Dr. V, o Thulasi, su segundo al mando, encuentra un lugar para usted.

En su tiempo «libre», no deje de estar a las 6 de la mañana en la sala de espera del hospital cuando el Dr. V deambula en el río de la humanidad. Cientos de campesinos de pie en cola esperan pacientemente por atención ocular barata, con frecuencia gratuita, en consulta externa. En un ala contigua, largas colas de ciegos y semi-ciegos, guiados por amigos y parientes, esperan la milagrosa cirugía de 10 minutos que les devolverá la vista. O asista a la hermana del Dr. V, una notable cirujana oculista por derecho propio, en el momento en que, luego de seis horas de cirugía, dirige un aula de enfermeras en meditación y cánticos.

Después de que haya deambulando lo bastante para comenzar a entender lo que este hospital realmente significa, pregúntele al Dr. V si pudiera asistir a una de sus sesiones de familia los domingos por la mañana, con sus hermanos, hermanas, sobrinas, sobrinos, parientes políticos y todos los niños. Cada semana un niño diferente presenta algo: podría ser uno de los relatos sagrados de la India a través de los cuales el pueblo hindú contempla sus valores y los incorpora en sus vida; o un tema político, un problema de salud pública mundial, un asunto del medio ambiente o de la familia. Luego de la presentación, las tres generaciones se sientan a conversar y discutir el modo en que pueden poner en práctica los valores que se han destacado en la presentación.

El Dr. V es un héroe para estas personas por aliviar y curar la ceguera evitable en el mundo. Ha recibido los más distinguidos honores y es el líder de este gigantesco complejo hospitalario oftalmológico de fama mundial. Un tipo extrañamente cautivador —de manos y pies deformados por la artritis, un arrugado traje gris, y setenta y tantos años de edad—, es un perfecto figurín al mismo tiempo: un brillante espejo de compasión para todos. Su obra no es sólo una respuesta a las grandes necesidades que ve a diario; está motivada por su creencia en que «la inteligencia y la capacidad no bastan para solucionar nuestros problemas. Debe existir el júbilo por realizar algo bello».

En el ámbito de la sala de espera al amanecer, el Dr. V es simultáneamente el aldeano que una vez fue, y sigue siendo, y el extraordinario restaurador de la salud en que se ha convertido. Por un momento, descansa su mano en el brazo de una anciana atemorizada con intención de tranquilizarla. Le explica el procedimiento quirúrgico a un hombre. Saluda con la cabeza a la gente y mantiene la cola en movimiento. Les advierte a los niños que sean cuidadosos de los otros cuando jueguen. Él es tanto un anciano de la aldea como el jefe del hospital. También supervisa al personal del hospital, insistiendo en la impecabilidad del servicio: dirigiendo su notable institución compasiva con una mirada, una palabra, una presencia callada, una sonrisa. Como Gandhi dijo una vez, «mi vida es mi mensaje». De manera que la mezcla de ser y de hacer es el mensaje del Dr. V., quien busca continuamente ser un instrumento para imbuir el mundo físico del Espíritu Viviente.

«En la actualidad, India cuenta con 13 millones de personas innecesariamente ciegas —dice el Dr. V—. La inteligencia y capacidad no bastan para resolver nuestros problemas. Debe existir el júbilo de realizar algo bello. Si usted deja que la fuerza divina fluya a través de usted, llevará a cabo cosas mucho más grandes de las que hubiera imaginado».

El Dr. V y su personal hacen 92.000 cirugías de cataratas al año y atienden alrededor de 85.000 pacientes en consulta externa. Eso es más de 300 cirugías y 2.800 pacientes que se inscriben y son atendidos cada día. En la Fundación Seva, cientos de nuestros miembros ayudan a sostener a personas excepcionales como el Dr. V. y su noble labor en las comunidades pobres de todo el mundo. La Clínica Aravind se ha convertido en una fábrica de asistencia para los seres humanos. El alto edificio de cemento y acero y las grandes ventanas de vidrio plateado son un deslumbrante monumento a la tecnología occidental, pero también, como el mismo Dr. V, una mezcla de ser y de hacer.

A partir de mis experiencias con el Dr. V. y la familia Aravind, he profundizado mi comprensión de un dogma básico de la Fundación Seva: que uno no debe separar el hacer del ser, ni el ser del hacer. En Madurai me encontré inmerso en una demostración de la exitosa integración de estos dos aspectos de la vida: las acciones que conllevan la más diestra experiencia y tecnología, equilibradas con corazones solícitos arraigados en una dulce presencia espiritual que recibe a todas las almas de nuestros semejantes. Es una gran lección.

¿Quiere ayudar a restaurar la vista de personas en India, Nepal y Tibet; ayudar a indígenas en Guatemala y en Chiapas, México, a preservar su cultura y a construir comunidades sostenibles; mantener el desarrollo de un enfoque total en el tratamiento de la diabetes en los indios norteamericanos, o asistir a un retiro para activistas sociales? Llame a la **Seva Foundation** al 510-845-7382.

Pequeñas acciones para grandes cambios: el ayuno de Oxfam

NARRADORA: SARAH BACHMAN

NATHAN GRAY CREÍA QUE LAS PEQUEÑAS ACCIONES PODÍAN provocar grandes cambios. Este organizador comunitario de 25 años de edad había visto ese principio en marcha. Durante cuatro años él había vivido como un voluntario, trabajando con los pobres en América Latina. En Guatemala, le impresionó la suave fortaleza y determinación de un líder de pueblo, Francisco Basival. Bajo su liderazgo, el pueblito se había organizado apaciblemente y había logrado metas que una vez parecieron imposibles, como la reintroducción de la técnica maya de plantar una variedad de juncia para estabilizar la irrigación de las cuestas.

De regreso a los Estados Unidos, Nathan pensaba en Francisco. Aunque pobre y carente de educación, era un genio logrando que la gente se ayudara a sí misma mientras se mantenía todo el tiempo trabajando en las anonimidad. Debía haber un modo de ayudar a los estadounidenses a comprender a gente como Francisco y a simpatizar con ellos. «Debe haber un modo de hacer que la gente adquiera un mayor sentido de pertenencia, de humanidad», pensaba Nathan. Él había leído acerca de Mohandas Gandhi, cuyo modo de expresar su descontento con el régimen y la injusticia de los británicos había sido simplemente dejar de comer. Los británicos coloniales odiaban la sencillez de Gandhi, sus multitudinarias manifestaciones y sus ayunos, pero finalmente se dieron por vencidos, concediéndole la libertad a la India en 1947.

«Tal vez los estadounidenses se compadecerían de los pobres si ayunaran —pensaba Nathan—, si compartieran su diaria experiencia de hambre, incluso por un día». Un ayuno podría ayudar a las personas en la opulenta sociedad estadounidense a conectarse con líderes populares como Francisco en el tercer mundo. Si las personas fueran alentadas a ayunar durante un día en solidaridad con personas como ellos, podrían donar el dinero que ahorraran en apoyo de proyectos de auto sostén en países pobres. El sentimiento de conexión beneficiaría a todo el mundo. «Hagamos un gran ayuno —pensó Nathan—. Conseguiremos que muchísima gente ayune, recaudando dinero y captando conciencias».

Oxfam-America, la organización internacional que Nathan ayudó a comenzar en Massachusetts, se había enterado de que Oxfam-England había auspiciado pequeños ayunos durante años. Sin embargo, la junta de Oxfam-America, a la sazón un grupo pedantesco, creía que un ayuno grande y organizado sería algo demasiado indigno. En lo que a los miembros de la junta respectaba, la idea resultaba inadecuada. Pero Nathan seguía empeñado en realizar su meta.

Él propuso un nombre —El Ayuno por una Cosecha Mundial— y fijó una fecha con antelación: una semana antes del día Acción de Gracias. Para pagar por la publicidad, vendió tarjetas de felicitaciones y cestos hechos por agrupaciones del Tercer Mundo sustentados por Oxfam. Luego tuvo un golpe de inspiración: todas las grandes religiones proponen el ayuno como un medio de limpiar el alma y de concentrar el pensamiento en los humildes elementos de la vida. Nathan envió una carta circular a 10.000

capellanes universitarios, invitándoles a participar. Los capellanes respondieron inmediatamente. En todo el país comenzaron a organizar ayunos, actividades de enseñanza y recaudaciones de fondos.

Para crear el ayuno más gigantesco de Estados Unidos, Nathan se dio cuenta de que necesitaba correr la voz: visitó la AP y la UPI, las más grandes agencias de noticias; el *New York Times* y CBS, que entonces transmitía el noticiero de la noche con mayor número de televidentes, dirigido por Walter Cronkite, el comentarista preferido de Estados Unidos. El padre de Nathan, un abogado de aspecto distinguido, acompañó a su hijo para prestarle credibilidad y apoyo.

La idea prendió fuego. Anthony Lewis, el columnista sindicado del *New York Times*, abrazó el ayuno y lo promovió en su columna. El *Times* lo respaldó, mencionando la diminuta Oxfam-America junto a organizaciones benéficas mucho más importantes. Walter Cronkite dedicó un sorprendente segmento de 4 1/2 minutos al ayuno en el noticiero de la noche.

Finalmente, llegó el gran día. Fue el jueves anterior al Día de Acción de Gracias de 1974, cuando 250.000 personas se unieron para renunciar a las comidas de todo un día. El ayuno fue un éxito gigantesco generándole una enorme publicidad a Oxfam-America y casi $1 millón de dólares en donaciones. A partir de una idea pequeña, el ayuno creció hasta convertirse en una causa nacional, especialmente en los recintos universitarios.

El ayuno de Oxfam prosigue hoy, un cuarto de siglo después. Sigue siendo el mayor ayuno no religioso de Estados Unidos, y es practicado con entusiasmo, particularmente en cientos de universidades. Ha generado muchos millones de dólares, que han ayudado a facultar a líderes como Francisco. En el mundo de hoy, muchos estudiantes piensan: «el hambre del mundo es un problema abrumador. ¿Qué puedo hacer?». Sin embargo, cuando participan en el ayuno se sienten conectados con personas reales que están haciendo un trabajo real; en él encuentran inspiración y esperanza.

Un par de años tras el primer ayuno, Nathan percibió el impacto inmediato de su trabajo. Un gigantesco terremoto acababa de ocurrir en Guatemala, matando a 30.000 personas en la capital, Ciudad de Guatemala. Entregó algunos suministros de socorro de Oxfam y trabajó con Francisco para distribuirlos. Juntos sacaron cadáveres de los escombros, restauraron los techos de las casas. Era un trabajo agotador, pero se alentaban el espíritu mutuamente. Luego de dos largos y exhaustivos días de tensión emocional y física, Nathan y Francisco estaban sentados juntos una noche. Ambos estaban demasiado cansados para dormir. De repente, Francisco, un hombre de pocas palabras, se atrevió a hacer una pregunta. «¿De quién es el dinero que nos está ayudando a recobrar y reconstruir después de este terremoto?», preguntó.

Nathan escogió las palabras para explicarle el ayuno: «Pues, mucha gente dejó de comer un solo día. Luego tomaron el dinero que se habrían gastado en comida, y lo donaron a Oxfam para que se lo diéramos a personas como ustedes». Francisco lo miraba asombrado: «¿Por qué la gente en el país más rico del mundo habría de dejar de comer?», preguntó. Desistiendo de la respuesta lógica, Nathan le habló con el corazón: «Queríamos qué supieran cuánto nos importan ustedes y cuánto los respaldamos», le dijo. Se levantaron y se abrazaron con lágrimas en los rostros polvorientos. Al día siguiente trabajaron juntos con nuevos bríos, sabiendo que ellos iban cambiando las cosas paso a paso.

En lugar de estar pensando ¿cómo me gano la vida?...
¿cómo sobrevivo?...
deberíamos deci: ¿cómo utilizo mi experiencia
para poder ayudar a toda la humanidad?

R BUCKMINSTER FULLER

El lanzamiento anual del Ayuno por la cosecha del mundo, de **Oxfam-America**, es el jueves anterior al Día de Acción de Gracias. Para organizar una experiencia o actividad de aprendizaje en su iglesia, escuela, universidad o compañía, llame al 800-597-FAST.

Kennedy y el Cuerpo de Paz

NARRADOR: HARRIS WOFFORD

«NO PREGUNTES LO QUE TU PAÍS PUEDE HACER POR TI: pregunta lo que tú puedes hacer por tu país». Con estas palabras, el joven presidente lanzó lo que ha llegado a ser una de las invenciones sociales más exitosas del siglo XX: los Cuerpos de Paz.

Cuando John Kennedy dio a conocer la idea de los Cuerpos de Paz, las circunstancias no ofrecieron ningún indicio de que se trataba de un acontecimiento histórico. Fue en las últimas semanas de la campaña presidencial de 1960, y luego de un debate con Richard Nixon en la televisión, Kennedy viajó a la Universidad de Michigan. No se suponía que hablara, pero aunque eran casi las dos de la mañana, una multitud de 10.000 estudiantes y miembros de la facultad esperaba su llegada.

Motivado por la multitud, Kennedy decidió hablarles. Retó a los estudiantes a usar su adiestramiento académico como maestros, médicos e ingenieros para ayudar a personas de países remotos. «¿Cuántos de ustedes están dispuestos a pasar cinco o diez años en África, América Latina o Asia trabajando para los Estados Unidos y para la libertad?»

La respuesta fue una entusiasta ovación. A la mañana siguiente dos estudiantes posgraduados, Alan y Judy Guskin, se sentaron en la cafetería de los estudiantes y escribieron una carta al periódico de la universidad pidiéndoles a los lectores que se les unieran en la labor por un Cuerpo de Paz. Su teléfono sonó día y noche con ofertas de ayuda.

Al cabo de unos días, 1.000 estudiantes habían firmado una petición diciendo que se ofrecían de voluntarios si se formaba un Cuerpo de Paz.

Las noticias de la petición de los estudiantes se propagó por la campaña de Kennedy. Alentado por esta espontánea manifestación de apoyo, Kennedy decidió hacer un importante discurso en San Francisco para expandir la idea. En el Cow Palace, prometió que si resultaba electo, crearía un Cuerpo de Paz de hombres y mujeres talentosos que «pudieran realizar modernos milagros por la paz en docenas de naciones subdesarrolladas».

A su regreso de San Francisco, con rumbo a Washington, Kennedy se reunió con los estudiantes de Michigan. Ellos le presentaron sus peticiones y Kennedy se quedó impresionado con la larga lista de nombres. Cuando comenzó a poner las peticiones en su auto, él percibió alguna desazón de parte de los Guskins. «¿Quieren que se las devuelva, verdad?», les preguntó. Esto era antes de que se hubiera inventado la fotocopiadora y ellos no tenían más que un ejemplar de los nombres y direcciones.

Mientras los estudiantes compartían sus ideas acerca del Cuerpo de Paz con los asesores de Kennedy, les dijeron: «Ustedes serán los primeros en ir, ¡se los prometemos!». Y algunos de ellos lo fueron: Judy y Al Guskin estuvieron entre los primeros voluntarios enviados a Tailandia.

Las promesas de las campañas con frecuencia se olvidan, pero no ésta. Luego que Kennedy resultara electo, la Casa Blanca recibió más correspondencia sobre el Cuerpo de Paz que de ningún otro asunto, y el proyecto fue muy popular en las encuestas de opinión. Pero el apoyo a la idea distaba de ser universal. El presidente Eisenhower lo des-

cartó como un «experimento juvenil» y los periodistas lo til-
daron de «ejército de niños» (Kiddie Korps).

Pocos esperaban que los jóvenes de la "generación
silenciosa" se presentaran de voluntarios, o que pudieran
hacer una contribución significativa si lo hacían. Pero Kennedy sabía que los jóvenes responderían al reto. A la pregunta de un reportero escéptico, uno de los primeros
voluntarios de los Cuerpos de Paz dijo: «Nadie antes me
había pedido hacer algo altruista, patriótico y por el bien
común. Kennedy lo pidió».

El presidente Kennedy nombró a su cuñado, Sargent
Shriver, para que organizara el Cuerpo de Paz. Shriver
bromeaba de que Kennedy lo había escogido porque era
más fácil despedir a un pariente que a un amigo político,
pero ciertamente Kennedy no podía haber hecho mejor
elección. Shriver fue un hombre de visión y sentido práctico con increíble energía e imaginación. Sabía que los
Cuerpos de Paz tendrían solamente una oportunidad de
funcionar: «Como con el paracaidista, el paracaídas tiene
que abrirse la primera vez», solía decir. Él propuso un
comienzo grande y audaz para despertar el interés de los
posibles voluntarios y del público.

Fui afortunado de estar en el equipo que Sargent Shriver
preparó para convertir la idea de Kennedy en un programa
real. La premisa de Shriver era nunca aceptar una negativa
como respuesta. Cuando les preguntó a los expertos del
Departamento de Estado cuánto tiempo tomaría enviar los
primeros voluntarios al extranjero, calcularon que por lo
menos dos años y medio. Shriver respondió: «Vamos a demostrarles que en cinco meses tendremos 500 voluntarios en por
lo menos cinco países». Y eso fue exactamente lo que ocurrió.

Vencer a la burocracia se convirtió en la táctica crítica de este juego. «Ustedes tuvieron un buen día hoy —un experto de la administración pública que nos ayudaba nos comentó irónicamente una tarde—. Han contravenido catorce leyes». En lugar de esperar que el Congreso aprobara una ley, recomendamos que Kennedy creara el Cuerpo de Paz mediante un decreto ejecutivo como un proyecto experimental y luego solicitara la legislación. Él estuvo de acuerdo, y el 1 de marzo de 1961, seis semanas después de que jurara el cargo, nacieron el Cuerpo de Paz. En su discurso sobre el Estado de la Unión pronunció: «Nada lleva el espíritu del idealismo estadounidense y expresa mejor y más efectivamente nuestras esperanzas hasta los más remotos rincones de la tierra que el Cuerpo de Paz».

Desgraciadamente, Kennedy no vivió para ver el Cuerpo de Paz llegar a tener 15.000 voluntarios. Desde 1961, aproximadamente 150.000 estadounidenses han servido en más de 100 países en el Cuerpo de Paz. Millones de personas en Asia, África y América Latina ahora disfrutan de mejor educación, agua potable, tierra más productiva y mayor prosperidad económica gracias a sus servicios. En la actualidad el Cuerpo de Paz trabajan en la antigua Unión Soviética y en la China comunista. Siguen ofreciendo un adiestramiento a nivel mundial a ciudadanos de primera: voluntarios que regresan a su patria con la experiencia y la resolución de ayudar a resolver los problemas de Estados Unidos.

Otra gran esperanza del Presidente al fin está comenzando a realizarse. Después de despachar a los primeros voluntarios del Cuerpo de Paz desde el jardín de la Casa Blanca, el presidente Kennedy dijo: «La lógica de esta idea

es que algún día la traeremos de vuelta a Estados Unidos».
Al fin ese día ha llegado.

En la actualidad 25.000 estadounidenses de todas clases y profesiones, la mayoría de ellos jóvenes, están enseñando a niños, combatiendo el delito, construyendo casas
y limpiando el medio ambiente a través del servicio de
AmeriCorps. Creado por el Congreso y el presidente Clinton en 1993, a AmeriCorps con frecuencia se le llama
«el Cuerpo de Paz Nacional». Ciertamente, al crear Ameri-
Corps, a menudo buscamos orientación en la experiencia
del Cuerpo de Paz, quienes sentaron el precedente para
que el gobierno desempeñara un papel vital en la creación
de oportunidades para que ciudadanos puedan servir su
país en programas comunitarios locales bajo la dirección
del liderazgo local.

El secreto del éxito estadounidense siempre se ha
debido a la creencia en que se pueden efectuar cambios,
mejorar las cosas, y resolver problemas más graves si se
trabaja en cojunto. Mediante el Cuerpo de Paz, hemos
estado propagando ese espíritu alrededor del mundo. A
través de AmeriCorps, estamos renovando ese espíritu aquí
en el país. Al entrar en un nuevo siglo lleno de retos, debemos hacer todo lo que podamos por conservar ese espíritu
constante y creciente.

La aldea global

¿Cuál es esta fascinación que tenemos con la gente de tierras extrañas, y ellos con nosotros? ¿Es tan sólo su rica cultura, su música y sus danzas vivaces, sus comidas exóticas y sus festivales pintorescos? ¿Es tan sólo nuestro rico estilo de vida, nuestras comidas preparadas al minuto y las películas llenas de acción, los planes para hacer dinero y las conveniencias modernas? ¿O es nuestro sentido de humanidad compartida, nuestro deseo de aprender los unos de los otros y nuestro espíritu generoso, los que nos hace mutuamente hospitalarios en nuestros hogares y en nuestro mundo?

MARSHALL MCLUHAN PREDIJO QUE LA GENTE DE TODO EL mundo llegaría a vivir un día en una «aldea global» gracias a la capacidad de la tecnología moderna de transmitir información instantáneamente. Mientras los medios de prensa nos informan acerca de nuestros vecinos del extranjero, con demasiada frecuencia sólo oímos hablar de nuestras crisis nacionales, nuestros problemas políticos y nuestros desastres ambientales. A veces estas inquietantes noticias nos abruman, nos llevan a «la fatiga de la compasión» y a preguntarnos cómo podemos realmente gobernar esta aldea global. A veces nos preguntamos cómo podemos ayudar a personas en otros países cuando nosotros tenemos tantos problemas en el nuestro.

Los relatos de este capítulo ofrecen un rayo de esperanza y un montón de oportunidades de las que podemos aprender. Algunos de nuestros vecinos del extranjero están afrontando problemas muy difíciles, a menudo con recursos muy limitados. Aun en las naciones más pobres, el simple acto de reunir personas para resolver comunitariamente los problemas a que se enfrentan está produciendo cambios asombrosos. Estas sorprendentes iniciativas populares están transformando lenta y calladamente a muchos países en todo el mundo. Estos héroes globales son algunos de los más preciados tesoros del mundo, que nos ofrecen valiosísimas lecciones. Cuando tales progresos pueden hacerse en lugares donde los recursos naturales y el capital son escasos, considere, ¿que podría ocurrir en una nación tan rica y bendecida como la nuestra?

Este capítulo viene a esperanzar a aquellos en este país que se preguntan si es posible cambiar a toda una nación. Muchos de estos héroes globales han arriesgado sus vidas, han influido en países enteros y en ocasiones han cambiado el curso de la historia. Aquí encontrará relatos de personas ordinarias que se convirtieron en héroes globales sólo por dar un paso a tiempo hacia la realización de su sueños de promover la justicia social y económica. Aun después de pasar 27 años en las cárceles de Sudáfrica, Nelson Mandela aún cree que «la bondad del hombre es una llama que puede ocultarse pero nunca extinguirse».

Algunos de los relatos de este capítulo nos cuentan cómo los héroes globales están reanimando sus tradiciones y sus valores espirituales, mientras alientan a sus compatriotas a reconstruir sus vidas y sus pueblos. Los filipinos llaman a su tradición de reciprocar *bayanihan*: trabajar juntos por el bien común. Un *bayani* es un héroe de la comunidad, uno que trabaja por el bien de todos. En Japón, algunas personas hablan de *kyosei* para describir una visión de vivir juntos en armonía e interdependencia con los demás.

Los niños de todo el mundo cuentan relatos de personas que se ayudan mutuamente, que trabajan juntas para hacer la vida mejor para ellos mismos, sus hijos y sus compatriotas. En Filipinas, el relato *Sopas Na Bato* es legendario. En lugar de zanahorias, papas y cebollas; se le añaden a la zopa arroz, pollo, hojas de hortalizas y pimientos picantes. En tanto su receta puede ser un poco diferente de la nuestra, edifican el mismo espíritu comunitario con la misma «piedra mágica»[1]. En la China les enseñan a los niños una lección acerca del poder de cambiar de idea acerca de lo que pensamos que podemos dar.

Estos relatos muestran también el impacto positivo que los nuevos inmigrantes están haciendo en Estados Unidos. La mayoría de ellos tienen prodigiosas historias que contar, de cómo cada generación las transmite a la próxima, conservando esta honorable tradición, preservando la unidad familiar y creando un vigoroso sentido de comunidad.

En estos relatos, vemos cómo el compartir con los que son ajenos a sus familias inspiró a algunos estadounidenses a unirse a ellos. Desde la construcción de escuelas para los niños desamparados en Nicaragua hasta llevar danzas por la paz para los refugiados en Bosnia, se levantan por encima de los horrores de la guerra y ayudan a edificar un mundo que funcione para todos.

Mientras usted lee estos relatos, descubrirá cuánto podemos aprender los unos de los otros. Países que están luchando para edificar nuevas democracias nos inspiran a reconstruir la nuestra. Los que se valen de su dolor para ayudar a otros a producir la paz pueden inspirarnos a restañar las heridas en nuestras propias comunidades. Los que renuevan sus tradiciones culturales y espirituales, nos

---

[1] La editora alude a la leyenda de la sopa de piedra que le da nombre a este libro en el original, y que se resume en la motivación a cooperar con lo poco que uno tenga en cualquier empresa humana que lo merezca. (N. del T.)

recuerdan como reavivar las nuestras. Estos relatos le prestan un nuevo sentido a la «aldea global» y nuevas ideas sobre cómo cumplir su promesa.

* *Cuando viaje al extranjero, cerciórese de indagar por los relatos útiles y traiga de vuelta las buenas nuevas junto con sus tarjetas postales y sus recuerdos.*

* *Tomándose el tiempo para llegar a conocernos mutuamente y compartir nuestras historias, sacará a relucir lo mejor de cada uno y descubrirá la manera de vivir juntos en un solo planeta.*

* *Nuestros hijos y nietos podrán entonces, mirar hacia adelante a un futuro más prometedor.*

El coraje de amar

NARRADOR: ALLAN LUKS
CON PEGGY PAYNE,
ADAPTADO DE
THE HEALING POWER OF DOING GOOD

«POR FAVOR, ¿PUEDO ENTRAR?» PREGUNTÓ LA MUJER DESDE la puerta. Era oscuro y ella estaba asustada. Magda Trocme abrió la puerta. «Pase —dijo. Luego reconoció—: No sabía que podía ser peligroso. Nadie pensó en eso». La mujer que tocó a la puerta era una *Juif*, es decir, una judía alemana. Había venido a esta aldea de las montañas de Francia para esconderse hasta que el peligro del régimen nazi pasara.

André Trocme, ministro protestante, y su esposa Magda, estaban dispuestos a ayudar. «¿Esconderá a los judíos? —le preguntaron a André—. ¿Está nuestro pueblo preparado para eso?» Él se fue al concejo de la iglesia municipal y en cuestión de minutos todos estuvieron de acuerdo. Ahora la prueba estaba aquí. Una judía alemana estaba a la puerta buscando asilo.

El pueblo de Le Chambon-sur Lignon se encuentra en una llanura rodeada por las altas montañas de la Francia Centromeridional. Durante la Segunda Guerra Mundial y la ocupación alemana, la comunidad de Le Chambon tomó la decisión colectiva de esconder a los judíos que huían de la cólera de Hitler. Los residentes del pueblo rehusaron identificar a sus vecinos judíos y, en lugar de eso, crearon un refugio para niños y familias judías de todo el mundo. Ni un sólo refugiado fue jamás rechazado ni entregado a las autoridades. Por el contrario, cinco mil judíos fueron rescatados y escondidos, un número igual a la población total del pueblito.

En Le Chambon, los niños judíos asistían a la escuela con los gentiles; jugaban juntos, a veces con un cerdo que llamaban Adolfo. Por la noche, los niños judíos se escondían y dormían en los graneros y establos de las granjas de los alrededores. Por la mañana, saldrían de sus escondites para ir a la escuela. Un muchacho del pueblo estaba encargado de avisarles a los niños judíos si no había moros (en este caso, alemanes) en la costa. Cuando los postigos de la ventana de su cuarto estaban abiertos, era señal de que no había problemas. Cuando estaban cerradas, debían regresar a sus escondrijos.

Una y otra vez los residentes de Le Chambon fueron presionados a entregar a los judíos y siempre rehusaron cooperar con los nazis y con el gobierno de la ocupación. Como pacifista, André Trocme había instado a sus feligreses y vecinos a resistir la violencia con «las armas del espíritu». Cuando le pidieron una lista de los nombres de los judíos que se encontraban escondidos, él rehusó diciendo: «Los judíos son mis hermanos». Por sus firmes convicciones fue puesto en prisión. Cuando la policía vino para llevarlo a la cárcel, Magda invitó a los guardias a sentarse y comer mientras hacía el equipaje de su marido. Ofrecer tal generosidad no era nada extraordinario, según ella: «Estábamos allí y era la hora de comer. No significaba nada en absoluto».

Años después de que la guerra se acabó, el director de cine Pierre Sauvage fue a Le Chambon para conocer más detalles sobre esta historia. Sauvage tenía sus propias razones especiales para esta visita: «Fue en Chambon que yo nací, en marzo de 1944, como un bebé judío. Fui muy afortunado de ver la luz del día en un lugar que estaba comprometido con mi supervivencia, al tiempo que gran parte de mi familia desaparecía en el abismo». Sauvage entrevistó a los ancianos que quedaban de la Segunda Guerra Mundial para su documental *Armas del espíritu*, acerca de Le Chambon y del rescate de los judíos. En sus entrevistas, Sauvage trataba de encontrar las razones pos las cuales los ciudadanos habían actuado como lo hicieron. ¿Qué les había dado el valor para proteger a estos judíos y arriesgar sus propias vidas para salvarlos?

Muchos de los habitantes del pueblo eran hugonotes, protestantes franceses cuyos antepasados habían sido perseguidos por los reyes católicos de Francia. Las historias que habían oído toda su vida de lo que sus antecesores habían pasado les ayudaron a prepararse para tomar una decisión valerosa. Cuando llegó la hora de hacerlo, estaban prestos a ayudar a otros perseguidos. Al mismo tiempo que muchas otras iglesias en Europa querían ignorar lo que estaba ocurriendo a su alrededor, la feligresía de esta iglesia entendió que la palabra de Dios les señalaba que ellos debían ayudar a sus hermanos, los judíos. Y el ejemplo dado por una iglesia fue aceptado heroicamente por todos los ciudadanos del pueblo, muchos de los cuales no eran hugonotes.

Mientras él hacía la misma pregunta una y otra vez, Sauvage con frecuencia recibía la misma respuesta: un ligero encogimiento de hombros y estas sencillas palabras como explicación: «Era lo que se debía hacer»

Para saber más acerca de **Le Chambon-sur-Lignon**, lea el libro y vea el documental de Pierre Sauvage, *Weapons of the Spirit*.

El Oasis de la Paz

NARRADORAS: NINA MERMEY KLIPPEL
Y SHARON BURDE

EN EL CORAZÓN DE UN TERRITORIO CONOCIDO POR EL conflicto y la violencia, existe un símbolo de esperanza. Su nombre es su mensaje. En hebreo es *Neve Shalom;* en árabe, *Wahat al Salam;* en español es el Oasis de la Paz.

Situado a medio camino entre Jerusalén y Tel Aviv, el Oasis de la Paz es un refugio para palestinos y judíos que han escogido vivir y trabajar juntos en paz. Sólo unos pocos han tomado la decisión de vivir en esta aldea bilingüe y bicultural. Pero ellos han creado un modelo de coexistencia que inspira a la gente de todas partes.

Durante generaciones, los judíos y los árabes han combatido sobre la tierra bíblica de Palestina. Para los judíos, es la tierra prometida a sus antepasados. Para los árabes, es el hogar que ellos han habitado por siglos.

Después de la Segunda Guerra Mundial, millares de judíos sobrevivientes del Holocausto llegaron a Israel con esperanzas de un futuro más apacible. Pero los palestinos resistieron esta inmigración masiva en su querida patria. Cuando los judíos pidieron que las Naciones Unidas reconocieran el estado de Israel, estalló un conflicto feroz y se creó un trágico ciclo de violencia. En la actualidad, el pueblo de Israel vive con un frágil compromiso con la paz y el temor a un continuo legado de violencia.

Frente a este trasfondo, *Neve Shalom/Wahat al-Salam* es un milagro. En casi todo el territorio de Israel, los árabes y los judíos viven completamente separados —por comunidad, idioma, cultura y escuelas. Pero en esta aldea singular, las familias judías y palestinas conviven juntas, compartiendo sus jardines y sus casas. Puesto que tanto el hebreo como el árabe se enseñan en la escuela, los niños en sus juegos se llaman unos a otros en las dos lenguas.

Neve Shalom/Wahat al-Salam comenzó como el sueño de un hombre muy amable con una herencia inusual. El padre Bruno Hussar nació judío en la tierra musulmana de Egipto. Se convirtió al catolicismo, se hizo monje, y dedicó su vida a propiciar el entendimiento entre cristianos, judíos y musulmanes. Luego de crear asociaciones entre diferentes religiones y culturas con organizaciones tales como el Vaticano y las Naciones Unidas, el padre Bruno quería que su sueño de paz se convirtiera en realidad para la gente común.

Concibió una aldea donde musulmanes, judíos y cristianos vivieran juntos en paz: un lugar donde su propia diversidad fuera una fuente de enriquecimiento más bien que de disensión. Viviendo juntos, ellos aprenderían a romper las barreras del temor y la ignorancia y edificarían puentes de confianza, respeto y comprensión.

El padre Bruno consiguió arrendar a traves del abad del Monasterio de Latrun una parcela de terreno: una cuesta pedregosa y llena de zarzas sin agua y sin sombra. Un oasis improbable, pero para él fue el Huerto del Edén. A los sesenta años, él y unos cuantos amigos se instalaron en este desolado lugar, viviendo al principio en cajas vacías. No tardó en propagarse la noticia de esta nueva comunidad de paz. Gradualmente, unas cuantas familias judías y árabes vinieron y construyeron casas. *Neve Shalom/Wahat al-Salam* nació en 1972.

El alma de la aldea, la Escuela por la Paz, es un imán para judíos, palestinos y pacificadores que acuden de todo el mundo, uno de los cuales era un muchacho árabe llamado Ahmad Hijazi. Este joven palestino creció en una aldea árabe del norte de Israel. Cuando tenía dieciséis años, su clase vino a participar de un taller en la Escuela por la Paz. Por primera vez, él y los estudiantes judíos se encontraron cara a cara en un ambiente seguro y sustentador. Sólo ver a maestros árabes y judíos trabajando juntos en armonía era un asombro.

En el taller, los jóvenes, dirigidos por diestros moderadores, lograron realmente conocerse. Hablaron, discutieron y, al final, fueron capaces de hablar, con total honestidad, de la mutua desconfianza, el temor y la cólera en que se habían criado. Muchos lloraron, recordando a amigos o familiares que habían muerto o heridos por los contrarios de una y otra parte. «Según íbamos ideando pasos para un futuro más pacífico —dice Ahmad—, nos veíamos mutuamente con nuevos ojos, como seres humanos. Por primera vez en nuestras vidas, pudimos ver que la paz era posible».

La experiencia cambió la vida de Ahmad. Después de ir a la universidad se mudó a la aldea y se incorporó al personal docente de la Escuela por la Paz. Llegó a ser secretario general de la aldea, un cargo semejante al de alcalde, que rota entre ciudadanos judíos y palestinos. Él y sus colegas judíos viajan a Estados Unidos, a Europa y a Japón compartiendo con personas de todas partes su sueño por la paz. «Aunque los gobiernos firmen tratados de paz, los ciudadanos ordinarios aún tienen que aprender a vencer sus temores y sus prejuicios a fin de edificar una paz duradera», nota Ahmad.

Desde su fundación en 1979, la Escuela por la Paz ha adiestrado a más de veinte mil jóvenes en los caminos de la paz: judíos, árabes e incluso jóvenes provenientes de barrios urbanos pobres de Estados Unidos. Los maestros de la Escuela por la Paz también sirven de embajadores, comparten su adiestramiento en Irlanda del Norte, en los barrios hispanos de Los Ángeles y en otros sitios problemáticos. Esperan propagar su mensaje de tolerancia, respeto mutuo y comprensión a todos en todas las regiones afectadas por la guerra.

La aldea tiene una larga lista de espera de familias que quieren mudarse allí. La escuela primaria, la única escuela de enseñanza general bilingüe árabe-hebreo, se ha convertido en un modelo para otras escuelas en Israel. Niños de los pueblos vecinos así como de la aldea aprenden aquí.

Neve Shalom/Wahat al-Salam ha sido nominada cinco veces para el Premio Nobel de la Paz. Ha sido honrada con prestigiosos galardones en Italia, Japón, Alemania, Austria, Suecia y los Estados Unidos. El gran humanitarista Elie Wiesel dijo: «*Neve Shalom/Wahat al-Salam* merece nuestro más cálido apoyo, porque justifica nuestras mayores esperanzas». Un líder palestino, Faisal al Husseini, dice: «Me gustaría ver llegado el momento cuando hubiere algo así como *Neve Shalom/Wahat al-Salam* no sólo entre los palestinos e israelíes, sino entre todos los pueblos del Medio Oriente».

El padre Bruno, que falleció en 1996 a la edad de ochenta y cuatro años, vivió para ver su oasis dedicado a la formación de personas de todo el mundo. Él una vez dijo: «Yo sólo he sembrado las semillas; otros han cultivado las plantas que ellas han producido». En la aldea un nuevo cultivo está brotando: los niños judíos y árabes que crecen en

Neve Shalom/Wahat al-Salam comparten sus idiomas, culturas y, lo más importante de todo, su dedicación a la paz. Con jóvenes como estos para abrir el camino hacia el siglo XXI, ¿podríamos esperar que el Medio Oriente mismo pudiera convertirse un día en un Oasis de Paz?

Alce su voz en pro de la tolerancia y la democracia en el Medio Oriente. Conviértase en un socio por la paz llamando a **American Friends of Neve Shalom/Wahat al-Salam** al 212-226-9246 o envíe un e-mail a: *afnswas@compuserve.com*.

El hambre no puede esperar

NARRADOR: PETER MANN

HERBERT DE SOUZA TENÍA RAZÓN CUANDO LES DECÍA A SUS compatriotas brasileños: «Si queremos un país democrático, debemos combatir la pobreza». Conocido afectuosamente como Betinho por su paisanos, de Souza era un hombre frágil de sesenta años, de pelo gris ondeado y profundos y luminosos ojos verdes. Betinho era uno de tres hermanos, todos hemofílicos, que contrajeron el VIH a partir de transfusiones de sangre. En los últimos años de su vida, Betinho estuvo con frecuencia muy enfermo, pero él era un hombre con una causa, y la urgencia de su causa lo mantenía activo. «El hambre está apurada —decía—. ¡El hambre no puede esperar!».

A través de los años, Brasil se ha convertido en un país paradójico. Su población vive en uno de dos mundos: la vida del lujo o la de la miseria. Con grandes riquezas agrícolas, Brasil es uno de los mayores exportadores de alimentos del mundo; sin embargo, treinta y dos millones de sus habitantes, más de un quinto de la población del país, están permanentemente hambrientos. Hasta hace poco, el pueblo de Brasil había cerrado sus corazones a la súplica desesperada de sus compatriotas.

Pero en 1993, manifestaciones masivas obligaron a un presidente poderoso y corrupto a renunciar. Asombrados por su recién descubierto poder para luchar por una vida mejor, la gente estaba dispuesta a dar el segundo paso. Esa fue una ocasión ideal para que Betinho le planteara un reto a su gente. «En el pasado hemos tolerado la pobreza y la miseria —dijo—. Hemos intentado explicarla. Pero ahora debemos combatirla — ¡y convertir esto en una prioridad!».

Como una invitación a ejercitar su novedoso músculo democrático, Betinho creó Acción Ciudadana: una Campaña contra el Hambre y alentó a la gente a organizar comités locales para luchar contra ese azote. «Te ayudaremos, pero no te diremos qué hacer», les decía. la respuesta fue abrumadora. Por todo el país se desarrollaron miles de iniciativas locales. En Río de Janeiro, siete mil ciclistas «pedalearon contra el hambre» y recaudaron dieciséis toneladas de alimentos. En São Paulo, ciudadanos de clase media se unieron a los vecinos de las favelas para organizar redes de distribución de alimentos en esos barrios. Los acomodados se enteraban dónde estaban los hambrientos, dónde estaba la comida, y cómo acercársela a los necesitados. Y lo que es más importante, llegaron a conocer a los hambrientos personalmente. Cuando un comité descubrió que doce mil de sus cien mil personas eran indigentes, donaron alimentos y ropas. Luego estas familias de clase media «adoptaron» a familias pobres, ayudándolas a enfrentarse a sus problemas específicos. «Estamos reemplazando el mapa del hambre con el mapa de la solidaridad —decía Betinho—. La pobreza ahora tiene un rostro humano».

El impacto de Acción Ciudadana ha sido extraordinario. En la actualidad, tres millones de personas participan en comités de campaña y treinta millones más los apoyan. Todo el mundo da lo que puede. El Gremio de Pequeños Agricultores de San Pablo creó un «cinturón verde» para plantar alimentos para los hambrientos. Los obreros de una compañía comenzaron por donar sus bonos mensuales de comida para comprarles alimentos a quinientos niños pobres de una escuela vecina, luego les ofrecieron cursos de adiestramiento para ayudar a sus padres a obtener empleos. Las compañías con cocinas industriales crearon el Proyecto Nuestra Sopa, que ofrece sopa a treinta mil personas diariamente. Para muchos, esta es su única comida. Hasta los prisioneros en una cárcel de mayor rigor contribuyeron con la renuncia de una comida semanal. En solidaridad con sus compatriotas pobres en la calle, les enviaron arroz, frijoles, harina de trigo y aceite de cocinar.

Según el programa se desarrolla, la gente termina por descubrir la conexión que existe entre alimentar a los hambrientos y ayudarlos a que se conviertan en personas que confíen en sí mismas. «Después del primer año, nos dimos cuenta de que no podíamos seguir dándoles comida indefinidamente —contaba Betinho—. Con la consigna "comida contra el hambre. Empleos contra la miseria", los comités locales respondieron con muchos empleos que se necesitaban. Crearon proyectos empresariales tales como panaderías, pequeñas hortalizas, microempresa y negocios de reciclaje de papel. De este modo hasta los más pobres podían poner a prueba sus propias fuerzas y su propia dignidad y retribuirle algo a la comunidad».

Mientras transcurría su adolescencia en un pueblo conservador de Brasil en los años 50, Betinho se dio cuenta de la miserable situación de las masas de la Iglesia Católica; y cuando le tocó asistir a una universidad católica, fue uno de los fundadores de Acción Popular, el primer partido progresista no comunista de Brasil. Pero en 1970, cuando se estableció una dictadura militar en Brasil, él se vio obligado a huir, y no regresó hasta nueve años después cuando se proclamó una amnistía general.

Hoy día, la campaña contra el hambre trasciende todas las fronteras sociales y políticas. Por primera vez, en lugar de esperar porque su partido político, su sindicato o su iglesia actúen, la gente está experimentando su propio poder como ciudadanos activos. «Los comités hicieron más que darle comida a la gente —decía Betinho—, comenzaron a romper el ciclo de la pobreza proporcionándoles vivienda y sanidad, educando a los niños y asistiendo a los ancianos».

Desde el principio, Betinho supo que los medios de difusión masivos eran fundamentales para la campaña. Cuando un importante periódico de San Pablo decidió respaldarlos, centenares de comités surgieron en toda la ciudad. Una estación de televisión incluyó la campaña contra el hambre en el argumento de una telenovela popular. Las agencias de relaciones públicas mancomunaron sus esfuerzos para donar publicidad, creando comerciales que mostraban los «dos mundos» de Brasil. En uno de ellos, filmado en severo blanco y negro, aparece un auto de lujo detenido en un semáforo de una concurrida calle de Río. Un hombre elegantemente vestido está mirando hacia adelante. Luego mira a un lado y a otro y rápidamente oprime un botón para cerrar las ventanilla del auto. Mientras sube el vidrio, uno ve el reflejo de un niño, mendigando, con un plato vacío en la mano. El niño se mantiene mirando, esperando, pero el hombre no mira hacia atrás. Espera por el cambio de luces, y se va. No hay ningún diálogo, sólo la sinopsis del cierre: «el hambre no sólo aísla al hambriento: usted también es un prisionero de la pobreza».

Hoy en día, la gente de Brasil habla de Betinho como de un santo. Cuando murió en 1997, la campaña de casi tres millones de trabajadores y voluntarios era un éxito impresionante. En áreas donde los comités de la campaña están funcionando, el hambre se ha reducido hasta como un tercio. «Este período se recordará como la era en que la ciudadanía despertó», decía Betinho. El contemplar su obra y ver el bien que ha hecho, trae a la mente las palabras de Homero en *La Ilíada*: «Siempre que lo que hagas se conserve en la memoria de la gente que viene después, tú seguirás vivo».

Esta nación anda en busca de una visión.
Teníamos un «destino manifiesto».
Construimos los ferrocarriles, la industria, ganamos dos guerras mundiales.
Buscábamos algo grande y bueno que hacer.
Alimentar al mundo podría ser esa tarea.

HARRY CHAPIN, FUNDADOR DE *WORLD HUNGER YEAR*

Aprenda a trabajar con otros para combatir el hambre en su comunidad. **World Hunger Year** hace la pregunta, «¿por qué el hambre, la pobreza y la falta de hogar acechan a este generoso planeta?». Llámelos al 1-800-5-HUNGRY.

Adagio en Sarajevo

NARRADOR: RICHARD DEATS
ADAPTADO DE *FELLOWSHIP*, LA REVISTA
DE THE FELLOWSHIP FOR RECONCILIATION

ES DIFÍCIL CREER QUE HASTA NO HACE TANTO, SARAJEVO era mirada como un modelo de armonía religiosa y étnica. El mundo se maravilló en 1984, cuando los atletas vinieron a esta exquisita ciudad a competir en las Olimpiadas de Invierno. Aquí, ortodoxos y musulmanes, católicos y judíos, vivían pacíficamente y trabajaban codo con codo en una atmósfera singular de tolerancia y buena voluntad. La antigua ciudad de Sarajevo, con más de medio millón de personas, había sido, durante siglos, un refugio para croatas, serbios y musulmanes.

¿Cómo pudo haber cambiado todo tan rápidamente? Para 1990, Yugoslavia estaba desintegrándose en estados étnicos rivales y Sarajevo, la joya de Bosnia, fue sometida a un asedio que lentamente estaba destruyendo la ciudad. Una interminable guerra civil había consumido a toda la región; la población se veía sujeta a regulares bombardeos y a imprevistos disparos de francotiradores. La comida y otros suministros eran escasos, cuando mejor estaban.

Esperar horas en la calle por una sola hogaza de pan era una rutina ordinaria. Un día, en mayo de 1992, una larga cola en una panadería de Sarajevo se extendía hacia la calle y serpenteaba hasta doblar la esquina. Mientras la gente esperaba, hablaban de la guerra, del hambre y de sus hijos atrapados en casa, demasiado amedrentados para ir a la escuela. A las 4.00 de la tarde sus conversaciones terminaron abruptamente. Una bomba explotó directamente en medio de la cola, matando a veintidós personas e hiriendo a otras cien.

El mundo entero se consternó, y para las familias de las víctimas el dolor resultó abrumador. Sin embargo, la gente necesitaba comer. De manera que al día siguiente, la panadería volvió a abrir sus puertas. Según se acercaban las 4.00 de la tarde, la gente de la cola comenzó a ponerse tensa y silenciosa. Pero en lugar de otra bomba, se sorprendieron de ser «alcanzados» por los sones de la música. Exactamente a las 4.00, Vedran Smailovic, el principal chelista de la Ópera de Sarajevo, llegó a la panadería llevando una silla y su chelo, Vestido formalmente de frac (esmoquin) y lazo blanco, Smailovic tocó las majestuosas y pesarosas notas del *Adagio* de Albinoni; la música alimentó las almas de la gente. Todos los días, durante veintidós días él vino a tocar a la misma hora: una actuación por cada una de las víctimas que había muerto en el ataque. Con esta música él honraba a los que habían muerto allí, afirmando el indómito espíritu de la vida aun en medio de la muerte. Él también puso en marcha una serie de homenajes artísticos y musicales a esas víctimas.

El lugar de lo que se conoce como «la masacre de la cola del pan» se ha convertido en un santuario, marcado por coronas, velas y pedazos de papel que recuerdan los nombres de las víctimas que murieron allí. No muy lejos de donde se formaba la cola del pan hay una plaza de la ciudad en ruinas, memorable por ser el lugar donde una vez se alzaron una mezquita musulmana, una catedral católica romana y una iglesia ortodoxa. En abril de 1993, Joan Báez fue el primer artista en visitar Sarajevo desde el comienzo del sitio y con Smailovic acompañándole con el chelo, cantó «Maravillosa gracia».

¿Cómo responde la gente a los inconcebibles actos de violencia? Los monjes oran, los obreros van a la huelga, y los artistas levantan la conciencia pública haciendo lo que saben hacer mejor. A medio mundo de distancia, la artista Beliz Brother, de Seattle, oyó la historia de Vedran Smailovic y quiso responder a través de su propio arte con una escultura que recordara la masacre. En una esquina de Seattle, ella levantó una pila de bandejas de pan de diez pies de alto, con veintidós hogazas esparcidas alrededor. Frente a ellas colocó el estuche de un chelo que asemejaba un ataúd y lo cubrió con harina y fragmentos de argamasa. Simbólicamente, su escultura representaba los escombros de la panadería destruida y lo que ella llamó «el borrador de la limpieza étnica».

En solidaridad con Smailovic, Brother también consiguió que chelistas de Seattle vestidos de fraques tocaran el *Adagio* en veinte lugares de la ciudad. Sus únicos soportes eran cestas de pan y ramos de flores. Ella repitió el gesto para la inauguración del presidente Clinton en 1993, persuadiendo a veintidós chelistas a que tocaran la pieza de Albinoni en varios lugares de Washington, D.C. Desde los edificios federales a los sitios de actos terroristas, de plazas de la ciudad a la Casa Blanca, el *Adagio* se hizo oír. Y en medio de las fiestas inaugurales, el asedio de una gran ciudad olímpica no fue olvidado. En 1995, para conmemorar los mil días del sitio de Sarajevo, Smailovic tocó en la Estatua de la Libertad, para recordarle al mundo que no debíamos descansar hasta que la paz viniera otra vez.

En abril de 1994, unos chelistas se reunieron en el Festival Internacional de Chelo en Manchester, Inglaterra, para oír al renombrado chelista Yo Yo Ma tocar *El chelista de Sarajevo,* una pieza sola para chelo, escrita por el compositor inglés David Wilde. Cuando Ma había terminado, los oyentes, profundamente conmovidos, permanecieron sentados guardando un silencio sobrecogedor. Luego él caminó en medio del público y abrazó a un hombre de pelo largo e hirsuto y con un gran bigote. El hombre estaba vestido con una chaqueta de cuero de motociclista rota y manchada; el rostro envejecido más allá de sus años, surcado de arrugas de dolor y sufrimiento. Entonces el público se dio cuenta de que era Vedran Smailovic, ¡el chelista de Sarajevo en persona!

Se levantaron al unísono en una onda de liberación emocional, aplaudiendo, llorando, gritando, abrazándose y vitoreando. Y en el centro de todo ello se encontraban estos dos hombres que se abrazaban y lloraban abiertamente: Yo Yo Ma, el suave y elegante príncipe de la música clásica, impecable en apariencia y actuación, y Vedran Smailovic, que había acabado de escapar de Sarajevo, desaliñado y desafiante. Resulata que su chelo había tenido más poder que las bombas y los cañones y todos los horribles instrumentos de terror juntos. Con su música, el chelista de Sarajevo había desafiado el poder de la muerte misma, inspirando a muchos a resistir la desesperación celebrando el amor, la vida y esa chispa del espíritu humano que nunca puede ser destruida.

Ayude a la paz en Bosnia contribuyendo al **Bosnian Student Project.** Diríjase a la **Fellowship of Reconciliation**, Box 271, Nyack, NY 10960 o visite el cibersitio http://www.nonviolence.org.

Despertar

NARRADORA: MARIANNE LARNED

A.T. ARIYARATNE ESTABA DE PIE ANTE UN GRUPO DE aldeanos en Sri Lanka que se mostraban desesperados: su sistema de irrigación era un desastre y el gobierno había ignorado sus peticiones de ayuda. Durante años, habían estado sin suficiente agua para sus animales, sus cultivos y sus hijos. Ahora ya no podían aguantar más. Su aldea estaba agonizando y ellos necesitaban un milagro. Ari sabía que si trabajaban juntos podían producirlo y les preguntó: «¿quién puede compartir su comida para alimentar a otra persona?». Una a una, varias manos se alzaron. «¿Quién puede alimentar a dos, a tres o a cuatro?» Unas pocas manos más se levantaron. Reuniendo materiales de la misma manera, Ari organizó un campamento de trabajo para que los aldeanos repararan su propio sistema de agua, salvaran su aldea y comenzaran a hacer historia.

En 1958, Ari tuvo la idea de traer sus estudiantes de escuela secundaria de casta superior a remotas aldeas empobrecidas para ayudar a reconstruirlas. Durante dos semanas, estos jóvenes privilegiados vivieron y trabajaron junto con personas de castas inferiores. Aprendieron habilidades prácticas mientras desarrollaban un espíritu de compasión por sus compatriotas. A partir de esos campamentos de trabajo, Ari comenzó una cruzada. Él la llamó *Sarvodaya*, un término que Gandhi usaba para el «despertar de todo». Ari mezcló principios gandhianos y budistas para crear un vigoroso servicios de voluntarios y una organización popular de desarrollo humano; además creó los *shra-madanas* (campamentos) como «dones del trabajo».

Siendo un niño en una aldeíta de Sri Lanka, Patrick Mendis había oído anécdotas acerca de este hombre. Para 1972, todo el mundo en todos los pueblitos de Sri Lanka conocía de las buenas obras de la Sarvodaya. Puesto que el gobierno ignoraba las necesidades de las aldeas pequeñas, la Sarvodaya era la única esperanza para la gente pobre de Sri Lanka, dice Patrick. «Cuando oímos decir que la Sarvodaya llegaba a nuestro pueblecito de Polonnarauwa, nos llenamos de entusiasmo. Era como si viniera Santa Claus. Nos preguntábamos, "¿Eso va a suceder realmente en *nuestra* aldea?" Eso nos daba esperanzas, porque sabíamos que ahora las cosas podrían llegar a hacerse».

Patrick tenía sólo doce años, uno de los más jóvenes de los treinta muchachos que participaron en un *shramadana* de un día. Como sus padres lo habían abandonado siendo un recién nacido y había sido criado por sus abuelos, siempre luchó en contra de sentirse como un extraño. Aquí él era el único cristiano en un grupo de budistas. Para su sorpresa, ellos lo acogieron cálidamente. «Todos se llamaban entre sí *mali* o "hermano" —dice él—. Vivíamos como una gran familia, practicábamos el compartir y tratábamos a todos como iguales».

Estos treinta muchachos plantaron huertos, cavaron letrinas, conectaron el camino que conduce a la aldea con la autopista principal, y se divertían juntos, jubilosa y entusiastamente. «No teníamos un plan, un diseño ni un proyecto —dice Patrick—. Sencillamente expresábamos nuestras ideas y lo que nos gustaría ver en nuestra aldea y trabajamos juntos hasta que lo hacíamos bien. Comenzábamos el día con un cántico budista, una meditación benévola, y terminábamos con una comida. Desde temprano en la mañana hasta tarde en la noche, todo el mundo trabajaba junto para mejorar la vida de la aldea. Al final del día, todos nos sentíamos contentos —añadía Patrick—. «Nos convertimos en amigos. Habíamos construido más que carreteras, habíamos construido una familia, una comunidad y un espíritu común en nuestra aldea. Creamos un sentimiento esperanzador en nuestra aldea». Patrick se sintió particularmente conmovido por la profunda conexión que experimentó con sus nuevos «hermanos».

Unos años después, Patrick salió de Sri Lanka para Estados Unidos a fin de recibir una formación occidental. Tuvo suerte de estudiar en las mejores universidades. Se convirtió en un consumado investigador y en maestro de desarrollo internacional y asuntos exteriores. Tenía una esposa maravillosa, dos hermosos niños y una vida holgada en Minnesota. Pero algo le faltaba. En el fondo de su alma seguía pensando en ese día singular de su infancia.

Comenzó por escribir acerca de la Sarvodaya, publicando artículos e incluso un libro acerca de esta práctica. «¿Qué me estaba pasando?», se preguntaba. Había otros libros que se suponía escribiera, pero los recuerdos de su experiencia con el shramadana se mantenían recurrentes. Finalmente decidió que era hora de escribirle a Ari y presentarse.

Para 1995, la Sarvodaya había llegado a ser bien conocida como el movimiento de voluntarios más grande del mundo. Más de siete millones de personas, la mitad de la población de Sri Lanka, trabajaba mancomunadamente para mejorar las condiciones de once mil aldeas en todo el país. Tenían cien centros de coordinación, cada uno de los cuales servía las necesidades de veinte a treinta aldeas, poniendo en práctica programas de educación, atención sanitaria, transporte, agricultura y energías tecnológicamente adecuadas como molinos de viento y generadores de gas metano. En un solo año, la Sarvodaya construyó tres veces más carreteras que las que el gobierno había hecho, vinculando muchas aldeas por primera vez con el mundo exterior.

Ari se sintió complacido de recibir noticias de Patrick y lo invitó a ir a Sri Lanka de visita, como su huésped. Sería la primera vez que Patrick visitaba el país en más de veinte años; se sentía un poco nervioso y muy curioso. «Cuando llegué a casa de Ari, él me saludó con una inclinación de cabeza —contaba Patrick—. Yo me quedé pasmado. Pensaba que era yo quien debía inclinarme ante él. Luego Ari juntó las manos y me llamó "Mali" y me dijo que lo llamara "Ayya" o "gran hermano"». «Esta es nuestra casa; está abierta para ti —le dijo Ari a Patrick—. Aquí somos una familia». Patrick sintió la misma maravillosa conexión que él había sentido cuando era un muchacho de doce años.

Un día, Ari le pidió a Patrick que lo acompañara a la reunión familiar de la Sarvodaya. Allí, la gente conversaría de los problemas de la aldea y compartiría ideas respecto a cómo hacer las cosas mejores. Cuando llegaron, Patrick fue invitado a subir al podio. Él estaba nervioso y avergonzado. No había hablado su nativo singalés por muchos años. «Puedes hablar cualquier lengua que quieras —le dijeron—; nosotros traduciremos».

«Este es nuestro invitado: el Dr. Patrick Mendis, de los Estados Unidos —dijo Ari al pueblo reunido—. Él es de Ponooarauwa. Hace mucho tiempo, trabajó en la Sarvodaya». Patrick le dijo a la expectante multitud: «Vine para aprender de ustedes». Luego les contó de su experiencia como un muchacho en la shramadana y cómo su vida había cambiado por el sentido de relación que él experimentó ese mismo día. «Saravodya despierta a jóvenes como usted y yo, que luego despiertan a sus familias, sus comunidades, y luego al mundo —dijo—, pero el despertar debe comenzar primero con cada uno de nosotros».

A todo el mundo le encantó oír hablar a Patrick, aunque él mezclaba los dos idiomas. Algunos quisieron estrecharle la mano. Otros querían saber cómo él llegó a Estados Unidos. «Pensaban que yo era un tipo importante —dice Patrick—. Se preguntaban cómo pude terminar en Estados Unidos viniendo de una aldeíta en Sri Lanka. Querían saber mi secreto». Patrick les dijo a los aldeanos que el secreto estaba allí al alcance de ellos, ahí mismo en su propia aldea. Y que venir a Estados Unidos no era la clave de la felicidad. Sonriendo, él les recordó el dicho de la Sarvodaya: «Construimos el camino y el camino nos construye».

Debemos encarnar el cambio que queremos en el mundo.

GANDHI

Si quisiera crear un despertar en su vida, venga y experimente un campamento de trabajo shramadana en la **Sarvodaya** en Sri Lanka. Envíele un e-mail al Dr. Ariyaratne al arisar@sri.lanka.net, o a Sarvodaya USA a *STEVODAYA @aol.com*.

Convertir sobrantes en salvavidas

Narradora: Carrie Caton Pillsbury

Luego de 20 años en Estados Unidos, Mohamed Ahmed no podía darle crédito a sus ojos. Con el violento derrocamiento del rey Haile Selassie de Etiopía, los militares habían confiscado la tierra de todo el mundo en este zarandeado país. Los etíopes perdieron su incentivo para trabajar, la producción se desplomó y la hambruna se hizo epidémica. Empresarios como el padre de Mohamed, que tenía una pequeña fábrica de sal, fueron tachados de enemigos del estado y muchos fueron a la cárcel.

En medio de esta pesadilla, el padre de Mohamed perdió la vida. Una mañana despertó con un dolor agudo e inexplicable y fue llevado de urgencia al Hospital Regional Dessie, donde la pobreza había barrido con cualquier medicina o suplementos disponibles. Aquí los médicos etíopes intentaban tratar a 100.00 refugiados con nada más que depresores de la lengua y estetoscopios. Los médicos tuvieron que enviar las pruebas diagnósticas del Sr. Ahmed por autobús a través de caminos polvorientos de una sola vía hasta Addis Abeba, a más de 250 millas de distancia. La carta que revelaba su diagnóstico mortal de cáncer de los huesos llegó finalmente de vuelta a Wollo, la aldea de Mohamed, 10 días después de su entierro.

Mientras Mohamed estaba junto a la tumba de su padre, recordaba la Etiopía que él había dejado 20 años antes. Su plan entonces había sido educarse en Estados

Unidos y regresar a su patria para enseñar a jóvenes etíopes en la universidad. Pero pronto se había dado cuenta de que sus sueños no se cumplirían. Sus futuros estudiantes estaban ocupados, librando una guerra contra los dictadores que habían devastado a su patria. Ahora, junto a la tumba de su padre, Mohamed lloró: por el padre que él había amado, por el país que casi había perdido, por su pueblo moribundo que no podía curarse en los hospitales que carecían de los instrumentos de la salud.

Los médicos le habían dicho a su familia. «Estamos en Etiopía. No hay nada que podamos hacer por él». Pero Mohamed Ahmed no quería darle albergue a la desesperación. En ese momento juró hacer todo lo que pudiera para que ninguna familia etíope tuviera que volver a oír esas palabras otra vez.

De regreso a Estados Unidos en busca de recursos, Mohamed se puso en contacto con otros compatriotas en su recién adoptada ciudad de Dallas para contar con su ayuda. Después llamó a sus amigos íntimos en un empeño por recaudar más dinero. Pero rápidamente se dio cuenta de que galvanizar las fuerzas que necesitaba para salvar su remotísima aldea era más que el trabajo de un solo hombre.

Desesperado por encontrar ideas, recordaba haber leído un artículo en el *Dallas Morning News* acerca de un grupo de personas dedicadas a mejorar la atención sanitaria en países en vías de desarrollo. No tardó en encontrarse a la puerta de MEDISEND. El objetivo de esta organización sin fines de lucro establecida en Dallas, era transformar los excedentes médicos de EE.UU. en suministros para salvar vidas en países del Tercer Mundo. Mohamed estaba sin duda en el lugar correcto a la hora debida.

En MEDISEND Mohamed conoció al Dr. Martin Lazar, un neurocirujano que, en 1987, había presenciado de primera mano las abismales condiciones de las instalaciones sanitarias en algunos países en vías de desarrollo. El Dr. Lazar conocía también de primera mano el excesivo desperdicio de los hospitales estadounidenses. Protestaba cuando materiales médicos perfectamente utilizables eran desechados conforme a la estricta medidas de seguridad estadounidenses. Paquetes intactos de gaza, expuestos solamente al aire, y equipos ortopédicos, caros, pero anticuados, eran arrojados constantemente en los repletos muladares. En los Estados Unidos, equipos médicos por valor de 6.500 millones de dólares eran innecesariamente arrojados a esos basureros cada año.

El Dr. Lazar sabía que una máquina cardiopulmonar, que una vez había contribuido a salvar vidas, y que ahora estaba empolvándose en el desván de un hospital de Texas, podía ser reacondicionada y enviada a un hospital de África, Europa Oriental o Asia para salvar muchas vidas más. Sabía también que los guantes de goma, descartados sin usar durante una intervención quirúrgica en un hospital de Washington, D.C. podrían ser reesterilizados y usados hasta en diez operaciones en otros países. «Imagínese el impacto que 1.000 pares de guantes podrían tener en hospitales de esos países», pensaba. En 1990, el Dr. Lazar fundó MEDISEND para «convertir los sobrantes en salvavidas».

Mohamed Ahmed y el Dr. Lazar compartían un sueño común: extender la atención médica y la esperanza a las tierras de la pobreza. Trabajaron juntos para hacer que ese sueño se convirtiera en una realidad concreta para el hospital de la aldea de Mohamed. Pronto los equipos que no podían ser usados en EE.UU. estaban siendo enviados a Etiopía.

«Hay mucha gente que siente un nexo común de humanidad y están deseosos de tender una mano de ayuda por pura convicción moral —dice Mohamed—. Los suministros y el equipo enviados por MEDISEND marcan la diferencia entre no tener nada y tener mucho. Ellos le dieron a nuestro hospital la oportunidad de sobrevivir y de servir a su comunidad».

Ese fue una historia más de triunfo humanitario y ambiental para MEDISEND. Hasta la fecha, la organización ha enviado 150 toneladas de materiales y equipos médicos valuados en más de 4,3 millones de dólares a 106 hospitales en 50 países en vías de desarrollo. El valor de las vidas humanas que esos embarques han salvado es incalculable.

Mientras Mohamed se recuperaba del duelo por su padre, fundó su propia familia. Y habiendo experimentado la profunda satisfacción de servir a otros, se cercioró de transmitir esos valores a sus propios hijos. Un cuarto de siglo después de la muerte del abuelo que nunca conocieron, la hija de 12 años de Mohamed, Sophie, y un varón de 8 años, Amir, mostraron la misma generosidad y compasión que su padre. Ahorraron sus mensualidades y regalos de cumpleaños y se las arreglaron para reunir unos ahorros de $515, que donaron a MEDISEND, explicando que querían ayudar a que más personas pobres recibieran atención médica.

El exhausto médico o la enfermera que abre ese nuevo paquete de productos postoperativos con una nota que dice «de Sophie y Amir con amor» podría no saber la historia de cómo comenzó todo. Pero de seguro verán que los milagros pueden surgir de las expresiones de amor. Y tal vez eso les dará esperanzas de que algún día su amada patria será el lugar saludable que una vez fue: un milagro por el que todos ellos se empeñan.

Uno empieza con un paso y es sorprendente cuánta gente extraordinaria surgirá para la ocasión.

DR. MARTIN LAZAR

Si usted quiere a ayudar a **MEDISEND** a convertir sobrantes en salvavidas e identificar nuevas fuentes de excedentes médicos utilizables, o a ser parte de su canal de distribución, llame al 214-696-0901, o diríjase por e-mail a *medisend@airmail.net*.

Paso a paso

NARRADOR: GIL FRIEND

KARL-HENRICK ROBÈRT, UN MÉDICO SUECO QUE SE
especializaba en medicina pediátrica, estaba cansado de ver
a niños morir de cáncer. Como un notable investigador
médico que era, quería saber el por qué. Como muchos de
sus colegas, había desarrollado un cierto despego profesional de la diaria agonía de presenciar la pérdida de tantos
niños. Pero, un día, cuando otra niña murió de leucemia,
algo estalló en él.

«¿Por qué tantos niños se mueren de este modo?», quería saber él. La mayoría de sus pacientes eran demasiado
jóvenes para haber desarrollado el tipo de estilo de vida de
alto riesgo que con frecuencia se asocia con el cáncer. Había
crecientes pruebas en la comunidad médica acerca del papel
del medio ambiente en la enfermedad. Había oído las interminables chanzas, científicas y políticas; ¿era esta substan-
cia la culpable, o era aquélla? ¿Cuántas mil millonésimas
partes de este tóxico eran «aceptables»? El Dr. Robèrt se
impacientaba con el debate, y decidió *hacer* algo al respecto.

«Gran parte del debate sobre el medio ambiente ha
tenido el carácter de un parloteo de monos entre las hojas
marchitas de un árbol moribundo. En medio de toda esta
cháchara, muy pocos de nosotros han estado prestando
atención al tronco y a las ramas (…) si curamos el tronco y
las ramas, los beneficios para las hojas se producirán naturalmente». El Dr. Robèrt decidió estudiar «el tronco del
árbol»; los principios fundamentales e indiscutibles que

subyacen debajo de nuestros problemas ambientales. Organizó los hechos básicos y circuló un borrador entre los principales científicos suecos. Luego les pidió que añadieran sus ideas, corrigieran lo que estuviera erróneo, e incluyeran cualquier cosa importante que pudiera faltar.

Los científicos respondieron a su llamado. El Dr. Robert agregó sus ideas, revisó la ponencia y la circuló una y otra vez. Finalmente repitió el ciclo veintiuna veces. Nunca discutía su punto de vista. Sólo preguntaba, escuchaba y revisaba hasta que todos los científicos estuvieron de acuerdo en que habían identificado el «tronco del árbol» —y el medio ambiente sano— que necesita para crecer. Llegaron a la conclusión de que poner las leyes de la naturaleza en el centro de nuestra economía y de nuestra vida diaria es esencial para el sostén de nuestro mundo.

El Dr. Robert emprendió entonces una tarea igualmente provocativa. Conocer un problema es una cosa: hacer algo al respecto es completamente diferente. Sabía que debía compartir el mensaje de manera que todo el mundo en Suecia deseara participar. En 1990, fundó El Paso Natural para ofrecer a la gente de la calle la información necesaria para ayudar a mejorar el medio ambiente de su país.

Luego en otro salto creativo, el Dr. Robert le planteó a la televisión sueca esta pregunta: «Si contara con la participación de nuestros músicos, actores y ejecutivos de empresas más importantes, ¿transmitirían ustedes un mensaje ambientalista?». La respuesta fue un entusiasta sí. Él luego reclutó a los músicos y actores más notables del país, atrayéndolos con esta pregunta: «Si tuviera el espacio en la televisión, y el apoyo de los principales hombres de empresa ¿aparecerían en un programa para ayudar al medio ambiente?». Curiosos por saber más acerca de la causa, la mayoría estuvo de acuerdo. Luego se dirigió a los empresarios y también consiguió que participaran.

Juntos crearon un programa de televisión que documentaba por qué era necesario que cada ciudadano sueco ayudara a crear un medio ambiente sano. Le mostraban a la gente la manera en que podrían ser útiles, crearon un folleto y una cinta de audio y les enviaron ambas cosas por correo a cada familia del país. Paso a paso, el proyecto se ha convertido en un éxito gigantesco que ha afectado a millones de personas y catalizado las iniciativas creadoras a lo largo y ancho del país.

La Federación de Granjeros Suecos se impuso la meta de llegar a tener «la agricultura más limpia del mundo». Ayudan a los granjeros a reducir el uso de fertilizantes e insecticidas químicos, y cambiar su cosecha a productos orgánicos. Este cambio no es sólo saludable, es rentable. Las exportaciones agrícolas suecas han aumentado significativamente.

Docenas de gobiernos locales han creado ambiciosos programas para el mejoramiento ambiental, y muchos de ellos ya se han declarado «ecomunicipalidades». Se están estableciendo acuerdos voluntarios con residentes, minoristas y fabricantes, para ayudarles a cumplir estas metas. Uno de los pueblos desarrolló un plan para reducir el peso en los sistemas municipales para el tratamiento del agua. Los habitantes de este pueblo se han convencido que es mejor comprar productos de limpieza que generen menos desperdicios tóxicos, y los minoristas están alentando a sus proveedores a que les suministren productos más limpios. El resultado es una reacción de activismo ecológico en cadena, exactamente lo que el Dr. Robert se proponía inspirar.

El Dr. Robert también ha inspirado a corporaciones a invertir en el rediseñamiento de sus productos teniendo presente la preservación ambiental. La cadena de mueblerías

IKEA ahora lleva a cabo análisis del ciclo de vida ambiental en todos sus productos. También les están pidiendo a sus proveedores que cambien los procesos manufactureros y sus materiales para «cumplir con los requisitos ecocíclicos». De manera que todo empleado pueda comprender y contribuir con los cambios y explicárselos a los clientes, la fuerza laboral de la compañía, así como sus proveedores reciben un adiestramiento ambiental básico.

Para 1996, siete años después que el Dr. Robert comenzara este empeño, más de 60 grandes compañías y 50 municipios de Suecia habían adoptado El Paso Natural como una pauta para mejorar el medio ambiente a través de sus operaciones. EPN ha tenido una extraordinaria repercusión en algunas importantes operaciones manufactureras, entre ellas Electrolux, el mayor fabricante de equipos electrodomésticos del mundo. Electrolux no mostró tanto entusiasmo por entrar en el juego. Uno de sus principales clientes rehusó firmar un importante contrato cuando llegaron a la conclusión de que los productos Electrolux no reunían las «condiciones de sistemas» para la sostenibilidad. Cuando los ejecutivos de Electrolux descubrieron que habían perdido la cuenta, exigieron airadamente una reunión con el Dr. Robert. «¿Qué está usted haciendo! —le reclamaron—. ¡Usted nos ha costado millones!»

El Dr. Robert compartió pacientemente con los ejecutivos de Electrolux los criterios científicos básicos que subyacen debajo de la estrategia de EPN. ¡Como buenos científicos e ingenieros, tuvieron que admitir que sus principios científicos no negociables eran... bueno... no negociables! No quedándoles ninguna otra opción que reconocer su validez, se lanzaron a enfrentar el gran desafío de poner su compañía en acuerdo con las leyes de la naturaleza.

Electrolux está ahora rediseñando los equipos electro-domésticos, tales como lavadoras de platos, a fin de conser-var, de manera significativa, los preciados recursos del agua y la energía. Su informe anual insiste en que no se trata de una compañía «verde»; dicen simplemente que están dando pasos prudentes para alcanzar las metas de la empresa y acrecer el valor de las acciones. El hecho de que esos «pasos prudentes» sirvan a los intereses del medio ambiente rebasa lo que el ambientalista más fervoroso hubiese imaginado hace cinco años. Electrolux llama a su inversión de millones de coronas en las iniciativas del Paso Natural la mejor inversión financiera que jamás hubiera hecho.

El Paso Natural es sencillo, y no obstante poderoso. La idea de un hombre ha ayudado a cambiar a toda una na-ción, logrando que la gente se concentre en lo que ellos están de acuerdo, en lugar de la manera en que discrepan. Imagine lo que podría ocurrir si todo el mundo —granjeros, compa-ñías, gobiernos y ciudadanos— de su comunidad hicieran lo mismo. Si ponemos las leyes de la naturaleza en el centro de nuestra empresa y de nuestras vidas diarias, podríamos edifi-car un mundo más saludable para el disfrute de todos.

Si el pueblo dirige, los dirigentes lo seguirán.

Dwight Eisenhower

Conozca más acerca de cómo dar el primer paso para mejorar el medio ambiente en su comunidad. Llame a **The Natural Step** al 415-332-9394, o envíe un e-mail a: tns@naturalstep.org.

Sendas hacia la paz

NARRADOR: MASANKHO BANDA

MI PASIÓN POR LA PAZ A TRAVÉS DE LA JUSTICIA SOCIAL nació cuando mi padre fue encarcelado por expresarse a favor de la democracia en Malawi, Africa Occidental. «Lo encerraremos hasta que aprenda a callarse», dijo el Presidente. Mi padre languideció en un celda por doce largos años: otra voz por la libertad silenciada.

En esa época, había muy poco que yo o cualquier otro pudiera hacer. Durante treinta años, los malawíes vivían aterrorizados bajo la cruel dictadura de nuestro presidente. Relativamente hablando, mi padre fue uno de los afortunados. Hoy él es uno de los únicos tres miembros sobrevivientes de los veinte que componían el primer gabinete de Malawi, formado en 1964. La mayoría de los otros desaparecieron sin dejar rastro. De niños éramos considerados unos parias y nos prohibieron asistir a la escuela.

A los 18, escapé de Malawi y de su persecución política. Al llegar solo a Estados Unidos, llevaba conmigo el peso del sufrimiento de mi familia. Quería relacionarme con otros jóvenes cuyas vidas hubieran sido destrozadas por la guerra, pero no sabía adónde ir. Un día, un amigo me dijo, «Masankho, si quieres trabajar con alguien que realmente está cambiando significativamente la vida de los niños en todo el mundo, llama a Avon Mattison». Resultó ser la llamada telefónica más importante de mi vida.

Aunque Avon era estadounidense —del otro lado del mundo— era un espíritu afín al mío. Cuando me contó su extraordinaria historia, yo quedé profundamente conmovido. Avon había sido otra niña atrapada en la pesadilla de la guerra. Cuando ella nació en 1941, la oscuridad de la Segunda Guerra Mundial abarcaba toda la tierra. En su cuarto cumpleaños, Avon miró por la ventana e hizo un ruego silencioso por la paz.

¡El deseo de Avon fue respondido por una visión extraordinaria! Mientras miraba por la ventana, la niña vio una hermosa imagen del planeta Tierra como si fuera un ser viviente. Vio una imagen de gente de todas las épocas y siglos viviendo en armonía en la tierra y los unos con los otros. Cuando ella les preguntó lo que hacían, una voz dentro de ella le dijo que construían senderos para las futuras generaciones.

La joven Avon se preguntaba qué significaban su mensaje de cumpleaños y «senderos para la paz». En consecuencia ella intentó contarle a los mayores lo que había visto y pedirles una explicación. Sin embargo le dijeron que no era más que su imaginación infantil, y no le prestaron atención.

De joven adulta, Avon comenzó a preguntar cómo la gente podía hacer de la paz una realidad práctica para las generaciones futuras. Se reunió con líderes de las Naciones Unidas, de corporaciones y de agencias del gobierno y también con oficiales de las fuerzas armadas y científicos, haciéndoles la misma pregunta. Muchos de ellos estaban demasiado ocupados preparándose para la guerra o combatiendo en ella para responderle. Pero con el tiempo, ella encontró una o dos almas valientes provenientes de todas clases y profesiones que estaban dispuestas a ver lo que podían hacer juntos para construir senderos hacia la paz.

A mediados de los años setenta, Avon decidió reunir estos espíritus afines para que pudieran asociarse con los niños y poner sus capacidades a su servicio. Durante los últimos 20 años, la organización de Avon, Senderos Hacia la Paz (Pathways to Peace, PTP por sus siglas en inglés) ha coordinado iniciativas a favor de la paz que han incluido a 200 organizaciones internacionales. PTP ha copatrocinado varias Conferencias Internacionales de la Infancia y ha enviado a jóvenes como sus representantes oficiales a las Conferencias de las Naciones Unidas.

La mayor alegría de Avon se deriva de trabajar cerca de jóvenes, preparándonos para llegar a ser los líderes del siglo XXI. Ella cree que todos tenemos el mayor interés en crear la paz ya que seremos los únicos que tenemos que atenernos a las decisiones que todos tomemos hoy.

Jóvenes como yo han venido de todos los rincones de la tierra a conocer a Avon y a pedirle su orientación. Muchos de nosotros hemos vivido los horrores de la guerra. Todos anhelamos un mundo más pacífico. Avon se hace cargo de cada uno de nosotros, concentra nuestra energía y nos abre las puertas, de manera que nuestras voces jóvenes puedan escucharse en los pasillos del poder y la influencia. Juntos elaboramos proyectos particulares de paz con personas y organizaciones diversas de todo el mundo.

En nuestro primer encuentro, Avon comenzó a adiestrarme como un comunicador para la Conferencia sobre Derechos Humanos de los Niños que iba a celebrarse dentro de poco en Viena. Ella quería que los jóvenes fueran los únicos en ser reconocidos en esta histórica conferencia mundial. Quería que presentáramos nuestras propias perspectivas y recomendaciones sobre los derechos de los niños.

Cuatro semanas después de la reunión, me encontraba en un avión rumbo a Viena. Avon me había dado su pasaje y su lugar en la conferencia. Me di cuenta de que al hacerlo, ella me estaba pasando la antorcha a mí, estaba haciendo realidad su compromiso de darles los primeros lugares a los jóvenes.

En Viena, me reuní con otros 140 jóvenes, muchos de los cuales habían quedado traumatizados por años de guerra. Al principio, algunos de los jóvenes tenían dificultades hasta para decir sus nombres. Pero con el paso de los días llegaron a confiar los unos en los otros y sus transformaciones resultaron dramáticas. Por ejemplo, al comienzo de la conferencia, Liliana, una estudiante de Escuela Secundaria de 15 años de edad, apenas podía presentarse. Pero al quinto día ya estaba dirigiendo talleres con energía y autoridad. Igor y Vladimir, adolescentes bosnio y serbio respectivamente, cada uno de los cuales había perdido un pariente cercano en la guerra, dirigieron un taller sobre tolerancia y perdón. En un momento, Igor se volvió hacia Vladimir y le dijo, «Tú y yo estamos aquí y somos amigos. Nuestra gente se ha hecho mutuamente cosas horribles. Nosotros podemos crear algo diferente. En lugar de venganza, debemos hablar de reconciliación. En lugar de destruir, podemos reconstruir nuestro país». Cuando ellos se abrazaron, todos en el salón tenían lágrimas en los ojos.

En la noche, yo trabajaba con niños de los campos de refugiados croatas, enseñándoles canciones y danzas universales de la paz. La última noche, ofrecieron una presentación especial para todos. Estos niños que no habían conocido más que la guerra en sus vidas estaban danzando en pro de la paz. Todos bailamos y cantamos juntos; y hablamos de paz, amor y reconciliación. Todos sabíamos que esta era la manera en que las cosas debían hacerse siempre.

Después de la danza, Ivana, la acompañante de los niños croatas, se me acercó, y me abrazó mientras sonreía y le rodaban lágrimas por el rostro. «Masankho, estos niños han estado en los campamentos de refugiados por dos años —dijo—. Nunca los he visto más felices. Por favor, ve y baila y canta con los niños que no han podido asistir». Fue así que concebí un proyecto de educación para la paz, dirigido a los niños de los campamentos de refugiados croatas. Hemos hecho tres viajes a los campamentos, y hemos afectado positivamente la vida de más de 1.000 niños.

A través del PTP, hemos tenido la oportunidad de ver cómo algunas facetas de la visión infantil de Avon se han convertido en realidad. Yo veo también a través de su ejemplo y de mi propia experiencia que las condiciones para el liderazgo de la paz está en todos y cada uno de nosotros. Aunque los senderos hacia la paz son difíciles de construir, ahora sé que tú y yo podemos lograr un cambio significativo. Creo verdaderamente que un día la paz prevalecerá en la tierra.

La vida no es una débil vela para mí;
es una suerte de antorcha brillante que he logrado
sujetar por un momento
y quiero hacer que arda con el mayor resplandor posible
antes de traspasarla a las generaciones futuras.

GEORGE BERNARD SHAW

Los cielos abiertos

NARRADORA: MARIANNE LARNED

AL IGUAL QUE MUCHOS ESTADOUNIDENSES QUE SIGUIERON por la cadena CNN la pacífica revolución de Filipinas en 1986, yo me quedé fascinada. Cuando nació el Poder Popular, trajo un mensaje de esperanza para el resto del mundo. Ver a una valiente ama de casa como Cori Aquino convertirse en presidente fue algo verdaderamente inspirador. Su cordial invitación a los estadounidenses de que ayudaran a su frágil nación me llegó al corazón. Antes de darme cuenta, yo había emprendido un viaje que cambiaría mi vida.

Cuando llegué en 1987, Filipinas era un lugar mágico. Todo el mundo estaba deseoso de compartir su momento histórico. Cada viaje en taxi se convertía en una lección de historia. Los testimonios de valor y resolución, de paciencia y fe, contra insuperables adversidades, se encontraban por todas partes.

Durante casi veinte años, los filipinos habían visto cómo el presidente Marcos le vendía su país al mejor postor. Pero cuando Ninoy Aquino, el héroe popular que había estado en la cárcel, fue asesinado, se les agotó la paciencia. Prominentes mujeres filipinas comenzaron a cuestionar sus valores, a hablar con sus amigas, y a reunir datos acerca de la corrupción, la codicia y el engaño en que su país se estaba hundiendo. Ellas se agruparon, aumentando su fuerza según crecía su número y desbarataron el *status quo*. En el proceso, arriesgaron su seguridad y comodidad personales: sus matrimonios, sus familias e incluso sus vidas.

Alentaron a sus influyentes maridos a utilizar su poder empresarial para frenar a Marcos. Todos los días durante tres años, oraron por un futuro más esperanzador. En febrero de 1986 sus oraciones fueron oídas.

Al principio, parecía como si la Revolución Filipina terminaría en un baño de sangre. Los soldados, las armas y los tanques estaban por todas partes. Marcos había interrumpido todas las comunicaciones con el mundo exterior. El pueblo estaba aterrado, pero un locutor de una radio local los instó a unirse en las calles de Manila. Por un día, esas almas amilanadas se convirtieron en un ejército poderoso.

Los adolescentes enfrentaron a los tanques, se amistaron con los soldados y les pusieron flores en sus fusiles. Cantando la canción de John Lennon, «Todo lo que decimos es démosle a la paz una oportunidad», revivieron el espíritu de los años sesenta, que mostraba como había que hacer el amor, no la guerra: lentamente, suavemente.

Casi durante un año, trabajé junto con estos filipinos, compartiendo sus secretos. Uno de mis grandes maestros fue Marietta Goco. Una mujer alta y fuerte procedente de una familia rica, tenía un espíritu generoso, una mente sagaz y un profundo compromiso de hacer que el sistema funcionara para los menos afortunados. Ella utilizó su poder político para construir puentes entre los pobres aldeanos y los grandes capitalistas del planeta.

Marietta me tomó bajo su protección y me recibió en su mundo. Todos los días nos reuníamos con los que estaban planeando el futuro del país. Viajamos juntos a algunas de las siete mil islas filipinas, escuchando a empresarios, líderes del gobierno y dirigentes comunitarios así como a granjeros, educadores y obreros. Cada noche, compartíamos las lecciones que aprendíamos los unos de los otros.

Una de las lecciones más duras fue el costo de ignorar el problema. Veinte años de avaricia de Marcos había dejado al país en el suelo. El informe de UNICEF sobre desnutrición en Filipinas había hecho despertar por primera vez a la comunidad internacional a la crisis del país. Estos inversionistas globales estaban pasmados, pensando en que sus millones habían estado mejorando la vida de los pobres. Su renuencia a continuar respaldando económicamente la engañosa dictadura de Marcos, ayudó a la gente a derrocarla. Pero la horrenda deuda de veintiocho mil millones de dólares estrangulaba cualquier esperanza para el futuro de lo filipinos. La brecha entre los que tienen y los que no tienen se había ensanchado hasta volverse un precipicio. Casi la mitad de todas las familias filipinas se encontraban en la miseria. A menos que se resolviera esta desigualdad, era claro que su recién ganada paz duraría muy poco.

La gente estaba eufórica con el derrocamiento de Marcos, pero furiosa con la destrucción que quedaba detrás; entusiasmados por la oportunidad de reconstruir la democracia de su país, pero temerosos de un futuro incierto. Algunos se sentían desesperados, preguntándose si la revolución había valido la pena. Donde una vez habían estado unidos ante un enemigo común, muchos se sentían perdidos al faltarles ese enemigo. Pero según escuchábamos a estas personas, oíamos la reiteración de una muletilla: todos querían una vida mejor para sus hijos. Anhelaban mantener vivo el espíritu transformador de la revolución pacífica. Y lo más importante, querían paz para algo más que un solo día; la querían para el resto de sus vidas.

Una noche, Marietta pareció despertar de un profundo sueño. «Mi padre acostumbraba a hablarme de *bayanihan*, uno de los valores filipinos tradicionales —me dijo—. Para ayudarme a comprender, él solía contarme relatos de personas que trabajaban juntas por el bien común. A estas personas las llamaban *bayani*: un héroe para nuestro país. Lo que les otorgaba esta distinción es que tenían la disposición de pensar en otros, en lugar de pensar en sí mismos, de llevar a cabo un tipo de servicio altruista». Ella concluyó su historia diciendo: «Mi padre me decía que *bayanihan* le daba a la gente el valor para enfrentarse a sus temores, defender sus convicciones y tomar decisiones que mejoraran a su familia, a su comunidad y a todo el mundo».

Mientras Marietta reflexionaba sobre las palabras de su padre, me dijo: «A lo largo de los años, hemos olvidado la importancia de trabajar juntos por el bien común. Si vamos a lograr una paz duradera en las Filipinas, sería mejor que le recordáramos a nuestro pueblo, y le enseñáramos a nuestros niños, acerca del *bayanihan*».

El relato de Marietta tuvo una profunda resonancia dentro de mí. Me di cuenta de que era este el secreto especial que yo andaba buscando, la razón oculta de mi viaje a las Filipinas. Cuando regresé a los Estados Unidos pocas semanas después, lo hice con la resolución y el compromiso de hacer consciencia de ese valor en mi propio país.

Luego que Fidel Ramos, amigo cercano y aliado de Cory Aquino, fuera electo presidente, le pidió a Marietta ayuda para crear su visión de Filipinas 2000. Como militar y graduado de West Point, él sabía que la clave de una paz duradera era que todo el pueblo se sintiera comprometido con ella. En 1995, le pidió a Marietta que desarrollara un plan para atraer a los que se habían ido marginando por desencanto. Y Ramos le propuso una meta: reducir la pobreza en un 10 por ciento en un plazo de cinco años.

Marietta aceptó su nuevo papel en la configuración del

futuro de su país con pasión y resolución. Decidió utilizar valores filipinos, como el *bayanihan* para convocar a sus compatriotas a hacer suyo este objetivo de erradicar la pobreza. Concibió un programa de reeducación para ayudar a la gente a recordar los talentos que Dios les dio, honrar su capacidad de realizar sus propios sueños y estimularlos a practicar la retribución: a ser un *bayani*. Ella invitaba a cada persona a crear un plan personalizado sobre cómo cubrir sus necesidades fundamentales y ayudar a reconstruir su país. Algunos comenzaban con pasos sencillos: dejar de fumar, aprender a leer o ser un mejor padre. Otros tenían metas más ambiciosas: ayudar a su vecinos, atender a su comunidad, aspirar a un cargo en el gobierno local. Juntos, se daban cuenta de que cuando cada persona da un poco de sí misma, llega a producirse un cambio significativo para todos.

Al principio, no era fácil. Tal como Chuckie, el asistente de Marietta, lo recuerda, «durante los últimos veinte años, la gente se había olvidado de la bondad básica de los filipinos. Les tomó tiempo recuperar la confianza y creer los unos en los otros, y creer en ella. Pero después de un tiempo, la sinceridad de Marietta tocó los corazones de la gente. Era como volver a casa. Ella te ayudaba a recordar tu propia bondad».

Y en sólo tres años, este programa orientado hacia valores ha transformado las vidas de dos millones de personas. El plan de Marietta funcionó tan bien que ellos han alcanzado su meta de un diez por ciento dos años antes de lo esperado. Se convirtió en el corazón del éxito económico y social de Filipinas. Con un crecimiento económico anual de un 7 por ciento, se le considera el mejor lugar para invertir entre diez naciones asiáticas del Pacífico. Con una robusta economía y un futuro esperanzador, los filipinos han transformado su imagen del «enfermo de Asia» en uno de sus «tigres voladores». Por segunda vez en la historia, los filipinos se han convertido en nuestros maestros. Su lección es que cuando todos trabajamos juntos por el bien común, todos ganamos.

«El liderazgo de Marietta le abrió la puerta a todo un nuevo mundo de oportunidades —dice Chuckie—. No siempre es cómodo estar con ella. Tiene demasiada energía, y nunca se da por vencida. No te permite que elijas el camino más fácil, ni deja que los conflictos se enconen. Pero a veces, cuando uno piensa que no puede resistir, ella le levanta el ánimo una y otra vez». Marietta está ahora invitada a hablar en las Naciones Unidas y en todo el mundo, abriéndole los ojos a la gente de lo que puede ocurrir cuando uno los prepara para cambiar de vida.

Como una verdadera *bayani*, Marietta susurra: «No es que yo quiera hacer esto. Es que no puedo hacer otra cosa que no sea esto. Se convierte en una opción ineludible, en un llamado. Y una vez que uno toma la decisión, los cielos se abren».

Bayanihan, es la bondad en cada filipino.
Bayanihan, cada uno se ayuda mutuamente.
Bayanihan, aprendamos a dar y a recibir.
Bayanihan, esta es la esperanza de nuestro país.

JIM PARADES

Si desea saber más acerca de este espíritu *bayanihan*, y ayudar a socorrer a los más pobres de los pobres en Filipinas, llame a la **Comisión Presidencial para Combatir la Pobreza** al Despacho del Presidente de Filipinas al 011-632-735-1601 (ó 2) ó 736-0226.

Revolución del espíritu

NARRADOR: LESLIE KEAN

ERA AGOSTO DE 1988, Y EL DISCURSO DE AUNG SAN SUU Kyi ante una nutrida manifestación en la pagoda Shwedagon de Rangún comenzó con un minuto de silencio. Quinientas mil personas dedicaron un momento para honrar a los estudiantes que recientemente habían perdido sus vidas en manifestaciones en pro de la libertad y la democracia en Birmania.

El 18 de marzo centenares de escolares y estudiantes universitarios habían marchado a lo largo del puente sobre el lago Inya, cantando el himno nacional de Birmania. Querían terminar con el cruel régimen militar que se había instaurado desde un golpe militar en 1962. La policía antimotines se presentó con sus cascos de acero y mató a palos a muchos de los que protestaban. Los que se escaparon tirándose al lago se ahogaron. Luego que las manifestaciones se intensificaran, millares de personas huyeron de Birmania. La televisión británica se refirió a los que se quedaron atrás como «cuarenta millones de rehenes».

Aung San Suu Kyi llegó a Birmania cuando los militares estaban aplastando estas manifestaciones en toda la nación. Ella regresaba de Inglaterra donde había estado atendiendo a su madre moribunda. Muchos habrían visto esta tragedia como una clara señal para volver a Inglaterra. Pero ella era la hija de Aung San, el héroe que había conseguido que los británicos le dieran la independencia a Birmania en 1947, y sentía un irreprimible llamado interior a luchar porque la paz se impusiera de nuevo en su patria.

Años de desgobierno había reducido lo que alguna vez fuera la próspera Tierra Dorada en una de las naciones más pobres del mundo. El gobierno quería convertir al país en el próximo «tigre» de Asia, obligando a más de dos millones de personas, muchos de ellos niños, a trabajar como esclavos. Las violaciones de los derechos humanos eran desenfrenadas, pero el mundo hasta entonces no se había enterado.

Aung San Suu Kyi comenzó a viajar por todo el país, ofreciendo su visión de libertad, de responsabilidad personal, y de compasión a gigantescas y electrizadas multitudes. Su carisma y su brillantez cautivaron al mundo. Al final, la situación de Birmania comenzó a recibir atención internacional. El pueblo birmano empezó finalmente a mostrar signos de unidad. Sin embargo, esta dulce mujer sembró el pánico en los corazones de un gobierno totalitario.

Una noche, cuando andaba de regreso a su casa, se encontró con un grupo de soldados. El oficial ordenó dispararle a menos que ella retrocediera. Los soldados le apuntaron con sus fusiles al corazón. Sin miedo, Aung San Suu Kyi siguió caminando lentamente hacia adelante. Según ella se iba acercando, los soldados vieron sólo compasión en sus ojos. Sin embargo, órdenes eran órdenes. Un oficial de alto rango intervino en el último momento, salvando la vida de esta valiente mujer.

La creciente popularidad de Aung San Suu Kyi amenazaba seriamente a la junta gobernante. En 1989, la pusieron bajo arresto domiciliario. No volvería a caminar libremente bajo el sol durante seis largos años. Pero ella no tenía tiempo para lamentarse por su propia libertad. Cuarenta jóvenes activistas que trabajaban con ella en favor de la democracia también habían sido arrestados. Siguiendo el ejemplo de Gandhi, ella empleó una de las formas más potentes de la protesta no violenta: la huelga de hambre, que terminó sólo cuando estuvo segura de que sus partidarios no serían torturados. Durante sus largos años de arresto domiciliario, rehusó permitir que su espíritu fuese aprisionado. Meditaba diariamente y una llama de dedicación y determinación se mantenía ardiendo en su interior.

En 1990, cuando finalmente se celebraron elecciones, el partido de Aung San Suu Kyi, La Liga Nacional por la Democracia, ganó una victoria abrumadora. Los generales no sólo rehusaron aceptar los resultados, sino que la mayoría de los miembros del parlamento recién electo fueron echados en prisión.

En 1991, el Día Internacional de los Derechos Humanos, Aung San Suu Kyi fue galardonada con el Premio Nobel de la Paz en ausencia. Mientras ella se encontraba todavía en cautividad, su hijo viajó a Oslo y aceptó el premio en lugar de ella y en nombre de todo el pueblo de Birmania. Él dijo: «Sé que si fuera libre hoy, mi madre, al darles las gracias, también les pediría que oraran para que los opresores y los oprimidos arrojaran sus armas y se unieran en la construcción de una nación cimentada sobre la humanidad en el espíritu de la paz».

La prensa internacional ha reconocido a Aung San Suu Kyi como la prisionera política más famosa del mundo desde Nelson Mandela, además de llamar el desastre de los derechos humanos en Birmania «la nueva Sudáfrica». Luego de seis años de detención, Aung San Suu Kyi fue finalmente puesta en libertad en julio de 1995. Considerada aún el centro del movimiento que lucha por la democracia en Birmania, ahora ella está instando al gobierno militar de su país a que busque el diálogo y la reconciliación. Ella cree que una Birmania muy diferente surgirá en el curso de su propia vida.

«Los últimos seis años me han dado mucho tiempo para reflexionar —dice Aung San Suu Kyi—. He llegado a la conclusión de que la raza humana no está dividida en dos campos opuestos del bien y el mal. Está compuesta de aquellos que son capaces de aprender y de los que no. El aprendizaje es un proceso de absorción de esas lecciones de vida que nos capacitan a aumentar la paz y la felicidad de nuestro mundo. En la medida en que nos esforzamos en enseñar a otros, debemos tener la humildad de reconocer que nosotros tenemos todavía mucho que aprender; y que debemos tener flexibilidad según cambiamos el mundo».

Aung San Suu Kyi trabaja diligentemente todos los días para compartir esta sabiduría con sus seguidores. Su mensaje es sencillo y directo: «estamos en esto juntos. Si quieren libertad y democracia, deben trabajar por ella. No se las van a regalar. Para lograr la libertad, debemos estar unidos. Yo sólo puedo señalar el camino». Siguiendo el ejemplo de su líder, ellos están conscientemente cultivando la práctica budista de *metta*, o «bondad amorosa». Algunos llevan camisetas que dicen: «El miedo es un hábito. Yo no tengo miedo».

Siempre se presentan nuevas dificultades. «Estamos aumentando el ritmo de nuestro trabajo, y ellos están aumentando el número de arrestos», dice ella. Pero Aung San Suu Kyi nunca pierde de vista los objetivos espirituales que subyacen en su lucha: «La revolución más auténtica es la revolución del espíritu», afirma ella.

El enfoque no violento no cambia inmediatamente el corazón del
opresor.
Primero aporta algo a los corazones y almas de los que se compro-
meten con él.
Les da un nuevo respeto por sí mismos;
extrae recursos de fuerza y valor que no sabían que poseían.
Finalmente, alcanza al adversario:
atiza su consciencia hasta que la reconciliación se hace una
realidad.

DR. MARTIN LUTHER KING JR.

Únase a la revolución del espíritu de Aung San Suu Kyi y ayude
a sostener los derechos humanos y la democracia en Birmania.
Puede ponerse en contacto con **The Burma Project USA**, en
Mill Valley, California, llamando al 415-381-6905, o por vía
e-mail a: burmausa@six.netcom.com.

El flautista de Hamelín

NARRADORA: KAREN ANDERSON

CON SÓLO VEINTE AÑOS, MYRON ES PADRE DE CINCO hijos. Hasta el año pasado, él había estado viviendo del delito —drogas, armas, fechorías— como uno de los jóvenes más rudos, descaminados y problemáticos de Baltimore. Myron se encontró con su propio padre solamente una vez, hace unos años. De niño, él se salía con la suya valiéndose de sus tretas callejeras. Myron es el tipo de joven al que Joe Jones ha dedicado su vida a ayudar.

Para cientos de jóvenes de las calles de Baltimore, Joe Jones es su modelo, su mentor y su brújula moral. A veces se asemeja al flautista de Hamelín, con jóvenes, niños y adultos por igual volviendo la cabeza cuando él pasa, y algunos yendo tras él. Joe siempre anda en busca de muchachos de las calles para devolverlos a la sociedad.

Joe sabe lo que es estar en la calle. Él tenía solamente once años cuando sus padres se divorciaron y comenzó su carrera de drogadicto que se prolongó por diecisiete años. Les agradece a los sistemas de apoyo el que su vida cambiara completamente. «Cuando mi padre se fue, nuestra familia mayor dio un paso al frente —dice—. Más tarde, fue un centro de tratamiento el que me ayudó a salir de las drogas».

Joe comenzó esta misión de ayudar a otros, ocupándose de hombres jóvenes que morían de SIDA. Luego ayudó a madres adictas y a sus hijos, primero como un consejero sobre el abuso de substancias estupefacientes, y después con el programa Comienzo Saludable (Healthy Start). Para Joe, trabajar con algunas de las madres solteras más pobres de la ciudad, le hacía sentir como un interminable remolino. Algunos de los padres venían con «sus mujeres» y Joe se daba cuenta que no había nada que él pudiera ofrecerles. «Disponíamos de todos esos programas de maternidad y salud infantil, pero algo faltaba de la ecuación —agrega—. Si realmente queremos reducir la mortalidad infantil, no podemos olvidar a los hombres jóvenes». Joe se dedicó a equilibrar la ecuación.

Durante los últimos tres años, Joe ha dirigido Servicios para Hombres del programa Healthy Start Municipal de Baltimore que trabaja con unos 450 hombres jóvenes, muchos de los cuales están desempleados, desorientados y engendrando una nueva generación de niños potencialmente miserables. «Con demasiada frecuencia, se ocupan muy poco de la madre de sus hijos, y quizás aún menos de sí mismos, de manera que nosotros nos concentramos en el niño —explica Joe con un tono de tristeza—. Lo primero que les preguntamos es "¿quieres que tu hijo tenga un verdadero padre?" Usualmente la respuesta es "sí"».

La fórmula para el programa de Servicios para Hombres es sencilla. Se concentra en los padres de los niños de las muchas madres jóvenes que acuden a Healthy Start. Ello les ofrece un sistema de apoyo, a veces «un puntapié en el trasero», pero la mayoría de las veces la respuesta es positiva. «Estos hombres jóvenes virtualmente se han criado en la calle. Como niños y adolescentes se criaron en la pobreza y nunca se prepararon para ser positivos —explica Joe—. Estos tipos son líderes, tienen tremendas habilidades, pero nunca han tenido la orientación para poner esas habilidades a funcionar de una manera positiva».

Cuando Joe conoció a Myron, él estaba deambulando por los tribunales juveniles de Baltimore. Durante los últimos dos años, bajo la constante vigilancia de Joe, Myron ha estado intentando convertirse en un padre para su hijo y en darles un ejemplo positivo a otros hombres de la comunidad. Fue el liderazgo particular de Myron el que llevó a Joe a llevarlo en un viaje educativo a Kingston, Jamaica, como parte del programa Lecciones sin Fronteras (Lessons Without Borders) de la Agencia Federal para el Desarrollo Internacional (USAID por sus siglas en inglés).

Lecciones sin Fronteras comenzó en junio de 1994 para auspiciar un intercambio de las lecciones sobre desarrollo comunitario que la agencia había aprendido de su trabajo en países en vías de desarrollo a lo largo de las últimas tres décadas. El alcalde de Baltimore, Kurt Schmoke, y muchas personalidades de la ciudad, habían estado aprendiendo de estas lecciones. A través de Lecciones in Fronteras, Joe visitó Jamaica y vio de primera mano cómo un país con muchos menos recursos que los que nosotros tenemos se enfrentaba a problemas semejantes en su propia comunidad. Uno de los programas más pujantes que Joe observó, fue el de vigilancia comunitaria en el centro de Kingston que Joe pensaba podía tener un impacto positivo en Baltimore. En 1996, Joe hizo una segunda visita con Myron, en la esperanza de que Myron podría ayudar a Joe a traducir su visión a las calles de Baltimore.

Jamaica puede parecer un lugar improbable del que Baltimore tenga algo que aprender, pero tienen más cosas en común de las que se observan a simple vista. En el corazón de Kingston, Jamaica, se encuentra la Calle Gold, un área de edificios quemados y de albergues arruinados que marca la frontera entre dos pandillas en guerra. Notoria por sus

Pan y vino para el camino

delitos y su violencia, la mayoría de los jamaicanos se escalofrían de pensar que tengan que aventurarse cerca de allí.

En los últimos años, la Compañía de Restauración de Kingston ha estado trabajando con ayuda de la USAID para restaurar esa devastada comunidad. Recuperaron las áreas públicas del centro e iniciaron empresas de desarrollo económico. También han comenzado a contener la violencia y a reconstruir el tejido social de la comunidad con programas culturales, educativos, sanitarios y de planificación familiar. La estación de policía de la calle Gold se ha convertido en el punto central del proceso de restauración de la comunidad. La policía de Kingston hace la ronda a pie de manera que pueden conversar, reconstruir la confianza y amistarse con los jóvenes, a través de programas de instrucción, consejería y actividades extraescolares, allí mismo en la estación de policía. Confrontados por los más pobres de los pobres y los más malos entre los malos, los policías están inculcando esperanza y un sentido de lo correcto en los corazones y mentes de estos muchachos infortunados que viven en esa desolada vecindad.

Joe quería que Myron presenciara cómo funcionaba el programa de manera que él pudiera ayudar a aplicarlo en las calles de Baltimore. Al principio, Myron se quedó anonadado por la miseria y el delito que veía entre la gente de su edad y los más jóvenes. «Pensaba que las cosas andaban mal en mi país, pero nada comparado con lo que pasaba aquí. Sin embargo, estos chicos estaban decididos a hacer lo correcto» comentó. Myron se quedó impresionado con la relación que existía entre la policía y los chicos de la calle. Era formativa y positiva, no combativa y punitiva.

Al traer estas lecciones de regreso a Baltimore, Joe enfatiza que «cada uno de nosotros, y especialmente los agentes de la policía, puede tener un impacto positivo en las vidas de muchachos jóvenes simplemente por demostrarles que ellos les importan. Las soluciones no siempre cuestan un montón de dinero; a veces todo lo que llevan es una mano de ayuda y el apoyo moral para hacer que los muchachos se sientan como si realmente valieran algo». Para los jóvenes como Myron, eso constituye una gran diferencia.

Según miramos las lecciones que hemos aprendido de nuestro trabajo en el extranjero, estoy convencida de que muchas de esas lecciones pueden ser aprendidas y aplicadas en Estados Unidos.

HILLARY RODHAM CLINTON

Ayúdenos a encontrar las mejores soluciones a problemas comunes en el desarrollo comunitario ya sea de Baton Rouge o de Bangladesh, las buenas ideas no tienen fronteras. Envíenos sus buenas ideas a **USAID, Lessons Without Borders,** 2201 C Street NW, Washington, D.C. 20523.

Oskar Schindler

ADAPTADO DE LA GUÍA DE ESTUDIO
«LA LISTA DE SCHINDLER»
DEL LIBRO *FACING HISTORY AND OURSELVES*

LA GENTE SOSPECHABA DE LAS HISTORIAS QUE SE CONTABAN de un empresario de guerra nazi que rescataba judíos. Oskar Schindler había venido a Cracovia, Polonia, proveniente de Swittau, la ciudad alemana de su nacimiento. A diferencia de la mayoría de los aventureros, él se hizo cargo de una fábrica que había estado paralizada y en bancarrota durante muchos años. En el invierno de 1939 a 1940, comenzó sus operaciones en un espacio de cuatro mil metros cuadrados y un centenar de obreros, de los cuales siete eran judíos.

La producción comenzó con celeridad, porque Schindler era un trabajador perspicaz e infatigable. Durante el primer año, la fuerza laboral se expandió a trescientos, incluidos unos 150 judíos. Para fines de 1942, la fábrica había crecido a cuarenta y cinco mil metros cuadrados y empleaba casi ochocientos hombres y mujeres. Los obreros judíos, de los cuales había ahora 370, todos provenían del gueto de Cracovia. «Para evitar la vida en los campos de concentración, aquello se había convertido en tremenda ventaja —dice Itzhak Stern, el contador judío de Schindler—, el poder salir del gueto por el día y trabajar en una fábrica alemana».

Entre los judíos de Cracovia se corrió la voz de que la fábrica de Schindler era el lugar para trabajar. Schindler ayudaba a sus empleados judíos falsificando los expedientes de la fábrica. Los viejos eran inscritos como veinte años más jóvenes y los niños eran inscritos como adultos. Abogados, médicos e ingenieros eran inscritos como obreros metalúrgicos, mecánicos y dibujantes, oficios todos considerados esenciales para la producción de guerra.

Desde su alta mesa de tenedor de libros, Stern podía ver a través de la puerta de vidrio la oficina privada de Schindler. «Casi todo el día, de la mañana a la noche, oficiales y otros visitantes venían a la fábrica y me ponían nervioso. Schindler acostumbraba a compartir vodka y chistes con ellos. Cuando se iban, me pedía que entrara, cerraba la puerta, y luego quedamente me decía a lo que ellos habían venido. Él solía decirles que él sabía cómo hacer trabajar a estos judíos y que quería que le trajesen más. Así fue cómo él se las arregló para mantener juntos a familiares y parientes todo el tiempo y librarlos de la deportación».

El 13 de marzo de 1943, vino la orden de cerrar el gueto de Cracovia. Todos los judíos fueron trasladados al campamento de trabajos forzados de Plaszow, en las afueras de la ciudad. Las condiciones allí, aun para los que habían estado en el terrible gueto de Cracovia, eran espantosas. Los presos padecían de enfermedades y centenares o bien morían en el campo de concentración o eran trasladados al campo de Auschwitz-Birkenau.

Stern, junto con otros obreros de Schindler, también habían sido trasladados a Plaszow desde el gueto, pero al igual que otros veinticinco mil reclusos que vivían en el campo y tenían empleos fuera, seguían pasando el día en la fábrica. Sintiéndose mortalmente enfermo un día, Stern mandó a avisar a Schindler, pidiéndole ayuda urgentemente. Schindler vino enseguida, trayendo los medicamentos esenciales, y continuó sus visitas hasta que Stern se recuperó. Pero lo que él había visto en Plaszow lo había empavorecido y tampoco le gustaba el giro que las cosas habían tomado en la fábrica.

Sintiéndose cada vez más impotente ante los frenéticos odiadores y destructores de los judíos, Schindler encontró que ya no podía seguir bromeando fácilmente con los oficiales alemanes que venían a pasar inspección. El doble juego que él estaba jugando se hacía cada vez más difícil. Los incidentes problemáticos ocurrían cada vez más a menudo.

La creciente frecuencia de incidentes desagradables en la fábrica y la maldad que él había presenciado en el campo de concentración de Plaszow probablemente llevaron a Schindler a un papel más activo. En la primavera de 1943, comenzó la conspiración, la manipulación, el soborno y las astutas maniobras para tomarle la delantera a la oficialidad nazi que finalmente habría de salvar tantas vidas. Es en este punto que comienza la verdadera leyenda. Durante los próximos dos años, la constante obsesión de Oskar Schindler fue la de salvar el mayor número de judíos de las cámaras de gas de Auschwitz-Birkenau, a sólo sesenta kilómetros de Cracovia.

Su primer paso atrevido fue intentar ayudar a los presos hambrientos y medrosos de Plaszow. Otros campos de concentración en Polonia ya habían sido clausurados y sus habitantes «liquidados». Plaszow parecía condenado. A instancias de Stern y de los otros de su círculo íntimo de la oficina, Schindler una noche se las arregló para convencer a uno de sus compañeros de juerga, el general Schindler (sin ningún parentesco con él) que los talleres del campo de Plaszow eran idóneos para la producción de guerra en serio. El general se entusiasmó con la idea y dio órdenes de que enviaran madera y metal para el campo de concentración. Como resultado, Plaszow fue oficialmente transformado en un campo de concentración esencial para la guerra. Y aunque las condiciones apenas mejoraron, quedó fuera de la lista de los campos que para entonces estaban siendo exterminados.

Pero para la primavera de 1944, la retirada alemana del Frente Oriental estaba en su apogeo, y Plaszow y todos sus subcampos fueron mandados a cerrar. Schindler y sus obreros no se hacían ilusiones respecto a lo que implicaría un traslado para otro campo de concentración. La hora había llegado para que Oskar Schindler jugara su carta de triunfo, una jugada temeraria que él había concebido de antemano.

Él se fue a persuadir a todos sus amigos de juerga y a sus conexiones en los círculos militares e industriales en Cracovia y en Varsovia. Sobornó, lisonjeó y rogó, trabajando desesperadamente contra el tiempo y luchando por lo que todos le aseguraban era una causa perdida. Persistió hasta que alguien, en algún lugar de la jerarquía, acaso impaciente de concluir un negocio aparentemente trivial, le concedió finalmente la autorización para trasladar una fuerza de trabajo de setecientos hombres y trescientas mujeres desde el campo de Plaszow a una fábrica en Brennec, en su natal Checoslovaquia. La mayoría de los otros veinticinco mil hombres, mujeres y niños de Plaszow fueron enviados a Auschwitz-Birkenau para hallar el mismo fin que más de un millón de otros judíos ya había descubierto. Pero de la vasta calamidad y gracias a los tenaces empeños de un hombre, mil judíos se salvaron temporalmente. Mil seres humanos medio muertos de hambre, enfermos y casi quebrantados les habían conmutado una sentencia de muerte por un milagroso aplazamiento.

Los *Schindlerjuden* (judíos de Schindler) dependían ahora de Schindler. Su compasión y su sacrificio fueron ilimitados. Él gastó hasta el último céntimo que le quedaba, y vendió también las joyas de su mujer por comida, ropa, medicina y aguardiente con el cual sobornar a los muchos investigadores de la SS. Preparó un hospital secreto con equipo médico robado y comprado en el mercado, combatió epidemias, e hizo personalmente un viaje de trescientas millas llevando dos enormes frascos llenos de vodka polaca, y trayéndolos lleno de la medicina que se necesitaba desesperadamente. Su mujer, Emilie, cocinaba y cuidaba a los enfermos, por lo cual también ganó reputación y elogios por derecho propio.

Acaso la más cautivante de todas las historias que se cuentan sobre este caso es la que ilustra gráficamente el papel adoptado por Schindler de protector y salvador en medio de una general y amoral indiferencia. Justo en el momento en que el imperio nazi se desmoronaba, una noche tarde recibió una llamada telefónica de la estación de ferrocarril, preguntándole a Schindler si estaba en disposición de aceptar la entrega de dos vagones de ferrocarril llenos de judíos casi congelados. Los vagones cerrados se habían congelado a una temperatura de cinco grados y contenían casi cien hombres enfermos, que habían sido encerrados dentro desde que el tren saliera de Auschwitz-Birkenau, con órdenes de entregar la carga humana a cualquier fábrica que los quisiera. Pero cuando les informaban del estado de los presos, ningún gerente de fábrica se interesaba en recibirlos. Schindler, atormentado por la noticia, ordenó que el tren fuera enviado inmediatamente a su fábrica.

El tren era un espectáculo espantoso de contemplar. Se había formado hielo en los cerrojos y los vagones tuvieron que ser abiertos con hachas y antorchas de acetileno. Dentro, se encontraban tendidas las miserables reliquias de seres humanos, tiesos y congelados. Cada uno tuvo que ser sacado como restos de carne congelada. Trece de ellos estaban inequívocamente muertos, pero los otros todavía respiraban.

A lo largo de esa noche y durante muchos días y noches que siguieron, Oskar y Emilie Schindler y un gran número de hombres trabajaron sin descanso en los esqueletos hambreados y congelados. Un gran salón de la fábrica se vació para este fin. Otros tres hombres murieron, pero con cuidado, calor, leche y medicina, los otros fueron gradualmente recuperándose. Todo esto se había logrado a escondidas, sobornando, como era usual, a los guardias de la fábrica para que no se lo informaran al comandante de la SS.

Esa fue la vida en Brennec hasta que la llegada de los rusos el 9 de mayo le puso fin a la constante pesadilla. En las primeras horas de la mañana, una vez convencido de que sus trabajadores estaban finalmente fuera de peligro y que todo estaba en orden para explicarles a los rusos, Schindler, Emilie y varios de sus íntimos amigos entre los obreros judíos desaparecieron discretamente y no se volvió a saber de ellos hasta que reaparecieron, meses después, en la zona norteamericana del interior de Austria.

La película La lista de Schindler *se concentra en los años del Holocausto: una época cuando millones de judíos y otros hombres, mujeres y niños fueron asesinados sólo por causa de su ancestro. Es uno de los capítulos más negros de la historia humana. Sin embargo, un sorprendente número de personas, jóvenes y viejos, saben muy poco, si es que algo, al respecto. Aun en la actualidad el mundo todavía no ha aprendido la lección de esos años terribles. Existen todavía demasiados lugares donde el odio, la intolerancia y el genocidio prevalecen. Por consiguiente, La lista de Schindler no es sólo una «historia judía» o una «historia alemana»: es una historia humana. Su tema puede aplicársele a todas las generaciones.*

La lista de Schindler *trata simplemente del odio racial —que es el estado mental que ataca no lo que nos hace personas, sino lo que nos hace diferentes unos de otros. Es mi esperanza que* La lista de Schindler *despertará y sostendrá una consciencia de ese mal e inspirará a esta generación y a futuras generaciones a buscarle un fin al odio racial.*

STEVEN SPIELBERG, AMBLIN ENTERTAINMENT, INC.

Para recibir una **Guía de estudio de la Lista de Schindler** (Schindler's List *Study Guide*) llame a **Facing History and Ourselves** al 617-232-1595 o visite su sitio en Internet en el www.facing.org para aprender acerca de los peligros de la indiferencia, los valores cívicos, los enfoques creativos a los retos que enfrentamos, y las oportunidades de hacer cambios positivos.

Steven Spielberg creó la **Fundación de la Historia Visual de los Sobrevivientes de la Shoah** (Survivors of the Shoah Visual History Foundation) para documentar y archivar entrevistas con sobrevivientes del Holocausto en todo el mundo. Para más información, llame al 800-661-2092.

El poder restaurador de hacer el bien

Un pesimista, dicen, ve un vaso de agua como medio vacío;
un optimista ve el mismo vaso como medio lleno.
Pero una persona dadivosa ve un vaso de agua
y comienza a buscar a alguien que pudiera estar sediento.
«Si usted no lo hace, ¿quién lo hará?»

G. DONALD GALE

¿RECUERDA USTED LA ÚLTIMA VEZ QUE UN NIÑO LE DIO UN regalo, una flor, un dibujo de la escuela, o incluso un abrazo? De este modo inocente, él estaba diciéndole, «Quiero que seas mi amigo. Yo te quiero. Gracias». Esta sencilla dádiva ¿le tocó el corazón? ¿Le hizo querer retribuirle con algo?

Los niños nacen con un instinto natural de dar, de ayudar y de amar. Sus caritas se inundan de alegría cada vez que lo hacen. A veces cuando crecemos, nos llenamos de tantas ocupaciones que nos olvidamos del poder mágico de dar. A veces ni siquiera nos damos cuenta de la importancia que en verdad tiene lo que hacemos.

Los relatos de este capítulo nos recuerdan qué bien nos sentimos cuando nos damos de nosotros mismos. Nos inspiran aquellos que a veces sacrifican sus ganancias personales por el bien de sus semejantes. Nos maravillamos de los que dejan de quejarse «del sistema», esperando que otro venga a arreglarlo, ¡y sencillamente lo arreglan! Aplaudimos a los que se arriesgan y vencen obstáculos, no por sí mismos, sino por otros. Nos entusiasman los relatos de personas que produjeron verdaderos milagros, tan sólo por retribuir. Nos conmueven los que se valen de su dolor personal para cambiar, en primer lugar, sus propias vidas, y luego, el mundo. Nuestra alma se robustece y nuestra fe en la humanidad se restaura. Nos sentimos esperanzados por saber que hay personas comunes que están mejorando el mundo, paso a paso. Tan sólo leer estos relatos nos hace sentir mejor y nos da valor para dar lo que podemos.

¿Por qué algunas personas parecen y se sienten jóvenes a los 65 y otros se ven viejos a los 35? Está probado que cuando ayudamos a otros, podemos estar vigorizándonos física y mentalmente. En su libro *El poder restaurador de hacer el bien* (*The Healing Power of Doing Good*), Allan Luks describe cómo la gente experimenta una «euforia del ayudador», semejante a la que experimenta el corredor, que estimula el sistema inmunológico y la salud de su cuerpo. Ayudando a otros por tan poco tiempo como dos horas semanales logra beneficios fisiológicos y psicológicos como si se hicieran ejercicio. La sonrisa en el rostro de un niño, la alegría en los ojos de una persona o una simple expresión de gratitud, ¡nos hacen sentir como millonarios!

En este capítulo, algunos de estos «héroes ayudadores» descubren los sorprendentes y radicales beneficios que se derivan de ayudar a otros. Una madre ocupada encuentra el tiempo para cuidar bebitos en una sala de maternidad y experimenta el mágico poder restaurador del amor. Unos adolescentes de un barrio pobre ayudan a otros a adquirir amor propio, dignidad y control personal de sus vidas. Un estudiante cínico llena el vacío emocional y espiritual de su vida sirviendo de voluntario en un comedor de caridad. Ser parte de algo más grande e importante que su propio pequeño universo, les trae la felicidad que siempre han anhelado.

La verdadera restauración ocurre para el dador y el receptor cuando desaceleramos y nos conectamos auténticamente unos con otros. Los actos de bondad más pequeños aportan una sensación de calma, de amor propio y de regocijo a nuestras vidas. La gente que se toma el tiempo para dar con el corazón siente menos pesar, depresión y dolencias físicas, y tienen más energía para vivir sus vidas. Incluso las personas que han estado enfermas a veces reciben un nuevo aliento de vida por ayudar a otro. Y aquellos que se dedican profesionalmente a ayudar a otros con «celo de ayudadores», se renuevan al concentrarse en los peculiares seres humanos con quienes están. En ese momento, saber que podemos hacer un cambio significativo en la vida de alguien es un gran regalo.

A veces encontramos más fácil ayudar a los extraños. Percibimos menos expectativas y más libertad para elegir cómo queremos dar. Sin embargo, como un amigo sabio me dijo una vez, si queremos cambiar el mundo, el mejor lugar para empezar es con nuestra propia familia. Dados los altibajos diarios de las familias, nos ofrecen un campo de entrenamiento ideal para aprender a ocuparnos de otros. En nuestro mundo acelerado, con frecuencia tenemos demasiadas cosas que hacer, lugares adonde ir, y personas que conocer. Cuando nos acordamos de reservar tiempo para los demás, nuestras familias y nuestros vecinos, recibimos muchas bendiciones: relaciones amorosos, hijos felices y comunidades sanas.

La Dra. Caroline Myss nos cuenta una historia simpática en su libro *Why People Don't Heal and How They Can* acerca de cómo a veces nos extraviamos en nuestras vidas. Estaba este grupo de personas que querían hacer del mundo un lugar mejor. Habiendo aprendido unas pocas lecciones sobre cómo ayudar a otros, decidieron comenzar curándose a sí mismos primeros. Alquilaron un gran barco, al que llamaron Cúrate Primero (Heal Thyself First) y salieron de viaje. Después de un tiempo, se sintieron tan fascinados en el barco que decidieron quedarse en él, olvidándose de su propósito original de ayudar al resto del mundo. Al contar este relato, la Dra. Myss insta a sus pacientes a no concentrarse demasiado en la auto-restauración. Les recuerda que la salud y la felicidad verdaderas llega cuando ayudamos a otros y al planeta.

En *Amor, medicina y milagros (Love, Medicine and Miracles)* la Dra. Bernie Siegel les cuenta a sus pacientes que cuando lleguen al cielo, tendrán que responder dos preguntas, ninguna de las cuales tiene que ver con lo que han adquirido durante sus vidas. *¿Qué contribuiste?* y *¿Cuánto de tus posibilidades empleaste?*

* *Cada uno de nosotros posee dones especiales que podemos dar.*

* *Cuando demos nuestros dones, libremente y desde el corazón, nos daremos cuenta de nuestras posibilidades y ayudaremos a edificar un mundo mejor.*

De cínico a servidor

Narrador: Andrew Carroll

PESE AL BENEFICIO DE UNA EDUCACIÓN CUÁQUERA Y DOS padres extraordinariamente generosos y amorosos, yo era más bien un joven cínico cuando salí de mi casa para la universidad a los dieciocho años de edad. Yo no era ni amargo ni iracundo: creía sencillamente que el mundo, especialmente como aparecía en los noticiarios de la noche, era un lugar brutal y que nada cambiaría nunca.

El cinismo, tal como yo lo veía, era la ruta más fácil para llegar a la felicidad. Parecía audaz y aventurado, no restringido por las reglas de las responsabilidades. Y lo mejor de todo, no exigía nada de mí. No me pedía firmar peticiones, reciclar periódicos viejos, o alimentar a los desamparados. Tampoco yo tenía la energía para participar. Estaba demasiado ocupado divirtiéndome y disfrutando del momento. Todo resultaba muy embriagador. Pero por debajo de mi alegre desenvoltura quedaba la sospecha de que algo muy importante faltaba en mi vida.

Luego tropecé con un libro que cambió el modo que yo tenía de mira al mundo: *Los hábitos del corazón: individualismo y compromiso en la vida norteamericana* (*Habits of the Heart: Individualism and Commitment in American Life*). Este libro explora el vacío emocional y espiritual de vivir una vida egoísta. Después de leerlo, comencé a mirar a los demás de una manera diferente y a ver sus cualidades positivas, no sólo las negativas. También advertí cuántas personas —aquellas a quienes yo antes había ignorado— trabajaban altruistamente para el beneficio de sus comunidades.

Inspirado por la dedicación que vi en otros, decidí probarme a mí mismo. Comencé por ofrecerme de voluntario en un comedor de caridad que funcionaba en el sótano de una iglesia local. Todos los voluntarios, cocineros, servidores y organizadores, hacían su trabajo silenciosa y responsablemente, sin reclamar nunca reconocimiento o gratitud por ello. Por primera vez en mi vida, comencé a sentir que formaba parte de algo más grande e importante que mi pequeño universo propio.

Para mi sorpresa, no fue difícil encontrar la energía para el trabajo voluntario. En efecto, el hacer esta tarea me *daba* energía. Era como un oxígeno espiritual que me nutría y me vigorizaba. Me enseñó que incluso un cínico como yo podía encontrar esperanza. Pero era fácil tener esperanza cuando las cosas iban bien. La interrogante era si podía ser tan optimista durante los tiempos difíciles.

Tuve que enfrentarme con esa pregunta sólo unos pocos días antes de Navidad, cuando nuestra casa se quemó hasta los cimientos. Nunca había sentido mucho el espíritu de Navidad, me gustaba tan sólo porque significaba multitud de regalos. A los dieciocho años, sentí que la Navidad había perdido su magia para mí. Ahora con el incendio devastador, tenía aún más razones para odiarla. Todo lo que poseía estaba destruido: mis libros, ropas y discos; las cartas de mis amigos y mis seres queridos; el reloj de bolsillo de mi abuelo; las fotos entrañables; y todos los otros artículos personales que significaban algo para mí se habían perdido para siempre.

Pero mientras lamentaba la pérdida de todas mis posesiones materiales, me di cuenta que algo aún más significativo seguía en pie: mi recién descubierto sentido de idealismo. Me ayudó a ver cuánto había sobrevivido al incendio. Lo más importante, todo el mundo había salido ileso, hasta Claude, nuestro gato.

Encontramos un lugar para vivir durante las fiestas y por el tiempo que llevara reconstruir la casa. Pero el incendio me hizo pensar en aquellos que no tenían un hogar adonde ir... en Navidad o en cualquier otro tiempo. Cuando regresé a la escuela después de las vacaciones, seguí trabajando de voluntario en el comedor de caridad, pero quería hacer algo más.

Al año siguiente, recordando lo que significaba perder todo justamente antes de Navidad, decidí donar algunos regalos a Toys for Tots (juguetes para niños) un programa que distribuye regalos a niños pobres y desamparados en Navidad. Pensaba que al menos, podía darle a algún niño un juguete y hacer que los suyos tuvieran unas fiestas un poco más felices. Para mi desconsuelo, descubrí que nuestra escuela no contaba con ese programa.

Con ayuda de algunos amigos y el programa de voluntarios de la escuela, decidimos comenzar uno. Lo llamamos el Proyecto ABC, que significaba A Better Christmas (una Navidad Mejor). Pegamos carteles y corrimos la voz en aulas y en iglesias. Convencimos incluso al periódico de la universidad que imprimiera una página completa solicitando donaciones.

La respuesta fue extraordinaria. Nos llovieron juguetes y libros. Estudiantes, profesores, asociaciones estudiantiles masculinas y femeninas, e incluso personas que vivían en la vecindad hicieron donaciones y ofrecieron ayuda. Me sentí abrumado por la generosidad de la comunidad. Nunca me había dado cuenta de cuánta gente realmente quiere dar de sí misma. Basta que alguien se los pida.

Para mí, el Proyecto ABC tenía que ver con dar, pero no pasó mucho tiempo sin que me diera cuenta de que cuanto más daba, tanto más recibía. El día antes de salir para casa para el receso de Navidad (a casi un año exacto del incendio), recibí una nota escrita a mano sin remitente. Me la enviaba una madre desamparada que hacía poco había sufrido una gran pérdida. Decía: «Gracias a ABC por los juguetes que les dieron a mis hijos. Todo lo que teníamos nos lo robaron la semana pasada. No tenía ningún juguete que darles, pero ahora sí tengo. No saben cuánto lo aprecio. Muchísimas gracias y que tengan una Feliz Navidad».

Estas sencillas palabras fueron el mejor regalo de Navidad que jamás hubiera recibido. La carta de esta mujer me hizo darme cuenta de que al fin yo había descubierto el verdadero júbilo de la estación. ¿Cuántas veces había oído decir que es más bienaventurado dar que recibir? Pero era la auténtica gratitud de esta mujer la que me devolvió el encanto de la Navidad. Y supe mientras leía su carta, que su regalo y mi esperanza recién descubierta me inspirarían por el resto de mi vida.

Magia infantil

NARRADOR: ALLAN LUKS CON PEGGY PAYNE
ADAPTADO DE *THE HEALING POWER*
OF DOING GOOD

HACE DOCE AÑOS, LYNN PADECÍA DE LUMBAGO CRÓNICO. No importa lo que hiciera, el dolor sencillamente no se le quitaba. Un día, se encontró en tracción en la cama de un hospital. Su médico le recomendaba la cirugía. Lynn escuchaba atentamente y pensaba en sus opciones. Ella había oído hablar de un programa del Instituto Rusk de Medicina de Rehabilitación en la Ciudad de Nueva York. Allí sabían cómo tratar las tensiones y controlar la mayoría de los problemas de la espalda. Lynn decidió rehusar la cirugía y, en su lugar, optar por incorporarse al programa. Pero las crisis periódicas continuaron… hasta que ella comenzó a ayudar con los bebés.

Al principio, Lynn no creía que podría tener tiempo. Llevaba una vida atareada e intensa. Además de ser esposa y madre de dos adolescentes, desempeñaba arduas responsabilidades profesionales. Como directora de un preescolar privado, se ocupaba de enfrentarse a los estudiantes, de complacer a los padres preocupados y de aplacar a los supervisores de su escuela. Parecía imposible añadirle otro compromiso regular a su horario. Pero ella lo hizo.

Ahora, una vez a la semana, después del trabajo, Lynn da una caminata de quince minutos hasta un centro médico de las cercanías. Una vez allí, se pone los guantes y una bata amarilla esterilizada. Luego, por las próximas dos horas, ella carga, alimenta y les cambia los pañales a los bebés recién nacidos; bebés que no tienen a nadie que se ocupe de ellos. La mayoría de las veces Lynn se encuentra al llegar diez recién nacidos en la sala: cuatro están siendo alimentados y el resto llora. Son tan pequeños que sus gritos se asemejan a los maullidos de gatitos. Algunos de los bebés, abandonados por madres drogadictas, están temblando debido a los síntomas del síndrome de la supresión. Muchos nacen fuera de un hospital de madres sin atención médica. Aquí, duermen en cunas de metal, cada una identificada por una etiqueta en que aparece el apellido del bebé y unos pocos datos estadísticos.

A pesar de todos sus problemas, estos bebés son particularmente bellos. Sus ojazos y sus cuerpecitos son un constante recordatorio de cuán preciada y frágil es realmente la vida. Lynn se inclina sobre una de las cunas que le llegan a la cintura y carga un bebé. Hoy, le toca a Madison, un varoncito diminuto de una semana de nacido. Están esperando los resultados de una prueba de drogas para entregarlo a una casa de crianza. Ella puede sentir sus frágiles huesos en sus manos. «Me asusta tanto cargar a uno de ellos», piensa Lynn mientras lo acuna.

Mientras Lynn lo mece y lo alimenta, Madison se prende a la botella con sorprendente vigor. Cuando termina, ella le da unas amables palmaditas para que se duerma y lo pone en la cuna. En ese momento traen a un nuevo bebé. Tiene media hora de nacido y es grande, sonrosado y gritón. Este pequeño *chillón* tiene un aspecto tan extraordinariamente saludable que hace que los otros parezcan aún más pequeños. Para hacer el contraste aún mayor, el bebé que le queda más cerca, Sánchez, quien nació con problemas cardíacos y hepáticos, yace completamente indefenso en una incubadora. Al nacer, Sánchez pesó poco más de dos libras.

Al inclinarse para cargar a Dupree, Lynn no hace ningún esfuerzo para protegerse la espalda. Dupree tiene pelo negro crespo y rasgos que parecen casi los de un adulto. Tiene dos semanas de nacido y tiembla, a veces débilmente, a veces en sacudidas que le estremecen todo el cuerpo. «Lo siento, lo siento», susurra Lynn mientras sostiene su cuerpecito.

Lynn pasa sus dos horas en la guardería, levantando y acostando niños, alimentándolos y envolviéndolos en pañales. Al llegar, tenía la espalda ligeramente rígida. Pero ahora, el dolor se le ha desvanecido. Al recoger su abrigo para salir del hospital, nota que sus manos aún huelen a bebés. «La magia infantil —dice, aspirando profundamente—. La magia infantil ha cambiado mi vida».

Un bebé es la opinión de Dios de que el mundo debe seguir.

CARL SANDBURG

Descubra el júbilo y experimente la terapia de cargar bebés. **Llame al hospital de su localidad** y pregúnteles cómo puede incorporarse a su programa de voluntarios para ayudar en su guardería infantil.

La manta

NARRADORA: MARIANNE LARNED

HAY UN EDREDÓN EN LA CAMA DE CLEVE JONES: ÉL LO HA tenido toda su vida. En una esquina, cosido con hilo amarillo sobre fondo azul, están las palabras: «Emma Rupert: 78 años de edad, 1952». Emma era la bisabuela de Cleve, nacida en Bee Ridge, Indiana en 1874. La manta de retazos que ella cosió para él, su primer biznieto, era un edredón maravilloso para un niñito: una colcha hecha con retazos de los pijamas del abuelo; con centenares de tigres, caballos, delfines y dragones de colores brillantes.

Cleve pensaba en esa manta la noche del 27 de noviembre de 1985, mientras estaba de pie en la Plaza del Centro Cívico de San Francisco, rodeado por un mar de velas que oscilaban en la neblina helada. Millares de personas desfilaban, como lo hacían cada 27 de noviembre, sosteniendo sus velas mientras bajaban por la calle Market en memoria del supervisor Harvey Milk y del alcalde George Moscone.

Harvey Milk fue el primer funcionario abiertamente homosexual que resultó electo en California. Él y el alcalde Moscone fueron asesinados en sus oficinas del Ayuntamiento el 27 de noviembre de 1978. Al correrse la voz de los asesinatos por la ciudad, residente de San Francisco, y luego miles y decenas de miles de ellos se dirigieron a la calle Castro para unirse a un desfile silencioso hasta el Ayuntamiento.

En noviembre de 1985, mientras se preparaban para el tributo anual a Milk y Moscone, unos artículos publicados en el *San Francisco Examiner* reportaban que 1.000 residentes de la ciudad habían muerto de SIDA. Cleve conocía a muchos de esos primeros mil que murieron. Eran amigos, vecinos y colegas suyos. Estaban muriendo demasiado rápido, demasiado penosamente; y con frecuencia morían solos.

Mientras se encontraba en la esquina de las calles Castro y Market, Cleve se dio cuenta de que estaba en el centro de una terrible tragedia humana, una plaga cruel acompañada por una epidemia paralela de odio, prejuicio y temor. Le parecía que él y sus amigos estarían todos muertos mucho antes de que el mundo despertara al espantoso reto que tenía por delante. Quería hacer algo, encontrar alguna manera de hacerle saber a la gente que ellos habían estado allí. Cleve quería darles una voz a los que estaban desapareciendo silenciosamente.

Esa noche, mientras los manifestantes se reunían con sus velas en honor de Harvey y George, Cleve le pidió a todo el mundo que hiciera un letrero con el nombre de alguien que ellos conocieran que hubiera muerto de SIDA. Desfilaron hasta el Ayuntamiento y permanecieron allí en silencio por un rato; luego se dirigieron hasta el Edificio Federal, donde antes habían escondido escaleras de extensión y rollos de cinta adhesiva. Recostaron las escaleras contra los muros de piedra gris del Edificio Federal y subieron tres pisos para fijar los letreros con los nombres de sus muertos a las paredes.

Cuando hubieron hecho esto, y los muros quedaron cubiertos de letreros, Cleve se volvió a mirar el emparchado de nombres que cubría el edificio. «Parece como una manta de retazos», pensó. Le recordaba a su bisabuela y a las amables damas que traían sus colchas a las reuniones cuáqueras en Indiana para recaudar dinero para los pobres. A Cleve le parecía el símbolo perfecto de los valo-res familiares de la clase media tradicional del centro de Estados Unidos. Un símbolo perfecto para equipararse con esta enfermedad que estaba matando a hombres homose-xuales, niños negros, hemofílicos y drogadictos. Un antí-doto perfecto, si no para el virus, acaso para el odio y el temor crecientes en nuestro país.

Un año después, Cleve creó el primer panel de la Manta en Memoria del SIDA, para honrar a su mejor amigo, Marvin Feldman, que murió en octubre de 1986. Y el 11 de octubre de 1987, el Proyecto de Nombres de la Manta en Memoria del SIDA fue creado para tener su pri-mera exposición en el National Mall de Washington, D.C. Contenía 1.920 nombres.

Cuando Cleve regresó a San Francisco se encontró cartas de todo el mundo: cartas de padres angustiados que habían perdido a sus hijos, cartas de líderes comunitarios que no sabían cómo movilizar a sus comunidades contra la epidemia; cartas de homosexuales que habían sido abando-nados por sus familias, cartas implorándole que trajese la Manta a sus ciudades natales.

De manera que Cleve y sus amigos compraron un camión llamado Stella, lo cargaron con la Manta, y comen-zaron a viajar por todo el país y alrededor del mundo des-plegando la Manta como la pieza central de campañas educativas y de recaudación de fondos coordinadas local-mente. A partir de sus viajes, surgió una extraordinaria red de sucursales y afiliados internacionales, uniendo a diver-sas gentes de todas las naciones en la lucha global contra el SIDA.

Si bien ellos habían pensado primero en hacer la manta como una expresión de arte popular peculiarmente

estadounidense, aprendieron luego que tradiciones semejantes existen en muchas otras culturas. En los años transcurridos desde entonces, han utilizado la Manta para
alentar la solidaridad internacional en la lucha contra el
SIDA. En la actualidad, los nombres de los amigos homosexuales de Cleve de San Francisco están cosidos junto a
paneles que recuerdan a amas de casa de Nueva Jersey,
granjeros de Uganda, tenderos de Tailandia, niños mendigos de Brasil; hombres, mujeres y niños de todas las razas,
fes y nacionalidades.

Más de seis millones de personas han visitado la Manta
en sus miles de exposiciones en todo el mundo. Dondequiera que se exhibe, la Manta suscita un diálogo entre los
que hacen los paneles y los que van a verlos. Un regalo de
los corazones y las manos de los estadounidense que ha llegado a millones de personas y los han movido a actuar.
Ellos han cuidado a los enfermos, consolado a los moribundos, construido hospicios, se han convertido en portavoces,
han hecho donaciones, han firmado peticiones, participado
en manifestaciones, han testificado en tribunales, han sido
arrestados, se han puesto cintas rojas, han cosido retazos
del edredón en nombre de sus seres queridos y han levantados sus propias velas contra la oscuridad.

Nominado para el Premio Nobel de la Paz en 1989, la
Manta es el mayor proyecto de arte comunitario del
mundo. Ilustra la enormidad de la crisis mundial del SIDA,
al dar a conocer la vidas individuales detrás de las estadísticas, ofreciendo un símbolo poderoso y suscitando una
respuesta compasiva. En octubre de 1996, la Manta fue
desplegada una vez más en el National Mall en Washington DC: había crecido hasta tener 45.000 paneles que
abarcaban más de 27 acres, el tamaño de 30 campos de fút-

bol. Una letanía de los muertos, 70.000 nombres, fue leída por 2000 lectores; y eso tomó tres días enteros.

En Edinburgh, Texas, un pueblito a la orilla del Río Grande, la muestra consistió casi enteramente de paneles creados por personas del Sur de Texas, al que se unieron varios paneles enviados de Ciudad de México. Cleve observaba a millares de familias de ambos lados de la frontera que caminaban en silencio a través de las sendas de tela de la manta; padres jóvenes con hijos pequeños, parejas de homosexuales, abuelos, adolescentes. Un viento caliente soplaba polvo del desierto, pero nadie se quejaba, tan sólo escuchaban atentamente la lectura de los nombres. Una mujer se acercó a Cleve con un rollo de tela en sus brazos. «Este es mi hijo —dijo mientras me entregaba la tela—. Él ya no está, pero sigue vivo —en mi corazón y en la Manta».

Su impulso —mantener viva la memoria de un ser querido— es el mismo que motivó a la bisabuela de Cleve muchos años atrás. A la edad de 78, ella sabía que no viviría para siempre. Con su acto de amor, conmovió a Cleve, ahora sobreviviente del SIDA por veinte años, y lo inspiró a motivar a otros. Cleve y sus amigos descubrieron el poder de la humanidad de vencer el miedo, el odio, el prejuicio… y hasta la muerte. Crearon un regalo que ahora se extiende y llega a todo el mundo.

El Proyecto de los Nombres lo insta a unirse a su lucha por un mundo sin SIDA. Llame al 415-882-5500, para información sobre cómo participar en la Manta Memorial del SIDA.

Para cambiar la mente de la gente

NARRADORA: SUSAN KEESE

JOSEPH ROGERS PODÍA PASAR POR SANTA CLAUS. ESTE hombre de cuarenta y cinco años con su frondosa barba blanca y su porte robusto con frecuencia es llamado la «Madre Teresa del movimiento del consumidor» o el «Martin Luther King de la salud mental». Pero, a pesar de todo lo que él ha logrado, Joe aún lucha con su enfermedad.

Joe recuerda el día en que lo diagnosticaron como esquizofrénico paranoide. «Fue como una sentencia de muerte», dice. Él sólo tenía diecinueve años cuando le dijeron que pasaría la mayor parte de su vida en una institución psiquiátrica. «Mientras la mayoría de las personas de mi edad estaban planeando su futuro, a mí me dijeron: "usted bien podría solicitar ayuda de la seguridad social"». Treinta años después, él ha llegado a ser el líder reconocido de un movimiento que ha recreado la industria de la salud mental desde los cimientos. Muchos encontrarían difícil imaginar que este poderoso y respetable portavoz, que ha tratado con presidentes, que ha testificado ante el Congreso, y asesorado a gobiernos extranjeros, fue en una ocasión un vagabundo que deambulaba por las calles de la ciudad de Nueva York y escarbaba en los basureros para comer.

Criado en un hogar problemático de las afueras de Orlando, Florida, Joe se fue de casa a los trece años. Mientras vagaba a la deriva, se hizo cada vez más desorganizado, aislado y deprimido. A los diecinueve conoció a un comprensivo asesor de jóvenes que lo ayudó a comenzar el largo camino de la recuperación. Pero su ingreso en el sistema de la salud mental fue sólo el comienzo. En el transcurso de su veintena, estuvo dando tumbos de un hospital psiquiátrico a otro, padeciendo muchas experiencias penosas. Entre una y otra hospitalización, se esforzaba en sus clases de una universidad comunitaria de Nueva Jersey. «Pude entender mucho de mi propia vida a partir de los cursos de Sicología que tomé», dice. Pero sus crisis recurrentes de enfermedad mental y la lentitud de su recuperación, le dificultaban obtener su diploma.

Un día, un profesor lo convenció para que utilizara su íntimo conocimiento de cómo funciona (y muchas veces no) el sistema de estas instituciones de salud mental, y lo que podría hacerse para mejorarlo. Joe decidió servir de voluntario en un centro psiquiátrico de una pequeña comunidad de Nueva Jersey que estaba luchando por sobrevivir luego de las drásticas reducciones presupuestarias del gobierno. «De repente, este pequeño centro concebido para asesorar a las familias se le esperaba que atendiera a personas con enfermedades mentales graves. Muchos llevaban mucho tiempo ingresados —dice Joe—. La gente del centro no estaba preparada para enfrentar este nuevo reto. Debía hacerse algo; me dije, "déjame intentar resolver este problema"».

Joe recordaba cómo se había sentido cuando salió por primera vez del hospital. De manera que pasó tiempo con esta gente, compartiendo con ellos sus historias y escuchando lo que tenían que contar. Para los pacientes les era cómodo conversar con alguien que «había estado allí». Joe los hizo sentir menos solos, menos temerosos. El próximo paso fue crear programas de esfuerzo propio para personas en refugios temporales. La primera experiencia de Joe fue memorable. «Un lugar carente de fondos, donde los pacientes ayudaban a dirigir las cosas los fines de semana. Tenían que hacerlo. No contaban con nadie más». A partir de este experimento exitoso, creó un modelo y estableció una serie de grupos de esfuerzo propio con ex pacientes para inspirarse mutuamente a reconstruir sus propias vidas.

Pero irónicamente, según la reputación de Joe comenzó a difundirse, se veía obligado a ocultar sus propios antecedentes. «Tuve toda esta experiencia con pacientes internos y externos, pero no podía decirle a nadie cómo la había conseguido», dice. Eso cambió cuando se mudó de Nueva Jersey a Filadelfia, aceptando un empleo en el Asociación de la Salud Mental de Pensilvania Sudoriental (MHASP en inglés). Allí, creó el Proyecto de Intercambio de Recursos de Promoción y Esfuerzo Propio (SHARE en inglés) para ayudar a personas que habían vivido con enfermedades mentales a diseñar programas para hacerles frente a sus propias necesidades. «El escuchar los testimonios de éxito de personas cuyos problemas son semejantes a los de uno da una esperanza que no puedes recibir de los profesionales —afirma Joe—. Muchos profesionales no nos ven realmente como iguales. Nos ven como niños, en el mejor de los casos, o como retardados mentales en el peor. Es una amenaza para ellos que existan expacientes diciendo "Esto es lo que yo quiero" o "esto es lo que me va mejor"».

A través del Proyecto SHARE, millares de beneficiarios de la salud mental han dejado de ser receptores inútiles para convertirse en voluntarios y trabajadores remunerados. Muchos también se han convertido en poderosos promotores del cuidado de la salud mental así como en modelos para otros que comparten problemas semejantes. Joe calcula que ya cuarenta y cinco mil personas han recibido ayuda del Proyecto SHARE en su camino hacia un futuro mejor. «Muchas personas vienen a nuestros programas, literalmente desamparados y desesperanzados —dice—. Comienzan como voluntarios y luego se convierten en facilitadores pagados. Van a la escuela, adquieren nuevas destrezas y terminan con un nuevo contrato de vida».

El proyecto SHARE ha generado cientos de grupos similares de asesoría y apoyo y sirve como organización matriz para una veintena de proyectos dirigidos por clientes psiquiátricos tales como programas domésticos, centros de consulta y recreación, entrenamiento laboral, extensión y promoción. También ha creado un centro nacional para ayudar a los consumidores de todo el país a organizar sus agrupaciones de promoción y esfuerzo propio. En un solo programa, antiguos individuos desamparados ayudan ahora a gente que aún vive en la calle. El mensaje de Joe es sencillo: «Ayudar a otros es con frecuencia la mejor terapia».

En 1992, el Proyecto SHARE se fusionó con MHASP. Cinco años después Joseph Rogers se convirtió en el director ejecutivo de lo que actualmente es la mayor asociación de salud mental del mundo. «Este híbrido tiene el activismo agresivo de SHARE y la establecida credibilidad de MHASP», dice.

Parte de las lecciones que Joe creó para los establecimientos psiquiátricos incluye un sencillo curso de finanzas. En 1987, él ayudó a dirigir la campaña para cerrar el infame Hospital del Estado de Filadelfia y exigir cincuenta millones de dólares del estado para crear un sistema de atención comunitaria que ocupara su lugar. «Nuestro programa Compañero de la Comunidad cobra mil dólares *al año* para arbitrar un encuentro entre un voluntario y un consumidor. En tanto, hospitalizar a alguien cuesta hasta quinientos dólares *al día*». La operación matemática es muy clara para Joe. «Por lo que una vez costaba ingresar quinientas personas en el hospital estatal, ahora atendemos tres mil en una instalación comunitaria».

«Joe Rogers es un visionario que vio el futuro y se esforzó en producirlo —dice Ilene Shane, directora del Proyecto de Ley de Discapacidades con sede en Filadelfia—. Él ha hecho de Pensilvania un modelo para los programas de salud mental dirigidos por el consumidor para todo el país y para el mundo».

Joe aún padece de alucinaciones ocasionales y a veces oye voces que nadie más oye. Todos los días, él y millones de otras personas deben enfrentarse a la vida mientras esperan por una cura. Pero, gracias a Joe y al Proyecto SHARE, la espera al menos resulta más esperanzadora, y la vida es ciertamente mucho más significativa. Al ayudarse mutuamente, ellos son un espléndido ejemplo de lo que significa ser el guarda de tu hermano. Y al instruir a otros sobre la realidad de las enfermedades mentales, y abogar por un cambio, están construyendo el camino para un futuro mejor.

Todo lo que puedas hacer o sueñes que puedes hacer, comiénzalo:
en la temeridad hay genio, poder y magia.

GOETHE

¡Ayúdese a sío mismo! Si tiene una enfermedad mental, crea en sus propias habilidades: organice un grupo de promoción y esfuerzo propio para usted y otros que estén en busca de recuperación. Llame al **National Mental Health Consumers' Self-Help Clearinghouse** (800-553-4539, ext. 290) para recibir información sobre cómo organizarse, obtener fondos y mucho más.

Atendiendo a nuestras familias

NARRADORA: MARIANNE LARNED

OCUPARSE DE OTROS SIEMPRE HA SIDO UNA TRADICIÓN DE la familia Carey: los nuevos vecinos eran bienvenidos con bizcochitos de pacanas de la abuela Carey; las recién paridas se encontrarían la lasaña de tía Betty a su puerta; los amigos solitarios eran invitados a compartir la cena de Acción de Gracias; las familias afligidas recibían dulces, agasajos y cálidos abrazos.

De niños, con frecuencia protestábamos por la falta en artículos de nuestra cocina, como si nos estuvieran quitando algo. Éramos demasiado jóvenes para darnos cuenta de que estábamos aprendiendo una de las más importantes lecciones de la vida: el ocuparse de otros multiplica el amor como los panes y los peces.

Durante muchos años, nuestra extensa familia se reunía para bautizos, graduaciones, bodas y funerales. Puesto que los cuatro hermanos Carey tenían un total de veintiocho hijos, había montones de ocasiones especiales que celebrar. Estas reuniones familiares nos aglutinaban y nos mantenían unidos. Hacían más jubilosa la alegría y más tolerable el dolor. Reíamos y llorábamos, comíamos y bebíamos, cantábamos y bailábamos juntos.

Al igual que muchas familias que crecieron entre los años 50 y los 90, a menudo nos esforzábamos por encontrarle sentido a todos los cambios. A medida que cada uno buscaba su propia singularidad, nuestras diferencias entraban en conflicto. Con demasiada frecuencia terminábamos en mutuas confrontaciones y separándonos con profundos resentimientos. Según fueron pasando los años, perdimos de vista lo que una vez habíamos compartido. En el proceso, perdimos nuestra conexión, olvidándonos cuánto necesitábamos los unos de los otros. En alguna parte del camino, la tradición de solidaridad de nuestra familia parecía haberse desvanecido.

El ocuparse de otros es algo tan sencillo y, sin embargo, algo que con harta frecuencia se descuida. En nuestro mundo vertiginoso, todos tenemos muchas cosas que hacer, muchos lugares donde ir y mucha gente a la cual conocer. Nos olvidamos dedicarnos tiempo los unos a los otros y a nuestras familias. Pero, como un amigo sabio me dijo una vez, si queremos cambiar el mundo, podemos comenzar en casa. Allí está el mejor campo de entrenamiento para aprender las lecciones de la vida. Es también un estupendo lugar para comenzar a aprender a ocuparnos de nuestras comunidades. Yo no estaba tan segura cómo empezar con mi propia familia, pero sabía que tenía que intentarlo.

Un día mi madre, tía Betty y yo nos confiamos nuestra preocupación y nuestro sentido de pérdida. Teníamos sobradas desilusiones. Nuestros seres queridos, padres e hijos, se habían ido, tristemente, demasiado pronto, algunos antes de que pudiéramos despedirnos. No podíamos tolerar perder a nadie más y no podíamos esperar más tiempo, a la espera de que la recuperación se produjera por sí sola.

Decidimos que era hora de tener una reunión familiar. Para empezar, enviamos una carta invitando a los veintiocho primos y a sus treinta y cinco hijos. Iba a ser una celebración del Cuatro de Julio en el campamento de tía Betty y tía Connie junto al lago Champlain en Vermont. Estábamos ansiosas de ver cómo respondería nuestra familia.

Para nuestra mayor satisfacción, ¡todos vinieron! De California, Florida y de todas partes de Nueva Inglaterra, vinieron a ver si la magia de los Carey aún existía. Algunos no se habían visto en años. Muchos nunca habían conocido a los nuevos cónyuges de sus primos o a sus hijos. Personas que no habían hablado en años, soltaban el pasado y renovaban viejas amistades. El cariño y la solicitud eran universales, y así nació una tradición anual.

El campamento no tardó en quedarse pequeño. Ahora, cada año, buscamos el sitio perfecto en alguna parte de Nueva Inglaterra: un terreno retirado para acampar con un hogar grande, mesas de picnic y una pileta para los niños. Ningún centro comercial en treinta millas a la redonda y sin televisión ni teléfonos. En lugar de eso, y durante unos días, cortamos leña, acarreamos agua, cocinamos a la brasa, levantamos tiendas y dormimos sobre el duro suelo. Cada familia trae su comida, y las hortalizas de su propio huerto. De un cesto sale un mantel, algunas velas y un buen vino. *¡Voilà!* ¡Todo un festín con la contribución de todos! Viviendo sencillamente, recordamos la importancia para cada uno de contribuir vigorosamente a mejorar la vida de todos los demás.

Después de cenar, cantamos canciones y hacemos *s'mores*[1] en torno a la fogata. Todo el mundo escucha según recontamos los relatos de la infancia: tío Francis construyendo de adolescente, en los años 30, estos terrenos de campismo como parte de los Cuerpos de Conservación de Franklin D. Roosevelt; yo creciendo en los idealistas años

---

[1] Bocadillos hechos de galletitas dulces de trigo integral con pastillas de alteas ahumadas y chocolate, típicos de las meriendas campestres en algunas regiones de Estados Unidos. (N. de T.)

sesenta; y Nancy, que se hizo mujer en la era del sexo, las drogas y el rock'n'roll de la década del 70. Benn, que es un adolescente ahora, ayuda a prepararnos para el futuro. Según compartimos nuestros relatos, renovamos nuestros valores comunes y nos prometemos criar a nuestros hijos con ellos.

Nuestros corazones se sienten conmovidos al ver los ojos de una abuela o la sonrisa de un tío pasar de una generación a la siguiente. Los recién nacidos también son bienvenidos al clan. Una madre le ofrece a otra un descanso: sin decir una palabra, se lleva al niño majadero a dar un paseo o a nadar en el lago. Los bebés del año pasado están ahora corriendo con los «muchachos grandes». Florecen nuevas amistadas. Los fotógrafos se apresuran a captar los momentos mágicos, como cuando dos primos de cinco años se conocen y se hacen amigos.

«Mami, ese niño me anda siguiendo», dice Simón, un poquito confundido. Su madre le explica pacientemente: «Ese es tu primo, Taylor, y quiere jugar contigo». Una vez que Simón entiende que tiene un nuevo compañero de juego, se hacen inseparables. Exploran el bosque, juegan al monstruo en el agua, y se entierran en la arena. Se ríen, se provocan y se atormentan mutuamente. Son adorables. Su amistad contagiosa hace sonreír a los tíos y a las tías, recordando lo mucho que ellos se divertían con sus primos. El espíritu de nuestra familia se reconecta y se reaviva. Hay abrazos —montones de ellos—; tenemos reserva para meses.

Cuando llega el momento de irse, todo el mundo está demasiado ocupado para notar que Simón y Taylor no andan por todo eso. De repente la vigilante madre de Simón da la voz de alarma. Toda la familia se une en una

Pan y vino para el camino

búsqueda frenética de los niños. La tensión desaparece cuando la envoltura de una barra de chocolate Hershey conduce al escondite de las dos caras sonrientes, embarradas de chocolate. Los niños se sorprenden por toda la agitación. Ellos están terminando la octava barra de dulce que sobrara de los *s'mores* de la noche anterior.

Y luego es hora de decir adiós, pero los niños no quieren irse. Mientras Taylor se va andando y llora quedamente para sí, Simon se siente confundido una vez más. No sabiendo otra cosa qué hacer, se sienta junto a su primo y le pasa su manita por encima del hombro. Nunca supimos qué palabras intercambiaron, si es que hubo alguna. Él tan sólo estaba allí con él, queriéndolo. Después de todo, eso es lo que hacen los primos.

¿Cuántos años han pasado desde que toda su familia se reunió por última vez? Tómese el tiempo de organizar una reunión familiar e intente convertirla en un acontecimiento regular. Se sentirá feliz de hacerlo.

La compasión, su preciado tesoro

Narrador: Robert Thurman

TAL VEZ FUERA LA MAJESTAD DEL PAISAJE MISMO: LA MÁS grande y la más alta planicie de la tierra, bordeada por los picos más altos del planeta. Durante siglos, el Tibet ha sido conocido como «el techo del mundo». Su amable gente se convirtió en un símbolo de inspiración debido a su talento místico para encontrar la dimensión sagrada en la vida cotidiana. La rica cultura, espiritualidad e idioma de este país de nieves eran de una belleza singular.

Luego, en 1950, se produjo la invasión de las tropas de China. La ocupación no tardó en convertirse en una campaña para erradicar la identidad tibetana. El idioma local fue prohibido y todos los aspectos de la cultura tibetana quedaron rígidamente suprimidos. El culto se ilegalizó, y casi todos los monasterios y lugares sagrados fueron destruidos. Los tibetanos que continuaron practicando su propia religión fueron torturados o asesinados. Por casi cincuenta años el mundo guardó silencio mientras ocurría el genocidio del Tibet.

El líder del Tibet, el decimocuarto Dalai Lama, que se llamó al nacer Tenzin Gyatso, fue obligado a abandonar el país en 1959 junto con miles de sus seguidores. Él estableció un gobierno tibetano en el exilio en Dharmsala, India, y desde entonces ha trabajado diligentemente para preservar las artes, las escrituras y la medicina tibetanas. Para millones de personas de todas las fes y de todas partes del mundo, el Dalai Lama se ha convertido en una inspiración.

Con su profunda sabiduría y compasión, él libra una lucha no violenta para recuperar su patria.

El año 1985 fue testigo de una extraordinaria experiencia entre este líder espiritual y su pueblo. Doscientos mil tibetanos se arriesgaron a hacer el arduo viaje por las montanas hasta Bodgaya, India, la meca de los budistas tibetanos, para celebrar una de sus ceremonias más sagradas, la iniciación kalachakra. Para asegurar su pronto regreso, el gobierno chino mantuvo a las familias de los peregrinos como virtuales rehenes.

Para muchos, sería la primera vez que verían a Su Santidad, el Dalai Lama, un momento que habían anhelado durante toda sus vida. Pastores de yak, zapateros, peones —gente que había sido víctima de inenarrables horrores y violencia— habían soportado aún más privaciones para mantener este compromiso sagrado. Los autobuses estaban sobrecargados y los caminos eran traicioneros. La policía nepalesa e india a lo largo de la ruta obligó a los viajeros a pagar peajes ilegales. Pero después de días de un viaje agotador, llegaron finalmente para ver y oír al Dalai Lama.

La tarea ante Tenzin Gyatso parecía insuperable. Sabía que debía hablarle a su pueblo sobre de las enseñanzas budistas de la tolerancia y la compasión para sus enemigos. No obstante, estaba muy consciente de que les estaba hablando a personas que habían sido torturadas, que habían presenciado las violaciones y mutilaciones de sus familias, y que habían pasado largo años en horribles prisiones. Al sentarse cerca de su pueblo, uno casi podía sentir el propio corazón del Dalai Lama abierto de par en par. Él les imploró a los presentes que respondieran a sus enemigos sin violencia y sin odio. Les pidió que encontraran compasión para sus opresores y que vencieran sus instintos de repostar.

Reconoció que sus familias habían sido violadas y que su tierra, su vida, su país y su religión les habían sido arrebatada. Sin embargo, les suplicó que emplearan sus sufrimientos como un aliciente para vencer cualesquiera tendencias vengativas, odiosas o destructivas dentro de sí mismos.

«No estoy sugiriendo que la repriman, sino que usen esa energía del guerrero y se protejan de llegar encolerizarse y a vengarse del enemigo. Tengan cuidado de no descender al nivel del enemigo torturando, matando o siendo violentos con alguien», insistió.

«Esta es una guerra, pero es una guerra interna. Puede parecer que el mundo nos ha olvidado, permitiendo que los chinos nos hicieran esto. Pero podemos ganar la guerra si vencemos completamente a nuestro enemigo interno. Si libramos esta guerra contra nuestros instintos naturales de venganza, y vencemos el egoísmo vengativo que tenemos dentro de nosotros, entonces habremos logrado algo muy singular. Entonces el mundo tendrá que reconocer nuestra firmeza contra el ciclo interminable de la violencia. El mundo entonces se ocupará de que haya justicia. Pero debe hacerse sin venganza contra los chinos».

Mientras hablaba, el Dalai Lama, normalmente sereno y calmo, lloraba abiertamente. Y así también la mayoría de las doscientas mil personas reunidas ante él. Uno podía ver el conflicto en los rostros de los niños y los adolescentes. Ellos no sabían si creerle o no a este hombre. Los chinos se habían esforzado en enemistarles con él y sus enseñanzas, pero el Dalai Lama les había tocado tiernamente con la franqueza de su corazón y un mensaje de amor y compasión, cuya sabiduría terminaron por aceptar.

Cuando los peregrinos regresaron a su país, era como si Su Santidad estuviera enviando un ejército de guerrilleros de vuelta al Tíbet. Esta guerra era para vencerse a sí mismos, para batallar en sus propios corazones. Fue asombroso ver a esta multitud encolerizada interiorizar de toda corazón sus mayores aspiraciones, dándole un significado nuevo y trascendente al sagrado camino del guerrero.

Cuatro años después de este asombrosa escena, el Dalai Lama recibió el Premio Nobel de Paz. En su discurso de aceptación, reafirmó su creencia en la senda de la tolerancia y la compasión.

«Acepto el premio con profunda gratitud en nombre de los oprimidos de todas partes, de todos los que luchan por la libertad y trabajan por la paz del mundo. Lo acepto como un tributo al hombre que fundó la tradición moderna de la acción no violenta para el cambio, Mahatma Gandhi, cuya vida me enseñó y me inspiró. Y por supuesto, lo acepto en nombre de los seis millones de tibetanos, mis valientes compatriotas dentro del Tíbet, que han sufrido y siguen sufriendo tanto».

Y prosiguió: «Ellos se enfrentan a una estrategia calculada y sistemática dirigida a la destrucción de su identidad nacional y cultural. El premio reafirma nuestra convicción de que con la verdad, el valor y la determinación como nuestras armas, el Tíbet será liberado».

La lucha de los tibetanos ha tocado los corazones de la gente común de todo el mundo. Cada año que pasa, ellos ganan mayor reconocimiento y apoyo. En la carrera por la justicia social, los pequeños pasos llevan a veces a inesperados saltos de progreso. Recientemente, la Compañía Walt Disney rechazó la coacción de los líderes chinos para suprimir el estreno de *Kundun*, una película de Martin Scorsese que cuenta la historia del Dalai Lama. Por tener el valor moral de contar la historia del pueblo tibetano,

Disney influirá en la historia de un modo que otros líderes han estado renuentes a hacer.

El pueblo tibetano tiene algo más que una rica herencia cultural. Tienen un singular tesoro con el poder potencial de transformar al mundo. Su preciado secreto para trascender la violencia mediante la compasión puede ser el más preciado de todos sus tesoros.

> *El amor y la compasión son las bases*
> *de la esperanza y la determinación.*

SU SANTIDAD, EL DALAI LAMA XIV

Si quiere ayudar al pueblo tibetano a preservar la preciada civilización del Tibet, llame a la **Casa Tibetana (Tibetan House)**, la organización cultural oficial del Dalai Lama en Estados Unidos, al 212-213-5592, o diríjase por escrito al 22 West 15th Street, New York, NY 10011 para solicitar sus materiales de inscripción. Ore por la paz y anide compasión en su corazón.

Sabio más allá de sus años

NARRADOR: ROBERT WUTHNOW
ADAPTADO DEL INFORME
DEL *INDEPENDENT SECTOR*
*WHAT IT MEANS TO VOLUNTEER,
LESSONS FOR AMERICA'S YOUTH*

DEXTER WELLMAN VIVE CON SU MADRE, SU PADRE Y UNA hermana en un barrio de bajos ingresos de una próspera ciudad del Medio Oeste. Su hogar es una casa diminuta de una planta, con paredes de tingladillo tan delgadas que el viento helado del invierno pasa a través de ellas. Dexter duerme en un cuartito con un colchón en el suelo, un par de carteles en la pared y algunos huacales plásticos de leche, llenos de libros. No hay ningún otro mueble, ni mucho que ver, pero para Dexter, al menos es un hogar. Ese es un lujo que este muchacho que cursa el noveno grado no siempre ha tenido.

Cuando Dexter tenía doce años, sus padres perdieron sus empleos. Luego de atrasarse mucho en alquileres y servicios públicos, los Wellman fueron lanzados a la calle. Guardaron las pocas pertenencias que tenían en el apartamento de su tía y se convirtieron en desamparados. Afortunadamente, la iglesia metodista africana a la cual pertenecían dirigía un albergue para los desamparados.

La instalación ofrecía refugio, pero, como Dexter no tardó en aprender, no era lugar para un niño. Rodeado de tanta gente infortunada que parecía haber perdido la voluntad de vivir, Dexter estaba terriblemente atemorizado. No queriendo terminar como ellos, él procuró un modo de mantenerse ocupado y de conservar el ánimo.

Un día, mientras deambulaba por el edificio de la iglesia, advirtió que había algunas aulas que no se usaban. Viendo los espacios vacíos, pensó en los muchos niños del albergue, la mayoría de los cuales no podía leer ni escribir. Se acordó cuando jugaba a la escuelita en el parque cercano a su antigua casa, y cuánto disfrutaba ayudar a otros chicos con sus tareas. Tal vez, pensó Dexter, podía hacerlo otra vez.

Cuando la mujer que administraba el albergue convino con su plan de crear un centro de clases particulares, Dexter fue a ver al director de su escuela. Consiguió algunos cuadernos de trabajo que iban a ser desechados. Luego, le pidió a una agencia comunitaria que trajera algunos pupitres. Muy pronto, todas las tardes, las noches y los sábados, los niños concurrían. En total, había unos veinte al mismo tiempo. Dexter los ayudaba con sus tareas, les enseñaba a leer y los hacía practicar en sus recién adquiridos cuadernos de trabajo.

Él recuerda cariñosamente a una de sus primeras alumnas. «Cuando comencé a vivir en el albergue, conocí a una niñita de cuatro años llamada Sarah. Era la más joven de mis estudiantes. Al principio, no podía leer o escribir. Pero, al cabo de tres días, estaba leyendo libros sencillos como *El gato en el sombrero* y *Huevos verdes y jamón*». Su progreso era notable, gracias, en parte, a la creatividad de Dexter. «Grabé mi voz mientras leía un libro. Luego, pasaba la cinta y leía junto con la grabación».

Durante los nueve meses que Dexter vivió en el albergue, estuvo muy apegado a todos los niños. Era penoso para Dexter cuando sus alumnos se mudaban, yendo de albergue en albergue. De la pequeña Sara recuerda, «realmente me enojé cuando ella y su madre se fueron a otro albergue. Pero le di la cinta grabada y el libro y le dije que se mantuviera leyendo».

Aunque han pasado dos años desde que Dexter y su familia se mudaron del albergue, él vuelve todos los días para enseñar a sus niños. Cuando no está con ellos, se le puede encontrar ayudando a niños de su propia barriada con sus tareas. Los pocos libros que Dexter guarda en los huacales plásticos de leche que tiene en su cuarto son su biblioteca de préstamo.

Ahora, a los dieciséis años, Dexter es mucho más sabio que lo que uno suele ser a su edad. Él ya ha experimentado más como niño que lo que la mayoría de las personas jamás querrían en toda su vida. Cuando le preguntan por qué hace trabajo voluntario, hace una pausa como si estuviera cansado y replica: «La gente siempre me ha ayudado, de manera que pensé que era hora de devolverles algo».

No es posible que la civilización fluya hacia atrás mientras haya un joven en el mundo.

HELEN KELLER

Aproximadamente un tercio de todos los niños sin hogar no pueden asistir regularmente a la escuela. Deje que la acción de Dexter le inspire a dedicar unas cuantas horas a la semana en un albergue de desamparados ayudando a que esos niños prosperen y reciban el apoyo emocional adicional que necesitan. Llame a las organizaciones que atienden a desamparados en su localidad, su **Homeless Coalition** o su Centro de Voluntarios al **800-VOLUNTEER** para una referencia.

Aprendiendo a amar otra vez

Narradora: Judith Thompson

Por los primeros ocho años de su vida, Arn Chorn disfrutó de un lujo demasiado valioso como para darlo por sentado: el don de una infancia apacible. Cada noche se acostaba en su casa de bambú de la provincia de Battenbon en Camboya y miraba las estrellas brillar en el tibio y callado cielo.

Luego vino su noveno cumpleaños. Él recuerda el momento en que los Khmer Rouge entraron victoriosos por primera vez en su pueblo. Al principio la gente les dio la bienvenida. Pero cuando se acercaron a mirar más de cerca, notaron algo pavorosamente duro y frío en los rostros de esos jóvenes guerreros. Era como si sus mismas almas los hubiesen abandonado.

Este fanático grupo de comunistas camboyanos surgió en el campo durante los agitados años de la guerra de EE.UU. con Vietnam. Mientras se encontraban ocultos en la selva con su brutal líder, Pol Pot, estos muchachos fueron adoctrinados intensamente en el odio. Cada uno de ellos aprendió a prestar oídos sordos a la voz de su propia conciencia. El día que el Khmer Rouge tomó el poder en Camboya comenzó uno de los más crueles baños de sangre de la historia. Los que sobrevivieron presenciaron con horror cómo su hermosa patria adquiría un nuevo nombre, y Camboya vino a ser conocida en todo el mundo como «los campos de la muerte».

El pequeño Arn Chorn fue separado de su familia, obligado a marchar a una zona rural y conducido a un campo de concentración para niños. Durante los próximos cuatro años su vida fue un infierno viviente. Los Khmer Rouge comenzaron la matanza sistemática de millones de camboyanos. La gente era ejecutada por usar lentes, por tener la piel clara, o por ser maestros o monjes. La gente era ejecutada por llorar cuando mataban a un miembro de su familia. Empujados a las líneas del frente de combate, obligados a presenciar el asesinato de millares de niños, dice Arn, «tuve que matar mi corazón para sobrevivir».

En el caos que siguió a la invasión vietnamita de Camboya en 1979, Arn pudo escapar a la selva. Allí vivió solo durante muchos meses; sus únicos amigos eran los monos. Arn aprendió a sobrevivir en la selva observando a los monos, viendo lo que comían y comiendo sólo los mimos frutos que ellos. Llegó a confiar en esos monos más de lo que hubiera confiado en los seres humanos. La ternura y el amor incondicional que ellos le mostraron eran los primeros que había experimentado en años. En su interior, una pequeñísima parte de Arn comenzó a sanar.

Un día, Arn cruzó accidental y milagrosamente la frontera de Tailandia. Estaba a punto de morirse de hambre cuando unos rescatistas lo descubrieron y lo llevaron a Sakeo, un gran campamento de refugiados. Arn apenas podía creer su buena fortuna cuando se convirtió en el primer huérfano camboyano en poder entrar en Estados Unidos, un país que siempre le había parecido tan remoto como las estrellas. Cuando llegó en octubre de 1980, comenzó a recuperarse de su pasado.

Cuando conocí a Arn, quedé conmovido por su capacidad para compartir su historia y por su extraordinario deseo y capacidad de inspirar a otros. Por ser tan joven, Arn me impresionó por su deseo de acercarse a otros como él que habían sufrido la pesadilla de la locura humana. Antes de mucho, decidimos crear los Niños de la Guerra, para ofrecerles una oportunidad a esos niños olvidados de restaurar sus vidas e intentar recuperar su futuro.

Comenzamos a trabajar día y noche con jóvenes refugiados de Camboya. Mientras Arn escuchaba sus historias, comenzaba a sanar de su propio dolor. El régimen Khmer Rouge había matado a la gente por expresar sus sentimientos. Para sobrevivir, Arn se había impuesto eliminar su propia capacidad de sentir. El escuchar las experiencias de estos jóvenes suavizó sus propios sentimientos congelados y abrió las puertas cerradas de su corazón. Él descubrió una profunda conexión y compasión por ellos.

En 1982, cuando Arn tenía solamente dieciséis años, habló ante un público cautivado de diez mil personas en la Catedral de San Juan el Teólogo en Nueva York. «Parece casi increíble que yo pudiera perdonar y olvidar lo que le ocurrió a mi pueblo —dijo—. El compartir con otros jóvenes que padecieron horrores semejantes me ha ayudado a sentir otra vez: su dolor tanto como el mío». Y concluyó diciendo: «Estoy vivo después de todos estos años, porque puedo amar de nuevo». Estas sencillas palabras eran mucho más poderosas de lo que Arn posiblemente podría haber imaginado. Antes de darse cuenta, estaba compartiendo su historia en las Naciones Unidas, ante el Congreso y con personas de todas partes del país. A partir de ahí el movimiento despegó.

Durante los próximos años, los Niños de la Guerra ofrecieron la visión, el adiestramiento y el apoyo de manera que esos jóvenes de Beirut, Sudáfrica y Guatemala, así como de los barrios urbanos pobres de Estados Unidos, pudieran comenzar a sanar de sus profundos traumas y a reconstruir sus vidas. En el proceso, ellos descubren lo que Arn llama «los vínculos comunes del sufrimiento» que los une. Sorprendentemente, esta dolorosa hermandad da lugar a una alegría más profunda. Comienzan a reconocerse mutuamente en sus relatos y a darse cuenta por primera vez de que no están solos. También descubren que comparten un sueño común: que los niños como ellos puedan llegar a vivir en paz.

Estos jóvenes se convirtieron en líderes de Niños de la Guerra y viajaron por todos los Estados Unidos instruyendo y motivando a sus iguales. Fue así como Arn conoció a Jacob Smith, un muchacho de Bedford Stuyvesant, uno de los barrios más problemáticos de Nueva York. Durante varios años, Jacob había seguido una vida de armas, drogas y violencia que había terminado en el sistema de justicia juvenil de Nueva York. «Cuando conocí a Arn y a todos los otros participantes de Niños de la Guerra, comencé a soñar nuevamente con mi futuro —dice Jacob—. Cuando yo estaba en esa vida, no tenía tiempo para soñar. Pero cuando conocí a Arn y comencé a pensar de nuevo, en ese momento empecé a sentirme realmente bien. Cada vez que mis buenos sentimientos aumentaban, me daba cuenta que los sentimientos violentos disminuían».

Ahora Arn y Jacob trabajan como un equipo en las escuelas secundarias de los barrios urbanos. Animan a los jóvenes a compartir sus historias y a llegar a entender la desesperación que los impulsa a cometer actos de violencia. Les dan a las víctimas de la violencia la oportunidad de convertirse en visionarios. Por estar en contacto con otros jóvenes como Arn, estos chicos comenzaron a ver sus propias vidas bajo una nueva luz. Por su labor con los Niños de la Guerra, Arn recibió el Premio Reebok de Derechos Humanos y la oportunidad de viajar por todo el mundo en defensa de los niños cuyas vidas se han visto desechas por la violencia.

En 1990, Arn regresó a Camboya por primera vez, donde fue a enfrentarse cara a cara con sus recuerdos de sus primeras espantosas experiencias. «A veces siento que me quiero morir —dice Arn—. El peso del pasado es tan grande. Pero luego me digo a mí mismo que puedo hacer algo bueno ayudando a otras personas y eso me mantiene vivo». Así, pues, Arn se lanzó de lleno a su labor y organizó a los jóvenes de Camboya para que pudieran sanar sus traumas mientras reconstruyen el país. En la actualidad, hay cincuenta mil jóvenes que participan en su programa, Voluntarios Camboyanos por el Desarrollo Comunitario. Arn vive en Boston, desde donde ayuda a los jóvenes camboyanos, a la espera de crear asociaciones con los que se quedaron en Camboya. «Todas estas gentes han sufrido tanto. Les tomará un tiempo aprender a confiar y a amar otra vez —dice Arn—. El Khmer Rouge nos arrebató eso. Tomará tiempo, pero me siento comprometido con esta causa. Tenemos que aprender a amarnos los unos a los otros otra vez. Ese es el único camino».

Que puedas vivir todos los días de tu vida.

JONATHAN SWIFT

Si quieres ayudar a los jóvenes a curarse de la violencia en este país y en todo el mundo y ayudarlos a reconstruir sus vidas y a reconquistar su futuro, llama a Arn Chorn y a Judith Thompson en el Instituto para el Nuevo Liderazgo (Institute for New Leadership) al 617-648-1276, que promueve el legado de los **Niños de la Guerra.**

Un momento de restauración

Narrador: Hermano David Stendl-Rast

La ciudad de Nueva York nunca había visto nada igual. Cerca de un millón de personas que se manifestaban contra la locura de las armas nucleares. Era 1982 y la Guerra Fría estaba en su apogeo. Las superpotencias continuaban su costosa y al parecer incontrolable carrera armamentista. Sin embargo, en medio de todo esto, centenares de miles de personas marchaban por la paz.

Los manifestantes desfilaron desde la sede principal de las Naciones Unidas hasta el Parque Central. Nos tomó medio día recorrer esos pocos kilómetros. Las multitudes con sus estandartes y sus bandas se movían con bastante lentitud, pero nosotros íbamos aún más despacio. Mi compañero de desfile, el monje zen vietnamita, Thich Nhat Hanh, me había pedido que hiciéramos de cada paso de la marcha una meditación por la paz.

Thich Nhat Hanh había sido líder del movimiento no violento en favor de la paz en Vietnam. Creía que un amor inteligente, visionario y altruista debía ser el fundamento de cualquier acción política. Luego de reunirse con él en 1964, Martin Luther King Jr. llegó a la conclusión de que el movimiento pro derechos civiles sería no violento y, en solidaridad con su nuevo amigo, el Dr. King dio el paso polémico de apoyar el movimiento contra la Guerra de Vietnam. Más tarde, cuando él nominó a Thich Nhat Hanh para el Premio Nobel de la Paz, dijo: «Sus ideas en favor de la paz, si se aplicaran, construirían un monumento al ecumenismo, a la fraternidad universal, a la humanidad».

Nuestra silenciosa banda de monjes cristianos y budistas había salido con los primeros manifestantes, pero nuestra meditación ambulante se movía tan lentamente que grupo tras grupo fueron dándonos alcance y dejándonos atrás. Nosotros disfrutábamos de la multitud: la variedad de banderas y pancartas, los payasos rodeados de niños, los músicos y cantantes, y las madres llevando a sus niños en cochecitos, los Veteranos de Guerras Extranjeras, e incluso los perros canidre y los collies que portaban consignas de paz en sus lomos, y no olvidemos las Abuelas por la Paz y agrupaciones con máscaras y disfraces: uno por uno todos se nos adelantaron.

Finalmente, un policía nos advirtió amablemente que estábamos caminando muy despacio y nos sugirió un atajo. Nos pareció bien. Tomamos el atajo y nos encontramos de nuevo casi a la cabeza de la manifestación. Mientras grupo tras grupo de los que nos habían tomado la delantera antes volvían a pasarnos otra vez, la gente reaccionó con inesperadas risas y vítores.

Fue un día de puro júbilo. Nos sentíamos como una gigantesca familia de un millón de miembros y nos comportamos en consecuencia. En los noticieros de la noche de ese histórico día, el jefe de la policía de la Ciudad de Nueva York hizo una breve declaración y elogió a los manifestantes por haber limpiado todos los restos de basura a lo largo de la ruta, hasta las envolturas de chicle (goma de mascar), y admitió que él y sus amigos podrían no haber dejado su traspatio en mejores condiciones después de una parrillada. Y ésta había sido una fiesta para toda la ciudad: una celebración del amor a la vida que une a todos los seres humanos.

¿Por qué no dejarlo en eso? ¿Por qué introducir una nota discordante en una canción festiva? Un grupo de Pax Christi compuesto por estudiantes de la Universidad de Columbia con quienes llegué a un acuerdo a la mañana siguiente habían batallado toda la noche con este problema. No sin dolor alcanzamos un consenso. Hay ocasiones en que es lícito olvidar por un rato lo que nos divide, pero en otras ocasiones debemos hacerle frente y resistir lo que nos separa. Sólo entonces puede producirse la restauración.

Este razonamiento determinó nuestro plan de batalla. En una acción directa no violenta íbamos a obstruir el acceso a la oficina de la delegación francesa ante as Naciones Unidas. Otros grupos iban a hacer lo mismo en las oficinas de los otros países que estaban manteniendo la carrera armamentista. Habría pues una confrontación, si bien de una forma festiva. Celebraríamos lo que compartíamos y lo compartiríamos aun con aquellos que estaban opuestos a nosotros.

Como símbolo de nuestro mensaje, trajimos pan para compartir: cestas de frescas y fragantes hogazas de pan horneadas en casa. En la pancarta que llevábamos en alto decía: «Pan, No Bombas» (Bread Not Bombs). Cantamos y oramos y partimos el pan, ofreciéndolo a la gente que iba camino a su trabajo. La mayoría llevaba prisa, pero algunos miraban a la pancarta y se detenían lo suficiente para compartir esta comunión.

Pronto una patrulla de la policía se adelantó y nos rodeó a la entrada del edificio. Nos pidieron que abandonáramos el lugar. Nosotros nos quedamos. «¿Quieren ser arrestados?» preguntaron. «Queremos quedarnos aquí —dijimos—, aunque eso signifique ser arrestados». Ellos bajaron las viseras de sus cascos y agarraron sus garrotes. Nosotros nos arrodillamos y rehusamos movernos.

Esto era un cuadro bastante extraño, estas dos líneas de personas confrontándose mutuamente, cara a cara, a menos de un metro de distancia. En mi memoria esto ha llegado a ser como el cuadro de una danza: un movimiento de una extraña coreografía suspendida en el tiempo. Todo el movimiento se detuvo. Pasó una hora, luego otra. Cantamos. Rezamos el Padrenuestro en voz alta, una y otra vez: «danos hoy nuestro pan de cada día, y perdónanos… como nosotros perdonamos…». Pasó otra hora.

Para entonces ya nos habíamos puesto nuevamente de pie, ¡pero imagínense estar cara a cara con alguien por tanto tiempo! Llegamos a conocer los botones de esos uniformes con mucho más detalle de lo que jamás habíamos sabido de los de nuestros propios abrigos. Detrás de la visera que tenía frente a mí, podía ver los ojos de un joven: un puertorriqueño, supuse. En un contexto diferente, podría haber considerado esos ojos amables. Imaginaba a su madre mostrándole orgullosa a sus vecinos una foto de su hijo en uniforme. Pero ahora, yo me sentía como un hermano para él.

Pero ¿por qué no habíamos sido arrestados y conducidos al cuartel desde hacía horas? ¿Por qué esta parálisis? Después supimos que ese día se habían practicado más arrestos que nunca antes en la historia de la ciudad de Nueva York. Todas las camionetas de la policía e inclusos los autobuses escolares habían sido utilizados para llevarse a los manifestantes. Cuando llegó nuestro turno, simplemente no quedaban vehículos para llevarnos a la cárcel. Ésta fue la razón práctica, pero una razón más profunda puede haber sido que estábamos esperando por un evento: un momento de restauración.

Muchos empleados de la legación francesa habían pasado por nuestro lado. Luego un caballero de pequeña estatura, de pelo canoso, que vestía un traje gris de tres piezas, se detuvo. Mirando la larga hilera de cascos que se enfrentaba a una igualmente larga hilera de cabezas descubiertas, pude ver la cara del hombre exactamente donde las líneas convergían. Al principio, miró con una expresión tímida a la fila de los manifestantes que se enfrentaban a la policía. Luego algo sucedió. Fue como si un alto voltaje se hubiera establecido entre los dos polos —para cerrarlos, no obstante sin tocarse— y, de repente, saltara una chispa. La cara del hombre se iluminó. Él leyó la pancarta, «Pan No Bombas», se quitó el sombrero, y valiente y orgullosamente tendió la mano. Tomó un pedazo de pan y se lo llevó a la boca, casi solemnemente, como si fuera la Santa Comunión. Parecía como si una voz interior estuviera diciendo: «váyanse en paz, su valor los ha restaurado».

Poco después de eso, la policía se quitó los cascos, estrecharon nuestras manos y simplemente nos dejaron irnos a casa. Uno de los agentes nos hizo la señal de la victoria. Pero lo que yo nunca olvidaré es el momento cuando el rostro del hombre canoso se iluminó: la victoria de su propia convicción privada y de su propia cura.

Tocar el momento presente es la puerta para todas las cosas.

THICH NHAT HANH

Su dádiva para los hambrientos puede ser pequeña pero encuentre cómo tener la mayor eficacia dirigiéndose a **Bread for the World** al 800-82-BREAD, o a la dirección electrónica bread@igc.apc.org, o e cibersitio en: http://www.bread.org.

Si quiere aprender a pensar correctamente con **Thich Nhat Hanh** asistiendo a un retiro o, si lo desea, recibir una lista de sus libros y cintas grabadas, diríjase a la **Community of Mindful Living,** en Parallax Press, P.O. Box 7355, Berkeley, CA 94707.

Hacer el bien

para prosperar

¿Qué haría usted si ganara mil millones de dólares
en sólo nueve meses? ¿Se uniría con Ted Turner y lo donaría
a su institución de beneficencia preferida?
¿Ayudaría a reconstruir su patria, al igual que George Soros con
las nuevas democracias de Europa Oriental? ¡Piense tan sólo lo
que podría pasar si más de nosotros encontráramos modos imagi-
nativos de retribuir!

HAY UN DICHO EN EL MUNDO DE LOS NEGOCIOS: GANA TU dinero mientras seas joven y regálalo cuando seas viejo. Algunos nuevos millonarios han decidido no esperar y se divierten compartiendo su riqueza —como los beneficiarios del plan de acciones de Microsoft con su comunidad de Seattle. Algunas personas generosas están renovando ahora la antigua tradición de diezmar, es decir de donar el diez por ciento de sus ingresos. Wayne Silby y sus amigos fundaron el Fondo de Inversiones Sociales Calvert (Calvert Social Investment Fund) para que los estadounidenses comunes pudieran invertir su dinero para el bienestar social. En la película taquillera de Tom Cruise, *Jerry Maguire*, él les plantea a sus colegas que ser más honestos y hacer más por los demás les traerá mayor felicidad que unos cuantos dólares más en el banco.

La comunidad empresarial, especialmente los inversionistas, podrían convertirse en los próximos campeones en la edificación de un mundo mejor. «La filantropía del sector privado se está convirtiendo rápidamente en la fuente más práctica de un cambio a largo plazo en Estados Unidos», dice Claude Rosenberg Jr. en su libro *Wealthy and Wise*. Rosenberg, un inversionista de éxito, se dio cuenta que podía donar mucho más de su riqueza de lo que él jamás había imaginado. Además descubrió que disfrutaba haciendo donaciones a causas que lo merecieran. Luego de descubrir que las personas que más ganan en la nación dan menos del 10% de lo que fácilmente podrían permitirse dar, comenzó a alentarles a compartir su buena fortuna y ayudar a hacer del mundo un mejor lugar.

Los líderes de empresas en la década del 70 establecieron un vigoroso precedente respecto a la manera en que podían acrecentar la salud y el bienestar de nuestro país. Cuando las corporaciones estadounidenses se dieron cuenta de que podían reducir sus costos en asistencia médica si los empleados cambiaban su estilo de vida, iniciaron una campaña para hacer a los estadounidenses más saludables. El almuerzo con tres martinis fue reemplazado con dietas bajas en grasas, agua embotellada y ejercicios en el gimnasio. Para obtener apoyo nacional, los líderes corporativos forjaron alianzas con los sindicatos, las escuelas, el gobierno y los medios de difusión. El hacer a Estados Unidos más sano se convirtió en un objetivo nacional. Gente de todo el país se unió a la revolución por la buena salud. En la actualidad, muchos más de nosotros tomamos opciones saludables y vivimos más tiempo, haciendo ejercicio y cuidando de lo que comemos y bebemos.

Si pudimos trabajar juntos para mejorar nuestra salud personal, ¡seguramente podríamos mejorar también la salud de nuestro país! Si la comunidad empresarial llevó la voz cantante con un vigoroso llamado a la acción, podrían invitar a todos los estadounidenses a unirse y convocar a este país a ayudar a construir un mundo mejor.

Este capítulo ofrece exitosos ejemplos y un sinnúmero de ideas sobre cómo empezar. Estos relatos muestran cómo los héroes de los negocios, como Aaron Feurerstein, Judy Wicks y Arnold Hiatt, han combinado la razón y su corazón y han utilizado sus recursos para mejorar a sus comunidades. George Draper Dayton, un gigante del mundo corporativo, fundó un legado de beneficencia e inspiró a su compañía a continuar la tradición por más de 50 años. Dayton Hudson ha mantenido su promesa, incluso durante los reveses económicos, de dar el cinco por ciento de sus ganancias a la comunidad. Ellos también alentaron a otras compañías de Minneápolis a formar el Club del dos por ciento, para contrarrestar la tendencia empresarial de dar solamente el 1,3 por ciento. Organizaciones como Empresas por la Responsabilidad Social (Business for Social Responsibility) estimularon a las compañías a renovar su ciudadanía corporativa invirtiendo en la educación de los los niños y en levantar comunidades más saludables.

Los relatos de este capítulo describen los diferentes modos en que las compañías pueden contribuir a las comunidades. NationsBank encuentra que el establecer asociaciones con organizaciones comunitarias multiplica sus inversiones y eleva al máximo su eficacia. Compañías como Home Depot, que anima a sus empleados a participar en trabajo voluntario en sus comunidades, creó un robusto espíritu de equipo en el centro laboral. Los clientes de Working Assets votan respecto a qué acción social y cuáles organizaciones ambientales desean que la compañía respalde. Bonneville International ofrece a los oyentes de sus estaciones de radio oportunidades de retribuir a sus comunidades. Compañías multinacionales como EDS extienden su tradición de ser buenos vecinos según expanden sus negocios en el extranjero.

El dinero es una de las herramientas más importantes que tenemos para crear un cambio positivo en el mundo. Si bien todos no podemos ser Ted Turner o George Soros, hay centenares de modos en que cada uno de nosotros puede invertir tiempo y dinero en nuestras comunidades. Haremos del mundo un lugar mejor, cuando revolucionemos la manera en que concebimos el dar.

¿Qué ocurriría si más personas de la comunidad empresarial se decidiera a luchar por un mundo mejor? ¿Qué pasaría si canalizáramos nuestros recursos colectivos, organizáramos nuestros talentos empresariales y convocáramos a los mejores y más brillantes para apoyar lo que funciona en el mundo? ¡Qué gran regalo les daríamos a las futuras generaciones!

Llega un momento en las vidas de cada uno cuando debemos elegir: continuar en la senda en que estamos, o echarle una mirada al mundo y preguntarnos:

* *¿Qué es lo más importante en mi vida?*

* *¿Qué tipo de vida realmente quiero vivir?*

* *¿Qué clase de mundo quiero para mis hijos y para mis nietos?*

Con la llegada del nuevo milenio, ahora es el momento. Y esta es su oportunidad de elegir.

* *Atrévase a compartir.*

* *Use sus recursos.*

* *¡Escriba el cheque ahora mismo!*

Una receta mágica

NARRADOR: A.E. HOTCHNER

CONSIDÉRELO COMO UN MAESTRO DE COCINA QUE PRE-PARA una receta mágica para el mundo entero. «Me gusta tomar todo lo que he logrado y esparcirlo a mi alrededor», dice Paul Newman. Él tiene la anticuada noción de que el hombre tiene que retribuir algo, y así lo hace. Él dona hasta el último centavo de las ganancias de su compañía —Newman's Own, Inc.— a causas nobles. Desde 1982, sus contribuciones benéficas han ascendido a más de ochenta millones de dólares.

«Newman's Own comenzó como una diversión, un chiste más o menos, y pronto se convirtió en un reto —dice la estrella del cine—. No tenía ninguna idea de que mi aderezo de ensalada sobrepasaría las ganancias de mis películas. Hoy día hay toda una generación que puede conocerme más por mis palomitas de maíz que por mis películas», añade con una sonrisa.

«Newman's Own ofrece alimentos integrales cien por cien naturales —explica Newman—. Las ganancias de la compañía, una vez restados los impuestos, son dadas a organizaciones que sirven a personas que, debido a la pobreza, enfermedad, ancianidad o analfabetismo necesitan ayuda de urgencia». Newman ha contribuido a programas de salud, educación, a los desamparados, el medio ambiente, las artes y los niños. Millares de organizaciones han recibido donativos de la compañía, la mayoría de los cuales se los han concedido a organizaciones pequeñas y desconocidas que con frecuencia son pasadas por alto por las principales instituciones benéficas. «Lo que hace este negocio grande es el reciclaje mutuamente benéfico de los que tienen a los que no tienen», dice Newman.

Entre sus empeños preferidos está el Concurso de Recetas de Newman's Own y de *Buen Hogar*, en el cual el ganador recibe diez mil dólares para donarlos a su agrupación benéfica preferida. Cuando los alumnos de primer grado de la escuela de Tierra Linda en Beaverton, Oregón, se enteraron del concurso de recetas, decidieron probar suerte.

Esa semana durante la hora de lecturas, su maestra la Sra. Clement, les leyó *Sopa de piedra* (*Stone Soup*) el cuento clásico del folclore infantil: «Un viajero hambriento se alimenta y le da de comer a toda una aldea a partir de sólo una piedra mágica y una olla de agua. Cuando cada uno de los aldeanos da un poco, llega a haber mucho para todos» Veinticuatro niños de seis años escuchaban cuidadosamente, sentados sobre esteras con las piernas cruzadas en torno a su maestra. Sus ojos asombrados observaban los cuadros que ella les mostraba. Cuando terminó la lectura, se pusieron a hablar acerca del libro. Los niños convinieron en que su ilustración favorita era la última. Por encima de la palabra *Fin*, toda una aldea estaba festejando con esta misma sopa especial.

Luego, la Sra. Clement tuvo una gran idea: ¿Qué pasaría si el aula participara con su propia receta de sopa de piedra en el concurso? Los chicos se mostraron muy entusiasmados. Trabajando juntos, escribieron con tiza una lista de sus propios ingredientes en el pizarrón; los ingredientes básicos de toda sopa, excepto dos: un frasco de veintiséis onzas de salsa de Sockarooni Newman's Own. La otra fue una piedra. «No estaría bien sin una piedra de Oregón», dijo la niña de diez años Jessica Stewart.

La receta de la sopa de piedra hizo que esos niños de primer grado ganaran el concurso. «Cuando la Sra. Clement nos dijo que habíamos ganado —recuerda Jessica—, gritamos, chillamos y bailamos alrededor del aula».

Los estudiantes sabían exactamente lo que harían con su premio de $10.000 dólares. Lo donarían a su nueva escuela. Compraron libros para la biblioteca, organetas para el departamento de Música y una estación metereológica. En todos y cada uno de los artículos acuñaron las palabras *Newman's Own*. Ahora, cuando los estudiantes sacaban un libro o tocaban las organetas, podían recordar cuán bueno fue ayudar a su escuela y trabajar juntos como un equipo.

En cuanto a Jessica, sus días de dar apenas comenzaban. «El ganar $10.000 dólares de niña fue de gran importancia en lo que siento respecto de dar. Me hizo querer ayudar a otros ahora y cuando fuera mayor —dice—. Ahora que estoy en cuarto grado, pertenezco al consejo estudiantil. Cada año compartimos nuestro tiempo y energía con otros. Recaudamos dinero para comprar materiales escolares para las víctimas de las inundaciones en Oregón. Hemos recogido latas de refrescos para recaudar dinero para la ballena Keiko. Reunimos etiquetas de sopas Campbell para conseguir pelotas para nuestro parque infantil».

La Sra. Clement se siente feliz de que el concurso les dio a los niños una oportunidad de retribuirle algo a la escuela. «Una parte importante de lo que enseñamos en el aula es compartir, dar, y ayudar a otros. Los alumnos aprenden también que para ser exitosos en la vida, es necesario escuchar, trabajar juntos y resolver problemas». El relato de la sopa de piedra les dio mucho que pensar.

La Sra. Clement está muy agradecida a Paul Newman: «Él les dio a estos niños una oportunidad única en sus vidas. Los libros y organetas se pondrán viejos y anticuados, pero el recuerdo de lo que los estudiantes pudieron hacer por su escuela les acompañará siempre. Él podía haber hecho una simple donación, pero al ayudar a otros a dar, ha dado mucho más que dinero. El regalo más grande que Paul Newman les dio a mis alumnos fue una lección sobre el valor de dar. Él plantó las semillas para que ellos hagan grandes cosas en sus vidas.

LA RECETA DE LOS ALUMNOS DEL PRIMER GRADO DE LA SRA. CLEMENT

* *Una piedra mágica*

* *10 tazas de agua*

* *1 lata de 10 1/2 onzas de caldo de pollo*

* *1 cucharadita de sal*

* *1 cucharadita de pimienta negra*

* *2 libras de carne para guisar*

* *1 cebolla grande, picada*

* *1 tarro de 26 onzas de salsa de Sockarooni Newman's Own*

* *4 zanahorias, picadas*

* *4 tallos de apio, picadas*

* *10 papas rojas pequeñas, cortadas en pedacitos*

* 1 paquete de 12 onzas de judías verdes

* 1 taza de pasta ABC sin cocer

* Se pone la piedra en una pequeña cantidad de agua (2 tazas) con caldo, sal, pimienta, carne para guisar y cebolla en una olla de sopa de 8 cuartos. Se mantiene a fuego lento durante aproximadamente 2 horas.

* Se añade la salsa de Sockarooni Newman's Own. Se mantiene la mezcla en el fuego durante 20 minutos, hasta que los vegetales se ablanden.

* Se agrega la pasta ABC y se coce por otros 10 a 15 minutos hasta que la pasta esté al puntó. **No se olvide de sacar la piedra antes de servir o se puede lastimar los dientes.**

* Servir con pan caliente y mantequilla. Hay raciones para 24 niños de una clase de primer grado u 8 adultos.

Dé a los niños en su vida una oportunidad de retribuir. Prepare una receta ganadora para su asociación benéfica preferida. Presente su mejor receta usando un producto de Newman's Own en **Concurso de Recetas de Cocina de Newman's Own/Buen Hogar** (Newman's Own/Good Housekeeping Recipe Contest). Para más información, llame al 800-272-0257.

De bolsear a la Bolsa

NARRADOR: MATTHEW MALONE

MUÉSTRELE A STEVE MARIOTTI UN GRUPO DE JÓVENES LO
bastante brillantes para robarle a un hombre y lograr escapar, y él le mostrará a un grupo de empresarios en potencia
que sólo necesitan bueno dirección.

Mientras se ejercitaba corriendo por una concurrida
calle de Nueva York, llena del ajetreo y el bullicio normal
de la ciudad, Steve fue detenido por una banda de jóvenes
que querían su dinero. Medio aturdido después de entre-
garles su billetera y verlos irse corriendo, él se quedó conmovido por una idea no menos poderosa: ¿qué pasaría si la
energía que estos muchachos ponían en actividades ilegales
y destructivas pudiera ser canalizada productivamente?

Steve, un exitoso empresario, se dio cuenta que la creatividad y el impulso que esos chicos poseían, no obstante
estar mal orientados, eran las mismas cualidades que se
necesitaban en el mundo empresarial. Ellos eran agresivos,
centrados y trabajaban mancomunadamente para lograr
una meta común. Por desgracia, esa noche su objetivo fue la
billetera de él. Pero Steve sabía que con un adiestramiento
y un estímulo adecuados, estos muchachos podrían alcanzar
metas más altas (y más productivas) en el mundo. Motivado
por esta idea, abandonó su exitoso negocio de importación y
exportación y se dispuso a ser el maestro que siempre había
querido ser.

Una de sus primeras clases fue impartida en el Central
Ward Boys & Girls Club en Newark, Nueva Jersey. Uno

de sus primeros estudiantes fue Félix Rouse, un joven de quince años. Félix quedó inmediatamente impresionado con este hombre blanco de baja estatura tan fuera de lugar en aquel ambiente, que le explicaba cuidadosamente conceptos mercantiles como oferta y demanda, compra al por mayor y ganancia. Para este grupo de chicos, el mundo empresarial era otro planeta. Mientras Steve echaba los cimientos de su «mini Maestría en Administración de empresas», sus estudiantes inmediatamente comenzaron a ponerse a tono con él.

Los estudiantes captaron enseguida los rudimentos para administrar un negocio. Abrieron cuentas corrientes, obtuvieron tarjetas de crédito y discutieron el delicado arte de las relaciones con los clientes. Visitaron Wall Street, se reunieron con mayoristas y se les presentó el reto de que se presentaran con planes para comenzar sus propios negocios. Al cabo de unos meses, Félix y un amigo comenzaron a cambiar su mutua pasión por los libros de tiras cómicas en un detallado plan de negocios, bosquejando los costos, los precios y la estrategia para abrir una tienda con estos libros. Steve proporcionó $100 de capital y, durante dos años, ellos dirigieron el negocio desde un espacio de oficina que proporcionó el Boys & Girls Club. Los muchachos hacían toda la compra, la venta, la contabilidad y el inventario. «Aunque no hicimos una tonelada de dinero, nunca tuvimos que pedir prestado —dice Félix—. Yo aprendí con mucha rapidez a ser responsable y adquirí las habilidades para tener éxito».

En 1986, Steve creó la Fundación Nacional para la Enseñanza de la Iniciativa Empresarial (NFTE en inglés) para ayudar a divulgar su exitoso programa a otros jóvenes de los barrios urbanos. Para 1996, la NFTE tenía 186 maestros y catorce mil patrocinadores como un reemplazo para los callejones sin salida de las drogas, el delito y el embarazo juvenil para 10.000 estudiantes que se proponían con gran energía a triunfar en el mundo de los negocios. A través de la NFTE, los chicos de barrios pobres aprenden los rudimentos de los negocios al mismo tiempo que lecciones para la vida. Y si bien el conocimiento del mundo empresarial que adquieren en las clases es inapreciable, también lo es la atención personal de alguien para quienes ellos son importantes. «Steve estaba siempre con nosotros —dice Félix—. Él sabía de mis problemas y siempre estaba allí para escuchar. Él se ocupa de todos nosotros en un nivel muy personal».

Al igual que muchos otros estudiantes de la NFTE, Félix ha experimentado algunos baches a lo largo del camino. Durante su último año de escuela superior, falleció su padre adoptivo. Un año después su hermano mayor fue baleado y quedó reducido a una silla de ruedas. Pese a estas tragedias personales, Félix tuvo el valor y la fuerza de seguir el curso. En 1996, se graduó de la Universidad de Pensilvania con un título en Ciencias Políticas. En la actualidad es el primer graduado de la NFTE en ser adiestrado como un maestro de iniciativa empresarial, y enseña en el Boys & Girls Club donde primero encontró a Steve.

Félix ahora comparte el mensaje de Steve con una nueva generación de estudiantes. En él ellos ven a un hombre de veintitrés años que venció obstáculos semejantes a los que ellos se enfrentan y triunfó. En ellos, Félix ve el amanecer de un futuro muy brillante. Ellos todos le agradecen a Steve por ayudarlos a descubrir su posibilidades y darles una oportunidad de evitar el tipo de vida que es mejor haber dejado atrás.

Para los miles de jóvenes como Félix que han experimentado el programa de la NFTE, la perspectiva es cualquier cosa menos «menesterosa». El conocimiento, las habilidades, la experiencia y la esperanza que han adquirido han disparado sus esperanzas de triunfar. Como uno de los graduados lo definiera, «mi sueño no es morir en la pobreza, sino hacer que la pobreza muera en mí». Día por día, estudiante por estudiante, la NFTE está ayudando a hacer realidad ese sueño maravilloso.

Un entrenador es alguien que te dice lo que no quieres oír
y te obliga a ver lo que no quieres ver,
de manera que puedas ser quien tú siempre has sabido
que podrías ser.

TOM LANDRY

¿Quieres ayudar a un niño a aprender a comenzar un pequeño negocio, a poner un currículo empresarial de la **NFTE** en las manos de un joven descarriado o a patrocinar a un maestro para que sea adiestrado por la **NFTE?** Llame al 800-FOR-NFTE.

El Robin Hood de Wall Street

NARRADOR: DR. TERRY MOLLNER

WAYNE SILBY FUE INTRODUCIDO AL MUNDO DE LAS ALTAS finanzas a la edad de ocho años. Su padre le había comprado veinte acciones de la bolsa y Wayne llevaba con él el recibo de confirmación, sabiendo que era importante. Lo atesoraba más que sus tarjetas de béisbol, lo cual es mucho decir para un niño criado en un pueblito de Iowa. Cuando tenía catorce años ya él elegía sus propias acciones. A los treinta era probablemente el ejecutivo más joven de un fondo de inversiones de mil millones de dólares.

En los años 70, la mayoría de la gente aún estaba poniendo su dinero en cuentas de ahorro. Wayne y su amigo John Guggery soñaban con crear un mejor medio de ahorro para el hombre común: un fondo de inversiones de algún tipo. Lo que necesitaban era una estrategia para obtener un rendimiento seguro y lucrativo. Lo encontraron cuando la Small Business Administration (SBA por sus siglas en inglés) comenzó a vender muchos de sus préstamos a fines de la década del 70. Wayne se dio cuenta de que donde la mayoría de las tasas de interés permanecían idénticas por veinte o treinta años, estas tasas de interés estaban proyectadas para subir y bajar cada día, en dependencia de las condiciones del mercado. Pidió prestado diez mil dólares para comenzar a poner en marcha el Primer Fondo de Tasas Variables en Valores del Gobierno. Al cabo de un par de meses tenía el máximo rendimiento de bonos del estado que había en el país. Entre otras cosas, ellos pusieron pequeños anuncios dando a conocer esto en el *Wall Street Journal* y en el *New York Times*: al cabo de unos pocos años, el fondo tenía más de mil millones de dólares en inversiones.

Mientras Wayne y John estaban construyendo lo que se llegó a conocer como los Fondos Mutuos del Grupo Calvert, yo intentaba plantearme cómo educar al estadounidense común sobre su poder potencial de hacer bien en el mundo con su dinero. Conocí a Wayne en una conferencia a mediados de los años 70 y nos hicimos amigos al instante, en parte debido a nuestros intereses comunes en las finanzas. Un día, Wayne vino a Boston a visitarme y a explorar ideas acerca de las inversiones socialmente responsables. Por la tarde dimos un largo paseo por el parque, conversando acerca de la situación del mundo y de lo que podíamos hacer para que las cosas mejoraran. Mientras hablábamos, pensamos cuán bueno sería tener un fondo de inversiones que expresara algo de nuestra generación. Nuestra generación de los 60 estaba muy concentrada en hacer del mundo un lugar mejor para todos.

Wayne hizo explícita la idea de crear un fondo mutuo que sólo invirtiera en compañías que tuviera una sana relación con sus empleados, la comunidad y el medio ambiente. De repente, nos detuvimos y nos miramos. Al instante supimos que eso era exactamente lo que debía hacerse y lo que queríamos hacer.

Meses después, Wayne me llamó y me invitó a ayudarle a crear, dentro de su compañía, el Fondo de Inversiones Sociales Calvert como miembro de su Junta Directiva, sin saber que crecería hasta convertirse en un fondo de más de mil millones de dólares, que daría lugar a toda una nueva industria, y que atraería a millones de partidarios. «Eso es lo que ocurre —dijo una vez Wayne riéndose conmigo—, ¡cuando uno decide sencillamente hacer lo que se debe!».

Cuando Wayne y John presentaron la idea por primera vez a su equipo de gerencia, se las rechazaron. Les dijeron que su pequeña compañía sería el hazmerreír de la comunidad de Wall Street. «Bien —respondió Wayne—, puesto que la compañía es nuestra, lo haremos de todos modos como un proyecto especial». Para establecerla, gastaron cientos de miles de dólares, a sabiendas de que habría muchos años de pérdidas antes de que el fondo llegara a recobrar los treinta millones que se necesitaban para equiparar las ganancias con las pérdidas.

Comenzamos con una decisión particularmente audaz: no invertir en ninguna compañía que hiciera negocios en Sudáfrica. Calvert fue el primer fondo mutuo que contraería ese compromiso. Durante décadas, el *apartheid* había sido la norma oficial de discriminación de ese país contra los negros africanos. En 1982, sólo unos cuantos valientes estaban intentado ponerle fin. Pero dentro de unos pocos años, un gigantesco movimiento de inversionistas —entre ellos gobiernos estatales y municipales, universidades y otras instituciones mercantiles y financieras— también llegaron a rehusar invertir en compañías que hacían negocios en Sudáfrica. Puesto que el fondo Calvert fue inicialmente el único fondo mutuo en el cual la gente podía invertir con una clara conciencia respecto a este problema, alcanzó la marca de treinta millones muchos años antes de lo que habían pensado.

El impacto en Sudáfrica fue histórico. «El movimiento de retiro de inversiones en Estados Unidos fue un factor significativo par terminar el *apartheid*», dice Nelson Mandela. Y, según el Dr. Louis Sullivan, fundador de los principios de retiro de inversiones del movimiento contra el *apartheid*: «el Grupo Calvert merece mucho crédito, porque fueron los primeros en presionar a las compañías y nos ayudaron a confrontar al gobierno de Sudáfrica».

En la actualidad, la inversión socialmente responsable es una parte legítima de la comunidad de inversiones de profesionales y está creciendo con gran rapidez. Uno puede entrar en cualquier firma de corredores en cualquier lugar de EE.UU. y encontrar a alguien que le ayuda a abrir un portafolio de valores socialmente selectivo. En 1975, a uno lo habrían enviado a las oficinas de una agencia de beneficencia local, por no estar interesado solamente en ganar dinero, independientemente de cómo lo ganara.

Desde el comienzo, no sólo queríamos que la gente tuviera la opción de lograr el mismo rendimiento financiero mientras era socialmente responsable, sino también de tener la opción de aceptar un rendimiento más bajo para que pudiéramos destinar algunos dólares a familias pobres con el fin de hacerlas salir de la pobreza. En 1990, los accionistas de Calvert aprobaron comenzar a hacer préstamos hasta del 1 por ciento de los valores de sus fondos socialmente responsables con bajas tasas de interés (del 3 al 4 por ciento) a fondos de préstamos comunitarios en todo el mundo. Esto tuvo un efecto insignificante en el rendimiento del fondo, pero esos millones de dólares tuvieron un efecto gigantesco en las comunidades pobres. Los fondos comunitarios locales volvieron a prestar el dinero a familias pobres en «micropréstamos» —algunos inicialmente tan pequeños como veinticinco dólares— para ayudarles a iniciar sus propios negocios. El programa resultó tan exitoso —no hemos perdido ni un centavo desde que comenzó— que creamos las Inversiones Comunitarias Calvert dentro de una fundación que establecimos junto con el Calvert Group. Ahora es posible para cualquiera en el mundo invertir con el fin de terminar con la pobreza.

Las vidas de cinco mil personas han sido transformadas por estos préstamos. Uno de ellos es Joite, una mujer que conocí en una aldea de Bangladesh. «Hace unos pocos años, mis hijos y yo estábamos viviendo debajo de un árbol junto al camino. No teníamos nada. ¡Nada!», dice enfáticamente. «Con la ayuda de ustedes, ahora tengo una casa, pollos, cabras, vacas, un estanque de peces, bananos y un marido. Mis hijos van a la escuela. Estamos felices… y vivos».

Mientras Robin Hood les robaba a los ricos para alimentar a los pobres, nosotros hemos invitado a los ricos y a todos los inversionistas a unírsenos para ayudar a los pobres a levantarse por sí mismos y salir de la pobreza permanentemente mientras el inversionista recibe un rédito razonable. Al hacer esto hemos creado un sector de inversiones más en Wall Street llamado «inversiones comunitarias»: inversiones para terminar con la pobreza. El número de personas que ha respondido es otra vez más de lo que habíamos imaginado. Así pues, en el sector privado hay en la actualidad una respetuosa industria de fondos mutuos que intenta ponerle fin a la pobreza.

Hace unos años uno no podría encontrar ni una vía de inversión que fuera socialmente responsable en la comunidad de Wall Street. En la actualidad, muchas pueden hallarse. Y esta nueva industria se está extendiendo por todo el mundo.

Wayne Silby tuvo el valor de dar el salto al crear un lugar para las inversiones socialmente responsable, aunque todos, excepto los soñadores, estaban en su contra. Debido a su coraje e imaginación, ahora es posible para los pequeños inversionistas seguir los dictados de su corazón, al tiempo que engordan sus billeteras, algo que una vez era difícil de hacer. «La gente naturalmente quiere hacer las cosas bien —dice a menudo Wayne—. Si les dan una oportunidad, muchos escogerán ganar dinero ayudando a la buena gente. Todo lo que hicimos fue darles la capacidad de hacer esa elección».

Para invertir su dinero con compañías que tienen relaciones sanas con sus empleados, la comunidad y el medio ambiente, llame a **Calvert Family of Socially Responsible Mutual Funds** al 800-368-2750. Para ayudar a la gente a salir permanentemente de la pobreza, llame a Calvert Community Investments al 800-248-0337.

El gran secreto de Jim

Narradora: Sheila Richardson

JIM GUEST ES UNA GRAN PERSONA QUE HABÍA ESTADO OCUL-
tando un gran secreto. Durante los últimos quince años, él
ha trabajado arduamente para ser un valioso empleado en
Ames Rubber Corporation. Sus supervisores sabían que
podían contar con Jim para aprender a hacer casi cualquier tarea. Sabían que lograría hacerla en un tiempo
excepcional. Lo que ellos no sabían era que Jim no sabía
leer. Pero él no era el único. Más de cuarenta millones de
adultos en Estados Unidos tampoco saben leer.

Jim es el primero en recocer que nunca estuvo muy interesado en ir a la escuela. Tenía otras cosas en mente. De niño,
era jugar. De adolescente, era ir de fiesta y pasarla bien.
Nadie sabía que Jim no sabía leer o escribir, y él intentaba
mantenerlo así. «Cuando uno no sabe leer, uno encuentra
modos de esconderlo —explica—. La gente que no sabe leer
tiene una bolsa llena de trucos para esconder su deficiencia.
Para descubrirlo, uno tiene que ser realmente muy listo. Ser
analfabeto no es definitivamente lo mismo que ser estúpido».

Jim ocultaba su secreto muy bien, hasta un día que se
le descubrió súbitamente. Había decidido participar en el
proyecto especial de una compañía y en la reunión le
pidieron que tomara notas. Jim se sintió atrapado sin
salida, y decidió decirle a su jefe, Bob Kenna, la verdad, la
cual había estado ocultando toda su vida: «No sé leer». Él
no sabía que esperar. ¿Entendería su jefe? ¿Lo echarían
luego de tantos años de arduo trabajo y de lealtad?

Cuando su jefe le dijo, «No te preocupes por eso, lo resolveremos de algún modo», a Jim le quitaron un gran peso de encima. Luego de ocultar la verdad por tanto tiempo, él era finalmente libre. Unos pocos meses después, Bob le preguntó a Jim si quería aprender a leer. Le explicó que varios compañeros de equipo de Ames habían sido adiestrado como preceptores por Alfabetizadores Voluntarios de Estados Unidos (Literacy Volunteers of America). Jim podía trabajar con uno de ellos y aprender a leer en horarios de trabajo de la compañía. Jim estaba contentísimo. «Acepté inmediatamente la oportunidad», dice.

Bajo la orientación de su maestra, Sandy Rocheleau, Jim comenzó a tomar clases de lectura durante una hora y media cada semana para aprender las habilidades que la mayoría de las personas adquieren en primer grado. Al principio, su progreso fue lento, pero gradualmente fue mejorando. Durante dos años, Jim fue fiel a su sesiones de aprendizaje semanal. Tenía un objetivo especial que lo mantenía progresando: quería poder leerle a su nuevo hijo, Kyle.

Pasaron varios meses, durante los cuales Jim y Sandy no habían hablado. Luego un día Sandy recibió una llamada telefónica de Jim. Él acababa de leer su primera novela, *Robinson Crusoe*. «Gracias por hacerlo posible», le dijo. Sandy recuerda ese momento como uno de los más hermosos de su vida. «No hay nada mejor que eso —dice—. Estoy tan orgullosa de Jim. Yo he sacado tanto provecho de esto como él».

«Es difícil de expresar cómo me siento —dice Jim—. Palabras como orgullo, realización, amor propio, confianza en mí mismo y seguridad acuden a la mente, pero también trabajo arduo, impulso, reto y compromiso. No ha sido fácil, pero ciertamente valió la pena».

Como resultado del éxito de Jim y Sandy, Ames les está ofreciendo este regalo a otros. Sus preceptores ahora trabajan con cualquier empleado o con residentes del condado de Sussex, Nueva Jersey, que quieran aprender a leer y escribir. Jim se ha convertido en su mayor animador, alentando a todos a aprender a leer. «No es ninguna vergüenza el no poder leer —Jim les dice a otros—. La vergüenza es no aprovechar cualquier oportunidad para aprender».

«Cuando uno no sabe leer, toda su vida es un continuo acto de equilibrio, de memorización por una parte y de ocultar su deficiencia por la otra. Lo que resulta aterrador es que uno no puede ni siquiera leer las etiquetas de un frasco de medicina para saber si la dosis es la correcta. Gracias a Sandy y a Ames, yo no tengo que ocultar nada más. Les debo mucho por todo lo que han hecho por mí.

«A la hora de dormir, cuando cargo a mi hijo en brazos, montones de cosas me vienen a la mente: "Tengo que cambiarle el aceite a mi auto" "¿Qué plantaré en el jardín este año?" "Necesito unas nuevas botas de trabajo". Pero todos esos pensamientos se me van de la cabeza cuando Kyle me echa encima *El gato en el sombrero*. Hace unos años, yo no podía leerle ni siquiera el relato más sencillo. No pasará mucho tiempo ahora antes de que su made nos encuentre sentados a la mesa de la cocina haciendo juntos la tarea. Anoche me dijo, "ven papi leamos *Huevos verdes y jamón* después". No puede imaginar lo bien que me hace sentir el poder hacer eso por él».

LA PIEDRA EN MI CAMINO

A lo largo de toda mi vida, un pedrusco se alzaba en mi
   camino.
Intenté moverlo, pero no se movió.
Intenté levantarlo, o romperlo
pero sólo pude sacarle unas astillas.
Así, durante la mayor parte de mi vida, me acostumbré a
   evadirlo.
Llegó por fin el día en que ya no quedaba más camino.
Lo miré y tuve que admitir que era un problema.
Alguien vino en mi ayuda.
Juntos picamos el pedrusco.
Luego, lo empujamos, halamos de él con fuerza
Logramos moverlo, lentamente al principio.
Comenzamos a rodarlo, cada vez más deprisa.
Rodó por un precipicio y se rompió en pedazos.
Hoy puedo leer.
Y aunque aún tengo algunos problemas, hay para ellos
   ayuda.
Gracias por la ayuda.

JIM GUEST

Dele a alguien el don de la lectura; llame a **Literacy Volunteers of America, Inc.,** al 315-445-8000 para que le informen dónde queda el grupo de LVA más cercano. Si alguien que
usted conoce podría beneficiarse de sus servicios gratuitos y
confidenciales, dígales que llamen también a LVA.

Para darles una oportunidad

Narradora: Diane Valletta

Ladell Johnson fue víctima del cierre de otra fábrica; otra afroamericana desempleada en un barrio urbano pobre que se enfrenta a un futuro incierto y sombrío. Callada y tímida, las posibilidades de Ladell estaban ocultas por una profunda falta de confianza. Ella trabajaba arduamente y se mantenía buscando un nuevo empleo porque el bienestar de sus tres hijos dependía de eso. Todo lo que ella quería era una oportunidad.

Gracias a Rachel Hubka, la consiguió. La propietaria de Rachel's Bus Company tiene un don especial para reconocer la gente que tiene talentos ocultos. Para Rachel, el entrevistar a una persona desempleada sin experiencia laboral no era nada inusual. Después de todo, ella eligió situar su compañía en North Lawndale, un barrio de Chicago con una tasa de desempleo de un 60 por ciento. Rachel reclutó activamente beneficiarios del servicio de asistencia pública (*welfare*) aparentemente inempleables para que condujeran sus autobuses escolares.

Gracias al apoyo de sus padres, Rachel creció convencida de que «yo podría hacer cualquier cosa, mientras tuviera una oportunidad». Ella ahora extiende esa misma confianza y entusiasmo a sus empleados. «Cuando abrí mi negocio, quería crear oportunidades para aquellos a quienes el sistema ha dejado atrás. Necesitan trabajar, y yo necesitaba empleados. Sabía que con el adiestramiento correcto ellos podrían convertirse en valiosos miembros de la sociedad».

Rachel cree en ayudar a las personas a ayudarse a sí mismas. Su principio rector es el adagio: «florece donde estás plantado». Adiestrando, inspirando y animando a sus empleados a asumir más responsabilidades, fue ascendiendo en la compañía. Rachel también fomenta un espíritu empresarial al darles a los choferes la oportunidad de ganar comisiones si entran en el negocio de los fletes. Lo cual ayuda a estos hombres y mujeres —con antecedentes de trabajos marginales y un mínimo de destrezas— a convertirse en empleados orgullosos de sí mismos, productivos y dedicados.

Ayudar a otros a trabajar ha funcionado para Rachel. Su compañía de siete años ha crecido hasta llegar a tener un personal de más de 140 empleados y una flota de 125 autobuses. En 1995, ella recibió el prestigioso premio Business Enterprise Award que galardona a los empresarios que combinan su conciencia social con sanas prácticas gerenciales. Ella también es una portavoz nacional de Reforma de la Asistencia Publica para el Trabajo (Welfare to Work Reform).

Cuando Rachel la contrató, la vida de Ladell cambió drásticamente. «Rachel avivó algo dentro de mí», dice Ladell. «Su fe en mis habilidades me despertaron al sentido de la vida. Por primera vez, sentí que podía realmente vivir en lugar de dejarme llevar por la vida». Pero Rachel hizo más que darle un empleo a Ladell. Desde el comienzo, ella la alentó a tener iniciativa. Le ofreció nuevas oportunidades y la orientó a lo largo del camino. Rachel le pidió a Ladell que ocupara su lugar en las reuniones con los administradores de la escuela, los principales funcionarios ejecutivos y otros líderes empresariales y comunitarios.

Para Ladell, que había vivido una vida de soledad y que rara vez intercambiaba con la comunidad que la rodeaba, la oportunidad resultó fascinante y difícil. Al principio, ella fue a regañadientes, pero luego iba con creciente seguridad y entusiasmo. Lentamente, comenzó a adquirir una desenvoltura natural con los demás. Desde su primer empleo como oficinista, Ladell ascendió rápidamente hasta llegar a convertirse en jefa de la sección de Recursos Humanos. Ahora, ella se esfuerza en lograr un efecto positivo en su compañía, sus compañeros de trabajo y la comunidad.

En sólo unos pocos años, Ladell redujo el movimiento de los empleados mediante la indagación de los solicitantes y asignarlos a los empleos correctos. Ayuda a personas a que se inscriban para votar e insta a otros empleados a participar activamente en su comunidad. En su propio tiempo, como ministra laica, asiste a los que están enfermos o que simplemente quieren encontrar a alguien con quien conversar.

Ladell, alguien a quien la sociedad podía haber desechado, hasta ha llegado a recibir el Premio Humanitario Hermana Thea Bowman que se le otorga a personas que hacen cosas gratuitamente. Ella le da crédito a Rachel por la oportunidad e inspiración para hacerle su visa exitosa. En una nota de agradecimiento enviada a Rachel, Ladell le escribió: «Recientemente conocí a dos mujeres jóvenes que me hicieron recordar la que yo era antes. Ambas tenían poco más de veinte años, y sus vidas estaban descendiendo en espiral. Una sostenía una relación abusiva; la otra, luchaba para encontrar su camino como adulta. Yo les tendí la mano. Ahora las tres estamos encontrando la manera de enriquecer las vidas de otros. Y todo comenzó con usted».

Dele a **Welfare to Work Reform** una oportunidad y haga un impacto positivo en su comunidad y en la economía de la nación. Ayude a personas a salir de las nóminas de la asistencia pública y a entrar en la de los contribuyentes. llame a **Welfare to Work Partnership** al 800-USA-JOB1 (800-872-5621) o visite su cibersitio: www.welfaretowork.org o llame a **Business for Social Responsibility** al 415-537-0888.

Una cultura de la dádiva

NARRADORA: ANN M. BAUER

DURANTE OCHO AÑOS, ESTHER DÍAZ SE HA LEVANTADO temprano dos días a la semana y se ha vestido para ir a su trabajo en la tienda Target de Lavern, California. Allí atiende a los clientes detrás del mostrador en «Food Avenue», dobla toallas, cuelga ropa, marca precios y siempre merece los mejores comentarios de sus superiores. Esther es una empleada notable aunque da la casualidad que tiene una discapacidad mental. Y ella está en buena compañía gracias a un programa de contratación que se llama «Yo puedo hacerlo».

Comenzó en 1988 cuando Dwight Bonds, un maestro de escuela secundaria, concibió un plan para ayudar a Esther y a tres de sus compañeros de clase con discapacidades de desarrollo a hacer la transición de la graduación a la fuerza laboral.

«Llamé a la oficina regional de Target y expliqué lo que estaba buscando», dice Bond. Él se quedó complacido con la respuesta que recibió. «Dijeron: " Los haremos parte de nuestra familia". Target les ofreció empleos regulares con los mismos beneficios y salarios que se les dan a otros empleados».

La tienda cumplió con empleos de primera línea y entrenadores laborales. Bonds prepara a los estudiantes ejercitándolos en habilidades prácticas tales como contar dinero y archivar por orden alfabético. Al cabo de cinco meses el arreglo fue tan exitoso que otros veinticinco estudiantes con dificultades mentales fueron situados en trece tiendas de California.

Bonds lo define como una situación donde hay todas las de ganar: gente joven que consigue empleos, padres que temían que sus hijos fuesen dependientes de por vida, ven que ellos son capaces de trabajar y ser productivos, y empresas que encuentran que los discapacitados pueden ser grandes empleados.

Esther Díaz sigue siendo una historia de éxito. Sus jefes han descubierto que ella es responsable y atenta en todos los trabajos que le asignan, incluso en aquellos en los que otros trabajadores podrían perder interés. «Uno nunca ve a Esther perdiendo el tiempo» comenta su actual supervisora, Hope Cantwell. «Ella siempre está trabajando duro».

El programa ha crecido a pasos agigantados. En la actualidad hay más de 1500 obreros seriamente discapacitados en 736 tiendas Target en toda la nación. La respuesta de los clientes ha sido estupenda. Han llovido las cartas en la oficina nacional felicitando a los trabajadores y alabando a la compañía por darles una oportunidad.

Dayton Hudson, el propietario de Target con sede en Minneápolis, ha sido un líder nacional en donaciones benéficas y acción social por más de cincuenta años. George Draper Dayton comenzó esta cultura de la dádiva en 1909, al donar quinientos mil dólares de su tienda por departamentos a instituciones de caridad. «El éxito por contribuir está al alcance de todos —escribió Dayton—. La emoción de aliviar el infortunio, de alentar a los jóvenes, de ayudar a los ancianos, o de aliviar el paso de los cansados, ¿no son recompensas mayores que el saber que le ha agregado algunos miles de dólares a su capital?».

Afortunadamente, los herederos del creciente imperio de Dayton también heredaron el generoso espíritu de su abuelo. En 1946, crearon la «regla del 5%» según la cual el 5 por ciento de las ganancias no gravadas de la corporación se reservan y se reinvierten en la comunidad. Tan firme era su compromiso de dar que en 1974, un año particularmente difícil para la industria minorista, los empleados de Dayton aprobaron mantener el pacto del 5 por ciento, aun si tenían que reducirles los salarios.

Gracias en parte al liderazgo de Dayton, las *Twin Cities* (nombre que se refiere a las ciudades de Minneápolis y St. Paul) se califican como una de las comunidades corporativas más generosas de Estados Unidos. La Cámara de Comercio del área metropolitana de Minneápolis patrocina el Club del 5 por ciento para compañías como Honeywell, Piper Jafray Cos, y más de otros 200 miembros.

En 1996, Dayton Hudson celebró su quincuagésimo aniversario de sus donaciones con los «50 Actos del Día de Dar», en el cual más de cien tiendas de todo el país ayudaron a sus comunidades. Los empleados se aprestaron a donar tiempo y energía a varios causas locales. «Juntamos nuestro vigor humano», dice Chris Park, director de la fundación de la compañía.

Cuando la líder de un equipo de distrito, Kim Dicicco, y sus colegas del Sur de California supieron que las Olimpiadas Especiales se celebrarían en la misma fecha que los 50 Actos del Día de Dar, se movilizaron para convertirlos en una sola causa. Gracias a su empeño, más de cuatrocientos empleados de Target provenientes de setenta tiendas se ofrecieron de voluntarios para los eventos del fin de semana. La noche de la apertura, formaron una gigantesca sección de simpatizantes para darles la bienvenida a los atletas. Durante los próximos dos días, durante las competencias, vocearon su entusiasmo desde las gradas y entregaron medallas. «Metimos montones de gritos, voces y aplausos», recuerda Kim.

Ian Eaton, un joven contratado a través del programa *Yo puedo hacerlo*, corrió con la antorcha olímpica en frente de la tienda donde trabaja manejando un carrito. «Cuando Ian venía bajando la calle, lo anunciamos por los altoparlantes. Todo el mundo corrió a las puertas» recuerda su supervisora, Karla Burgess. Incluso los clientes dejaron sus compras y salieron a vitorear a Ian.

«¡Eso fue divertido! —le dijo Ian a su supervisora—. ¡La vi saludándome!» La semana después de la carrera, la supervisora de Ian tuvo que frenarlo en varias ocasiones, porque él seguía corriendo por la tienda. Karla sonríe y dice. «Él simplemente se olvida que no sigue en la pista con todos nosotros vitoreándolo».

Las pequeñas bondades hacen a una comunidad íntegra y realzan a todos sus miembros.

AMB

Cree una cultura de caridad participando en su propia comunidad. Conozca a sus vecinos y ofrézcase de voluntario para las funciones escolares y los eventos de la comunidad. Para convertirse en un entrenador de las **Olimpiadas Especiales**, llame al 800-700-8585.

Despertarse al café

NARRADOR: LAURA BROWN

PAUL KATZEFF CREE EN QUE VALE LA PENA INTENTAR HACER las cosas bien. Él había trabajado como trabajador social en el barrio East Harlem (en Nueva York) durante diez años antes de mudarse a Aspen, Colorado, en 1969, con la intención de colar la mejor taza de café de la zona. Descubrió que a fin de alcanzar este objetivo, tenía que comprar una vieja tostadora y tostar sus propios granos. El café fracasó, pero, con su tostadora a remolque, se mudó a Mendocino, California, y con la ayuda de su mujer, Joan, abrió el Thanksgiving Coffee. En esos primeros tiempos, Paul y Joan tenía muy poca idea del efecto que la industria cafetera estaba teniendo a miles de kilómetros de distancia.

El plantador de café Francisco Javier Sáenz vivía con esa realidad diariamente. Cuando Paul lo invitó a hablar en un debate sobre el tema de «Café, Derechos Humanos y la Economía del Tercer Mundo», Sáenz vio una oportunidad de informar a los empresarios norteamericanos e invitó a los 120 participantes a visitar sus campos en Nicaragua. Allí las dificultades a que se enfrentaba su familia y la comunidad eran devastadoras. Los plantadores de café nicaragüenses estaban realmente obligados a venderles a un puñado de grandes intermediarios, lo cual daba lugar a que los precios de café estuvieran tan bajos que apenas valía el esfuerzo de vender los granos.

Paul era el único que aceptó la oferta de Sáenz, y cuando llegó a Nicaragua, no le llevó mucho tiempo ver a través de los ojos de Francisco. Mientras salían del aeropuerto, niños mendigos vestidos con hediondos harapos corrían detrás de su auto, pidiéndole que les comprase galletitas o gaseosas. Una mirada a los ojos de esos niños le bastó para saber que podrían irse a dormir hambrientos si él no hacía algo.

Al día siguiente en las montañas, Francisco lo presentó a los recogedores de café que estaban aún más menesterosos. Sus casas tenía pisos de tierra y techos de cartón. Las únicas ventanas eran agujeros abiertos en las paredes. En un rincón de una choza, una mujer exhausta y descalza estaba haciendo tortillas. Francisco le explicó que las mujeres con frecuencia pasaban tres horas al día amasando tortillas para sus familias.

Paul se vio obligado a echar una mirada honesta a la industria del café. Por cada libra de café *gourmet* vendida en Estados Unidos, los plantadores ganaban de treinta y cinco a cincuenta centavos. La familia de un recogedor de café podría ganar de cuatrocientos a seiscientos dólares al año, que les alcanzaba escasamente para cubrir las necesidades más básicas de la vida. Paul se sintió perturbado al descubrir que su compañía, Thanksgiving Coffee, estaba vendiendo un producto que hacía muy poco por ayudar a las mismas personas que lo producían.

Aquello era particularmente molesto porque a él lo habían enseñado que nunca tolerara una situación como ésta. Su familia, de laboriosos inmigrantes rusos en la ciudad de Nueva York, había estado muy comprometida con la organización del sindicalismo obrero, el activismo político y el socorro de guerra para los judíos de la Unión Soviética. «Mi familia me enseñó que uno puede lograr cualquier cosa si se empeña —dice Paul en su áspero acento neoyorquino—. Nunca los vi darse por vencidos».

Él decidió retribuirles con algo a los recogedores de café. Luego de mucho pensar, se apareció con el Programa Café para la Paz. El programa era sencillo y directo: cincuenta centavos del precio de venta de cada bolsa de café se le remitiría directamente a los pueblos de donde provenía el café. El programa de Thanksgiving Coffee hace posible que cada familia reciba por lo menos suficiente dinero adicional para comprar algún ganado o para plantar su primera hortaliza. El programa auspicia también operaciones bancarias en estos pueblos y les presta dinero a las personas para que comiencen pequeños negocios propios. Se creó un invernadero donde los pequeños agricultores podían plantar cafetos para expandir sus cultivos. La compañía también ayudó al pueblo a comprar una máquina de hacer tortillas. Ahora, en lugar de dedicar tres horas al día a hacer tortillas, las mujeres pueden hacerlas en unos diez minutos. Los plantadores de café nicaragüenses, como Francisco, están felices de ver que Thanksgiving Coffee está viviendo a la altura de su nombre, dado que «Thanksgiving» significa «acción de gracias».

Pero Paul se dio cuenta de que devolverles dinero a los agricultores para ayudarles a mejorar sus vidas no era suficiente. Él había visto la destrucción del medio ambiente causada por el cultivo del café y sabía que si continuaba, los recogedores de café no tardarían en estar viviendo en un ambiente peligrosamente afectado. Supo que en la década del 70, las plantaciones habían comenzado a cultivar una nueva variedad de cafetos que sólo crecen a la luz del sol. De manera que habían empezado a talar los bosques, y sin las sombras de los grandes árboles, millares de pájaros y otras plantas, animales e insectos perdieron sus hogares y murieron. Donde ciento cincoenta o doscientas especies de aves solían vivir a la sombra de los plantíos de café, sólo de cinco a diez especies viven ahora en los cafetos que crecen al sol. Tristemente, estas son las mismas aves cantoras que migran al norte hasta los EE.UU. y nos cantan tan dulcemente en cada primavera.

Y eso no era todo. Paul vio el flujo sobrante de los insecticidas provenientes de los campos que contaminaba los manantiales y los ríos, y la pulpa de café que obstruía las vías de agua, consumiendo todo el oxígeno de los manantiales y matando las plantas y los peces sanos. Había que hacer algo. Con ayuda de expertos, creó un sistema de normas e incentivos que promovieran las prácticas cafetaleras que protegieran el medio ambiente, al tiempo que mejoraban la calidad del café y las ganancias de los agricultores. Los granjeros pueden ganar puntos por plantar café en la sombra, abstenerse de usar insecticidas potentes, o implantar los secaderos solares de pulpa de café para que la pulpa pueda usarse como un fertilizante natural. Por cuidar de su tierra, ganan dinero adicional al tiempo que invierten en el futuro.

En la actualidad, Thanksgiving Coffee es una empresa con ingresos de seis millones de dólares al año que devuelve aproximadamente sesenta mil dólares anuales para beneficio de la salud y el bienestar de los productores de café. Debido a su éxito, otras compañías de café empiezan a darse cuenta de que ellas también pueden producir cambios significativos. Gracias a Paul, Joan y a su íntima familia de empleados, cientos de miles de plantadores están ahora viviendo una vida mejor y juntos están protegiendo la tierra para las generaciones venideras.

«Pensamos en el café como algo para beber —dice Paul—, pero cerca de 50.000 kilómetros cuadrados de la Tierra están plantados de café, y eso afecta las vidas de millones de personas. El café puede representar esperanza para esas personas». Una poco de conciencia conlleva un gran esfuerzo. La próxima vez que beba café, piense en Francisco y que sus decisiones respecto a lo que compre pueden lograr un gigantesco cambio significativo en el mundo.

Quién le da a un hombre un pescado lo alimenta por un día; quién enseña a un hombre a pescar, lo alimenta de por vida.

Usted puede encontrar **Thanksgiving Coffee** en los mercados de comida de primera calidad en todo el país, o visite su cibersitio en el www.thanksgivingcoffee.com y www.songbirdcoffee.com. Si quiere ayudar a mejorar las condiciones de vida de los niños y sus familias en las comunidades productoras de café, incluidas la educación, los programas de salud y el desarrollo de la microempresa, llame a **Coffee Kids** al 800-334-9099.

El poder de dar

Narrador: Gregory S. Gross

Mientras el niño de siete años Van Truong Le miraba sobre la baranda del barco, su patria iba desapareciendo rápidamente de la vista. Él, su familia y centenares más estaban huyendo de la guerra, buscando la paz. Cuando Van llegó a Estados Unidos le pareció que estaba en una película. No había bombas, no había guerra, sólo cantidad de automóviles grandes.

Antes de la guerra, el padre de Van había sido un exitoso empresario y terrateniente en Vietnam. Pero perdió todo y tuvo que comenzar de nuevo como conserje en Estados Unidos. En esa época, Van ni siquiera podía soñar con la vida que le esperaba ni de Arnold Hiatt, el hombre que desempeñaría un papel fundamental en su vida.

Arnold Hiatt era un empresario que siempre quiso hacer más que meras ganancias: quería hacer un cambio significativo. Con poco entrenamiento formal en el campo de los negocios, Hiatt levantó una próspera compañía de zapatos para niños. Cuando la Stride Rite Corporation quiso comprar su compañía y que él asumiera la presidencia, convino en ello, pero impuso sus propias condiciones.

Como presidente de la Stride Rite Corporation, Hiatt llegó a la conclusión de que sirviendo a los empleados, los accionistas y la comunidad como un todo, él podía edificar una empresa sobre un firme cimiento de valores y principios compartidos «haciéndoles a los demás —dice él— como querría que nos hicieran a nosotros». Bajo el liderazgo de

Hiatt, Stride Rite sentó un precedente de cómo las empresas pueden lograr cambios significativos en la comunidad. Convenció a sus directivos de dar primero el 1 por ciento y luego el 5 por ciento de las ganancias no gravadas de la compañía para proyectos sociales en la comunidad. Al crear el primer programa nacional de guardería infantil corporativa en el mismo centro laboral, ayudó a los obreros de Stride Rite y les dio empleos a los residentes de Roxbury, un área con problemas económicos. Stride Rite fue también la primera compañía en establecer un centro intergeneracional, que ofrecía oportunidades a adultos y niños de ser atendidos juntos. Como un activo promotor de la asesoría educativa, también alentó a los empleados de Stride Rite a trabajar con jóvenes de los barrios urbanos pobres a expensas de la compañía durante horas laborables.

Las ventas de Stride Rite aumentaron drásticamente y, durante varios años, la compañía estuvo en el nonagésimo noveno percentil del rendimiento financiero en la Bolsa de Nueva York. «Empezaron a preguntarse si había una correlación entre tratar a la gente equitativamente e irle a uno bien», recuerda Hiatt. Con el paso de los años, él se convirtió en uno de los paladines de una mayor responsabilidad corporativa. Fue el fundador de la organización Empresas para la Responsabilidad Social, fundada para ayudar a otras compañías a atender más las necesidades de sus trabajadores, su comunidad y del medio ambiente.

Pero el programa favorito de Hiatt, y el que cambió la vida de Van Truong, es el menos conocido. A Hiatt le preocupaba que los jóvenes aprendieran a ser ciudadanos responsables. En consecuencia, invitó a la Universidad de Harvard, su alma máter, a asociarse con él en ofrecer becas, de manera que los estudiantes de bajos ingresos pudieran realizar trabajos de servicio público en los barrios urbanos. Los becarios de Stride Rite han estado sirviendo en los centros para desamparados, en los pabellones de SIDA, en los programas de delincuentes juveniles y en procurar albergues para mujeres y niños víctimas de abuso.

Van Truong, cuyo arduo trabajo y tenacidad le ganaron un lugar en Harvard, fue uno de los cuarenta estudiantes que recibieron una beca Stride Rite ese año. Cuando se dio cuenta de que había proyectos de vivienda cerca de Harvard, utilizó los fondos de su beca para poder trabajar en uno de ellos, Jefferson Park. Quería ayudar a otros jóvenes a vencer obstáculos semejantes a los que él tuvo que enfrentarse. Todos los veranos durante cuatro años, Van Truong vivió con estos jóvenes. «Estos chicos viven el ambiente difícil de un barrio urbano pobre —dice él—. Debido a mis propias experiencias infantiles, yo podía relacionarme con ellos». Con el tiempo, Van les dio esperanzas a los que tenían muy poca y se convirtió en un ejemplo viviente de lo que ellos podían llegar a ser. Él los aleccionó y los sacó en excursiones para darles una visión de un mundo diferente. Al enseñarles a escribir sus sentimientos íntimos en diarios personales, los ayudó a encontrar sus «voces». Van se sentía feliz de ver que «a los nueve o diez años, estos niños tenían grandes sueños para sí mismos y para su futuro».

Durante el curso de su obra en los proyectos, Van se quedó sorprendido de que Hiatt, el jefe de una corporación multinacional, reservara tiempo para reunirse con él, preguntarle acerca de sus planes de verano y lograra conocerlo. Hiatt quería ver por sí mismo cómo estos estudiantes becados estaban destacándose en su comunidad. Durante una de las visitas de Hiatt, Van le contó acerca de un problema grave que estaba socavando el programa. Harvard estaba reduciendo su ayuda económica a los estudiantes que recibían las becas Stride Rite, y los estudiantes se veían atrapados en el medio.

Hiatt se sintió perturbado por este comentario. Les informó a los funcionarios de Harvard que los fondos de Stride Rite continuarían *sólo* si ellos nunca los usaban para desplazar la ayuda a otros estudiantes. Él retó a Harvard a equiparar la contribución de Stride Rite, generando fondos adicionales para las donaciones de trabajo y estudio. Creó también un programas de becas para estudiantes graduados a fin de que continuaran su trabajo de servicio público. Gracias a su apoyo estratégico, el servicio público ha llegado a ser una fuerza multiplicadora en favor del cambio en Harvard y su comunidad. Las vidas de los jóvenes que él tocó han cambiado para siempre.

Van Truong, entre muchos otros, fue profundamente influido por su mentor y el compromiso de éste con el servicio público, «Arnold Hiatt nos mostró cómo ser alentado por el público y no olvidar a nuestra comunidad —dice—. Trabajar muy cerca de él afectó mis creencias, mis valores y los objetivos de mi carrera. Él realmente alteró el rumbo de mi vida. En la locura monetaria de los años 80, él resultó ser un visionario y un modelo para todos nosotros».

Desde entonces Van decidió dedicar su vida al servicio público. Recién graduado de la escuela de derecho, él es ahora secretario de un tribunal federal de Boston. Y uno de los antiguos estudiantes de Van en Jefferson Park se empeña ahora en realizar sus propios sueños de atender a la universidad. Van se siente agradecido por el ejemplo de Hiatt, de una vida vivida en busca de algo más que la riqueza material; aprendió a procurar un sueño más callado y más rico: una vida entregada a servir a otros. Es un regalo que él atesorará toda la vida. Dice Van: «Arnold Hiatt me enseñó el poder de retribuir, una persona a la vez».

Todo el mundo puede ser grande, porque todo el mundo puede servir

DR. MARTIN LUTHER KING JR.

Las compañías que quieran iniciar o mejorar sus planes de servicio comunitario pueden llamar a **Business for Social Responsibility (BSR)** para obtener información, herramientas, medios y asistencia técnica. Pregunte por Elissa Sheridan en el 415-537-0888.

Aspirar a un sueño

Narradora: Suzanne Apple

Las últimas notas de las ceremonias de clausura ascendían en la atmósfera húmeda del Estadio Olímpico del Centenario el día en que las Olimpíadas terminaban. Los mejores atletas del mundo —más de once mil de ellos procedentes de 197 países— estaban disfrutando cada segundo de la fiesta de despedida. En ese momento no había ni ganadores ni perdedores, sólo campeones que habían alcanzado sus sueños de competir en las Olimpiadas.

Cuesta abajo, en una casa nueva de tres dormitorios, comenzaba otra celebración. En la comunidad conocida simplemente como Peoplestown, Wrandell Jackson también realizaba un sueño, el de tener su casa propia. Como la mayoría de los atletas que celebraban no muy lejos, él también había tenido que enfrentarse a grandes inconvenientes y saltar innumerables obstáculos para llegar a la meta.

Jackson había trabajado arduamente, desempeñando dos empleos a un tiempo para pagar el alquiler de su casa y alimentar a sus cinco hijos. Durante el día trabajaba en una cocina, luego limpiaba edificios de oficina por la noche. La ayuda para financiar una casa nueva significaba que él podría abandonar el turno de la noche y estar en casa con su familia cuando ellos realmente lo necesitaban. Y con su casa vino una nueva sensación de pertenecer a un vecindario donde todo el mundo volvía a empezar.

La casa de madera localizada en el número 899 de la Calle Washington es una pieza diminuta de un extraordinario legado que se derivó de los Juegos Olímpicos del Centenario en 1996. A lo largo de seis años, las empresas locales respondieron al desafío y transformaron una zona arruinada del centro de Atlanta en un parque urbano de veinticuatro acres. Los derechos a televisar los juegos ayudó a respaldar económicamente la construcción de un estadio ultra moderno, y Habitat for Humanity desplegó un ejército de voluntarios en barriadas urbanas empobrecidas para construir un centenar de hogares para los que no tenían ninguno.

Fue una empresa sin paralelo para Habitat, y la organización mundial sin fines de lucro se dio a sí misma dieciocho meses para llevar a cabo la tarea. Cuando llegó el momento de escoger socios, The Home Depot fue invitado a construir una de las casas originales y a levantar el centésimo hogar, que era para el hombre de treinta y cinco años, Wrandell Jackson, y su familia.

The Home Depot fue seleccionado debido a su total dedicación a ayudar a construir viviendas económicas. En menos de veinte años, la compañía ha abierto más de quinientas tiendas de autoservicio en Estados Unidos y Canadá; su fuerza laboral voluntaria, compuesta de cien mil asociados, ayuda a las comunidades de muchas maneras. Se asocian con organizaciones locales no lucrativas, tales como «Habitat for Humanity y Christmas in April», para construir y reparar casas para familias de bajos ingresos, ancianos y discapacitados.

Nadie lleva cuenta, pero parece como si todo el mundo en The Home Depot realizara tareas voluntarias: dependientes, gerentes y funcionarios por igual. Cuando el presidente y cofundador de la compañía, Arthur Blank, solicitó voluntarios para construir la centésima casa en la ciudad natal de la compañía, cuarenta y cinco funcionarios de toda Norteamérica y treinta y cinco de sus cónyuges se ofrecieron a ayudar. Juntos, trabajaron codo con codo con Wrandell en medio de un calor sofocante para la «construcción relámpago» de su casa en seis días. Marshal Day, el jefe de finanzas, martillaba clavos, colocaba armazones e instalaba ventanas.

«Fue una experiencia fenomenal —dice Marshal—. Tomábamos nuestras herramientas después de amanecer y terminábamos alrededor de la hora de la cena. Cada día parecía más caluroso que el anterior. Pero como equipo nos mantuvimos avanzando, martillando, midiendo, ensamblando cosas». En la mañana del lunes, el 899 de la Calle Washington era sólo un cimiento de concreto. Para el sábado por la tarde ya era una casa. Cuando le entregaron las llaves a Wrandell, todos tenían lágrimas en los ojos. La pintura todavía estaba fresca en la casa color melocotón cuando Marshal se comprometió a construir otro hogar de Habitat.

En Peoplestown, a la vista del estadio olímpico, la familia de Jackson realizó su sueño con mucho esfuerzo y un poco de ayuda de sus amigos. Como una familia, ahora están ajustando los mosquiteros y aprendiendo a cuidar las margaritas y los pensamientos.

«Antes de mudarnos, pasábamos por aquí todo el tiempo —dice Wrandell—. Los niños siempre preguntaban: "¿Cuándo nos mudamos, papi, cuándo nos mudamos?" Y ahora estamos aquí, viviendo en nuestra propia casa. Es un sueño hecho realidad».

Ayude a familias de bajos ingresos a construir un hogar y a realizar sus sueños, llame a su afiliado local de **Habitat for Humanity**, visite nuestro sitio en la red en www.habitat.org, o llame al 800-422-4828.

Concentrados en la esperanza

NARRADOR: JIM YOUNG

MAIA CHERRY, UNA ESTUDIANTE AFROAMERICANA DE veinticinco años, es un rayo de esperanza en Detroit. Pero cuando ella vino a este mundo, no había mucha esperanza para ella. Cinco años antes, los disturbios raciales habían despedazado la ciudad.

Nacida de una madre soltera, Maia es la más joven de cinco hijos. Estudiante excepcional, le encantaban los deportes y obtenía buenas notas en la escuela —la mayor parte de las veces. Pero cuando ella no obtuvo la atención que necesitaba de su ocupada madre, tuvo montones de problemas. «No tengo ninguna motivación, de ahí el por qué no tenía un comportamiento uniforme —dice ella—. No era feliz. A veces pensaba en el suicidio». Luego Maia encontró un camino en la oscuridad: «supe que la vida tenía que ser algo más que esto —dice—. De manera que comencé a leer la Biblia, a ir a la iglesia y dejar que Dios dirigiera mis pasos». Ella se alegra de que sus pasos la condujeran a Focus: HOPE.

Focus: HOPE nació en la carretera de Selma a Montgomery, Alabama. En 1964, el Padre Bill Cunningham había viajado al Sur en respuesta a la petición de ayuda del Dr. Martin Luther King, empeñado en construir la armonía racial. Para el Padre Cunningham, participar en esa histórica marcha le dejó una huella imborrable. Tres años después, en el verano de 1967, cuando vio que su propia ciudad estaba siendo destruida, supo en su corazón que tenía que encontrar un modo de desarrollar la armonía racial en Detroit. Una de sus feligresas, Eleanor Josaitis, una ama de casa que había criado a cinco hijos, se sintió conmovida por la apasionada dedicación de Cunningham en contra del racismo, la pobreza y la injusticia. En 1968, el Padre Cunningham renunció a su empleo de maestro, mientras que Eleanor dejó su cómoda vida de los suburbios y se mudó con su familia al volátil centro empobrecido de Detroit. Comenzaron sencillamente, alimentando a la gente en el sótano de una iglesia. «Sentíamos que teníamos la responsabilidad moral de darles de comer a los niños y a los ancianos», dice el Padre Cunningham. Desde entonces hemos incursionado en la lucha contra el racismo, ofreciéndole a los jóvenes las destrezas que necesitan para conseguir buenos empleos y crear una vida mejor para sí mismos.

Luego de treinta años de trabajo arduo, Focus: HOPE ha crecido hasta convertirse en un emporio benéfico que incluye un centro tecnológico con los últimos adelantos el cual ofrece un programa de mecánica y cuatro compañías manufactureras, así como un centro de distribución de alimentos, un preescolar y una guardería infantil. Focus: HOPE ha transformado el paisaje de Detroit y se ha convertido en un motor de la renovación económica de la ciudad.

Todo el mundo con quien se encontraba el padre Cunningham era saludado con una invitación, «venga y únase a nosotros». Millares de voluntarios lo hicieron. Uno de esos voluntarios fue Hulas King. Vino de visita y se quedó un año. Como director de los programas de compañerismo en la industria para la Sección de Unigráficas de EDS, Hulas era un «ejecutivo de préstamos» para Focus: HOPE. El programa de préstamos ejecutivos es una de las vías con que EDS brinda ayuda a las comunidades. Les Alberthal, Presidente de EDS, proviene de un pequeño pueblo donde todo el mundo se conoce y donde ayudar al vecino era, como dice él, «tan natural como sacarse las botas de vaquero». Alberthal alienta este sentido de vecindad entre sus noventa y cinco mil empleados que se ofrecen de voluntarios en todas partes del mundo, viviendo la filosofía de que las comunidades sanas van de la mano con las empresas sanas.

«EDS es conocida como un sistema integrador. Estamos ayudando a integrar jóvenes de minorías en la sociedad en general mediante adiestramiento técnico —dice Hulas—. Nuestra asociación corporativa con Focus: HOPE nos ayuda a alcanzar esa meta». En Focus: HOPE, los estudiantes utilizan los equipos más avanzados, reciben una genuina experiencia laboral, y aprenden con los mejores maestros. Mecánicos jubilados de Detroit los supervisan, ayudándoles a convertirse en perfectos mecánicos industriales y en los mejores maquinistas del mundo. «Desde la fundación del centro tecnológico en 1981, más de cinco mil jóvenes han terminado estos programas, saliendo de la pobreza y prosperando en sus vidas. Para los muchachos que una vez estuvieron amparados por el servicio de Bienestar Social y deambulando por las calles, eso es un futuro increíble», dice Hulas.

Durante el año que Hulas estuvo en Focus: HOPE, pasó la mayor parte del tiempo con los estudiantes. Cuando Maia lo vio por primera vez se quedó sorprendida. «Tratamos con millares de personas importantes en Focus: HOPE, incluso con presidentes de compañías; pero por lo general son blancos. Hulas es una de las personas importantes y es negro. ¡Yo me quedé impresionada!», dice ella.

Poco después, Hulas se puso en contacto con Maia, y se creó una relación especial de mentor y discípula. «Él me preguntaba cómo me iba, qué tal eran mis notas, y me daba algún consejo. Me dijo "concéntrate y haz tu trabajo, llega a tiempo, y sé responsable. Sé una persona generosa en un 110 por ciento —dice ella—. Él me explicó cómo, siendo una joven negra, puedo hacerle frente al racismo y al sexismo, pero aun así debo ser una dama y nunca rebajar mis criterios». Hulas también ayudó a Maia a adquirir una perspectiva realista de la vida: «No esperes que alguien te estreche la mano después que hagas algo —diría él—. Tu recompensa vendrá. Simplemente haz lo mejor que puedas, mantente activa, y disfruta tu vida». Lo que Maia apreciaba más era saber que Hulas estaba ahí a su disposición para ayudarla. «Si necesitas cualquier cosa, cualquier cosa que sea, déjamelo saber», le diría. Hulas ciertamente conoce la importancia de ayudar al prójimo. «Crecí en el Este de St. Louis, una de las ciudades más pobres de Estados Unidos. Todos compartíamos la misma pobreza, de manera que nos manteníamos juntos. Cuando un chico se salía de la raya, toda la comunidad se ocupaba de disciplinarlo —cuenta Hulas y agrega—: Poder ayudar a estudiantes y luego tener el placer de observarlos asumir puestos de responsabilidad es realmente maravilloso. Cuando los formas para que se valgan por sí solos, ellos pueden volver y ayudar a alguien más». Esta continuidad es parte de lo que hace el oficio de mentor tan gratificante.

Maia tiene grandes planes respecto al modo en que ella quiere ayudar a otros jóvenes de Detroit. Habiendo terminado sus estudios universitarios, espera doctorarse algún día. Después de eso, se propone levantar su propio negocio y trabajar en el mundo corporativo durante un tiempo. Finalmente quisiera dedicarse a impartir una enseñanza que incluya las disciplinas académicas, la asistencia social y el modo de pensar. «Quiero que los estudiantes de escuela secundaria sepan que la Ingeniería no es tan difícil como la gente cree», dice. Maia reconoce enseguida que ella no es un fenómeno para las Matemáticas: «exige práctica».

«Hay tantos jóvenes que ni siquiera saben cuáles son sus posibilidades. Montones de chicos que se frenan pensando "yo no podría hacerlo". Yo quiero que sepan que si uno tiene el deseo, ¡uno puede lograrlo!»

Perseverando en la tradición del padre Cunningham de invitar a otros a unírsele, Maia alienta a otros a venir a Focus: HOPE. «Si todos cooperamos, podemos hacer de Detroit algo grande», dice. Desde el Dr. King al padre Cunningham, de Hulas a Maia: la gente se está acercando unos a otros y haciendo realidad los sueños.

A lo largo de los años, el padre Cunningham y Eleanor Josaitis enfrentaron muchas dificultades en Focus: HOPE. Cuando las cosas se ponían difíciles, compartían un ritual particular que los alentaba a seguir adelante. Calladamente, sin que nadie lo advirtiera, se intercambiaban un centavo. La sencilla inscripción «En Dios confiamos» los ayudaba a recordar que nunca estaban solos.

Prosiguiendo con su liderazgo en Focus: HOPE, Eleanor contaba hace poco un relato en el funeral del Padre Cunningham. Ella les pidió a los dolientes reunidos que pensaran en él cuando vieran un centavo y así su espíritu seguiría viviendo para siempre. A la semana siguiente, varios camiones del Ejército entregaron más de un millón de centavos en Focus: HOPE. Uno por cada una de los millones de vidas a las que él había llegado.

Haz una carrera de la humanidad…y edificarás un mundo mejor
en el cual vivir.

DR. MARTIN LUTHER KING JR.

Acércate y ayuda a alguien a encontrar el camino del triunfo. Las compañías que quieran crear asociaciones que les brinden a los jóvenes el don de la tecnología y esperanza a sus comunidades, deben llamar a Lloyd Reuss en **Focus: HOPE** al 313-494-4430.

Podemos hacerlo

NARRADORA: ANNE COLBY

¿QUÉ DISTINGUE A CABELL BRAND DEL AMBICIOSO empresario promedio que convierte una pequeña compañía familiar en una corporación multimillonaria? Para conseguir la mejor respuesta, debe venir a visitar el Valle de Roanoke en Virginia. Pero si no puede hacerlo próximamente, he aquí lo que le sigue a la mejor respuesta.

Cabell cree en el sistema mercantil norteamericano, pero mientras la mayoría de sus colegas están interesados en ver cuán bien les funciona el sistema, Cabell quiere hacerlo funcionar para todo el mundo. En tanto levantaba su empresa de zapatos, pasaba más de la cuarta parte de su tiempo en actividades comunitarias. Desde que lo vendió en 1986, ha dedicado casi todo su tiempo a ayudar a otros, según dicen algunos, como una especie de «empresario de la comunidad».

Todo comenzó para Cabell en 1965. «Nunca olvidaré una entrevista que vi en el programa *Today Show* con Sargent Shriver, que acababa de ser nombrado director de la Guerra a la Pobreza. "¿Qué demonios es esta… esta Guerra contra la Pobreza?" pensé. Yo había visto gente pobre en barrios miserables pero nunca realmente había pensado en ellos como un problema. Cuando leí sobre la Ley de Oportunidad Económica del presidente Johnson, pensé, "No me di cuenta de que todo esto estaba pasando"». Cabell supo que «el gobierno federal iba a disponer de más dinero, pero que la gente de la localidad tenía que organizarse para recibir los beneficios. Si uno no se organizaba, el dinero iría para alguna otra parte». Él comenzó a pensar en los pobres que había visto en el empobrecido Valle de Roanoke.

Invitado a hacer una presentación importante en el prestigioso Torch Club del Valle de Roanoke, echó a un lado el discurso que llevaba escrito y habló en su lugar del nuevo programa para combatir la pobreza. Luego se tomó tres meses libres de su negocio para solicitar fondos federales, dándose cuenta de que el programa podía ofrecer recursos que se necesitaban desesperadamente en el Valle de Roanoke. Su esfuerzo valió la pena: le concedieron los fondos que echarían los cimientos de una comunidad revitalizada.

Pero Cabell no se detuvo ahí: él ha estado organizando recursos desde entonces. Por más de treinta años, fue presidente ejecutivo y honorario de la junta de una agrupación local llamada Acción Total Contra la Pobreza (Total Action Against Poverty o TAP por sus siglas en inglés) que está dedicada a construir una comunidad rentable, como cualquier junta corporativa querría hacerlo para su compañía. Para Cabell, TAP y la gente del Valle de Roanoke, eso significa comenzar desde cero.

Según TAP, el éxito significa una comunidad con buena educación elemental, un alto porcentaje de alfabetización, escaso desempleo y atención médica accesible. Significa programas que ofrezcan nuevas oportunidades a los desertores del sistema escolar, ex presos y drogadictos. También significa climatización doméstica, reservas de comida para los tiempos difíciles y centros comunitarios para la diversión. Es en último término una manera de prepararse para el futuro y enfrentarse con los verdaderos problemas de la gente, no sólo con los síntomas de la pobreza.

Acaso la más dramática empresa de TAP fue la de traer agua potable a las miles de casas rurales del valle que no tenían ninguna. Tal como Cabell describe la situación, conseguir agua para esas áreas fue tan sólo el comienzo de la magia. «Una vez que hubo agua en el área, comenzaron a ocurrir toda clase de cosas buenas. Se construyeron carreteras, vinieron los urbanistas y hubo nuevas oportunidades de empleo. Cuando la gente iba a trabajar, sus familias no se quedaban aisladas y mantenían a sus hijos en la escuela». Cuando Charles Kuralts los presentó en su programa *Good Morning*, lo televidentes vieron una comunidad pujante.

La batalla dista de haberse terminado. «¿Puede creerlo? —pregunta Cabell—. Aún tenemos más de 79.000 familias sin agua potable, ¡ni pozos, ni nada!» Si alguien puede encontrarle una solución, sin embargo, él es la persona indicada. «Es un torbellino de ideas que camina —dice el director ejecutivo de TAP, Ted Edlich—. Nunca deja de pensar. Nunca deja de generar ideas. Tiene más energía que cualquier ser humano que yo conozca». Eso es decir bastante, cuando uno considera que Cabell tiene casi setenta y dos años. De vez en cuando, él se siente un poco cansado y desalentado. Afortunadamente, cuenta con un gran sistema de apoyo en su mujer, Shirley. «Ella siempre me ha apoyado. Ella me reta a seguir adelante y me sostiene en momentos difíciles».

Cleo Sims, directora del Roanoke Valley Head Start, es uno de los que se ha beneficiado de ese apoyo. Cabell Brand ha sido su mentor por treinta y un años. «Dirigir Head Start es un trabajo arduo, que exige mucho, y yo he capeado montones de tormentas, especialmente los altibajos económicos —dice—. Este hombre nunca ha flaqueado.

Siempre ha estado ahí. Trabaja calladamente, tras bastidores; pero es un gigante en esta comunidad. Él vive conforme al lema: "podemos hacerlo"».

«Ahora que la gente ha comenzado a darse cuenta de que necesitamos a nuestras comunidades para ayudar a la gente de la localidad —explica Cleo—; realmente necesitamos a más empresarios como Cabell: gente que nos pregunte, "¿Qué puedo hacer?" y "¿Qué debe hacerse?"».

«Aunque esté jubilado ahora —dice Cleo con añoranza—, él nunca nos olvida. Me conmueve ver cuánto él es dado a ayudar a personas que conozco. Son personas como Cabell las que me inspiran y me dan la fuerza para seguir adelante».

A Cabell le gusta citar el dicho popular: «Piensa globalmente y actúa localmente» para describir su manera de aplicar soluciones locales a problemas sociales. «Yo siempre he sido consciente de lo que voy a dejar como legado —dice—. Son las lecciones de cada día, la piedras del progreso, y el proceso comunitario». Desde su perspectiva, «cuanto mayor es el problema, tanto mayor el reto y tanto más importante es empezar».

«El problema radica en que no hay suficiente gente que ayude», dice. Tal como él lo ve, «si nuestras comunidades van a ser y a permanecer rentables, la mayoría de la gente tiene que participar». Reconoce que abordar los grandes problemas que se presentan en el desarrollo de una comunidad puede resultar intimidante para muchos. «Pero existe un sistema que puede ayudar a vencer cualquier obstáculo», señala. Si usted pudiera ver los cambios puestos en marcha por los empeños de este hombre, entendería de dónde proviene su optimismo.

Este país no será un buen lugar para que ninguno de nosotros viva
a menos que lo hagamos un buen lugar para que vivan todos

THEODORE ROOSEVELT

Trabaje con una de las 1000 Agencias de Acción Comunitaria
que le quede más cerca para formar una asociación duradera.
Llame a la **National Association of Community Action
Agencies** al 202-265-7546. Para ponerse en contacto con la
Agencia de Acción Comunitaria del Valle de Roanoke (Roanoke
Valley Community Action Agency) llame a Cabell Brand al 540-
387-3402 o a Cleo Sims y Ted Edlich al 540-345-6781.

Lo primero es servir

NARRADOR: LARRY C. SPEARS

Hace muchos años vivía un hombre amable llamado León. Era un hombre modesto que se incorporó a un grupo de viajeros espirituales como su criado. Preparaba las comidas, cargaba las pertenencias más pesadas y hacía muchos otros menesteres para el grupo. León también era músico y mantenía alegre el espíritu de los viajeros con sus jubilosas canciones. Todo marchó bien en el viaje hasta un día que León desapareció.

Al principio, los viajeros pensaron que podían continuar su camino sin él. Sin embargo, pronto descubrieron que el buen humor que compartían había desaparecido súbitamente. Las personas que habían sido los mejores amigos comenzaron a discutir por minucias. Antes de darse cuenta, nadie era capaz de estar muy de acuerdo sobre nada. El grupo se desintegró y sus miembros abandonaron el viaje.

Muchos años después, uno de los viajeros se encontró por casualidad con León y se regocijó mucho al verle. León llevó a aquel indagador a la sede de la organización espiritual que originalmente había auspiciado el viaje. Una vez dentro, el indagador se quedó sorprendido de descubrir que León, a quien él había conocido como sirviente, era en efecto el jefe de esta organización: su luz orientadora. León era un líder grande y noble.

HERMANN HESSE, *VIAJE AL ORIENTE*

ESTE RELATO, QUE EL ESCRITOR ALEMÁN CONTARA POR primera vez en 1956, lo leyó Robert Greenleaf, un empresario norteamericano cuáquero, algunos años después. Green-leaf, ex ejecutivo de AT&T, había emprendido un viaje semejante, en busca de un nuevo tipo de líder. Lo encontró en el relato de Hesse. Se quedó impresionado de que León priorizara las necesidades de los otros, que el grupo avanzara, que prosperara y que se divirtiera. Sacrificando sus propias necesidades para ocuparse de otros, ellos pudieron concentrarse en lo más importante y lograr compartir el objetivo. Sin su ayuda, perdieron de vista lo que realmente importaba y, al final, fracasaron.

Greenleaf intentó imaginarse un mundo donde las personas que apreciamos más son aquellas que mejor sirven a los otros: el maestro que inspira a un alumno, la enfermera que cuida a un paciente, y el jefe que se toma unos minutos para preguntar por el hijo enfermo de un empleado. La búsqueda de Greenleaf le suscitó la idea sencilla y no obstante profunda, de un liderazgo de servicio. Inteligentemente preparó una serie de preguntas que orientaron sus decisiones vitales como un líder-servidor: ¿Crecen como personas los que reciben mi ayuda? ¿Se hacen más sanos, más sabios, más autónomos, y con mayores oportunidades? ¿Se convierten ellos mismos en servidores? ¿Cómo estoy beneficiando a los menos privilegiados del grupo? Entonces escribió un librito, *El servidor como líder*, en el cual presentaba el concepto. Con el tiempo, las humildes preguntas de Greenleaf influyeron a miles de personas y revolucionaron compañías y organizaciones en todo el mundo. TDIndustries, una compañía de construcción y servicio en Dallas, Texas, es una de ellas.

Su principal funcionario ejecutivo, Jack Lowe hijo, comparte con entusiasmo su historia con su peculiar acento sureño. «Mi papá, Jack Sr., fue un líder-servidor antes de que existiera tal nombre. En 1946, construyó esta compañía para que fuera propiedad de sus empleados. Pensaba que eso era lo único justo. En los 70, tropezó con el libro de Bob Greenleaf sobre el liderazgo de servicio y sintió una afinidad particular con su autor. Papá comenzó a regalar ejemplares del libro, cientos de ellos, a empleados, a grupos de debate y a líderes en reuniones comunitarias» Un día, Bob lo llamó, recuerda Lowe con una risotada, «se preguntaba por qué una compañía de construcción era su principal cliente. "¿qué están haciendo ustedes allá en Dallas?", quería saber él.

«Durante los últimos veinticinco años, hemos estado usando la obra de Greenleaf como el fundamento de nuestros programas de entrenamiento —explica Jack hijo—. Antes de eso, muchos de nuestros supervisores nos daban problemas como líderes. Estaban muy preparados en sus oficios, pero les faltaba preparación como gerentes o capataces —prosigue Jack—. «El negocio de la construcción es duro, y así son los hombres que trabajan en él. Algunos de los tipos creían que ser supervisores les daba derecho a ser bravucones o que el ser promovido iba de la mano con el ser respetado. No entendían que uno logra ganarse el respeto.

«Aprendiendo primero a servir, los miembros de TDPartners, como son llamados los empleados de TDI, han hecho precisamente eso. El resultado: todo el mundo gana. Los socios se sienten valorados, apoyan a sus supervisores y juntos forman un equipo más fuerte y una compañía más sana. En la actualidad el noventa y tres por ciento de nuestros socios dicen que su supervisor es justo en su trato con ellos, en comparación con sólo el sesenta por ciento en toda la nación.

«El liderazgo de servicio nos ha ayudado a levantar una gran compañía —explica Jack—. Si vas a tener éxito en el mundo empresarial de hoy día, tienes que haber logrado establecer una gran confianza entre patrones, empleados, proveedores y clientes. El liderazgo de servicio nos ha ayudado a construir una cultura de confianza y nos ha permitido crear cambios, abrazar la diversidad, ampliar la calidad e integrar la tecnología».

A finales de los años 80, el mercado de la construcción se desplomó y todos los grandes bancos de Texas fracasaron, incluido el banco de TDIndustries. «Cuando nuestro banco se hundió, le debíamos al gobierno federal dieciséis millones de dólares. No los teníamos». Recuerda Jack. «Hicimos todo lo que pudimos para mantenernos a flote. Hasta le pedimos a nuestros socios que contemplaran invertir sus propios fondos de jubilación en la compañía. Era mucho pedir, puesto que ellos estarían arriesgando todo para ayudarnos a probar y recobrar la empresa. Nos quedamos sorprendidos y profundamente conmovidos, cuando casi todos los asociados dijeron "¡sí!" Nuestros socios tomaron 1,25 millones de dólares de sus cuentas de jubilación e invirtieron ese dinero en la compañía. En menos de un año, con la ayuda de todos, lo logramos», apunta Lowe.

TDPartners estaba tomando una posición. Jerry Lynn, supervisor de servicio de TDI, dice, «lo que me sorprendió fue cuánta gente le retribuyó a la compañía. Las semillas de su generosidad fueron plantadas por una compañía que cimentó la confianza en su gente. Hoy día, ¡el negocio es fabuloso! TDIndustries acaba de celebrar su cincuentenario y fue galardonada como una de las cien mejores compañías para las cuales trabajar en Estados

Unidos». Un alto nivel de confianza, afirmado en el liderazgo de servicio, ha sostenido a la compañía a través de buenos y malos tiempos. Pero Lowe no se duerme sobre sus laureles. Él siempre está buscando medios para hacer a sus empleados más felices y mejorar su negocio. «Nuestros mejores años aún están por venir —promete—, y va a ser realmente divertido».

Cada ser humano tiene toda su vida para invertir: para realizar las posibilidades de sus varias libertades y opciones, emplearse para beneficio de todos los seres humanos, a fin de que podamos cumplir nuestra misión en este planeta.

R. Buckminster Fuller

Si desea saber más tocante a servir y dirigir a otros, llame a **The Greenleaf Center for Servant-Leadership** al 317-259-1241 para solicitar un paquete de información gratuita, o visite el cibersitio www.greenleaf.com.

Una lección de generosidad

Narradora: Laura Gates

Nunca me olvidaré de la noche en que mi marido me abandonó. Sentí como si alguien me hubiera dado un puñetazo en el estómago. Aunque nos habíamos separado en varias ocasiones a lo largo del último año, yo había supuesto que finalmente seríamos capaces de arreglar las cosas, que conciliaríamos nuestras diferencias. Mientras estaba sentada sollozando en esa fría noche de diciembre, creía que se me iba a partir el corazón. Me sentía completamente sola en el mundo. Tenía pocos amigos íntimos y estaba muy lejos de mi familia. Aunque había comenzado una exitosa empresa de mercadeo, no me sentía feliz con mi trabajo. Todo mi mundo había girado en torno a mi marido, y ahora que él se había ido, yo me sentía completamente impotente, como si no tuviera nada a lo cual asirme, si no me quedara nada por lo cual vivir.

Lo que más me asustaba era la rabia que sentía dentro de mí. Temía que si la dejaba escapar, podría no parar nunca. Pensaba, «Gracias a Dios que no tengo una pistola en casa». El darme cuenta de que realmente quería agredir a otra persona, especialmente a alguien a quien yo presumía de amar, era aterrador. Algunas cosas andaban muy mal en mi vida.

Me preguntaba cómo me había extraviado de esa manera. De joven, siempre había creído que tenía una obra importante que hacer en este mundo. Pero aquí yo estaba llorando sin parar, temerosa incluso de salir de la casa. A veces, no tenía la energía ni de levantarme por la mañana.

Un día me obligué a ir a almorzar con una amiga. Cuando ella me preguntó cómo estaba, comencé a llorar, diciéndole lo que estaba sucediendo en mi vida. Ella me habló de una mujer llamada Claire, y de cómo la había ayudado a soportar el dolor del divorcio mientras le enseñaba algunas lecciones valiosas acerca de las relaciones. Claire Nuer, una francesa de sesenta y tantos años, era una sobreviviente del Holocausto y del cáncer, que había conocido el dolor y el sufrimiento en su vida y había aprendido de la experiencia. Ella también había trabajado con miles de personas como yo, enseñándoles a usar sus dificultades como palancas para cambiar sus vidas. Supe que tenía que estudiar con esta mujer.

Poco después, asistí a un seminario donde Claire hacía unas pocas preguntas al parecer sencillas, «¿Qué quiere usted en su vida… ¿en sus relaciones… ¿en su familia… ¿en su trabajo… y en el mundo?». Luego las preguntas se hacían más conminatorias. «¿Qué cambios podría hacer en su vida actual para crear un mundo más humano de aquí a cincuenta años?».

Como la mayoría de la gente, yo quería ser amada, reconocida, respetada y apreciada por otros. Quería buenas relaciones personales, y quería ser creativa, hacer el trabajo que me gustara, viajar y vivir bien. También quería que mi vida tuviera sentido. Parecía bastante sencillo, pero al hacerme yo misma las preguntas que Claire presentaba, me di cuenta de que mi vida se había convertido exactamente en lo contrario. Había intentado desesperadamente ser amada por un hombre y, en el proceso, había reducido mi mundo y había dejado escapar todo lo demás que era importante para mí. Y ahora él se había ido.

Con la ayuda de Claire, me di cuenta de que con

frecuencia me debatía entre dos extremos: intentar conseguir algo de los demás para mi propia utilidad o huir de los demás, temerosa de quisieran obtener algo de mí. Como resultado, mis relaciones a menudo eran superficiales. Era deprimente ver cómo esto había ocurrido en mi negocio tanto como en mi vida personal. Como asesora de mercadeo, estaba ayudando a algunas compañías a inflar sus imágenes, disimulando sus problemas. Este modo de trabajar acrecentaba el vacío de mis sentimientos. ¿Qué le había sucedido a la joven mujer que quería construir un mundo mejor?

Un día Claire dijo algo que me conmovió profundamente. Ella me miró con claridad y determinación en sus ojos y dijo, «Una persona puede ser la roca que cambia el curso de un río». Esta idea sencilla había ayudado a Claire a vencer las dificultades en torno a su salud, su familia y su vida. Esta mujercita, que había sido una vez una niña escondida de los nazis y que no pudo terminar la escuela, estaba ahora asesorando a algunos de los líderes del mundo académico, el gobierno y los negocios. Había llegado a ser bien conocida y respetada en todas partes por sus talleres que enseñaban a la gente a abrir las puertas a una vida mejor, más feliz y saludable.

El compromiso de Claire de construir un mundo mejor la había inspirado a asumir tareas imposibles una y otra vez. En 1995, reunió más de trescientas personas en Auschwitz para que pudieran aprender a transformar la guerra en sus vidas diarias. En sólo unos pocos días, gerentes de compañías y sus empleados, padres e hijos, judíos y palestinos, y serbios y croatas aprendieron un nuevo modo de estar juntos para poder producir paz en el mundo. Si Claire tuvo el valor de vivir sus sueños, me dije decidida, yo también podía.

Yo también quería ser esa roca en medio del río, de manera que decidí comenzar con mi propia vida. Mi mayor desafío consistía en aprender a ser compasiva y a dar, en lugar de jugar al juego de «obtener». Mi compromiso fue puesto a prueba muchas veces: una de ellas por un cliente. El presidente de una compañía industrial que empleaba cien personas me había contratado para mejorar su imagen, afectada después de una quiebra varios años antes. Desde entonces, la compañía había crecido más del doble en tamaño y ganancias, pero su trabajo ambiental se había deteriorado. El temor, las luchas internas y la competencia entre los empleados eran palpables. Si bien quería decir algo acerca de esta atmósfera tensa, me conformé con hacer mi trabajo y me guardé mis opiniones para mí.

Luego me acordé de mi meta de ser la roca. Una vocecita interior me recordaba ignorar el temor y compartir mis observaciones con el presidente de la compañía, incluso si eso significaba perderlo como cliente. Hice acopio de todo mi valor y entré en su oficina. Antes de que pudiera decir una palabra, él comenzó a hablarme de sus preocupaciones. «Algo le falta a esta compañía desde que hemos crecido —me dijo—. Al principio de salir de la quiebra, teníamos un espíritu de equipo, y hasta de intimidad entre nuestros empleados. De alguna manera, hemos perdido eso, y quiero recuperarlo».

Yo estaba sorprendida por su franqueza y su disposición a ser sincero conmigo. Me di cuenta de cuánto realmente me importaba este hombre y su compañía y de cuánto yo quería que tuvieran éxito. Decidí arriesgarme a compartir con él lo que yo había aprendido de Claire acerca de dar y recibir. Respiré profundamente y le pregunté. «¿Piensa usted que tal vez nos hemos concentrado demasiado en la *obtención* de resultados?» Hice una pausa por un momento y pensé en mi experiencia con sus empleados. «Sus empleados parecen estar compitiendo unos contra otros en lugar de trabajar juntos como un equipo. Si usted quiere personas que se entreguen a la compañía, debe darles algo: necesitan un objetivo más grande, algo que puedan defender, que les dé esperanzas de que pueden hacer un cambio significativo en esta compañía».

«Lo que usted me está diciendo es importante», respondió, escuchándome atentamente. A lo largo de las próximas semanas hablamos sobre las posibles mejoras que podían hacerse en la compañía. Luego un día él me llamó a su oficina y me dijo, «He estado pensando acerca de lo que me dijo. Hoy voy a tener una reunión con toda la compañía para que la gente pueda expresarme sus temores y preocupaciones.

«También he decidido sacar tres empleados a almorzar cada semana, de manera que pueda oír, individualmente, la reacción del personal. Quiero crear también una misión de la compañía que ayudará a motivar a los empleados y a orientarlos en la dirección correcta». Hizo una pasusa y me dijo, «sabe, Laura, yo realmente la escuché porque usted parece comprometida con la gente aquí. Eso va más allá de lo que yo le pago. Es como si fuera parte de la familia».

Ha sido gratificante ver a su compañía crecer y expandirse de un modo que incluía y ayudaba a sus empleados. Y yo aprendí que dando más de mí misma y concentrándome en mi objetivo de crear buenas relaciones, podía echar a un lado mis propios temores y realmente sentar una pauta. Recordé la noche en que mi marido se fue, de cuán furiosa y desesperada había estado, y hasta dispuesta a cometer una acción violenta. Me di cuenta de que si alguien tan amante de la paz como yo podía sentir ira, no era sorprendente que el mundo estuviera en un estado tan lamentable.

Pero esa misma energía colérica, cuando se comprende y se revierte, era capaz de convertirse en la roca que cambió el curso del río. El efecto que pudo tener con una compañía —simplemente por ser compasiva y dar más bien que recibir— resultó esperanzador. ¡Imagínese simplemente lo que podría ocurrir si yo viviera de este modo todos los días con todas mis relaciones! Y si cada uno de nosotros hiciera esta clase de compromiso, en verdad podríamos construir colectivamente un mundo mejor y crear la paz mundial, si no en el curso de nuestra vida, tal vez en la de nuestros hijos.

Si quiere poner en práctica sus más profundas aspiraciones en su centro de trabajo, en su familia y en el mundo, indague con el **ACC International Institute** sobre los próximos programas de entrenamiento de líderes en el 415-789-8802; P.O. Box 335, Larkspur, CA 94976-0335.

Un mensch

Narradora: Jeanne Wallace

El teléfono había estado sonando por horas en la cocina del dueño de la fábrica Aaron Feurerstein cuando él y su esposa, Louise, abrieron la puerta de la calle. Feurerstein contestó el teléfono. Había estado celebrando privadamente su septuagésimo cumpleaños en una pequeña fiesta sorpresa que le daba su familia. Durante la celebración, a uno de sus gerentes principales le habían dicho de un pequeño incendio en la fábrica. Unos pocos fueron avisados, pero nadie le quiso decir nada a Feurerstein. Nadie quería arruinarle su fiesta. «La fábrica está ardiendo, Aaron. Toda la fábrica está ardiendo», dijo el gerente. Feurerstein colgó, pálido y tembloroso. «Tengo que personarme allí —le dijo a Louise—. Tengo que lograr hacer algo».

La noticia del incendio se corrió entre los obreros de la fábrica en la mañana del 12 de diciembre de 1995, tan rápidamente como las llamas que destruyeran la fábrica la noche anterior. Muchos estaban afuera en medio del áspero frío, atraídos por la devastación con si la fábrica fuera un familiar agonizante.

Joseph Melo, un operador de maquinaria de treinta y tres años, había trabajado en la fábrica desde que estaba en la escuela secundaria. Su padre, Manuel, había echado su vida en la fábrica y su padrastro, su hermana y su primo también habían trabajado allí. Mientras él permanecía afuera esa mañana mirando el siniestro, Joseph quería creer que la fábrica sería salvada y que todo el mundo regresaría a trabajar.

Feurerstein, dándose cuenta de que la ciudad de Lawrence se convertiría en una ciudad fantasma con más de tres mil personas sin empleo, prometió reconstruir la planta en la ciudad: la decimosexta más pobre de la nación. En los días y meses que siguieron, este propietario de tercera generación, movido por el orgullo, la convicción religiosa y un sentido de familia, hizo algo que nadie en los tiempos modernos hubiera intentado: reconstruyó una gigantesca planta textil en una antigua ciudad fabril de Nueva Inglaterra. Aceptar la derrota hubiera sido contra todo lo que él y su familia habían luchado por más de noventa años de ser propietarios de la fábrica. En el proceso, Feurerstein y su fábrica se convirtieron en un tema de interés nacional. Pero detrás de los titulares sensacionalistas, la batalla por el corazón y el alma de una nueva Malden Mills era una ardua lucha con toda suerte de implicaciones para los obreros de la industria norteamericana.

Fundada en 1906 por el abuelo de Feurerstein, Zhenry, Malden Mills había sobrevivido en los años 50 cuando casi la mitad de los telares de Nueva Inglaterra habían tenido que cerrar o trasladarse. Había estado a punto de cerrar a principio de los 80 cuando uno de sus principales productos, las pieles sintéticas, dejaron de estar de moda, obligando a la empresa a declararse en quiebra. Aaron Feurerstein contraatacó, restructurando el telar en torno a dos nuevos productos revolucionarios: Polartec y Polarfleece. Estos singulares sintéticos semejantes a la lana, creados por sus obreros a partir de plástico reprocesado, no tardaron en tener una gran demanda por su ligereza y su abrigo. Fue Polartec la que puso a Malden Mills a la vanguardia de la tecnología textil, generando doscientos millones de dólares en ventas en 1995, aproximadamente la mitad del total de la compañía.

Reconstruir la fábrica cuando Feurerstein pudo haber llegado a un acuerdo para cobrar la indemnización del seguro es ciertamente un acto noble. Pero, lo que fue aun más sorprendente fue su compromiso con sus obreros mientras la fábrica estaba siendo reconstruida. Tres días después del incendio, Feurerstein hizo un importante anuncio en el gimnasio de la escuela secundaria de la localidad que sorprendería a su compañía y captaría la atención de la prensa de todo el país. Le dijo a su gente que él pagaría a los 3.200 empleados durante treinta días, incluidos los beneficios de salud, a un costo de quince millones de dólares. Posteriormente extendería su generosidad a otros dos meses. «Cuando él lo hizo la primera vez, me quedé sorprendido —dijo Bill Cotter, un veterano de diecinueve años en la fábrica—. La segunda vez fue una conmoción. La tercera... bueno, era irreal pensar que él lo volvería a hacer». Pero, Nancy, la esposa de Bill recuerda: «fue la tercera vez la que nos hizo llorar a todos». No sólo nos sacó las lágrimas, sino que provocó una intensa lealtad en los corazones de los empleados del telar.

Para reconstruir rápidamente, Feurerstein insistió, «debemos mantener a nuestra gente junta». Los obreros de Malden Mills son un reflejo de la ciudad de la cual muchos de ellos provienen. Rica en historia de textiles y de sindicatos, Lawrence se había convertido en una ciudad de edificios fabriles vacíos y trabajadores pobres con muy pocos empleos y demasiado poca esperanza. La excepción era el telar de Feurerstein. Había despertado las ilusiones en esta ciudad tanto como los textiles, ofreciendo a incontables obreros a modo de convertirse en parte de la clase media de Estados Unidos. Muchos tenían un limitado dominio del inglés o de habilidades mercantiles fuera de la industria textil. Ochocientos sesenta y tres de los obreros pertenecían a grupos minoritarios y muchos eran inmigrantes de primera generación que procedían de veintiún países diferentes. Al igual que Joe Melo, encontraron en Malden Mills un modo ganar un buen salario y empezar a levantar una familia. En una ciudad de bajos jornales y pocas oportunidades, con el promedio de $12,50 la hora (el más alto de esa industria) más tiempo adicional y beneficios, era un regalo de Dios para esa gente. Dejar de reconstruir la fábrica habría sido una sentencia de muerte económica.

«Es lo que hay que hacer» fueron las palabras que Feuerstein utilizó para tranquilizar a sus administradores y la manera en que él respondía a la pregunta «¿Por qué?», que lo seguía donde quiera que iba. «Hace falta saber que la empresa norteamericana está interesada en el bienestar del trabajador tanto como del accionista —dice él, y añade—: Considero a nuestros obreros un valor, no un gasto. Si cierras una fábrica porque puedes conseguir que te hagan el trabajo en alguna otra parte por dos dólares la hora, estás destruyendo el sueño americano —afirma—. Sería una inconsciencia poner a tres mil personas en la calle y darle un golpe mortal a las ciudades de Lawrence y Methuen».

Los empleados de Feuerstein retribuyeron su lealtad. «Si él tuvo el valor de reconstruir —dijo uno—, decidimos que haríamos todo lo que pudiéramos» Para fines de febrero, todo el complejo fabril, absolutamente destruido sólo dos meses antes, había vuelto a la vida con energía y un sentido de misión. Y personas de todo el país se ofrecieron a ayudar. Centenares de licencias estatales, federales y locales, así como cambios de zona se obtuvieron a una velocidad pasmosa.

A fin de mantener el negocio abierto, los empleados tuvieron que enfrentar las demandas de producción con sólo una fracción del personal y del equipo anteriores al incendio. «Nuestra gente resultó muy creativa», dijo Feurerstein. De manera increíble, Polartec comenzó a ser producido por una máquina afectada por el incendio sólo tres días después de que éste ocurriera. Era sólo una prueba, pero tuvo una importancia simbólica. «Estábamos funcionando de nuevo», dijo uno de los gerentes. Antes del incendio, una planta había producido 130.000 yardas semanales. Pocas semanas después del incendio, llegaba a 230.000 yardas en una instalación temporal siete días a la semana. No sólo los empleados fueron creativos, sino dedicados. «Están deseosos de trabajar veinticinco horas al día», dijo Feurerstein. Él ve esto «como un resultado directo de la buena voluntad y determinación de nuestra gente a mostrar su gratitud a Malden Mills».

Cerca de cinco meses después del incendio, Feurerstein tuvo que convencer a los minoristas de muebles en Carolina del Sur —que dan cuenta del 50 por ciento del negocio textil— de que él podía servirles sus pedidos. Viajó hasta allí, sabiendo que su compromiso con los 3.100 obreros de reconstruir la fábrica y de poner a trabajar a todos de nuevo pendía de la balanza.

En High Point, Carolina del Sur, y dondequiera en el estado, Feurerstein se ha hecho famoso por su generosidad. Su foto adorna el frente de muchos salones de exhibición de este pueblo enloquecido por los muebles. Feurerstein tiene una gran reputación y montones de amigos aquí. Él necesitaba de ambos. Cuando se reunió con sus clientes, les

preguntó: «¿Se quedarán con nosotros ahora?» «Absolutamente —dijo el presidente de una compañía, saludando a
Feurerstein como a un pariente distinguido—. Haremos
todo lo que sea menester para que funcione». Otro había
oído contar todo al respecto y se había quedado muy
impresionado. «En todo lo que podamos contribuir para
ser parte de ello, lo haremos». Otro más le dijo a Aaron que
su compañía usaba ahora el famoso nombre de Malden
Mills en su propaganda. «Son como etiquetas de "Hecho en
los Estados Unidos", la gente lo aprecia gracias a Aaron».

Para diciembre de 1997, todos los empleados de Malden Mills, junto con 200 nuevas personas, estaban reincor-
poradas al trabajo. Feurerstein había prometido volver a
contratar al resto de los empleados cuando la textilera estuviera a plena capacidad. En el interín, a los que no pudieron
reincorporarse los había respaldado con readiestramiento,
extensión de beneficios y asistencia en la búsqueda de trabajo. Bill Cotter ha conocido a su jefe, Aaron, durante
mucho tiempo. Como empleado de la fábrica y a veces funcionario del sindicato, Cotter ha tratado con el ejecutivo
principal en una mesa de negociaciones y ha conversado
con él en la planta del taller. Pero Bill nunca supo quién
realmente era Aaron hasta el incendio. «Aaron nos dio una
oportunidad», dice.

Aaron y sus fábrica pasarán a la historia norteamericana como uno de los relatos más valientes de compromiso
empresarial que se hayan visto en nuestro país. Y Aaron
comenzó una especie de incendio por sí mismo, atizando
una renovada fe colectiva en el pueblo norteamericano.
Miles de cartas deseándole buena suerte le han llovido de
todas partes del país. Docenas de organizaciones locales
y nacionales se han apresurado a galardonarlo. Doce

universidades le han concedido doctorados honoríficos, y fue el invitado personal del presidente Clinton para su discurso sobre el Estado de la Unión de 1996.

En yídish hay una palabra especial para un ser humano en extremo decente y honorable: un *mensch*. Pero Aaron reduce su propio papel en la recuperación de la compañía. Son los obreros, dice, quienes son responsables de ello. «Ellos querían que ocurriera un milagro y ocurrió. Eso es todo lo que puedo decirles: ocurrió».

Para apoyar el **Fondo de Socorro a los Empleados de Malden Mills** (Malden Mills Employee Relief Fund), llame a Ken Gallant al 508-682-5296 o escríbale al P.O. Box 527, Lawrence, MA 01841.

Una pequeña compañía
que sienta una gran pauta

NARRADOR: KEVIN BERGER

LAURA SCHER APENAS PODÍA CONTENER SU ENTUSIASMO. La principal funcionaria ejecutiva de Working Assets, de sólo treinta y siete años, estaba presentando un cheque de $55.000 dólares a Pamela Maraldo, Presidenta de Planificación de Familias (Planned Parenthood) en sus oficinas centrales de Nueva York. De pie junto a ella estaba una de sus heroínas, la líder de los derechos de las mujeres Gloria Steinem.

El cheque era uno de las 37 donaciones, por un total de $1.000.000 dólares, que la compañía hizo a organizaciones sin fines de lucro en 1993. Pero para Laura representaba mucho más. Ocho años antes, como la única empleada de Working Assets, había soñado con el día en que su pequeña compañía pudiera hacer una gran contribución a una causa en la que ella creía con alma y corazón. Mientras Laura hacía entrega del cheque, su nerviosismo dio paso a una radiante sonrisa. Su sueño se había hecho realidad. «Me siento tan orgullosa —dice Laura—. Nuestra donación ayudó a Planificación de Familias a proseguir su gran tarea en favor de la salud y la libertad de las mujeres —y agrega—: También le mostramos al mundo que uno realmente puede crear un negocio próspero y estar comprometido con el cambio social».

Laura ha convertido Working Assets de un simple sueño a una compañía con ingresos anuales de 100 millones de dólares. Fundada en 1985, la compañía de tarjetas de crédito y servicios telefónico de larga distancia fue concebida para brindarles a los clientes la oportunidad de contribuir al cambio social. En la actualidad, diez centavos de cada compra que se haga con la tarjeta de crédito de Working Assets y un uno por ciento de todas las facturas de larga distancia se donan a agrupaciones sin fines de lucro.

Recordando el entusiasmo de los comienzos en Working Assets, Laura dice «es un producto tan perfecto: gracias a la gente que habla por teléfono o compra un libro, podemos levantar una comunidad de espíritus afines con un enorme impacto». Con el paso del tiempo, Working Assets ha llegado a construir ciertamente tal comunidad. En 10 años ha recaudado más de 10 millones de dólares para agrupaciones sin fines de lucro. Sólo en 1995 donó 2 millones de dólares. Poniendo en práctica lo que Laura llama «democracia en acción», sus clientes nominan a las organizaciones que quieren recibir las donaciones y luego votan sobre cuánto dinero debe recibir cada una».

«Working Assets ha creado un vehículo formidable para apoyar el cambio social —comenta Pamela Maraldo—. Su contribución a nuestra organización nos ayudó a aumentar el acceso a la salud reproductiva para mujeres, adolescentes con problemas, los que han sido víctimas de abuso sexual y los desatendidos. Nos sentimos particularmente agradecidos de ser los que más votos recibieran de una larga lista de donatarios muy eficaces y merecedores. Para nosotros es un voto de confianza del pueblo de Estados Unidos».

Los clientes de Working Assets también pueden aumentar su apoyo a agrupaciones de carácter no lucrativo redondeando sus facturas telefónicas mensuales a la cifra en dólares inmediata superior. En marzo de 1993, enviaron el dinero adicional —más de cincuenta mil dólares— a la agrupación humanitaria MADRE, que ayuda a las víctimas de violaciones y a los refugiados en Bosnia. Laura dice que ella se quedó impresionada de que «un mensaje sencillo en una factura, tal como "redondee por encima la cifra de su cheque» pueda cambiar las vidas de personas que viven a medio mundo de distancia».

Working Assets también ayuda a sus clientes a mantenerse informados. La factura de teléfono de cada mes destaca dos temas importantes que se debaten, explicando lo que está en disputa y a quién dirigirse para hacer un cambio significativo. Si usted quiere opinar sobre cualquiera de esos dos temas, todo lo que tiene que hacer es agarra el teléfono y expresarnos sus pensamientos; Working Assets pagará la llamada. O, si prefiere, la compañía enviará una Carta de Ciudadano (Citizen Letter) en nombre suyo. Inundando al Congreso y a las salas de juntas de las empresas con sus llamadas y cartas, los clientes llamaron la atención sobre las fábricas donde explotan a los obreros, los despilfarros del gobierno y la desaparición de la fauna de América.

Laura siempre quiso trabajar para una compañía que tratara a sus empleados bien y que fuera consciente del medio ambiente y de los países en vías de desarrollo. Pero sus ambiciones la convirtieron en una loba solitaria entre sus compañeros de estudios en la Escuela de Comercio de Harvard. Después de todo, Laura se había graduado con las más altas calificaciones quedando entre el primer cinco por ciento de su clase en el pico de los avariciosos años 80. Aun antes de graduarse, había estado departiendo con reclutadores de las corporaciones de Fortune 100 que prometían salarios de más de cien mil dólares al año a recién salidos de la escuela.

«Pero yo no quería vender jabón de lavar —dice ella—. Y no quería trabajar en Wall Street. Quería que saliera algo valioso de mi trabajo. No necesitamos una compañía más para imaginar cómo inventar otro cereal. Necesitamos plantearnos cómo resolver algunos de los problemas del mundo».

Así, pues, en lugar de «sentarse en una oficina de Wall Street con vista al río Hudson» como dice Laura, ella y su marido amueblaron una polvorienta oficina de un cuarto con un viejo escritorio y un archivo. «No teníamos suficiente dinero para pagarle al casero para renovar el espacio —dice—, de manera que tuvimos que conformarnos con las gastadas alfombras anaranjadas y los estantes color naranja brillante. Pero sí les pedí que al menos limpiaran las cortinas».

Como su ejecutiva principal, el reto de Laura ha sido demostrarles a los proveedores que Working Assets es legítima. Los bancos que emiten sus tarjetas de crédito y las compañías de teléfonos que alquilan sus cables de fibra óptica son ruda gente de negocios. «A la gente del mundo empresarial le cuesta trabajo creer que los consumidores tomarán decisiones de compra en base a sus convicciones sociales —dice ella—. Pero una y otra vez los hemos convencido de que las personas usarán una tarjeta de crédito y escogerán una compañía telefónica en base a sus creencias». Ciertamente, los ingresos anuales de Working Assets sobrepasaron recientemente los $100 millones. Al tiempo que Laura lleva su compañía a la próxima década, se propone alcanzar un presupuesto anual de donativos de 10 millones de dólares.

Laura se siente orgullosa del éxito que ha logrado y les agradece a sus padres el haberle enseñado que la responsabilidad significa llevar sus valores sociales al centro de trabajo. Su padre, que dirige una compañía de productos químicos a base de agua, y su madre, que es profesora de Economía, la enseñaron a preocuparse por los demás y por el mundo que la rodea, en lugar de estar ensimismada.

La meta fundamental de Laura es transmitirle a su hija los mismos valores que ella aprendió de sus padres. «Quiero que ella sepa que puede hacer lo que quiera con su vida —dice—. Quiero que comprenda que todo el mundo no cuenta con las comodidades básicas de la vida, de manera que nos corresponde al resto de nosotros crear un mundo más justo y equitativo».

Es gastándose que uno se hace rico.

SARAH BERNHARDT

Para unirse a **Working Assets**, la compañía de teléfono que conecta a la gente con un mundo mejor, llame al 800-788-8588.

Mesa para seis mil millones, por favor

NARRADORA: SUSAN DUNDON

JUDY WICKS TENÍA CINCO AÑOS DE EDAD CUANDO TENDIÓ una ristra de extensiones eléctricas por la entrada del garaje de su casa, los conectó a su tocadiscos, lo puso a todo volumen y se sentó en una sillita a esperar quien podría llegar. Esa fue la apertura de su primer «restaurante» y su primer cliente fue un vecino, Johnny Baker.

Cinco años después, en una soleada mañana de primavera de 1957, la festiva niña de diez años apasionada por el béisbol estaba deseosa de jugar el primer día de la temporada. «Chicos», su maestra de educación física anunció: «hace un día estupendo allá afuera. ¡Hora de jugar a la pelota! Los muchachos al terreno, las chicas vayan y practiquen animación y vítores». Judy se quedó atónita, y permaneció abatida detrás del receptor, viendo a los chicos jugar.

Ella estaba indignada por la noción de que debía excluirse a alguien. Para Judy Wicks, ahora la propietaria del White Dog Café en Filadelfia, su primera experiencia con la discriminación fue un momento definitorio, y durante los próximos cuarenta años se las ha pasado reuniendo a personas, cerciorándose de que todo el mundo lograra participar en el juego.

Dirigir un restaurante puede parecer una empresa extraña para una mujer que una vez rehusó cocinar y se rebeló contra la obligación de tomar la clase de Economía doméstica saltando por la ventana del aula. Pero Judy nunca se habría quedado satisfecha con dirigir, como ella dice, «un mero restaurante». Para Judy, la comida es el poder mágico que junta a los individuos y a las comunidades.

El White Dog Café comenzó de una manera sencilla, como una tiendecita donde comprar un mollete (*muffin*). Una mañana cuando Judy se asomó por la ventana de su apartamento que quedaba encima de la tienda, advirtió que había una cola de personas que esperaban ser atendidas. Ella trajo una mesa y algunas sillas de su apartamento e invitó a cualquiera a tomar asiento. Fue un impulso que le vino naturalmente. Una silla llevó a otra y Judy ahora tiene doscientas sillas en su restaurante, situado en tres atractivas casas de dos plantas en una hermosa calle bordada de árboles. La música que atrajo a Johnny Baker a la entrada del garaje es siempre parte de la atmósfera de festival que se respira en el White Dog, ya sea la música de la noche latina, o tonadas de otros eventos multiculturales e intergeneracionales que se celebran allí. Pero el verdadero centro del White Dog Café, donde la gente se reúne para divertirse y conversar animadamente, queda tanto fuera como dentro de sus muros. Judy se ríe a carcajadas cuando dice que ella se vale de la buena comida «para atraer a gente inocente a su activismo social».

Judy siempre había querido crear una gran comunidad extendida por toda la ciudad. Pensaba que al congregar personas de mundos distintos para compartir una buena comida y conversar, comenzarían a apreciar sus semejanzas en lugar de temer sus diferencias. Ella anduvo preguntando y los líderes de la comunidad le sugirieron varios restaurantes que pertenecían a miembros de minorías. El primero fue Daffodil's en el Norte de Filadelfia.

Daffodil's está localizado en lo que los medios de prensa locales apodan «las tierras malas» (*badlands*). Se encontraba comprimido entre un templo apostólico Siloé de triste apariencia y un garaje cuya puerta estaba en urgente necesidad de reparación. La propietaria, Daphne Brown, recuerda a Judy entrando por la puerta un día, presentándose y compartiendo su idea de salvar las brechas culturales y étnicas, reuniendo a personas distintas en una comida. Para comenzar, ellas planearon una noche de entretenimiento en el Teatro Freedom, uno de los teatros afroamericanos más viejos del país, seguido por una comida en Daffodil's. Varias docenas de clientes de White Dog, en su mayoría blancos y ricos, vinieron y se divirtieron muchísimo. Como los primeros participantes en el Programa del Restaurante Hermano de White Dog, ellos aún vuelven de vez en cuando, y aún le traen a Daphne nuevos clientes. Con la adición de más restaurantes hermanos en Filadelfia —un restaurante latino en el barrio y uno coreanoamericano en Olney— Judy vio crecer el sueño de su comunidad y no está confinada a Filadelfia.

Judy está ocupada agregando más sillas a su extendida comunidad alrededor del mundo. Sus invitados han incluido personas de Nicaragua, de la antigua Unión Soviética, de Vietnam, Cuba, Tailandia y México. Ella llama de broma a su programa internacional de restaurantes hermanos: «comer con el enemigo». La mayoría de los invitados provienen de naciones que han tenido malentendidos y disputas con el gobierno de EE.UU. y Judy quería saber por qué.

Para explicárselo, Judy emprende una misión exploradora a territorio «enemigo» cada año bajo los auspicios de una organización sin fines de lucro como Intercambio Global. Al año siguiente, ella y un grupo de veinte clientes de White Dog regresan. Durante su visita de dos semanas, el White Dog es un restaurante «hermano» donde ellos puede encontrarse con personas ordinarias en el país «enemigo». A través de sus exploraciones, se enteran de cómo la política de EE.UU. afecta a la personas de ese país. Llegan a apreciar las privaciones mutuas y aprenden de primera mano acerca de las desavenencias que existen entre culturas y naciones.

Un cliente de White Dog que ha acompañado a Judy en viajes a Vietnam, Cuba y México es Harriet Bhringer. «Estas experiencias han aumentado mi comprensión y conocimiento de mi mundo —dice ella—. Me he reído, he aprendido y he llorado. Sobre todo, he descubierto que no estamos comiendo con el enemigo, sino con amigos».

No es seguro todavía qué nuevos amigos se le unirán a la comunidad de Judy, ni qué países está por visitar. Bosnia, tal vez, o Indonesia. Eso no importa. Dondequiera que Judy va, las extensiones eléctricas seguirán conectándose, la música sonará y siempre habrá lugar para otra silla a la mesa. Todo el mundo tendrá un lugar.

Esta es la visión de Judy. Su verdadero nombre es: «¡Mesa para seis mil millones, por favor!»

La mayoría de los políticos no se juegan
a menos que perciban apoyo popular...
ni usted ni yo debemos esperar a nadie más
para asumir nuestra responsabilidad.

KATHARINE HEPBURN

Aprenda a mezclar el activismo social con un negocio sano y una buena comida. Llámelos al 215-386-9224 y solicite recibir su boletín trimestral, *Tales from the White Dog Café*. Venga y pruebe sus deliciosos platos cuando visite Filadelfia.

Si usted no lo hace, ¿quién lo hará?

NARRADOR: G. DONALD GALE

LA PAREJA DE ANCIANOS CRUZÓ LA PUERTA EN BROADCAST House en Salt Lake City con las manos cogidas. El hombre llevaba un pequeño monedero. Abrieron el monedero y juntos vaciaron una pocas monedas en un caja de madera con una ranura que decía «KSL Cuartos de dólar para Navidad» (Quarters for Christmas). Las sonrisas de ambos eran cálidas, satisfechas y felices.

«No tenemos mucho —explicó el hombre—. Y nunca tuvimos hijos nuestros. Ahorramos monedas para ayudar a comprar zapatos para los niños que los necesitan. Hace la Navidad más significativa para nosotros».

Durante treinta años, la emisora de radio KSL ha llevado a cabo la campaña Quarters for Christmas para recaudar dinero para zapatos de niños necesitados. Cada centavo recogido se destina a comprar zapatos. Cada año la campaña suscita el tipo de respuesta sincera como la de la pareja de ancianos. Es como si millares de oyentes buscara el modo de hacer bien y KSL les facilitara la manera de expresar su bondad.

En la ciudad de Nueva York, centenares de niños y sus padres se reúnen en un auditorio del Ejército de Salvación. Es la semana después de Acción de Gracias. En el frente del auditorio hay literalmente miles de abrigos de niños: algunos nuevos, algunos usados, todos recién lavados y planchados en la tintorería. Personas de las agencias de servicio social distribuyen los abrigos a los niños necesitados.

En el fondo de la estancia está de pie Mark Bench, gerente la estación de radio WDBZ, quien transmite por la radio: «Miren a estos niños sonreír. Para algunos, éste es el primer abrigo que jamás han tenido. Que alegría ser la voz de "Abrigos para niños." Toda nuestra familia de la radio se siente feliz».

Una vez más, la estación neoyorquina de Bonneville proporciona el puente entre los oyentes que quieren ayudar y los niños que necesitan los abrigos. Las cajas están situadas en el área de los centros comerciales. Las transmisiones radiales instan a los oyentes a depositar en las cajas abrigos nuevos o usados para los niños que los necesitan.

Relatos semejantes pueden contarse en cada sección de la Bonneville International Corporation (BIC), dueña y operadora de diecisiete estaciones de radio y televisión. Desde que se fundara en 1964, Bonneville ha tomado seriamente los valores comunitarios y todos los años, publica un Informe de Valores que da cuenta de las actividades de servicio a la comunidad de las estaciones de la compañía en cinco ciudades del país. El informe describe literalmente cientos de ejemplos cada año de la manera en que la compañía y sus empleados crean oportunidades para que millares de personas retribuyan a la comunidad.

«No tenemos los recursos para responder a todas las peticiones de ayuda, pero podemos convocar a la gente que sí tiene esos recursos y quiere ayudar a los que los necesitan. Con frecuencia, la gente quiere ayudar, pero no sabe cómo hacerlo —dice Bruce Reese, Presidente y Primer Ejecutivo de BIC—. Necesitan tan sólo un poco de estímulo y ayuda para completar el círculo. Nos consideramos mediadores. Nuestras emisoras nos dan una voz en la comunidad, y la usamos para decir, "ciertamente usted puede ayudar, y he aquí cómo". Siempre funciona, tanto entre nuestros empleados como con nuestros televidentes y oyentes».

Al igual que la mayoría de los hombres y mujeres, a los empleados de Bonneville les importan sus comunidades y necesitan sólo un poco de estímulo para poner su solicitud en acción. Uno de los valores fundamentales de la compañía es el servicio. Los empleados saben que cuando ellos sirven de voluntarios en sus comunidades, la compañía les retribuye con tiempo y recursos. Bonneville cree que ello conlleva tanto participación individual como compromiso empresarial. La gente debe querer servir y la cultura corporativa debe darle una máxima prioridad al servicio.

Una campaña de servicio público auspiciada por la compañía que se transmite en todas sus sucursales anuncia el tema: «si usted no lo hace, ¿quién lo hará?» Los mensajes se refieren a cosas sencillas: reduzca la velocidad en zonas escolares, vote, sea un conductor cortés, léales a los niños, y deseche las envolturas de la comida al minuto en los cestos de basura, en lugar de echarlas en las aceras. La pregunta, «Si usted no lo hace ¿quién lo hará?», se aplica a todos en todos los niveles, ya esté comprando zapatos para niños pobres o recaudando millones de dólares para atender a los niños enfermos.

La pareja de ancianos con su bolsa llena de monedas sabe que no puede costear ni siquiera un par de zapatos para un niño necesitado, pero uniendo sus monedas con las de muchos otros, pueden ponerles zapatos a millares de niños que los necesitan. KSL les ofrece un modo de multiplicar las dádivas. Los beneficios trascienden la solución de un problema sencillo; son las recompensas personales de servir consagradas por la tradición.

Pan y vino para el camino

Dicen que un pesimista ve un vaso de agua como medio vacío;
un optimista lo ve como medio lleno. Pero una persona
dadivosa ve agua en un vaso y comienza a buscar a alguien
que pudiera estar sediento.
Si usted no lo hace, ¿quién lo hará?

Canalice su bondad sintonizando una de las estaciones de **Bonneville International Corporation** en Nueva York, Washington, Chicago, Salt Lake City, Los Ángeles o San Francisco. Para enterarse de los proyectos de servicio de su comunidad, llame al 801-575-5690. Anime a su emisora preferida a usar sus voces para servir a la comunidad.

Huellas en la arena del tiempo

NARRADORA: JAN BOYLSTON

PASANDO EN AUTO POR LOS CUATROCIENTOS APARTAMENTOS entablados de Wynnewood Gardens en Dallas, era fácil ver por qué los residentes de la vecindad querían echarlos abajo. El antiguo complejo de viviendas públicas era una ofensa visual y una amenaza a la seguridad de las casas cercanas. Pero Duane MaClurg vio algo muy diferente. «Pude imaginar a los niños jugando y oyendo a los vecinos conversar», dijo. Convertir en realidad su visión de la perentoria necesidad de viviendas asequibles no iba a ser fácil. Duane tenía que convencer a los vecinos que una comunidad inmobiliaria de ingresos mixtos ensancharía la zona. Las renovaciones conllevarían una gigantesca inversión. Como presidente de Dallas City Homes, Duane se dirigió al banco que poseía una gran experiencia en desarrollo comunitario: NationsBank.

Casi 20 años antes y a casi a 2.000 kilómetros de distancia, Hugh McColl, el presidente y primer ejecutivo de NationsBank, tuvo una visión semejante. El una vez hermoso Cuarto Pabellón en Charlotte, Carolina del Norte, se había convertido en un barrio de casas victorianas deterioradas y con una creciente tasa de delitos. McColl decidió emprender la desalentadora tarea de revertir la grave espiral descendente de la barriada.

Al crear la primera Corporación de Desarrollo de la Comunidad (CDC por sus siglas en inglés) en su clase,

McColl forjó una asociación con el gobierno de la ciudad, los ciudadanos y los preservacionistas que abrió el camino a una transformación notable. La gente trabajó unida para restaurar las miserables casas destruidas hasta a su decorativa grandeza original. Al igual que el jardín en primavera, la pintura fresca en rosados, azules y amarillos hizo florecer una nueva vida en el vecindario. Los acentos nevados en las ostentosas celosías decían «bienvenido a casa».

La Dra. Mildred Baxter Davis, que había vivido en el vecino Tercer Pabellón por más de 20 años, estaba curiosa de saber lo que sucedía. Su vecindario también había sido víctima de las presiones sociales y económicas. Las prostitutas caminaban por las calles y un muladar activo de trece acres arruinaba la zona. Determinada a actuar, organizó un pequeño grupo de vecinos preocupados y pidieron la ayuda de McColl. Éste aprovechó la oportunidad. La CDC construyó nuevas casas. Una fundición abandonada fue convertida en oficinas, galerías y bares. La llaga del barrio —el muladar— es ahora un terreno bien cuidado donde practican los Panthers de Carolina del Norte. El estadio está un poco más allá.

«Queríamos una comunidad para todo el mundo, un lugar para todos y cada uno: negros, blancos, jóvenes y viejos —dice la Dra. Davis—. Lo que hemos logrado es realmente maravilloso. La gente aquí se ocupa de sus casas y de las de sus vecinos. Así es como debe ser un vecindario». Cuando el subadministrador municipal de Charlotte, Del Borgsdorf, compara el antes y el después, dice que estos dos vecindarios eran lugares donde nadie quería caminar, mucho menos vivir. Ahora son sitios llenos de vida: verdaderos vecindarios donde la gente realmente quiere vivir.

A medida que NationsBank crecía, iba compartiendo sus planes con otras comunidades. Zonas una vez olvidadas como The Parklands, en Washington, D.C., el barrio Summerhill de Atlanta, Lexington Terrace de Baltimore, y Nubia Square en Houston están siendo rejuvenecidas. Gracias la visión de NationsBank, familias de obreros migratorios en Immokalee, Florida; familias de bajos ingresos en East Point, Georgia; y ancianos en Villa de San Alfonso en San Antonio cuentan con vivienda alquilada decente y razonable. En los últimos cinco años, sus casi $20.000 millones en préstamos e inversiones para el desarrollo comunitario han ayudado a centenares de personas a realizar sus sueños. El CDC ha construido más de 10.000 casas y apartamentos a precios módicos. «La gente por lo general no deja muchas huellas en las arenas del tiempo —dice McColl—. Proyectos como estos son verdaderas huellas».

McColl, que es un empresario prudente, apunta que «las ganancias nos dan los recursos para lograr que se hagan cosas como invertir en las vidas de nuestros vecinos». Fortaleciendo nuestros barrios, fortalecemos nuestras comunidades, «y eso es bueno para los negocios»; pero el verdadero éxito se mide en las vidas de la gente. Millares de personas que compran casas por primera vez o inquilinos de bajos ingresos ahora disfrutan hogares limpios, seguros y asequibles. «Lo que resulta alentador —dice McColl— es que siempre encontramos residentes que aún tienen esperanzas de que algún día sus vecindarios mejorarán. Sencillamente, necesitan ayuda».

Durante años, Rodney y Colette Brown vivieron en Richmond, sin nunca imaginar que sería posible para ellos llegar a tener su casa propia. Luego un día asistieron a un curso auspiciado por el banco y la NAACP para los que iban a comprar casa por primera vez. Aprendieron cómo enderezar su crédito y ahorrar para el pago de entrada de manera que pudieran comprar una casa. «Dios usó a NationsBank y a la NAACP para plantar semillas en nuestras vidas —dice Colette—. Aprendimos a convertir nuestros sueños en realidad. —Y agrega—: Toda nuestra familia ahora tiene motivo de orgullo y pertenencia. Llamamos a nuestro hogar nuestro "faro": nos congrega, como una familia y con nuestros vecinos».

McColl dice: «Reconstruir nuestros vecindarios más problemáticos es esencial para la salud de nuestras ciudades y de nuestro país. Ninguna compañía, agrupación no lucrativa o agencia del gobierno puede hacerlo por sí sola. Cada una tiene un importante papel que desempeñar; cada una tiene ciertos recursos y experiencias que traer a la mesa». Enfrentándose a otros líderes de empresas, McColl afirma, «más jugadores deben abandonar la barrera y unírsenos. Al final de nuestras carreras, la verdadera prueba será, «¿se ocuparon ustedes? Creo que todos queremos poder decir "¡sí!"»

Cuando Duane celebró la reapertura de The Parks en Wynnewood, Dallas, pudo apreciar las recompensas. Los robles les dan sombra a los céspedes podados, donde las risas de los niños llenan el ambiente. Los vecinos se reúnen habitualmente en el centro de la comunidad. Los vecinos intercambian saludos mientras van y vienen de los lavanderías. Un vecindario ha nacido de nuevo.

McColl le da el crédito a su abuela y a su madre por inculcarle un sentido de responsabilidad y el deseo de ayu-

dar a otros. Décadas de trabajo por el desarrollo comunitario llevan a reflexionar a McColl: «En verdad querría
hablar con ellos otra vez», dice con añoranza. Ahora me
doy cuenta de que todos ellos me dieron una lección y ojalá
pudiera darles las gracias».

¿Quiere dejar huellas? Ayude a abordar la imperiosa necesidad de viviendas a precios módicos creando una sociedad con
su **Corporación para el Desarrollo Comunitario** (Community Development Corporation). Llame al **National Con-
gress of Community and Economic Development** al
202-234-5009.

El centésimo mono

NARRADOR: KEN KEYES, JR.
ADAPTADO DE *THE HUNDREDTH MONKEY*

MACACA FUSCATA, UNA ESPECIE DE MONO JAPONÉS, HA SIDO observado en libertad por más de 40 años. En 1952, en la isla de Koshima, los científicos comenzaron a alimentar a los monos arrojándoles batatas en la arena. Si bien a los monos les gustaba el sabor de las batatas, no les gustaba el de la arena.

Una hembra de 18 meses llamada Imo descubrió que podía resolver el problema lavando las batatas en un manantial cercano. Ella les enseñó este truco a su madre y a sus compañeros de juego, que también selo enseñaron a sus respectivas madres. A lo largo de un período de varios años, todos los monos jóvenes de la isla aprendieron a lavar las batatas para hacerlas más aceptables. Pero sólo los adultos que imitaron a los hijos aprendieron este truco. Otros adultos se mantuvieron comiendo las batas con arena.

Luego ocurrió algo notable. En el otoño de 1958, un cierto número de monos de Koshima lavaban sus batatas —nadie sabe cuántos. Por comodidad narrativa, supongamos que cuando el sol salió una mañana había 99 monos en la isla de Koshima que habían aprendido a lavar sus batatas. Supongamos además que más tarde esa mañana, un centésimo mono aprendió a lavar las batatas.

Fue entonces cuando sucedió. La energía adicional de este centésimo mono pareció crear un progreso ideológico para toda la especie. Por la noche, casi todos los monos de la tribu lavaban sus batatas antes de comérselas.

Pero eso no es todo. La cosa más sorprendente observada por los científicos fue que el hábito de lavar las batatas de algún modo cruzó el mar. Pronto colonias de monos de otras islas, y un ejercito de monos en Takasakiyama, tierra firme, ¡también lavaban sus batatas!

Aunque el número exacto puede variar, el «fenómeno del centésimo mono» significa que cuando un grupo limitado tiene un cierto nivel de realización, ello sigue siendo la propiedad inconsciente de esos pocos. Pero en un momento determinado de «masa crítica», cuando sólo uno más se pone a tono con la nueva idea, el terreno se afirma exponencialmente, y ¡casi todo el mundo adquiere el conocimiento!

Piense solamente en lo que esta fracción de ciencia puede significar para la humanidad. Cada vez que adoptamos un nuevo hábito o creencia que ayuda a nuestra comunidad, aumentamos la sabiduría colectiva de la humanidad y ¡logramos que una persona esté más cerca de cambiar el mundo!

Comparta el espíritu de estos relatos

LO INVITAMOS A SENSIBILIZARSE CON ESTOS RELATOS. Tómese el tiempo necesario para abrirles su corazón y renovar su espíritu.

Intente caminar una milla en los zapatos del héroe de una comunidad. Sienta el poder restaurador de su amor. Observe cómo lo inspiran y lo conminan a pensar en lo que usted podría hacer para que el mundo fuese un lugar mejor.

Cuando la gente lee estos relatos, su mirada usualmente se suaviza y refulge. Uno puede ver que sus corazones se han conmovido. Todo el mundo tiene unos cuantos que prefiere, algunos que les hacen reír o llorar, o que les recuerdan a alguien en sus propias vidas. Para algunos, se trata de una persona generosa que se acercó a ayudarles. Otros recuerdan la tibia sensación que percibieron cuando ayudaron a un niño, a un amigo, a un vecino o a un forastero. Reserve un momento para dar gracias por todos aquellos que le han dado algo y lo han ayudado a convertirse en la persona que usted es hoy. Tómese el tiempo para compartir sus recuerdos más amables con esa persona, sus amigos, sus colegas.

¡Capte el espíritu de la generosidad compartida! Sea responsable de un cambio significativo en la vida de alguien. Comprométase con una de las organizaciones que se reseñan en este libro, o comience la suya propia. Decida hacer algo cada día para que el mundo sea un lugar mejor. Fíjese lo mucho mejor que usted se siente y cuánta más esperanza tiene para nuestro futuro.

¡Propague las buenas nuevas! Comparta estos relatos de *Pan y vino para el camino* con un amigo. Envíeselos a aquellos que necesitan una buena dosis de esperanza en su vida. Invíteles a unírsele en la edificación de un mundo mejor. Nos gustaría mucho saber su opinión acerca de cómo los relatos de este libro lo han afectado. Estamos recopilando nuevas historias para futuras ediciones de este libro. Si usted quisiera presentar un relato especial acerca de alguien que dejó una huella en su vida o de un héroe comunitario que usted admire, sírvase enviárnoslo a:

The Stone Soup Foundation
P.O. Box 4301 • Vineyard Haven, MA 02568
Tel: 508-696-8514 • Fax: 508-696-9460
cibersitio: http://www.soup4world.com

Una especial invitación a los niños

HAY MONTONES DE NIÑOS MARAVILLOSOS HACIENDO grandes cosas en el mundo. Algunos de ellos aparecen en este libro. David Levitt tenía sólo 11 años cuando habló por primera vez ante la Junta de Educación de Tampa, Florida, y convenció a sus miembros de dar los sobrantes de comida de la cafetería a los comedores benéficos de la localidad. Andy Lipkis, de quince años, convirtió su preocupación por los árboles moribundos de Los Ángeles en una oportunidad de unir a la población de esa ciudad para plantar un millón de árboles. Nuestra heroína más joven, Isis Johnson, tenía sólo 4 años cuando comenzó a recoger comida para los niños hambrientos de Nueva Orleáns. Arn Chorn era un refugiado camboyano de 16 años cuando invitó a otros jóvenes a transformar sus dolorosos recuerdos en lecciones para la enseñanza de la paz.

Los jóvenes siempre han participado en todos los aspectos de este libro. Ellos nominan a los héroes preferidos de su comunidad, escriben algunos de nuestros mejores relatos y los pulen hasta que resplandecen. También revisaron todos los relatos del libro para cerciorarse de que los niños se relacionarían con ellos y se sentirían inspirados a ayudar a construir un mundo mejor.

Cuando la gente joven lee estos relatos, ocurren cosas maravillosas. Una clase de segundo grado en Texas quedó tan inspirada cuando su maestro les leyó las historias, que comenzaron a buscar a sus propios héroes. Los alumnos de sexto grado en una clase de inglés en Martha's Vineyard leyeron los relatos y luego escribieron uno acerca de alguien que sentó una pauta significativa en sus vidas.

Este libro está dedicado a los jóvenes: a cada uno de ustedes y a mi hermano de diecinueve años, Chris, con la esperanza de que todos los chicos y chicas descubran la alegría de ayudar a otros.

Usted está invitado a convertirse en embajador de la esperanza en el mundo. Háganos saber qué relatos le tocan el corazón, le brindan esperanza y le inspiran a ayudar a otros. Comparta estos relatos con sus amigos. Lleve este libro a su escuela y muéstreselo a su maestro. Envíenos historias acerca de sus héroes preferidos en la comunidad para nuestro próximo libro.

¡Comparta Pan y vino para el camino *para hacer del mundo un lugar mejor!*

Guía de referencias de
Pan y vino para el camino

Días nacionales de servicio

ÚNASE A LOS MILLONES DE NORTEAMERICANOS QUE DEDICAN
UN DÍA A TRABAJAR JUNTOS, EN ARAS DE UN MEJOR PAÍS

THE BIG HELP CAMPAIGN[1] (212-258-7080). Es la campaña anual de Nickelodeon para interesar a los niños a que participen en sus comunidades mediante el trabajo voluntario. Cada año, Nickelodeon lanza esta campaña, en vivo a través de un gran telemaratón (The Big Help-a-thon) donde los niños llaman a un número 800 para ofrecer su ayuda. En 1997, ocho millones de niños llamaron y ofrecieron 85 millones de horas de servicio. Valiéndose de un Helpmovil viajero, Nickelodeon también les proporciona a los maestros un servicio llamado The Big Help Classroom Kit, que consiste en líderes de la comunidad local con materiales educativos e información acerca de las actividades voluntarias en la localidad. Están asociados a 23 organizaciones nacionales dedicadas a ayudar a los niños llevar a cabo su trabajo. Llame a la línea directa de The Big Help, o visite su cibersitio www.nick.com.

CHRISTMAS IN APRIL (800-4-REHAB9). Regálele un sueño a un vecino de edad avanzada que lo necesita. Empuñe un martillo o una brocha y restaure la felicidad y la esperanza en hogares de todo el país. Christmas in April mantiene los vecindarios, reduce los ingresos en los ancianos y forja comunidades más fuertes en asociación con agrupaciones comunitarias, empresariales,

---

[1] Los nombres de las organizaciones e instituciones que aparecen glosadas aquí se han conservado con el nombre original (en inglés), salvo en los casos que se trate de algunas que ya se les conoce en español (por ej. la Cruz Roja Americana) u otras que por su carácter internacional o su particular relación con la comunidad de habla hispana justifican la traducción (N. del T.).

sindicales y de ciudadanos de todas clases. Dé una mano y produzca un cambio significativo, «Somos amor en acción».

DAY OF CARING (703-836-7100). Todos los años en el otoño, United Way lleva a cabo una o más jornadas de servicio social en más de 400 comunidades. Individualmente o en grupos, los voluntarios acuden a trabajar en proyectos de un día en agencias locales: ofreciéndoles comidas a los ancianos, leyéndoles a los niños, reparando y pintando casas, o incluso reconstruyendo un terreno de béisbol. La jornada combina la camaradería entre trabajadores, amigos, y conocidos, con el testimonio de las buenas obras de las agencias de su comunidad.

MAKE A DIFFERENCE DAY (800-VOLUNTEER). Un día al año para hacer el bien, cuando más de un millón de estadounidenses acuden de voluntarios y organizan actividades de servicio en sus comunidades. Este evento, creado en 1992 por la revista *USA WEEKEND* en colaboración con The Points of Light Foundation reúne a corporaciones, líderes gubernamentales, organizaciones benéficas y a toda clase de personas. Los esfuerzos de los voluntarios que captan el espíritu del día reciben remuneraciones caritativas de un fondo común fundado por la revista *USA WEEKEND* y Newman's Own. Esta jornada tiene lugar el cuarto sábado de octubre. Llame a la línea directa o diríjase por correo electrónico a usa@usaweekend. com o visite su cibersitio en www.usaweekend.com

DÍA DE MARTIN LUTHER KING JR. (202-606-5000). Con el mismo espíritu con que Martin Luther King Jr. se dedicó a servir, el día feriado de King en enero es un día nacional de servicio. Este día, auspiciado por la Corporación para el Servicio Nacional, es también una oportunidad para cobrar conciencia sobre los derechos humanos, la cooperación interracial y las iniciativas juveniles en contra de la violencia. El tercer lunes de enero, personas y organizaciones mantendrán vivo el «sueño» del Dr. King al abrir sus corazones y ofrecer sus manos en un esfuerzo por unir a personas de diversos orígenes. Llame a Rhonda Taylor al 202-606-500 ext. 282 o visite su cibersitio www.nationalservice.org

NATIONAL YOUTH SERVICE DAY (202-296-2992). Celebre el poder de los jóvenes de cambiar este país, cuadra por cuadra y vecindario por vecindario. Este día tiene lugar la mayor jornada de servicio social en Estados Unidos. Atrae a 2 millones de jóvenes voluntarios a contribuir con más de 9 millones de horas de trabajo comunitario. Una campaña anual de educación pública patrocinada por Youth Service America en colaboración con 34 organizaciones nacionales de jóvenes, promueve los beneficios del servicio al pueblo estadounidense a través del trabajo voluntario en las comunidades. Llame a Omar Vellarde-Wong al 202-296-2992 ext. 34 o visite su cibersitio www. SERVEnet.org

APOYE A LOS NIÑOS (800-663-4032). (Stand for Children) Esta organización ayuda a las personas que se interesan por los niños a ser efectivos líderes populares, como parte del Equipo de Acción Infantil (Children's Action Team; CAT en inglés), que se empeña en llevar a cabo servicios locales de manera permanente, en la labor de concienciar y en promover iniciativas para cambiar regulaciones. Cada año, el primero de junio, Stand for Children coordina actividades locales a través de todo el país. Visite su cibersitio www.stand.org o escríbales a su correo electrónico tellstand@stand.org.

DÍA DE LLEVAR NUESTRAS HIJAS A TRABAJAR (800-676-7780). (Take Our Daughters to Work Day) El cuarto jueves de abril, padres y demás adultos en todo el país llevan a sus hijas u otras niñas a trabajar durante todo el día. Auspiciada por Ms. Foundation for Women, este día familiariza a las niñas con la jornada laboral, celebra su contribución al enseñarles la amplia gama de opciones a escoger en la vida y las ayuda a confiar más en sí mismas y a ser diestras durante su adolescencia. Llame a Gail Maynor o visite su cibersitio www.ms.foundation.org.

TRICK OR TREAT PARA UNICEF (212-922-2646). Por más de 48 años, niños de todo el país han celebrado el Día de Halloween recaudando monedas para ayudar a proporcionar medicinas, vacunas, agua limpia, condiciones sanitarias, alimentos nutritivos y educación básica a millones de niños en más de 106 países. Durante el mes de octubre, el Comité de Estados Unidos para la UNICEF (U.S. Committee for UNICEF) les ofrece a los educadores y a sus familias un sinnúmero de oportunidades para enseñar a los niños sobre problemas globales y a celebrar la diversidad cultural que les rodea en sus aulas, en sus comunidades y en el mundo. Para hacer un pedido gratuito de cajas o materiales educativos de Trick or Treat for UNICEF, visite su cibersitio www.unicef.org.

Madurando como nación

ALIANZA POR LA RENOVACIÓN NACIONAL (800-223-6004). (Alliance for National Renewal) La Alianza es una extraordinaria coalición de 194 organizaciones, instituciones, comunidades y personas del sector público, privado y sin fines de lucro, que reincorporan a los ciudadanos a la vida comunitaria y trabajan juntos en busca de una visión compartida para mejorar las comunidades. La Alianza es un programa de la Liga Cívica Nacional. Llame al 800-223-6004 o visite su cibersitio www.ncl.org/anr.

PROMESA DE AMÉRICA: LA ALIANZA POR LA JUVENTUD (800-365-0153). (America's Promise: The Alliance for Youth) La meta de esta campaña nacional es propulsar la misión de la Cumbre de los Presidentes hacia el siglo XXI. *Promesa de América* es una creciente alianza de cientos de organizaciones comprometidas con el objetivo de asegurar que por lo menos dos millones más de niños y jóvenes (particularmente aquellos que más lo necesitan) menores de 20 años de edad se familiaricen con las cinco fórmulas fundamentales para un comienzo saludable, lugares seguros para vivir, mentores adultos, entrenamiento en habilidades aprovechables y oportunidades de servir. Los programas de mentores necesitan más voluntarios. Para conectarse con un programa de mentores en su comunidad, llame al 888-55-YOUTH.

CONNECT AMERICA (800-VOLUNTEER). Se trata de un empeño de colaboración que aglutina las energías y recursos de organizaciones sin fines de lucro, empresas y voluntarios de comunidades a fin de ayudar a desarrollar las conexiones indispensables para resolver muchos de los problemas de la sociedad. Para ponerse al tanto sobre las oportunidades de participar como voluntario en su comunidad, visite la sección Connect America en su cibersitio www.pointsoflight.org.

CORPORATION FOR NATIONAL SERVICE (800-942-2677). Es una asociación de entidades públicas y privadas que colaboran con organizaciones sin fines de lucro, locales y nacionales, para patrocinar proyectos de servicio que respondan a las necesidades de las comunidades a las que sirven. Supervisan tres iniciativas nacionales: AmeriCorps: un año de servicio comunitario para ciudadanos de 17 años en adelante; Learn & Serve (recursos y modelos educativos desde jardín de infantes hasta la universidad) y el National Senior Corps, para personas a partir de los 55 años. Llame al 800-942-2677 o visite el servicio nacional en su cibersitio www.nationalservice.org.

THE GIRAFFE PROJECT (360-221-7989). Este proyecto es una organización nacional sin fines de lucro que descubre, rinde honor y da a conocer a las personas que «descuellan» por el bien común, como la historia de Steve Marioti y la National Foundation for Teaching Entrepreneurship en *Pan y vino para el camino*. Este programa ofrece materiales educativos a niños en 46 estados y en escuelas estadounidenses en Italia, España, el Reino Unido y Guam. Su correo electrónico es office@giraffe.org y su cibersitio es http://www.girafe.org/giraffe/.

EL SECTOR INDEPENDIENTE (360-223-8100). (The Independent Sector) Compuesto de 800 fundaciones sin fines de lucro, benéficas y filantrópicas de orientación nacional, The Independent Sector investiga e informa sobre tendencias en las donaciones y en el trabajo voluntario; labora por salvaguardar los derechos de promoción de las empresas sin fines de lucro, educa al público en el papel esencial de esas instituciones no lucrativas en la sociedad y ofrece un foro de interacción y colaboración entre el sector no lucrativo, el empresarial y el gubernamental.

ONE TO ONE: THE NATIONAL MENTORING PARTNERSHIP (202-338-3844). One to One sirve como un recurso para asesorar iniciativas en todo el país, y aboga por expandir los beneficios de los programas de asesoría académica. Para empezar o expandir uno de estos programas llame al 202-338-3844 o visite su cibersitio www.mentoring.org.

The Points of Light Foundation and Volunteer Centers (800-VOLUNTEER). Se trata de una organización sin fines de lucro que no pertenece a ningún partido, dedicada a comprometer a un mayor número de personas de manera más efectiva en el servicio voluntario para ayudar a resolver problemas sociales. La Fundación y los centros de voluntarios que la integran a través del país trabajan juntos en la movilización de personas y recursos, a fin de aportar soluciones creativas a los problemas comunitarios. Su relato en *Pan y vino para el camino* destaca la historia de Phil Stevens y su trabajo con los indios norteamericanos. Los centros de voluntarios relacionan más de un millón de personas cada año para ofrecerles oportunidades de trabajo voluntario. Para saber más acerca de estas oportunidades en su comunidad, llame a su centro de voluntarios o al 800-VOLUNTEER o visite su cibersitio www.pointsoflight.org.

Lo que una persona puede hacer

Usted también puede hacer un cambio significativo en la vida de alguien. Llame a alguna de estas organizaciones para saber cómo.

Asociación Americana de personas jubiladas (202-434-3219). (American Association of Retired Persons) La AARP tiene un banco nacional de talentos voluntarios que hace coincidir a personas de 50 años de edad o más con oportunidades de trabajo voluntario, en base a sus intereses, habilidades y situación geográfica. Este banco de datos hace coincidir a voluntarios con oportunidades de servicios en los campos de alfabetización, ciencias, asistencia legal y legislativa, salud, vivienda, arte y cultura, actividades ambientales e intergeneracionales. Para alistarse como voluntario, llame al 202-434-3219 y solicite el paquete de matrícula.

Big Brothers Big Sisters of America (215-567-7000). Las 500 agencias de esta organización a nivel nacional ofrecen a más de 100.000 niños, en hogares de un solo padre, modelos positivo de adultos. A través de BBBSA's, de programas de asesoría académica como el One to One, o a través de programas de consejería de la escuela, conviértase en amigo solícito de un niño en su comunidad para ayudarle a triunfar en el mundo.

Boys and Girls Club of America (800-854-CLUB). Es una afiliación nacional de organizaciones que laboran para ayudar a jóvenes de cualquier procedencia, especialmente los que se encuentran en circunstancias desventajosas, a desarrollar las cualidades que les permitirán convertirse en ciudadanos responsables o en líderes.

Caridades Católicas de los Estados Unidos (703-549-1390). (Catholic Charities USA) Es una red nacional sin fines de lucro de más de 1.400 agencias locales independientes, que en 1996 ofrecieron servicios sociales a más de 12 millones de personas necesitadas, independientemente de su religión, etnia o estrato social. Como la red privada de servicios sociales más grande del país, ofrece vivienda, refugio y asistencia de inmigración, programas de empleo, servicios a embarazadas y de adopción, consejería y alimentos.

Family Service America (414-359-1040). Este servicio fortalece la vida familiar a través de 280 agencias locales en Estados Unidos y Canadá. Consejeros voluntarios trabajan con jóvenes para reducir el embarazo de adolescentes y el consumo de drogas y bebidas alcohólicas; sirven también de consejeros matrimoniales y en relaciones entre padres e hijos, y ayudan en lo tocante a hogares de crianza, adopción y líneas telefónicas de urgencia para ventilar presiones familiares relacionados con la vejez, el abuso infantil o la violencia doméstica.

Jewish Community Centers Association of North America (212-532-4949). Esta Asociación ofrece una amplia gama de servicios y recursos para hacer posible que sus 275 afiliados —Centros Judíos Comunitarios, YMHA, YWHA y campos de veraneo en los Estados Unidos y Canadá— puedan proporcionar programas de recreación, culturales y de educación, para mejorar la vida en la comunidad judía.

Jewish Family and Children's Agencies. Esta agencia ofrece servicios de familia a personas necesitadas sin tener en cuenta sus creencias. Los voluntarios dan de comer al hambriento, visitan pacientes en hospitales, acompañan a ancianos, trabajan con niños con carencias, jóvenes en peligro y personas con discapacidades. También ayudan a familias judías que llegan de otros países a reasentarse, y trabajan para mejorar las relaciones interculturales.

THE UNITED BLACK FUND (800-323-7677). Existen 39 fondos de afroamericanos unidos en todo el país que trabajan con organizaciones sin fines de lucro para hacerse cargo de necesidades sin cubrir tales como el cuidado de niños, alfabetización, prevención de delitos, programas de drogas y alcohol, programas de asesoría académica para jóvenes y programas de apoyo para las personas ancianas y con discapacidades.

MUCHAS DE ESTAS ORGANIZACIONES HAN AYUDADO A SUS COMUNIDADES DURANTE VARIOS AÑOS. DÉLES UNA MANO. REVISE SU GUÍA DE TELÉFONOS PARA VER LA QUE LE QUEDA MÁS CERCA.

CRUZ ROJA AMERICANA (212-737-8300). (American Red Cross) La Cruz Roja Americana es una organización de servicio humanitario liderada por voluntarios, que anualmente provee casi la mitad del suministro de sangre de la nación, certifica a más de 8,5 millones de personas en destrezas vitales de primeros auxilios, se moviliza en ayuda a víctimas en más de 68.000 desastres en todo el país, ofrece servicio directo de salud a 2,8 millones de personas, asiste en desastres internacionales y a víctimas de conflictos en más de cuarenta países y transmite más de 14 millones de mensajes de urgencia a miembros de las Fuerzas Armadas y sus familias.

GIRLS INC. (212-689-3700). Girls Inc. es una organización nacional de apoyo que ayuda a las muchachas a ser «fuertes, inteligentes y osadas» en una sociedad equitativa. Ofrece programas educativos, es decir, el desarrollo de habilidades para el liderazgo, alentando los estudios tecnológicos, de ciencias y matemáticas a 350.000 jóvenes en 1.000 lugares, particularmente a aquellos que corren grandes riesgos y que se encuentran en áreas relegadas.

GIRL SCOUTS OF THE USA (212-852-5000). Las Girl Scouts de los Estados Unidos se dedican a ayudar a todas las muchachas de cualquier origen a adquirir confianza en sí mismas, determinación, y los conocimientos necesarios para prosperar en el mundo de hoy.

HUGH O'BRIAN YOUTH LEADERSHIP (310-474-4370). HOBY es una organización sin fines de lucro que ofrece a más de 20.000 estudiantes secundarios de escuelas privadas y públicas, la oportunidad de encontrarse con líderes importantes para discutir cuestiones relacionadas con la educación, la democracia, los sistemas económicos, las empresas y los medios de difusión y comunicaciones.

NATIONAL 4-H COUNCIL (301-96-2800). En este Consejo, el trabajo en equipo y las habilidades de liderazgo se desarrollan a través de proyectos prácticos relativos al medio ambiente, la horticultura, la nutrición, el cuidado de animales, así como el hablar en público y la ciudadanía. Más de 5,6 millones de jóvenes de 5 a19 años de edad participan en los programas co-educativos de 4-H cada año.

EL EJÉRCITO DE SALVACIÓN (703-684-5500). (The Salvation Army) El Ejército de Salvación es una organización sin fines de lucro, motivada por el amor a Dios y el interés hacia las personas necesitadas, sin tener en cuenta el color, el credo, el sexo o la edad. En los 10.000 centros disponibles, los voluntarios ayudan con líneas telefónicas de urgencia, servicios de socorro para desastres, guarderías infantiles, campamentos de verano y programas para niños de familias con bajos ingresos, así como reservas de comidas y albergues para desamparados. Durante la temporada de Navidad, distribuye alimentos a los necesitados, así como juguetes y ropa para niños pobres.

CENTRO DE VOLUNTARIOS DE AMÉRICA (800-899-0089) (Volunteer Centers of America) El Centro de voluntarios de América sirve a más de un millón de personas cada año a través de nuestros afiliados con base en las comunidades, los cuales ofrecen toda una variedad de programas, entre ellos guarderías infantiles para niños abandonados o víctimas de abusos, albergues de urgencia para desamparados, y «comidas sobre ruedas» (Meals on Wheels) para los ancianos más delicados de salud. También es la organización sin fines de lucro más grande de todo el país que ofrece vivienda a precios módicos para familias de bajos ingresos, ancianos y discapacitados.

Asociación de Jóvenes Cristianos (312-977-0031). (YMCA o Young Men's Christian Association) La YMCA ayuda a hombres y mujeres de cualquier edad, nivel de ingresos, habilidades, origen y religión, a crecer en cuerpo, mente y espíritu. Alístese como voluntario en cualquiera de los 2000 centros de la YMCA que hay en el país para ayudarles a ofrecer asesores académicos, consejeros y programas de prevención de drogas y bebidas alcohólicas, programas de salud y recreativos, excursiones, guardería infantil, reservas de comidas y adiestramiento laboral.

Asociación de Jóvenes Cristianas (212-614-2700). (YWCA o Young Women's Christian Association) La YWCA se dedica a la capacitación de mujeres y adolescentes. Con 363 asociaciones en miles de lugares en los 50 estados, la YWCA trabaja con más de un millón de mujeres, muchachas y sus familias en todo el país con consejería de padres y de individuos de la misma edad, cuidado infantil, asistencia médica, prevención de embarazo en adolescentes, violencia doméstica y asesoría vocacional.

United Neighborhood Centers of America, Inc. (216-391-3028). Sirve a 153 centros de vecindarios mediante el fomento del liderazgo y ofreciendo excelentes programas diurnos para el cuidado de familias, jóvenes y ancianos y otros servicios que mejoran las condiciones de todos los residentes de vecindarios.

Haciendo el bien para prosperar

Atrévase a compartir. Actúe con su chequera. Escriba un cheque. ¡Simplemente hágalo! Únase a estas organizaciones que construyen un mundo mejor.

Co-op America (800-58-GREEN). El directorio de las páginas verdes nacionales incluye 2.000 compañías y organizaciones sociales y ambientales, entre ellas Thanksgiving Coffee, reseñada en este libro, y que están cambiando la manera en que se llevan a cabo los negocios en Estados Unidos.

THE BUSINESS ENTERPRISE TRUST (650-321-5100). Cada año, The Business Enterprise Trust rinde tributo a personas de negocios que combinan una sólida administración empresarial con un marcado interés social. Este libro incluye las historias de Judy Wicks, White Dog Café y Rachel Hubka, la compañía de autobuses de Rachel. Tenga la bondad de llamar para hacer su nominación de una notable persona de negocios, o para recibir información sobre materiales educativos del Trust.

THE GREENLEAF CENTER FOR SERVANT-LEADERSHIP (317-259-1241). Esta es una organización internacional sin fines de lucro, cuya misión es mejorar el cuidado y la calidad que ofrecen otras instituciones a través de un liderazgo de servicio. El centro ofrece una amplia gama de programas, publicaciones y otros recursos sobre ese tema. Diríjase directamente a ellos para solicitar material informativo.

THE WORLD BUSINESS ACADEMY (415-227-0106). Esta organización celebró su decimocuarto aniversario en 2002. Puesto que los negocios se han convertido en la fuerza dominante de la sociedad, la WBA hace un llamado a sus miembros para que busquen evitar o resuelvan los problemas más apremiantes, incluida el sustento. Esta organización, con miembros internacionales, está abierta a cualquier persona comprometida a potenciar sus posibilidades humanas y a poner en práctica nuevos paradigmas. El relato «Podemos hacerlo» que aparece en este libro le rinde tributo al empresario Cabel Brand.

SOCIAL VENTURE NETWORK (415-561-6502). La SVN es parte de una organización internacional de negocios y de empresarios sociales, dedicada a promover soluciones progresistas a problemas sociales y a cambiar la manera en que el mundo hace negocios. Los miembros de SVN se esfuerzan en ser empresarios eficaces y catalizadores del cambio social, integrando los valores de una sociedad justa y sustentable en la práctica diaria de sus negocios, al tiempo que se valen de sus empresas, y crean otras nuevas, para el mejoramiento de la vida en el mundo.

Cooperación comunitaria

LA PRÓXIMA VEZ QUE USTED SE REÚNA CON SU FAMILIA Y AMIGOS,
TRATE DE CONVERSAR ACERCA DE LO QUE PODRÍAN HACER PARA
MEJORAR LAS COSAS EN EL MUNDO. LLAME A ESTAS ORGANIZACIONES
PARA SABER CÓMO PUEDE CREAR UNA COOPERACIÓN COMUNITARIA.

THE CENTER FOR LIVING DEMOCRACY (802-254-1234). Este centro funciona para inspirar y apoyar la participación activa de ciudadanos que se dedican a la tarea de resolver problemas en todas las facetas de la vida pública, desde escuelas y centros de trabajo, hasta el gobierno y los asuntos comunitarios. Se trata de una organización nacional que ofrece orientaciones y modelos para un efectivo compromiso como el relato que aparece en este libro sobre Elena Hanggi y su liderazgo en ACORN: La Asociación de Organizaciones Comunitarias en Pro de una Reforma Ahora. Llame al 802-254-1234 o visite su cibersitio en www.livingdemocracy.org.

INSTITUTE FOR FOOD AND DEVELOPMENT POLICY: FOOD FIRST (510-654-4400). Esta institución capacita a los ciudadanos para la tarea de abordar las causas básicas del hambre, la pobreza y el deterioro ambiental. Nuestras investigaciones y materiales educativos le enseñan a la gente como cambiar las instituciones e ideologías antidemocráticas que promueven el hambre y el deterioro ambiental. Llámenos o envíenos un correo electrónico a: food-first@igc.apc.org o visite nuestro cibersitio www.foodfirst.org.

LIDERAZGO POPULAR (704-332-3090). (Grassroots Leadership) Apasiónese por la justicia. Aprenda el modo de facultar a las comunidades. Para recibir libros, casettes y discos compactos de Grassroots Leadership, escriba a: P.O. Box 36006, Charlotte, NC, 28236 o llame al 704-332-3090 o visite su cibersitio www.grasslead.org.

NATIONAL CIVIC LEAGUE (800-223-6004). Ayude a su comunidad a prepararse para el futuro mediante la visión y el proceso de planificación estratégica de un ciudadano. Llame a la National Civic League y solicite su catálogo de libros, conferencias e implementos entre los que se incluyen 98 cosas que usted puede hacer por su comunidad.

COALICIÓN NACIONAL POR LOS DESAMPARADOS (202-775-1322). (National Coalition for the Homeless) La NCH es una red nacional de apoyo a personas que carecen o han carecido de hogar, activistas, y proveedores de vivienda y servicios, dedicados a terminar con el desamparo. Llame o envíe un correo electrónico a nch@ari.net o visite www.nationalhomeless.org/.

ROBERT WOOD JOHNSON COMMUNITY HEALTH LEADERSHIP (617-426-9772). Cada año este programa rinde tributo a diez héroes destacados del cuidado de la salud comunitaria, como el relato que aparece en este libro sobre el Dr. Juan Romagoza y su labor con la comunidad hispana en Washington, D.C. Llámelos para obtener información sobre cómo nominar a un notable líder de la salud.

Recuperación cultural

DÉ PASOS DISCRETOS HACIA LA RECUPERACIÓN DE NUESTRO PAÍS. INSTE A SUS AMIGOS Y FAMILIA A PENSAR Y A ACTUAR DE MANERA MÁS COMPASIVA. LLAME A ESTAS ORGANIZACIONES PARA SABER CÓMO PUEDE CREAR UN AMBIENTE DE RECUPERACIÓN CULTURAL EN SU COMUNIDAD.

TEACHING TOLERANCE. Este proyecto del Southern Poverty Law Center ayuda a los maestros a promover el entendimiento interracial e intercultural. Medio millón de educadores reciben gratis su revista y más de 50.000 escuelas utilizan el conjunto de medios múltiples que también distribuyen gratuitamente. Para más información diríjase a: 400 Washington Ave. Montgomery, AL, 36104. Fax: 334-264-3121.

ANTI-DEFAMATION LEAGUE'S A WORLD OF DIFFERENCE (212-885-7700).

THE INTERRACIAL DEMOCRACY PROGRAM (802-254-1234). Este programa del Center for Living Democracy, vincula y anima a agrupaciones que se dedican al diálogo interracial que salva las divisiones raciales en los Estados Unidos para resolver problemas comunitarios.

CONFLICT RESOLUTION CENTER INTERNATIONAL INC. (412-687-6210). La CRCI es una red de Internet de mediadores, maestros, árbitros y especialistas en resolver disputas y en intervenir en conflictos y en conversaciones de paz en todos los continentes. Parten de la experiencia y sabiduría acumulada para que dondequiera que usted se encuentre, y cualquiera que sea su problema, la solución esté a su alcance. Usted puede visitar su cibersitio www.conflictnet.org/crci.

EDUCATORS FOR SOCIAL RESPONSIBILITY (617-492-1764). ESR es una institución reconocida nacionalmente por promover el desarrollo social y ético de los niños en la formación de un mundo seguro, sustentador y justo mediante la solución de conflictos, la prevención de la violencia, las interrelaciones de grupos y la educación del carácter. Una voz dominante en la enseñanza de la responsabilidad social como el núcleo práctico en la educación y crianza de los niños, ofrece desarrollo profesional, redes informativas, y materiales educativos a padres y maestros.

COALICIÓN NACIONAL DE ORGANIZACIONES DE SALUD PARA LOS LATINOS (202-387-5000). (National Coalition of Latino Health Organizations) La COSSMHO es una red de más de 400 organizaciones y 800 proveedores que tienen un historial de 25 años sirviendo de enlace a comunidades y creando cambios para mejorar la salud y el bienestar de los hispanos en Estados Unidos. Operan líneas telefónicas con servicios de referencia, ofrecen entrenamientos en cuestiones de cultura, llevan a cabo estudios sobre regulaciones e investigaciones y sostienen programas a través de la nación para crear comunidades hispanas fuertes y saludables.

La aldea global

TÓMESE EL TIEMPO PARA CONOCER A PERSONAS DE DIFERENTES PAÍSES. LLAME A UNA DE ESTAS ORGANIZACIONES Y DESCUBRA CÓMO PODEMOS VIVIR JUNTOS EN ESTE PLANETA. NUESTROS HIJOS Y NIETOS PODRÁN ENTONCES TENER ACCESO A UN MUNDO MEJOR.

PROYECTO INTERNACIONAL HEIFER (800-422-0474). *(Heifer Project International)* HPI ayuda a más de un millón de familias en apuros a ser autodependientes a nivel mundial, dándoles una donación de ganado y enseñándoles a cuidarlo. HPI se une a personas de todas las religiones para trabajar por la dignidad y el bienestar de todo el mundo.

COMITÉ CENTRAL MENONITA (717-859-1151). (Mennonite Central Committee) El MCC conecta a personas alrededor del mundo, que padecen pobreza, conflictos, opresión, o son víctimas de desastres naturales, con fieles de las iglesias de Estados Unidos. Luchamos por la paz, la justicia y la dignidad de todo ser humano, compartiendo nuestras experiencias, nuestros recursos y nuestra fe.

CENTRO DE INFORMACIÓN CUÁQUERO (215-241-7024). (Quaker Information Center) Este centro ofrece una lista de oportunidades de servicios y trabajos voluntarios, internados, campamentos y experiencias transformadoras con una amplia variedad de organizaciones cuáqueras y no cuáqueras como el Comité Norteamericano de Servicio (American Friends Service Committee) en Estados Unidos y en todo el mundo. Llame o envíe su fax al 215-567-2096 o visite el cibersitio www.afsc.org/qic.htm.

SALVE A LOS NIÑOS (202-221-4079). (Save the Children) La Federación de Salve a los niños ayuda a dos millones de niños en situaciones de desventaja y a sus familias en 39 países y en 15 estados de EE.UU. a asumir el control de sus vidas. Sus 2000 profesionales ofrecen educación, asistencia médica, oportunidades económicas, respuesta humanitaria y ayuda al esfuerzo propio de la comunidad.

TRICKLE UP PROGRAM (212-362-7598). Nosotros le damos la oportunidad al más pobre de los pobres de empezar su propio negocio. En veinte años, más de 250.000 personas en 112 países han salido de la pobreza empezando más de 47.000 empresas.

COMITÉ DE LOS ESTADOS UNIDOS PARA LA UNICEF (800-FOR-KIDS). (US Committee for UNICEF) Trabajan por la supervivencia, la protección y el desarrollo de los niños del mundo, a través de la educación, la promoción y proyectos de recaudación de fondos. Para participar en cualquiera de estas actividades, llame o visite el cibersitio: www.unicefusa.org.

SOCIEDAD MUNDIAL DE ORACIÓN POR LA PAZ (212-755-4755). (World Peace Prayer Society) Unidos con personas de todo el mundo en una oración universal, ¡que la paz prevalezca en la tierra! Para llevar el Proyecto de Peace Pole Project a su comunidad, o para informarse sobre el programa infantil Compañeros de la paz (Peace Pals), escríba al correo electrónico peacepal@worldpeace.org.

Medios Adicionales

AMERICAN NEWS SERVICE **(800 654-NEWS).** Este servicio de noticias, pionero del periodismo que brinda soluciones, ofrece historias de innovaciones en la solución de problemas públicos a centenares de instituciones dedicadas al periodismo. Hay suscripciones disponibles para individuos y periódicos. Llame o visite el cibersitio: www.americannews.com.

HOPE MAGAZINE **(207-359-4651).** Es una revista bimestre sobre la humanidad y su poder transformador.

WHO CARES **(202-628-1691).** Esta revista bimestre llega a 50.000 lectores, ofreciéndoles información para ayudar a las personas a crear, hacer crecer y dirigir organizaciones por el bien común, y para fomentar un sentido de comunidad entre empresarios.

YES! A JOURNAL OF POSITIVE FUTURES **(206-842-0216).** Conéctese con miles de personas en los Estados Unidos y alrededor del mundo que están transformando la esperanza en acción para un futuro justo, sustentador y compasivo. Únase a la red Positive Futures, llame o envíe un fax al 206-842-5208, o visite el cibersitio: www.futurenet.org.

Libros

THE SOUL OF BUSINESS, Tom Chapell, New York, Bantam Books
IT TAKES A VILLAGE, Hillary Rodham Clinton, Simon & Schuster
SOME DO CARE, Anne Colby y William Damon, The Free Press
THE CALL OF SERVICE, Robert Coles, Houghton Mifflin
OASIS OF PEACE, Neve Shalom/Wahat Al-Salam y Laurie Dolphin, Scholastic, Inc.
THE MEASURE OF SUCCESS, Marian Wright Edelman, Harper Perennial
ON LEADERSHIP, John Gardner, The Free Press
EMOTIONAL INTELLIGENCE, Daniel Goleman, Bantam Books
NEWMAN'S OWN COOKBOOK, Nell Newman y Ursula Hotchner
WORLD CLASS, Rosabeth Moss Kanter, Simon & Schuster
THE YOUNG ENTREPRENEUR'S GUIDE, Steve Mariotti, Times Books
50 THINGS YOU CAN DO TO SAVE THE EARTH, Earth Works Press
MOST OF ALL, THEY TAUGHT ME HAPPINESS, Robert Muller, World Happiness and Cooperation
BUILDING COMMUNITIES FROM THE INSIDE OUT, John Kretzmann y John McKnight, ACTA Publications
THE QUICKENING OF AMERICA, Frances Moore Lappé y Paul Martin Du Bois
THE KIDS' GUIDE TO SOCIAL ACTION, Barbara Lewis, Free Spirit Publishing
THE SIMPLE ACT OF PLANTING A TREE, Andy y Katie Lipkis, Jeremy P. Tarcher, Inc.
REVOLUTION OF THE HEART, Bill Shore, Riverhead Books
STREETS OF HOPE, Holly Sklar y Peter Medoff, South End Press
THE DIFFERENT DRUM, Scott M. Peck M.D., Simon & Schuster
A WAY OUT OF NO WAY, Andrew Young, Thomas Nelson Publishers

Los narradores

JONATHAN ALTER, editor principal y columnista de *Newsweek*. Con frecuencia escribe sobre servicios comunitarios. Esta es la primera vez que escribe acerca de su madre, Joanne Alter.

KAREN ANDERSON es la directora de relaciones públicas de la Agencia Federal para el Desarrollo Internacional. Ha preparado su programa de *Lecciones sin fronteras* (*Lessons without Borders*) para que las comunidades de Estados Unidos puedan beneficiarse de las lecciones que han aprendido en países en vías de desarrollo.

SUZANNE APPLE es Directora de Asuntos Comunitarios de The Home Depot. En 1994, aceptó, en una ceremonia especial efectuada en el Jardín de las Rosas de la Casa Blanca, la Condecoración Presidencial por Servicios Prestados (President's Service Award) en nombre de todo el equipo de su compañía.

SARAH BACHMAN, editorialista del *San Jose Mercury News*. Ha hecho reportajes sobre mujeres, el desarrollo y la mano de obra infantil en Bangladesh y otros países. Dedica su relato sobre Oxfam America a todos aquellos que conoció mientras prestaba servicios como voluntaria en Bangladesh.

MASANKHO BANDHO, co-vicepresidente de Pathways to Peace y estudiante graduado de Teología de la Universidad de Berkeley en California. A través de la danza y el teatro, ayuda a los niños a trabajar por la paz y la justicia en Estados Unidos y Europa.

ROSALIND E. BARNES, directora de comunicaciones y relaciones públicas de INROADS Inc. Es graduada de INROADS y ha pasado los últimos nueve años como mentora, alentando a jóvenes adultos a procurar la excelencia en sus vidas.

ANN M. BAUER, escritora que reside en Minneápolis y es asesora de comunicaciones de la Corporación Dayton Hudson (Dayton Hudson Corporation). Participa activamente en la tarea de hacer de las escuelas públicas un espacio abierto para todos los niños.

Melba Patillo Beals es asesora de comunicaciones en San Francisco, exreportera de la cadena NBC, y autora de *Warriors Don't Cry*, un libro de memorias sobre su lucha por lograr la integración racial de Central High School en Little Rock Arkansas. Recientemente adoptó dos niños discapacitados.

John Bell es miembro del equipo fundador y director de entrenamiento de YouthBuild USA. Está felizmente casado con Dorothy Stoneman, quien a la vez es su asociada.

Nancy Berg es una escritora muy conocida, poeta e instructora de literatura que reside en Santa Mónica, California. Fue editora de *Stone Soup for the World* y de *Chicken Soup for the Woman's Soul*.

Kevin Berger, autor y editor principal de la revista *San Francisco*, quien encontró en Laura Scher —líder empresarial para quien las preocupaciones sociales y en torno al medio ambiente eran factores de primerísima importancia— un aliciente renovador.

Jan Boylston es vice presidenta de regulaciones públicas del NationsBank. Participa activamente en trabajos voluntarios en numerosos programas cívicos y comunitarios en Charlotte, Carolina del Norte.

Patricia Broughton fue escritora y fotógrafa independiente antes de unirse a Bethel New Life como su Directora de Desarrollo de Recursos. Tiene el poder de transformar el silencio en lenguaje y acción.

Laura Brown, escritora independiente que reside en Washington, D.C. Ella le insta a unírsele en la compra de empresas que prosperan haciendo el bien.

Matt Brown, Director Ejecutivo de City Year Rhode Island, trabajó en la legislación nacional sobre el servicio con el senador Kennedy. De niño, su madre lo llevó a manifestaciones políticas y pacifistas y lo hizo participar en actividades no violentas en pro del desarrollo comunitario.

Sue Bumagin es mediadora y psicóloga en teoría de sistemas, relaciona teorías con su puesta en práctica y ayuda a organizaciones de salud a avanzar hacia sus próximas fases de desarrollo. Fue subdirectora y cocreadora del Programa de Liderazgo de Salud Comunitaria Robert Wood Johnson (Robert Wood Johnson Community Health Leadership Program). Se inspiró en la obra de líderes de la salud comunitaria tales como el Dr. Juan Romagoza.

SHARON BURDE, mediadora de regulaciones públicas con experiencias en relaciones étnicas, ha trabajado en Estados Unidos, en la antigua Yugoslavia y en el Medio Oriente. Es también ex directora ejecutiva de los Amigos Norteamericanos de Neve Shalom/Wahat al-Salam, la organización que apoya el Oasis de la Paz.

JEB BUSH es el Presidente y Brian Yablonski es el Director de Comunicaciones de la Fundación para el Futuro de la Florida (The Foundation for Florida's Future), un instituto no partidario y con una política orientada hacia las masas, guiados por los principios de responsabilidad personal, y familias y comunidades vigorosas.

ANDREW CARROLL, director ejecutivo del American Poetry and Literacy Project, con sede en Washington, D.C. y autor de *Letters of a Nation*.

JIMMY CARTER, expresidente de los Estados Unidos y fundador del Centro Carter (Carter Center).

NAVIN CHAWLA trabaja para el gobierno indio como un funcionario público de importancia. Se educó en la India y en Inglaterra (en la Universidad de Londres y en la Escuela de Economía de esta última ciudad). Ha tenido una carrera diversa y fascinante que incluye el haber trabajado con la madre Teresa.

DAN CAROTHERS, escritor y editor, reside en Cincinnati. Su semblanza de Ernie Mynatt fue adaptada de Perceptions from Home, una exhibición viajera de medios múltiples sobre los emigrantes de los Apalaches.

ALEX COUNTS regresó recientemente de Bangladesh, donde vivió entre los pobres por más de cinco años, para convertirse en el director ejecutivo de la Fundación Grameen con sede en Washington, D.C. Él se mantiene en contacto cercano con los hombres, mujeres y niños de Bangladesh, que trabaron amistad con él y le inspiraron.

LESLIE CRUTCHFIELD, editora de la revista *Who Cares*, el juego de herramientas para el cambio social, la publicación de mayor importancia en el país para líderes comunitarios que aspiran a sentar una pauta.

RAM DASS es fundador de la Fundación Seva y de la Fundación Hanuman. Coautor de *How can I Help?* (con Paul Gorman) y dedica su tiempo al servicio de los demás.

RICHARD DEATS es autor, conferencista, instructor de talleres, editor de *Fellowship* y coordinador de comunicaciones de la US Fellowship of Reconciliation. Ha trabajado en todo el mundo en favor del cambio social no violento y la reconciliación.

TOM DELLNER es el editor en jefe de la revista *Golf Tips* y colabora regularmente con *Rolling Stone*. Él le dedica su relato a su madre Jeanne, quien le enseñó los valores y gratificaciones del servicio comunitario.

SUSAN DUNDON es la autora de la novela *To My Ex-Husband*, y ensayista con trabajos publicados en numerosas revistas y periódicos. Además, con frecuencia se deja ver en el White Dog Café.

JONAH EDELMAN es el director ejecutivo de Stand for Children, donde trabaja junto a su madre Marian Wright Edelman en la construcción de un movimiento sólido para que ningún niño se quede rezagado. Crearon una red nacional de activistas populares de la infancia que organiza eventos en todo el país el primero de junio de cada año.

GIL FRIEND es presidente de Gil Friend and Associates, una firma consultora que ayuda a compañías y a comunidades a prosperar concediéndoles un papel fundamental a las leyes de la naturaleza. Para comunicarse con él, diríjase al 510-548-7904 o a su correo electrónico gfriend@eeo-ops.com

DR. DONALD C. GALE es vicepresidente de Bonneville International Corporation y ex profesor universitario. Es miembro de la directiva de una docena de organizaciones de servicio a la comunidad que hacen énfasis en la educación y los jóvenes.

ARUN GANDHI es el nieto de Gandhi y fundador/director del Instituto M.K. Gandhi para la No Violencia, y es autor y conferencista sobre la filosofía de la no-violencia.

LAURA GATES es consultora de mercadeo y administración dedicada a crear centros laborales más humanos, en donde las posibilidades y la creatividad de las personas se vean realizadas. Ella ha sido voluntaria del International Institute ACC durante tres años.

RICK GLASSBERG y **SUSAN SPENCE** eran visitantes asiduos cada verano de Martha's Vineyard y luego, en 1993, se convirtieron en visitantes de todo el año. Ellos eran los «ensambladores» del nuevo Agricultural Hall y recientemente escribieron el libro *Magic Time*, una guía para la familia sobre lo más interesante de Martha's Vineyard.

DR. GREGORY S. GROSS, presidente de la Fundación Jacksonville Jaguars y miembro de la Junta Asesora del Harvard Outward Bound. Le dedica su relato a Arnold Hiatt y a los que le enseñaron con el ejemplo.

MARC GROSSMAN es asesor de medios de difusión masivos en Sacramento, California. Fue por mucho tiempo ayudante personal y portavoz de César Chávez. Actualmente todavía se ocupa de cuestiones de prensa de Obreros Agrícolas Unidos.

JANE HARVEY es editora de las publicaciones trimestrales *Volunteer Leadership* y *Connect America* para la Points of Light Foundation. También canta en el coro de su iglesia y hace trabajo voluntario en un comedor de beneficencia.

JO CLARE HARTSIG, pastora de la Iglesia Unida de Cristo, que recientemente se mudó a Denver, Colorado, con su familia. Escribe periódicamente una columna en la revista *Fellowship* y sirve de asesora a organizaciones sin fines de lucro.

A.E. HOTCHNER es un viejo amigo y conspirador culinario de Paul Newman. Ambos fundaron Newman's Own Inc. y el Hole in the

Wall Gang Camp para niños gravemente enfermos. «Hotch» es autor de guiones y libros tales como el bestseller *Papa Hemingway*.

JANET HULSTRAND es una editora que vive en Nueva York. Entre sus clientes se encuentran Andrew Young y Caroline Kennedy. Es madre de dos niños a quienes suele leerles el cuento popular de la *Sopa de piedra*.

DAWN HUTCHINSON, cofundadora y principal funcionaria operativa de KaBOOM!, ha trabajado con comunidades y corporaciones en todo el país para construir un futuro mejor para los niños. Disfruta escribir, organizar proyectos de servicios, e inventar maneras creativas de asociar a la gente.

ROSABETH MOSS KANTER, profesora de la Escuela de Comercio de Harvard y autora de varios libros premiados, es también miembro distinguida de la Junta Nacional de Fideicomisarios de City's Year y le encanta participar en sus Serve-a-Thons que se celebran anualmente.

LESLIE KEAN es periodista y coautora del libro de fotografías *Burma's Revolution of the Spirit (Revolución espiritual en Birmania)*. En 1996 asistió durante dos meses a los discursos de fines de semana de Aung Suu Kyi's. Leslie espera de que un día se levante la actual prohibición que pesa sobre la líder birmana de manera que otros también se inspiren en ella.

SUSAN KEESE, escritora y columnista independiente que colabora para numerosos periódicos y revistas. Ella conoció a Joseph Rogers mientras reportaba para el American News Service.

KEN KEYES JR. es un exitoso autor cuyos libros, entre los que se cuentan *The Handbook to Higher Consciousness* y *The Hundredth Monkey,* sobrepasan actualmente el millón de ejemplares.

NINA MERMEY KLIPPEL ha escrito para *House & Garden*, *House Beautiful* y otras revistas, así como para periódicos de todo el país. Ella se enteró de la existencia de Neve Shalom/Wahat al-Salam en un inspirador evento benéfico presentado por Richard Gere, y le fascina compartir sus experiencias sobre el Oasis de la Paz.

FRANCES MOORE LAPPÉ y sus esfuerzos por comprender el origen de la hambruna mundial la llevó a escribir, en 1971, su libro *Diet for a Small Planet*, entre otros muchos títulos, y a ser cofundadora del Center for Living Democracy. Su American News Service difunde historias de iniciativas completas a través de los medios noticiosos en todo el país.

TRUDE LASHE fue amiga y colaboradora de Eleanor Roosevelt por más de 40 años. Ella es copresidenta, junto con Arthur Schlesinger Jr., del Franklin and Eleanor Roosevelt Institute y exdirectora del Eleanor Roosevelt Institute. Su difunto esposo, Joseph Lash, escribió varios libros sobre los Roosevelt y recibió el Premio Pulitzer por *To Eleanor and Franklin*. Mrs. Lash recibió la primera medalla Eleanor Roosevelt.

ALLAN LUKS es director ejecutivo de Big Brothers Big Sisters de la ciudad de Nueva York, autor de cuatro libros sobre temas sociales y de salud, y un abogado que ha iniciado leyes que se han convertido en modelos nacionales a seguir. También hace trabajo voluntario con regularidad.

JEFFREY MADISON es un escritor educado en Harvard que hace trabajo voluntario en *Food from the 'Hood*, donde descubrió que él es la suma de todos los que le rodean y los demás, la suma de él, y ahora convierte ese pensamiento en acción.

MATTHEW MALONE es graduado de Connecticut College con un título en Economía y ejerce una carrera literaria en Colorado. Al tiempo que creaba los relatos sobre negocios para *Pan y vino para el camino*, descubrió que cuando «el capitalismo se empareja con la compasión, nace un matrimonio con un futuro muy prometedor».

NELSON MANDELA es autor de *A Long Road to Freedom* y un héroe de estatura internacional quien, por su lucha de toda una vida contra la opresión racial en Sudáfrica, obtuvo el premio Nobel de la Paz y llegó a la presidencia de su país.

PETER MANN es coordinador internacional del Año Mundial del Hambre. Trabaja con activistas en contra del hambre en todo el mundo y es un distinguido miembro de una granja comunal en Nueva York.

Robert Marra coordina una coalición de acceso y salud para inmigrantes en Health Care for All, una organización reconocida en todo el país que aboga por los servicios universales de salud. Llegó a Boston como estudiante de Medicina y después trabajó con Judith Karland en el Hospital Municipal de Boston durante los cinco años en que ella fue la Comisionada de Salud y Hospitales en esa ciudad.

John McKnight dirige el Asset Based Community Development Institute en la Universidad del Noroeste. Está dedicado a descubrir los dones, las capacidades y recursos de los vecindarios de la localidad.

Ashley Medowski, joyera de gema de mar que vive en Martha's Vineyard. Autora del cuento infantil, *Merangel,* a punto de publicarse, fue también editora de las muestras de las relatos de este libro, para la Cumbre de Presidentes por el Futuro de Estados Unidos.

Jenny Midtgaard se ha desempeñado como editora de la sección *Lifestyles* del *Gavilan Newspapers* y durante los últimos trece años ha trabajado de voluntaria en el Festival del Ajo de Gilroy.

Dr. Terry Mollner, pionero por más de veinticinco años de la inversión socialmente responsable y del desarrollo de comunidades, es el presidente del Trusteeship Institute, miembro fundador de la directiva del Fondo de Inversiones Sociales Calvert y copresidente de la Calvert Foundation.

Dennis Morgigno, escritor y periodista de televisión en San Diego, hizo uno de sus primeros reportajes televisados sobre los planes del padre Joe Carroll de reinventar los albergues para desamparados y se convirtió en creyente, donante y partidario de la cruzada del padre Joe.

Dr. Robert Muller, canciller de la Universidad de la Paz en Costa Rica, vicesecretario general para tres secretarios generales de Naciones Unidas y autor de varios libros, es una gran filántropo, y un profeta de la esperanza para el siglo XXI.

Dra. Suki Munsell, inspirada colega de Anna Halperin por 23 años, tiene un programa de ejercicios físicos en el Dynamic Health and Fitness Institute de Corte Madera, California, donde presenta un método de cura transformadora.

DAVID MURCOTT, ex vicepresidente de The Journey Foundation, una agrupación de recursos sin fines de lucro, que ayuda a estudiantes universitarios a prepararse para el camino que les espera. Actualmente es socio de una compañía de desarrollo profesional en San Diego.

NIKI PATTON, ex productora de programas de medios de difusión en Nueva York, se convirtió en escritora, músico y artista en Martha's Vineyard. Ella cree que cuando encontramos nuestro camino para la creación, hacemos un cambio significativo en la vida de los demás.

CARRIE CATON PILLSBURY, se desempeñaba en MEDISEND, y es ahora gerente de proyectos del equipo de Asuntos de la Comunidad de los EDS, en el que ayuda a organizaciones sin fines de lucro y a las comunidades que éstas sirven. Ella y su esposo sirven como preceptores voluntarios en su iglesia para estudiantes universitarios.

JENNIFER POOLEY creció en Nueva Inglaterra y es graduada de la Universidad de Colgate en 1997. Escritora independiente que reside en Orlando, se interesa especialmente en la superación de programas infantiles.

SHEILA RICHARDSON, editora, crítica de libros, correctora de estilo independiente y escritora de cuentos infantiles, cree que los libros son ventanas al mundo. Sheila es una preceptora educada para Literacy Volunteers of America.

KIMBERLY RIDLEY es la editora de HOPE, una revista sobre el humanismo en acción en Brooklyn, Maine. Ella escribe acerca de personas en comunidades que trabajan juntas para resolver problemas locales.

JOSEPH L. RODRÍGUEZ, director ejecutivo de Human Resources for GenCorp Inc., miembro de la junta directiva del Lewisville Habitat for Humanity y preceptor voluntario de estudiantes latinos. Él desea darle gracias a Dios y a su familia por su éxito.

DICK RUSSELL, escritor y galardonado defensor del medio ambiente que reside en Boston. Amigo personal de Alejandro Abando, dedica su relato a los niños que conoció en una memorable visita a Nicaragua.

DIANE SAUNDERS es vicepresidenta del Fondo Educativo Nellie Mae. Después de seis años de servicio voluntario en Botswana, escribió cuentos para dos antologías, *Eyes on Africa* y *Patterns of Africa*.

BILLY SHORE es fundador y director ejecutivo de Share Our Strength. En su libro, *Revolution of the Heart*, describe su transición personal de la política tradicional al innovador servicio comunitario, y su receta para el cambio en comunidades.

MARION SILVERBEAR, asesora de desarrollo, artista y poeta, desea agradecerle a Ada Deer y a todos los que colaboraron en su relato, y a la comunidad del Encampment for Citizenship, por su contribución a este libro.

HOLLY SKLAR, escritora que reside en Boston, y co-autora de *Streets of Hope: The Fall and Rise of an Urban Neighborhood*, el relato de la Iniciativa del Vecindario de la Calle Dudley (Dudley Street Neighborhood Initiative). Ella comparte el compromiso del DSNI de hacer funcionar la democracia para todo el mundo mediante un fortalecimiento real de nuestras comunidades y la responsabilidad del gobierno.

LARRY C. SPEARS, director ejecutivo de The Greenleaf Center y editor de cuatro libros sobre liderazgo de servicio, es miembro también de la junta editorial de *Friends Journal*, una revista cuáquera.

STEVEN SPIELBERG, fundador principal de los estudios Dream Works SKG, ha sido productor, productor ejecutivo, o director de ocho de las veinte películas más taquilleras de todos los tiempos. Ha llegado al corazón de millones de personas con filmes tales como *ET el extraterrestre*, y ha dedicado su película *La lista de Schindler*, ganadora de siete óscares de la Academia, a la memoria del Holocausto para que nunca se olvide ni vuelva a ocurrir jamás.

HNO. DAVID STENDL-RAST, monje benedictino, autor y conferencista, y socio fundador de Pan para el Mundo. Entre sus libros se cuentan *Gratefulness, the Heart of Prayer, A Listening Heart* y, con su hermano budista Robert Aitken Roshi, *The Ground We Share*.

JUDITH THOMPSON es cofundadora de Niños de la Guerra, ha sido mentora para líderes juveniles internacionalmente por más de 20 años. Se considera ella misma una «artista social», con Arn Chorn como su musa.

ROBERT THURMAN, profesor de Estudios Budistas en la Universidad de Columbia, ha sido amigo del Dalai Lama por treinta y cinco años, padre de cinco niños y autor de varios libros. Como cofundador de Tibet House en Nueva York, ha luchado por la libertad del Tíbet y el futuro de la vida en la tierra.

PEGGY TOWNSEND figura como escritora para el *Santa Cruz County (CA) Sentinel,* donde se concentra en temas infantiles, especialmente en los niños de vecindarios donde Nane Alejándrez empezó su obra.

SKYE TRIMBLE es la coordinadora del Programa de Servicios de Jóvenes en la Biblioteca Vineyard Haven, en Martha's Vineyard. Después de trabajar con Frances Vaughn en el relato «Navidad en abril», Skye y Frances se convirtieron en entusiastas amigas epistolares.

DIANE VALLETTA, dueña de una firma de comunicaciones con sede en Chicago y miembro de la junta directiva de la Asociación Nacional de Mujeres Empresarias, con frecuencia escribe sobre las contribuciones de los negocios propiedad de mujeres en el servicio de la comunidad.

ELAINA VERVEER, auxiliar de publicaciones de la Corporation for National Service, cursa estudios graduados en Inglés. Inspirada en el espíritu del Programa de Abuelos Adoptivos, Elaina actualmente asesora académicamente a niños de una escuela primaria local.

PATRICIA PARROTT WEST es escritora independiente dedicada a boletines comunitarios y a forjar lazos de unión entre los vecinos. El gran incendio en Oakland, ocurrido en 1991 —al que se llamó la tormenta de fuego de Oakland de 1991— cesó solo a diez casas de la suya. Su esposo, Charles, es director de proyectos para el Distrito de Prevención de Incendios, creado a raíz del desastre.

RDO. CECIL WILLIAMS es pastor de la iglesia metodista unida Liberation of Glide Memorial, en San Francisco, California. Ha estado a la vanguardia del cambio, por más de treinta años, como ministro, líder comunitario, activista, promotor, autor, conferencista y personalidad de la televisión.

HARRIS WOFFORD es el ejecutivo principal de la Corporation for National Service, y ha dedicado su vida a hacer que el servicio ciudadano sea una expectativa común y una experiencia para todos los estadounidenses. Ha sido senador de EE.UU. por Pensilvania y ayudó al presidente Kennedy en la creación de los Cuerpos de Paz.

ROBERT WUTHNOW es profesor de la cátedra Gerhard R. Andlinger de Sociología, y director del Centro de Estudios de Religión Americana en la Universidad de Princeton. Es autor de varios libros entre los cuales se encuentran *Acts of Compassion* (1991) y *Learning to Care* (1995).

ANDREW YOUNG fue amigo íntimo del Dr. Martin Luther King Jr. Ministro ordenado de la Iglesia Unida de Cristo, sirvió como director ejecutivo de la Conferencia de Líderes Cristianos del Sur. También ha prestado servicios como congresista y alcalde de Atlanta, embajador de los Estados Unidos ante Naciones Unidas, y codirector del Comité de Atlanta para los Juegos Olímpicos del Centenario.

JIM YOUNG es el asistente del Presidente of EDS, una compañía de servicios informativos que opera a nivel mundial con un capital de 15.000 millones de dólares. Jim está activo en la comunidad, tanto local como nacionalmente, y en particular en proyectos asociados a la educación y a las necesidades de los jóvenes.

Editores

NANCY BERG es una escritora muy conocida, poeta e instructora de literatura que reside en Santa Mónica, California. Fue editora de *Stone Soup for the World* y de *Chicken Soup for the Woman's Soul*.

JANET HULSTRAND es una editora que vive en Nueva York. Entre sus clientes se encuentran Andrew Young y Caroline Kennedy. Es madre de dos niños a quienes suele leerles el cuento popular de la *Sopa de piedra*.

Dori Hutchings ha sido directora de una escuela elemental, discípula y maestra de la Iglesia Unida. Ahora es abuela y escribe poemas y meditaciones, y adora jugar al tenis. Ella comparte su vida entre amigos y familiares en Martha's Vineyard, California.

Ashley Medowski, joyera de gema de mar que vive en Martha's Vineyard. Autora del cuento infantil, *Merangel,* a punto de publicarse, fue también editora de las muestras de las relatos de este libro, para la Cumbre de Presidentes por el Futuro de Estados Unidos.

David Murcott, ex vicepresidente de The Journey Foundation, una agrupación de recursos sin fines de lucro, que ayuda a estudiantes universitarios a prepararse para el camino que les espera. Actualmente es socio de una compañía de desarrollo profesional en San Diego.

Revisores de los relatos

Para cerciorarnos de que cada uno de estos relatos cumple nuestro propósito de llegar a los corazones de las personas, e inspirarles a ayudar a otros, les pedimos a 25 individuos que cada uno de ellos diera su visto bueno. Gente de diversos ámbitos y profesiones, de diversas culturas y experiencias: estudiantes y maestros, un pastor, un cajero de banco, un financista, un artista, un artesano, un director cinematográfico, el empleado de un restaurante, el administrador de una tienda y un vendedor de bienes raíces; una enfermera, un ejecutivo del campo de la salud y un directivo de la Cámara de Comercio. Sus inteligentes aportes nos ayudaron a escoger las mejores cien narraciones y hacer de cada una de ellas lo mejor que podía ser. Especial gratitud a los jóvenes que trabajaron junto a nosotros para asegurarnos de que este libro llegaría a los corazones de los adolescentes y los inspiraría a construir un mundo mejor.

Los revisores de estos relatos son: Sonia Attala, Christy Bethel, Shirley Bickell, Molly Bishop, Betty Blouin, Kolsown Brown, Autumn De Leon, Anne Durigan, Melissa Kite, Judy lane, Margaret Larned, Frank Logan, Matthew Malone, Ashley Medowski, el reverendo Alvin Mills, Sherry Peyson, Jennifer Pooley, Sheri Scott, Elisa Tebbens, Donna Thatcher, Peg Thayer, Skye Trimble, Randi Vega, Alfredo Villa y Paula Wexler.

Nominadores de los relatos

Nuestras gracias también a los cien y tantos amigos y colegas que propusieron a más de 2000 "héroes comunitarios" para que se considerara su inclusión en este libro. Las siguientes personas nominaron relatos en este libro: Suzanne Apple, Jeff Ashe, Donna Bajorsky, Jeff Bercuwitz, Del Borgsdorf, Richard Deats, Lucy Durr Hackney, Judith Kurland, Frances Moore Lappe, Lawrence Jordan, Josh Mailman, Melinda McMullen, Dr. Patrick Mendis, Barbara Gaughn Muller, Jennifer Pooley, Charlie Rose, Shirley Sapin, Linda Rohr, Elisa Tebbens y Jim Young.

Organizaciones que nominan

Las siguientes organizaciones nos ayudaron a seleccionar una narración, de las cientos de narraciones con las cuales ellos trabajan cada año: Co-op America, The Robert Wood Johnson Foundation's Community Leadership Project, The American News Service, The Business Enterprise Trust, The Giraffe Project, The Fellowship for Reconciliation, The Independent Sector, The Points of Light Foundation y The World Business Academy.

La trayectoria de la autora

DESDE QUE TENGO USO DE LA RAZÓN, SIEMPRE HE CREÍDO que si cada uno de nosotros hiciera lo mejor que pudiera, diera lo que pudiera y todos trabajáramos unidos, el mundo funcionaría. De niña, aprendí de aquellos que me mostraron cómo hacerlo. Los grandes líderes de nuestra época me inspiraron a salir al encuentro de otras personas y ayudarlas. Cuando Martin Luther King Jr. le pidió a la nación que creara un clima de igualdad para todo el mundo, me ofrecí de voluntaria para enseñar a leer a niños negros. Al principio, resultaba notorio viajar con mi madre todas las semanas desde nuestra segura comunidad suburbana al peligroso barrio urbano de Roxbury en Boston. Pero como una Girl Scout de 12 años, aprendí una valiosa lección: la alegría de poder producir un cambio significativo en la vida de alguien. El verano en que cumplí dieciséis, tuvo una oportunidad de ayudar a familias pobres de los llamados «voceadores» de los Apalaches. De nuevo me sorprendió su pobreza, y me conmovió su capacidad de sacar ventaja de sus problemas. Los cánticos que entonamos alrededor del fuego todavía repercuten en mi corazón.

Cuando César Chávez invitó a la gente a unirse al boicot de las uvas, supe cómo podía ayudar a los obreros agrícolas inmigrantes que se encontraban a más de 3.000 millas de distancia. Para apoyarlos, nuestra familia de clase media de Nueva Inglaterra dejó de comer uvas por largo tiempo. Fue el llamado de John F. Kennedy a la acción el que más me tocó: «No preguntes lo que tu país puede hacer por ti, sino lo que tú puedes hacer por tu país...» Sus palabras dejaron en mí una huella indeleble. Cuando él le dijo al país que necesitábamos más maestros, decidí convertirme en uno de ellos. Primero, enseñaría a niños minusválidos, luego a adultos que querían cambiar su poco saludable estilo de vida, y posteriormente a ejecutivos de empresas y a funcionarios del gobierno y servicios hospitalarios, así como a líderes comunitarios que querían levantar comunidades más sanas.

Aprender, enseñar y servir le han dado un firme cimiento a mi vida. Luego de aprender a curarme de una enfermedad mortal, me di cuenta de que si cada uno de nosotros pudiera curarse a sí mismo, podríamos ayudar a restaurar el planeta. Como asesora de importantes corporaciones en la década del 80, advertí que podíamos crear un movimiento nacional para lograr que los estadounidenses fuesen un pueblo sano. Luego de la revolución pacífica en Filipinas, aprendí junto a líderes empresariales, comunitarios y de los medios de prensa cómo una nación podía llegar a reconstruir realmente todo un país. Trabajando con empresarios y dirigentes hospitalarios y comunitarios en los 90, aprendí a crear asociaciones entre instituciones públicas y privadas que respondieran a las necesidades de su comunidad. Valiéndonos del cuento folclórico de la sopa de piedra como una herramienta pedagógica, descubrimos cómo hacer más con menos: cuando trabajamos juntos y reunimos nuestros recursos, ayudamos a construir comunidades más saludables.

Al comienzo de cada nuevo proyecto, me hacía la misma pregunta: ¿qué te costará lograr que otros se sientan más partícipes en su comunidad? La gente respondió diciendo que querían saber cómo otras personas le habían hecho frente a dificultades semejantes y habían trabajado juntos para resolverlas. Querían saber lo que funcionaba en el mundo. De manera que les conté relatos acerca de líderes y de personas comunes que trabajaban juntas para hacer de su mundo un lugar mejor. Estos relatos inspiradores les dieron nuevas ideas, así como la esperanza y el valor que necesitábamos para comenzar. Fue en extremo gratificante presenciar cómo estas personas se vinculaban a sus comunidades, rehacían el espíritu de su confianza propia y abordaban los problemas difíciles que se les presentaban. ¡Su orgullo y su alegría resultaban contagiosos! Renovaban mi propia fe en nuestro trabajo colectivo.

Pero, a menudo, cuando oía las noticias y leía las estadísticas, solía preocuparme. Me irritaba, particularmente, saber que había niños de nuestro país que padecían carencias: de comida, de afecto, de una buena educación y de esperanza para el futuro. En mi corazón, sabía que podía seguir así. A partir de lo que había visto en las comunidades en las que yo había trabajado, tanto aquí como en el extranjero, me parecía que sabíamos lo que debía hacerse y lo que costaría edificar un mundo mejor. Necesitamos tan sólo la fuerza de voluntad y la energía humana para hacerlo. Me preguntaba cómo podíamos propagar la buena nueva de «lo que funciona» entre más personas, de manera que ellos, a su vez, tuvieran esperanzas de que realmente podíamos hacer mejores cosas por los niños, en nuestro país y en todo el mundo.

No fue hasta 1990, cuando conocí a una francesa llamada Claire Nuer, que descubrí por qué todo esto era tan importante para mí. En el programa de adiestramiento de líderes de Claire, me di cuenta de cómo mi propia niñez me había dotado de una singular compasión por los niños del mundo. Cuando mi padre murió a los cuarenta y seis años y dejó a mi madre al cuidado de nuestra extensa familia, eso cambió mi vida. A la edad de diecinueve, sentí una profunda responsabilidad por realizar el sueño de mi padre: que todos nosotros pudiéramos llegar a hacer algo por nosotros mismos. Habiendo perdido para entonces a dos hermanos, me daba cuenta de cuán frágil puede ser la vida de un niño. Luego cuando Christopher, mi hermano menor, murió a los diecinueve años, su muerte devastó a mi familia y dejó un enorme vacío en mi corazón. Durante muchos años intenté evitar el dolor llenando ese vacío, con personas importantes, con lugares y proyectos. No podía soportar la idea de que se perdieran más niños en el mundo, de modo que me mantuve muy ocupada. Con ayuda de Claire, aprendí a enfrentar mi dolor y a usarlo como una palanca para cambiar mi vida y el mundo.

Como sobreviviente del Holocausto y del cáncer, el compromiso de Claire de crear un mundo más humano le había dado el valor de asumir tareas imposibles, una y otra vez. Cuando ella le preguntó a los que participaban en su entrenamiento: «¿Qué cambios podías hacer en tu vida hoy para crear un mundo más humano de aquí a cincuenta años?», fue un abrupto despertar para mí. Me di cuenta de cuánto yo anhelaba ser parte de una comunidad de personas que estuvieran comprometidas a edificar un mundo mejor para todos los niños. Al día siguiente Claire nos planteó un nuevo reto al decirnos: «una persona puede ser la roca que cambia el curso de un río». Sus sencillas palabras me ayudaron a ver que si ella tenía el coraje de vivir sus sueños, yo también podía tenerlo. En ese momento decidí convertirme en una de esas rocas que cambia el curso del río.

Fortalecida por mi nuevo compromiso, sentí una creciente urgencia según nos acercábamos al año 2000: ¿qué clase de mundo estamos legándoles a nuestros hijos?, me preguntaba. ¿Qué clase de legado les estamos transmitiendo? ¿Qué les estamos enseñando, a través de nuestras acciones así como de nuestras palabras? ¿Están aprendiendo de los grandes líderes que dedicaron sus vidas a hacer del mundo un lugar mejor? ¿Les estamos dando las oportunidades de servir y de hacer un cambio significativo en la vida de alguien? ¿Les enseñamos cómo resolver problemas en sus comunidades?

Para meditar en estas interrogantes, me tomé algún tiempo libre de mi agitada vida y regrese a mis raíces en Nueva Inglaterra. Caminando por las playas de Martha's Vineyard, me preguntaba qué podía hacer. Un día me encontré una piedra hermosísima en la playa de Lucy Vincent. Era una huella fosilizada semejante al árbol de la vida, que me cabía perfectamente en la palma de la mano. Como por arte de magia, me acordé de las palabras de Claire, y de mi compromiso de ser una de esas piedras que cambian el curso de los ríos.

Pocos meses después, pasé las fiestas de Navidad con mis queridos amigos, Georgia Noble y Jack Canfield, en Santa Bárbara, compartiendo historias de nuestras vidas, y conversando acerca del estado del mundo. De pronto me sorprendí diciéndole a Jack: «¡Piensa qué podría ocurrir si los 10 millones de personas que han leído tus libros de *Sopa de pollo para el alma* diesen el próximo paso de curarse a sí mismas y curar el planeta!» Él de inmediato respondió, «Excelente idea. ¡Tú debes escribir un libro al respecto!» Estupefacta, me di cuenta de que tenía razón; y también de que yo estaba inquieta. Jack me dio su voto de confianza y me dijo las cuatro cosas más importantes que había aprendido al escribir sus libros: mantener la sencillez, llegar a los corazones de la gente, inspirarlos y escoger un buen título.

De regreso a casa en Vineyard, tomé la piedra que me había encontrado en la playa y medité en el reto que me proponía Jack. Luego llamé a mi madre, compartí su idea con ella y le pedí que me hiciera de nuevo el cuento de la *Sopa de piedra*. Ella se rió y me dijo: «tu vida es un cuento de una sopa de piedra: siempre andas logrando que la gente haga algo a partir de nada. Siempre has dicho que si cada uno de nosotros diera un poquito, habría suficiente para todo el mundo». Las palabras de mi madre me ayudaron a concebir este libro.

Para empezar, invité a 100 amigos y colegas a acompañarme en esta aventura. Les envié una carta pidiéndoles que nominaran a «héroes comunitarios» y amigos que pudieran contar los relatos con verdadero sentimiento. A lo largo de los últimos dos años, recopilamos más de 2000 historias de personas que habían producido cambios significativos en el mundo. Luego de clasificarlos, seleccionamos una buena muestra: algo para cada uno. Treinta y tres amigos y colegas revisaron cada relato, dándoles su apreciación para cerciorarse de que cumplían nuestra meta de llegar a los corazones de la gente e inspirarlos a ayudar a otros. Gracias a estos amigos y colegas, compilamos una maravillosa colección de 100 relatos de personas que están haciendo del mundo un lugar mejor.

Según íbamos creando el libro, levantamos una extraordinaria comunidad. A los héroes comunitarios y narradores que aparecen en el libro, gracias por la esperanza que me han traído a mí y a millones de personas cada día. Estoy agradecida a los grandes maestros que formaron mi alma a lo largo del camino, muchos de los cuales aparecen en este libro. Para los espíritus bondadosos que sostuvieron este libro y participaron en las reuniones de *Pan y vino para el camino* en Nueva York, San Francisco, Washington, D.C. y Los Ángeles, así como en la Cumbre de Presidentes en Filadelfia, una especial mención de gratitud.

Mi sueño es que cada uno de nosotros se convierta en un viajero dispuesto a descubrir y compartir nuestros dones elementales, el pan y el vino, con los otros. Para los viajeros curiosos, que se aventuran por primera vez, espero que este libro les dé nuevas ideas, inspiración y orientación. A nuestros jóvenes, espero que disfruten encontrando a algunos de los verdaderos héroes de nuestra época y que descubran la alegría de hacer un cambio significativo en la vida de alguien. Para los curtidos compañeros de viaje, espero que estos relatos alimenten su alma y les den fuerzas para proseguir. Para todos nosotros, muchas de estas historias reavivarán el júbilo de dar y el vigor de trabajar juntos para edificar un mundo mejor.

MARIANNE LARNED
MARTHA'S VINEYARD
NOVIEMBRE DE 1997

Reconocimientos

ESCRIBIR ESTE LIBRO HA SIDO UNA SORPRENDENTE EXPE-
riencia de colaboración. Muchas personas han contribuido
generosamente de sí mismas, su tiempo, sus ideas, su
apoyo. Estaré por siempre agradecida a todos y cada uno
de ustedes. Especiales gracias merecen los héroes de la
comunidad y los narradores que aparecen en este libro por
su confianza en mí, su fe en el proceso y su compromiso con
la edificación de un mundo mejor.

Mi más profunda gratitud a mis padres por inculcarme
la importancia de ayudar a otros. Especiales gracias a mi
madre, que fue la primera en leerme el cuento de la sopa de
piedra que inspira estos relatos y que luego me llevaba cada
semana a Roxbury para que yo pudiera ayudar a alguien a
aprender a leer. A mis hermanos, Tom, Chris y David y a
mis hermanas, Cathy, Betsy, Diane, Susan, Martha y
Peggy y sus familias por su amor a lo largo de los años. Un
agradecimiento especial a mi hermano Tom, y a Ron Huth,
por su ayuda en escribir la dedicatoria a mi hermano Chris.

A Claire Nuer y Sam Cohen, Lara, Marc Andre, Polly,
Carole, Laura, Judy, Ed, Sharon, Art, y todos los compañeros de viaje del Instituto Internacional ACC que tocaron
mi corazón y fortalecieron mi compromiso de ayudar a
hacer del mundo un lugar mejor. A algunos amigos entrañables por su extraordinaria solicitud y permanente apoyo
durante esta increíble peripecia: Sonia Attala, Christy Bethel, Jan Bolyston, Sharon Burde, Andy Carroll, Ray Gatchalian, Marietta Goco, Dori Hutchings, Patty Johnson,
Joyce King, Avon Mattison, Georgia Noble, Kristen

Pauly, Susan Peebles, Sherry Payson, Marty Scherr, Sheri Scott, Randi Vega y Arlan Wise. Vuestro cariño me nutrió y me inspiró cada día y siempre. Gracias a todos ustedes desde el fondo de mi corazón.

Gracias a todos mis nuevos amigos de Martha's Vineyard que me invitaron a ingresar en su admirable comunidad, especialmente aquellos que asistieron a nuestras reuniones de *Pan y vino para el camino*: Jane y Ron Beitman, Anna Eddy, Wendy Culin, John Dunkle, Steve y Georgiana Fox, Zelda y Bill Gamson, Lucy, Sheldon y Virginia Hackney, Roxanne Kapitan, Sonya y Jim Norton, Kiki Patton, Shirley Sapin, Heidi Schmidt, Robert Schuman y Susan Wasserman. Mi más profundo reconocimiento a la familia Robinson de la tribu wampanoag: Bertha, Carla y Forest Cuch, Bruce y Adriana Ignacio, Berta y Vern Welch.

Mi particular gratitud para Nancy Aronie y su extraordinario taller literario de Chilmark. Y para Ann Nelson por sus sabios consejos acerca del mundo editorial. Le estoy especialmente agradecida a los jóvenes —Autumn De León, Matt Malone, Ashley Medowski, Jen Pooley, Elisa Tebbens y Skye Trimble— que contribuyeron con su tiempo, ideas y energía durante las primeras etapas de este libro.

A todos los que ayudaron a mantener sanos mi cuerpo y mi mente durante este proceso, entre ellos la Dra. Nancy Berger, Pamela Danz, Claire Elkington, el Dr. Friedlander, Tara Hickman, el Dr. Michelle Lazerow y Andrea Parker. Y a todos los estupendos músicos cuyas edificantes interpretaciones alimentaron mi espíritu. Con especial gratitud a Charles y Marion Guggenheim por compartir conmigo su cabaña de la playa y darle a este libro un hogar inspirador.

Cordiales gracias a todos los primeros amigos y contribuyentes de la *Stone Soup Foundation*: NationsBank, Target

Stores, Tom's of Maine, Southwest Airlines, United Airlines y a todos los hijos de Dios, así como a Don y Ann Brown, Joel Cohen, Ray Gatchalian, Richard Goodwin, Nathan Gray, Theo Gund, Margaret Larned, Avon Mattison, Claire Nuer y Sam Cohen, Lucy y Sheldon Hackney, Kristen Pauly, Marty Rogal, Robert Stricker, Donna Thatcher y Cathy y Frank Valenti. A los anfitriones de nuestras recepciones: Henry Dakin, Ralph y Lou Davidson, Manfred Esser, Lucy y Sheldon Hackney, NationsBank y el White Dog Café de Judy Wicks. A Tom Martin por alentar a otros a dar con el corazón. Especialísima gratitud a mi querida amiga, Karen Stone McCowen, por su generoso apoyo y por creer siempre en mí y en este libro. Gracias por ayudarme a realizar este sueño. Quiera Dios bendecirlos a todos y cada uno de ustedes por vuestro amor, oraciones y apoyo.

Mucho amor y aprecio a todos los niños que he encontrado en mi vida por haber sido mis grandes maestros: por mostrarme cómo reír en la vida, cantar de gozo y dar de corazón. Muchas bendiciones para todos ustedes, especialmente mis sobrinas y sobrinos: Ladleah, Darcy, Julia Michaela, Nicole, Leah, Adrew, Simon, Bethany y el más chiquito de los ángeles, Rebecca Marie. Gracias por ser una parte esencial de mi vida.

Imagínense a todos los pueblos viviendo una vida en paz.
Pueden decir que soy un soñador,
pero no soy el único.
Espero que algún día te unas a nosotros
y el mundo vivirá como uno solo.

JOHN LENNON

Acerca de Marianne Larned

MARIANNE LARNED HA DEDICADO SU VIDA A AYUDAR A edificar un mundo mejor. A lo largo de los años, ha prestado servicios a grandes líderes y ha trabajado con personas estupendas en todo el país y alrededor del mundo. *Pan y vino para el camino* honra a muchas de esas personas con quienes ella ha trabajado, de quienes ha aprendido y a quienes ha admirado.

Marianne es una oradora dinámica, entrenadora magistral y una asesora de estrategias que inspira a la gente y les da herramientas para levantar comunidades más sanas. Ella cree realmente que, en alguna parte de este planeta, alguien tiene una solución para cada uno de los problemas del mundo. El relacionar a personas con nuevas ideas y modos de hacer las cosas le produce un gran placer. Ama compartir relatos inspiradores y reavivar el entusiasmo de la gente para lograr un mundo mejor. Valiéndose de la metáfora de la sopa de piedra, ella ayuda a la gente a ver que cuando trabajamos juntos y unimos nuestros recursos, podemos hacer más con menos… y divertirnos más. Ella se asemeja a una suerte de Johnny Appleseed moderno, esparciendo las semillas de la esperanza dondequiera que va.

El compromiso de Marianne de ayudar a otros comenzó temprano en su vida. Como la mayor de 10 hermanos, ella descubrió la importancia de la frase «cada uno, enseñe a uno». Descubrió la alegría del trabajo voluntario a la edad de 12 años cuando ayudó a alguien de un barrio pobre de Boston a leer y luego, de adolescente, trabajó con familias en la zona rural de los Apalaches. Recibió un premio de la Escuela Secundaria Hamilton-Wenham por sus notables servicios comunitarios. Sus estudios subgraduados en la Universidad de Massachusetts, en Amherst, y en el Rudolph Steiner Center en Aberdeen, Escocia, la prepararon para trabajar con niños. Su labor de graduada en la Universidad de Boston y en la Universidad del Estado de California le facilitaron las herramientas en desarrollo empresarial y organizativo para ayudar a que las corporaciones asumieran mayores responsabilidades sociales.

Por más de veinte años Marianne ha estado asesorando a líderes corporativos, gubernamentales, cívicos y comunitarios a crear asociaciones entre los sectores públicos y privados para el establecimiento de sociedades más sanas. Entre sus clientes se cuentan el Centro de Salud General del Sudoeste, la Asociación Americana de Hospitales y el Foro de Atención Sanitaria (*The Healthcare Forum*). Ha asesorado también a *Business Week*, La Asociación Interactiva de la Industria del Video, las cámaras de comercio de San Diego y San Francisco, en la creación de asociaciones entre el sector público y el sector privado para mejorar la calidad de la educación en nuestras escuelas públicas. Al trabajar con una firma consultora nacional, el Instituto de Investigación de la Salud, ayudó a importantes corporaciones, tales como AT&T, Avco, Johnson & Johnson, The Kellogg Company, The Mitre Company, Westvaco Corporation y Wilson Learning, así como a coaliciones de atención sanitarias en Massachusetts, Michigan y Oregón, a reducir sus costos de atención médica al ofrecerles a los empleados oportunidades de mejorar su salud. En sociedad con la Fundación Filipina para la Educación y el Desarrollo Económico, ayudó a la creación de alianzas estratégicas entre las empresas, el gobierno, los medios de difusión masivos y los líderes comunitarios para apoyar los empeños reconstructores de la nación.

Por su labor precursora y humanitaria, Larned ha sido galardonada en 1993 como una Notable Mujer Joven de Estados Unidos e Intelectual del Mundo y aparece entre las 2000 Mujeres Notables de Estados Unidos en el *World Who's Who of Women*.

Una oradora elocuente, Larned ha pronunciado discursos y conferencias en asociaciones empresariales, cívicas, sindicales y profesionales, distritos escolares, organizaciones de jóvenes y comunitarias, hospitales y corporaciones. Sus discursos motivan el servicio de voluntarios, activan las asociaciones entre organizaciones públicas y privadas y movilizan recursos para crear comunidades más saludables.

El gusto de Marianne por la vida estimula a la gente a vencer los obstáculos y seguir sus sueños. Luego de aprender a vencer una enfermedad mortal, se dio cuenta de que si cada uno de nosotros puede curarse por sí mismo, juntos tenemos el poder de curar nuestro planeta. Sus presentaciones han inspirado a personas de muy distintas trayectorias y profesiones: empleados de corporaciones, trabajadores de la salud, escolares, maestros y voluntarios de organizaciones sin fines de lucro. Para más información acerca de sus cursos de adiestramiento, y sus talleres, o para invitarla a hablar en una presentación, diríjase a:

Shirley Bichel
Larned & Associates
P.O. Box 5354
Larkspur, CA 94977
Teléfono: 415-646-0416
Fax: 415-488-9614

Dedicatoria

MI HERMANO CHRIS FUE EL DÉCIMO Y EL ÚLTIMO HIJO DE nuestra familia. Desde el momento en que nació, él sobrepasaba lo normal, al pesar once libras, con pelo rubio crespo y un guiño pícaro en los ojos. Con su tendencia a hacerse cargo de las cosas y su sentido del humor, vivió la vida a plenitud. Lo que yo más recuerdo son sus abrazos; auténticos, como él quería que fuesen.

Chris haría cualquier cosa por sus amigos. Siempre estaba dispuesto a defender lo que él creía y desafiaba a la gente a vivir a la altura de sus elevados principios. Como capitán de su equipo de fútbol americano en la escuela secundaria, logró que sus compañeros de equipo dejaran de beber y de endrogarse cuando él lo hizo. Una vez le envió una carta a un maestro caprichoso desafiándolo a ponerle un examen mejor a sus alumnos.

Chris sentía una ardiente lealtad por su familia y nos juntaba cuando había problemas. Justo antes de morir, organizó una reunión familiar, que resultó ser su fiesta de despedida.

Chris no fue siempre así. Cuando él sólo tenía 5 años, nuestro padre murió. Esta pérdida le dejó con un vacío en el corazón y una propensión a buscar pleitos. Sin un padre que lo orientara y lo defendiera, él luchó para encontrar su camino en el mundo. Mientras crecía, se protegió con un temperamento inquieto, de manera que nadie se le acercara demasiado.

Hasta que un verano en que fuimos a un campamento de jóvenes. A Chris le gustaba estar con sus amigos, jugar baloncesto, navegar a vela, practicar esquí acuático y montañismo. Pero algo especial sucedió que le ayudó a poner las cosas en perspectiva. Tuvo una revelación personal que realmente lo conmovió y comenzó a llenar el vacío de su corazón. Las palabras «porque de tal manera Dios nos amó, que Él dio…» realmente se hicieron claras para él. A partir de ese verano, Chris llegó a ver que la vida era para dar. Cuando él le daba a otros, encontraba más sentido, destino y plenitud en su vida.

Poco antes de morir, Chris le escribió una carta a su amigo Toby:

Estoy sentado aquí, conversando con mi compañero de cuarto, escuchando a Pink Floyd, comiendo Doritos redondos. Los exámenes parciales vienen esta semana. Espero lo mejor. Estoy trabajando por salir lo mejor también. Esta noche le pedí a Dios que me mostrara la manera correcta de prepararme para cada prueba, que me ayudara a evitar distracciones y que me diera la fuerza para hacer lo mejor que pueda. Creo que me escuchó. Realmente le pido montones de cosas…y a menudo siento que tengo demasiado poco que ofrecerle en agradecimiento. Creo que ayudando a otras personas en este mundo a utilizar los singulares bienes que él nos dio, podría ayudarle como él me ha ayudado a mí. Es fácil decirlo.

A través de los altibajos de su breve vida, Chris se convirtió en un joven héroe en su comunidad. Él realmente creía que si cada uno de nosotros contribuía vigorosamente, podíamos hacer prácticamente cualquier cosa. Con su sonrisa contagiosa, él te invitaba a unírsele. Cuando murió a los diecinueve años en un accidente automovilístico, su escuela creó el premio Chris Larned, que se le otorga cada año al alumno que ha dado más de sí mismo.

Perder a mi hermano cuando él era tan joven y tan prometedor dejó un vacío enorme en mi corazón. Su trágica muerte me hizo recordar de lo preciada que es la vida y me inspiró a vivir la mía más plenamente. También me instó a hacer todo lo que pudiera por ayudar a crear un mundo mejor para nuestros niños. Por todo ello, Chris ha sido mi héroe, dándome el valor de crear este libro y guiándome en mi búsqueda de ayudar a que otros jóvenes descubran, como le ocurrió a él, el don de dar.

MARIANNE LARNED